비평
포럼

비평포럼: 키워드로 읽는 2020년대 한국문학

펴낸날 2025년 9월 30일

지은이 소영현 백지은 김미정 조연정 오혜진 황정아 김형중 이소 이은지
　　　소유정 양윤의 박서양 장은정 양경언 송현지 최다영 이희우
펴낸이 이광호
주간 이근혜
편집 최은지 김필균 허단 윤소진 유하은 조아혜 김다연
마케팅 이가은 허황 최지애 남미리 맹정현
제작 강병석
펴낸곳 ㈜문학과지성사
등록번호 제1993-000098호
주소 04034 서울 마포구 잔다리로7길 18(서교동 377-20)
전화 02)338-7224
팩스 02)323-4180(편집) 02)338-7221(영업)
대표메일 moonji@moonji.com
저작권 문의 copyright@moonji.com
홈페이지 www.moonji.com

ⓒ 소영현 백지은 김미정 조연정 오혜진 황정아 김형중 이소 이은지 소유정 양윤의
　박서양 장은정 양경언 송현지 최다영 이희우, 2025. Printed in Seoul, Korea

ISBN 978-89-320-4464-4 03800

이 책의 판권은 지은이와 ㈜문학과지성사에 있습니다.
양측의 서면 동의 없는 무단 전재 및 복제를 금합니다.

본 도서는 한국문학번역원의 한국문학 비평담론 세계화를 위한
출판지원금을 받아 발간되었습니다.

키워드로 읽는 2020년대 한국문학

비평
포럼

가족, 계급에서

기후, 생태까지

소영현
백지은
김미정
조연정
오혜진
황정아
김형중
이 소
이은지
소유정
양윤의
박서양
장은정
양경언
송현지
최다영
이희우

문학과지성사

차례

들어가며
문학비평과 문학번역을 가로지르며·소영현　9

**1부
가족, 노동, 돌봄**

소영현
다시 만난 세계: 여성 서사의 진화와 가족 서사의 재발견　21

백지은
친밀한 공동체를 찾아서　51

김미정
재현으로부터 상상력 해방의 장소까지:
최근 소설 속 노동 이야기를 중심으로　72

조연정
'자기 돌봄'과 '서로 돌봄'이 교차하는 자리:
최근 소설에 나타난 싱글 중년 여성과 '돌봄'의 문제　94

오혜진
비규범적 유대와 퀴어 가족의 발명:
2010년대 이후 한국 퀴어 문학의 가족구성권 재현과 소수자 정치　132

2부
계급, 세대, 폭력, 사랑

황정아
비판적 서사의 존재양식에 대하여　167

김형중
젊거나 늙은 계급:
최근 한국 소설에 나타난 86세대의 존재론　182

이소
선과 얼룩: 폭력이 지나간 자리에서　197

이은지
Love of Capitalism: 자본의 사랑, 자본으로 하는 사랑　211

소유정
사랑의 일체화를 부정하는 세대의 '사랑':
시대와 세대를 아우르고 가르는 모순에 대하여　235

3부
비인간, 생태, 기후

양윤의
세계의 끝: 조예은과 티머시 모턴을 나란히 읽기   251

박서양
재난, 공생, 경계에 대한 감각: 최근 한국 소설을 중심으로   280

장은정
( )의 곁   297

양경언
시, 녹색 계급   314

송현지
다잉 어스의 신-인간들   337

최다영
클라우드 기술생태계와 '기후 시'   358

이희우
문학의 비인간: 재현에서 번역으로   384

작품 목록   408

들어가며

문학비평과 문학번역을 가로지르며

*

　문학작품이 아니더라도 문화콘텐츠에 대한 다른 이들의 해석이나 의미를 알고 싶어 했던 경험은 누구에게나 있을 것이다. 비평적 경험은 일상적으로 흔한 일에 가깝다. 비평이란 무엇인가라는 딱딱한 질문의 형태가 된다면, 전문적 비평 작업을 하기 위해서는 수련 과정이 필요하다고 말해야겠지만, 문학을 포함한 문화콘텐츠를 음미하고 향유하거나 판정하는 일에 대해서라면 모두의 것이라고 말해도 좋을 것이다.

　문학과 문화콘텐츠를 둘러싸고 다른 이들의 의미 해석이나 가치판단을 궁금해하는 일은 한편으로는 문학과 문화콘텐츠의 특성 자체와 관련된 일이다. 문학과 문화콘텐츠에 관해서라면 각자의 해석과 평가의 차이를 취향의 차이로 이해해볼 수 있다. 하지만 그것은 동시에 문학과 문화콘텐츠가 담고 있는 세계와 관련된 일이기도 하다. 그런 점에서 비평에 대한 열망이, 음미하고 향유하는 문학과 문화콘텐츠만을 향해 있다고는 말할 수 없다. 그것은 문학과 문화콘텐츠를 통과하면서 만나게 되는 세계의 복잡성과 무관하지 않으며, 그 복잡성을 쉽게 판단하기 어려운 상황과도 연관되어 있다.

　편의적으로 형식과 그 안에 담긴 내용을 구분해서 언급하고 있지만, 사실상 그것을 분리해내기는 어렵다. 문학과 문화콘텐츠의 고유한 매력은 어떤 의미에서 결합된 양태 그 자체에서 마련된다. 문학이나 문화콘텐츠에 대한 음미와 향유 그리고 판정이 좀처럼 익숙해지지 않는 매번 새로운 경험인 까닭은, 그것들을 통해 만나게 되는 이 세계를 구현하는 이전과는 다른 방식 때문이며 또 그로 인해 우리가 접하게 된 세계의 다른 면모 때문이다. 얼핏 보기와 달리 우리의 세계가 언제나 그 안에 천 개의 다른 세계를 담고 있을 수밖에 없다면, 문학과 문화콘텐츠 그리고 비평은 그 수많은 다른 결의 세계에 조금쯤 더 다가갈 수 있게 하는 매력적인 통로라고 해도 좋다. 문학과 비평의 가치가 여기에 있다고 할 것이다.

　어느 시공간의 누구의 삶도 단순하지 않고 어떤 세계도 간단하게 이해되지 않는다. 비평이 어렵다는 말을 종종 듣지만, 비평의 어려움은 세계의 복잡성을 환기하는 말이거나 세계가 다르게 의미화되어야 한다는 말에 가깝다. 비평의 어려움은 세계에 대한 이해의 어려움에서 온 것이다. 비평은 결국 세계 읽기인 것이다. 그러나 비평을 읽기라고 말할 수밖에 없다 해도 비평이 대상 텍스트에 대한 거리를 둔 읽기인 것만은 아니다. 읽는 주체 역시 세계의 일원이며, 세계를 읽는 과정은 세계에 대한 이해이자 읽는 주체에 대한 이해일 수밖에 없다. 비평이란 언제나 세계에 대한 읽는 주체의 이해의 변형이자 재구축이며 세계에 대한 재구축인 셈이다. 친숙해지지 않는 낯선 경험을 반복하고자 하는 비평의 열망이 다시 샘솟게 되는 것은 아마도 바깥 혹은 다른 것과 연결되고자 하는,

변형과 재구축을 향한 우리 안의 열망 때문일 것이다.

*

　한국문학번역원 번역아카데미의 문학번역가 양성 프로그램 운영에 좀더 깊이 관여하면서, 그간 상정했던 읽는 주체 및 세계의 방향성과 편향성을 여러 각도에서 반추하게 되었다. 음악, 영화, 드라마 등 K-문화에 대한 전 세계적 관심이 한국문학에 대한 관심과 분리될 수 없음을 새삼 인식하게 되었다. 한국문학의 번역이 이루어지는 현장을 가까운 곳에서 들여다보고 있자면, K-문학에 대한 전 세계적 관심도 결코 적다고 할 수 없음을 확인하게 된다. 각종 'K-'의 세계적 열풍의 원인을 단순화해버릴 필요는 없지만, 'K-컬처'에 대한 열광이 선진성과 이국성이 미묘하게 뒤엉켜 있는 한국문학의 특성과 무관하다고 말하기는 어려울 듯하다. 반복할 필요도 없이 2024년 10월 한강의 노벨문학상 수상을 통해 이미 입증된 바 있기도 하다.

　한국문학이 비교적 소수 언어에 가까운 한국어로 된 문학이라는 사실에 대해서도 좀더 진지하게 고려하게 되었다. 언어의 차이로 말해지지만, 언어가 품고 있는 문화에는 위계가 있으며 경계를 넘어 흘러넘치는 문화의 속성상 그 위계를 따라 아래로 또 거슬러 흐르기 마련이다. 문화가 그러하듯 언어에도 그 위계가 여지없이 작동한다. 번역을 통해 언어는 변환되기보다 위계를 넘어 연결되고 해체되며 새롭게 발견된다. 소수 언어로 된 문학이 언어 장벽을 가로질러 다른 독자와 만나기 위해서는 번역의 과정을 통과할 수밖에 없다고 할 때, 그것은 언어의 위계를 반복해서 가로지르는 일이 된다. 번역이 언어-문화 간 권력관계를 조정하고 매개하는 정치적이고 윤리적인 일이라는 점에서, 문학과 문화콘텐츠의 번역을 통해 연결되고 해체되며 발견되는 것은 언어와 문화, 그러니까 나, 우리, 그리고 세계라고 해야 한다.

이렇게 본다면 한국문학에 대한 상대화된 이해, 즉 한국문학을 소수 언어인 한국어로 된 문학으로 이해하는 일은 한국문학의 근본적인 지엽성(혹은 지역성)을 확인하는 일과는 거리가 멀다. 오히려 그것은 문학이 수행해야 할 본래적 기능 가운데 하나라 할 수 있는 한국문학의 실천적 현실 개입성에 대한 역설적 확인의 시간에 더 가깝다. 소수자와 타자에 대한 관심은 연원이 긴 한국문학의 특성일 뿐 아니라 한국 SF와 같은 새롭게 부상하는 한국문학의 특이성이기도 하다. 한국문학에 대한 관심은 비중심과 탈중심에 대한 세계적 관심과 잇대어져 있는 것이다.

독서 인구가 감소하고 문학에 대한 독자의 관심이 저조하다는 탄식이 지속적으로 있어왔지만, 어떤 의미에서 한국문학의 독자층은 확대되는 중이라고 해야 한다. 이러한 인식의 진전 속에서 한국문학을 읽는 주체의 경계를 확장하는 일에 좀더 적극적으로 개입해야겠다고 생각하게 되었다. 그리하여 한국어 사용자는 말할 것도 없이, 한국어 사용자가 아닌, 한국문학에 관심을 둔 독자층을 위해 가장 최신의 한국문학인 2020년대 문학을 소개하는 기획을 과감하게 감행하게 되었다고 말할 수 있겠다. 『비평포럼: 키워드로 읽는 2020년대 한국문학』은 2020년대 한국문학의 다양성을 가족, 노동, 돌봄, 계급, 세대, 폭력, 사랑, 비인간, 생태, 기후에 이르는 키워드를 통해 포착한다.

*

　2010년대 중반 이후 2020년대에 걸쳐 한국문학은 국내외적 정치경제적이고 사회문화적인 변화에 관심을 기울이고 문학적으로 개입해왔다. 더 나은 공동체를 향한 시민적 열망이 한국 사회를 채워왔다면 한국문학은 내내 소수자와 타자를 위한 미래에 열려 있었다. 최근 한국문학의 경향에 대한 검토는 들끓는 이러한 열기에 대한 확인의 시간이다. 더 나은 공동체의 미래에 대한 한국문학의 관심이 가족을 중심으로 다시 시작되었다는 점에 주목할 필요가 있다. '함께'하는 미래에 대한 문학적 고민이 아닐 수 없다. 이 책은 3부로 이루어져 있다. 1부에서는 그 고민의 문학적 흔적들, 즉 가족, 노동, 돌봄에 대한 소설적 관심을 소영현, 백지은, 김미정, 조연정, 오혜진의 시선을 통해 확인할 수 있다. 앞선 문제들은 결국 더 큰 시야에서 자본주의의 문제일 수밖에 없다. 2부에서는 황정아, 김형중, 이소, 이은지, 소유정이 계급, 세대, 폭력, 사랑의 문제로 구체화되는 한국문학을 통해 시대적, 세대적, 계보적으로 뒤얽혀 있는 자본주의의 문제를 검토한다. 3부에서는 지구적 차원에서 이 시대의 가장 중요한 문제인 환경에 대한 한국문학의 관심을 소개한다. 양윤의, 박서양, 장은정, 양경언, 송현지, 최다영, 이희우가 시와 소설에 등장하는 비인간, 생태, 기후에 대한 문학적 관심을 살피며 그로부터 만들어지는 대안적 가능성을 전한다.

　생성형 인공지능 시대에 언어로 자신의 인장을 새기며 글을 쓴다는 것은 무엇인가에 대해 더 많이 자문하게 된다. 번역에 대해서는 더 말할 것도 없을 것이다. 이 책에는 20년 이상의 연륜을 가진 문학평론가부터 비교적 최근 비평 활동을 시작한 신진 평론가에 이르기까지 다양한 관점을 가진 다른 세대의 문학평론가들이 포진해 있으며, 각기 다른 키워드와 독해법으로 다양한 대상 텍스트를 소개하고 읽으며 해체하고 재구축하고 있다. 앞서 언급해왔듯, 문학에 대한 이해가 이만큼의 갈래로 가능하다고 할 것이다. 여기 실린 비평들은 한국문학의 경향성을 살핀다는 공통의 목표를 향해 함께 모여 있음에도 각기 너무 다른 글쓰기의 개성을 보여준다. 시와 소설, 희곡이 그러하듯 비평이 그 자체로 개성이 뚜렷한 문학적 작업임을 새삼 확인할 수 있을 것이다. 자신만의 언어로 문학 아니 세계와 대결하고 있는 이 글들이 한국문학에 대한 더 많은 흥미를 이끌고 더 깊은 이해를 마련해줄 수 있을 것이라 믿는다. 한국문학에 대해 보다 넓고 깊게 알고 싶은 이들에게 작은 도움이 되기를 바라면서 이 책에서 다루는 작품의 목록을 덧붙여둔다. 한국문학에 대한 더 많은 관심을 촉발할 수 있는 작은 발판이 될 수 있기를 기대해본다.

*

　　이 책은 한국문학번역원 번역아카데미에서 진행한 비평포럼 행사를 바탕으로 한다. 한국 독자는 말할 것도 없이 예비 문학번역가인 한국문학번역원 번역아카데미 학생과 문학번역가, 그리고 한국어를 사용하지 않는 한국문학 독자를 향한 한국문학 소개의 필요성과 취지에 공감하는 조연정 평론가, 전승민 평론가와 함께 비평포럼을 기획하게 되었다. 사실상 한국어 사용자인 한국문학 독자들에게도 한국문학의 최신 경향을 확인할 수 있는 통로를 찾기란 쉬운 일이 아니다. 온라인 문화의 강국임에도 온라인을 통해서는 한국문학의 최신 경향을 알기가 쉽지 않다. 이런 상황을 고려하자면 한국문학을 각기 다른 언어로 번역해 소개하는 일을 주도하는 한국문학번역원이 한국문학의 최신 경향을 소개하는 발신처가 되는 일도 꽤 의미가 있을 것으로 여겨졌다. 가능하다면 계절마다 한 번씩 가벼운 마음으로 참여할 수 있는 즐거운 문학 행사가 될 수 있다면 더 좋겠다는 생각도 했었다.

〈다시 계급으로 문학하기〉(2023.5.28.)를 시작으로, 〈가족, 연대〉(2023.7.28.) 〈사랑의 접면들〉(2023.9.8.) 〈넘어가는 이야기들〉(2023.11.17.) 〈세대의 이름으로〉(2024.10.18.) 〈지속 가능한 미래〉(2024.11.22.)에 이르기까지, 비평포럼은 2023년 4회, 2024년 2회에 걸쳐 개최되었다. 돌이켜보면, 매번 다양한 관점을 가진 문학평론가들이 국내외 전문가와 비전문가를 막론한 독자를 대상으로 한국문학을 소개할 수 있는 소중하고도 유의미한 시간이었다. 문학평론가들이 행사마다 사회자, 발제자, 토론자로 자리를 바꿔가며 등장하여 각기 다른 역할을 맡아 한국문학을 읽어주는 장면을 보는 것도 비평포럼이 제공한 작은 재미 가운데 하나였다. 첫 개최 이후 온라인 현장 참여가 가능해지자 매회 거듭될수록 참여자가 빠르게 늘어났다. 국내뿐 아니라 해외에서도 관심을 갖고 비평포럼 행사를 기다린다는 소식도 들려왔다. 유의미한 기획이었음을 다시금 확신할 수 있었다.

정부 산하 공공기관의 성격상 이러한 행사도 사업 형태로 진행되어야 한다. 예산 등 여러 변수에 따라 사업의 지속성과 안정성을 확보하기란 쉬운 일이 아닌 것이다. 아쉽게도 6회에 걸친 비평포럼 개최 이후로 행사를 지속하지는 못하고 있다. 하지만 비평적 시선을 통과한 한국문학 소개의 필요성은 증가하고 있다고 할 것이다. 이후에 진전된 형태로 비평포럼이 재개되고 지속될 수 있기를 기대해본다. 한국문학에 대한 깊이 있는 이해를 좀더 폭넓은 독자를 향해 발신하려던 쉽지 않은 이 기획에 흔쾌히 동참하시고 즐거운 행사를 함께 만들어주신 문학평론가들께 다시금 감사드린다. 비평포럼의 진짜 주인공은 온·오프라인으로 참여했던 한국문학을 사랑하는 분들이다. 이 책을 통해 다시 한번 감사와 안부를 전한다. 더불어, 아직 도래하지 않은 비평포럼 행사에서 발제자로 모시고 싶었으나, 지난 비평포럼 행사에서 토론자로만 참여했던 문학평론가들, 선우은실, 허희, 김나영, 이지은, 전청림, 인아영 평론가에게도 이 자리를 빌려 아쉬운 마음을 담아 감사를 전한다.

한국문학번역원 그리고 번역아카데미 교육본부의 지원이 없이는 비평포럼 행사를 치를 수 없었을 것이고 이 책도 나올 수 없었을 것이다. 곽효환 전 원장님, 전수용 원장님 이하 한국문학번역원 그리고 박소연 전 본부장님, 곽현주 본부장님 이하 여러모로 애써준 번역교육본부 여러분께 감사의 말씀을 전한다. 특히 이전에 없었던 행사를 치르느라 함께 고생했고 지금은 각기 다른 곳에 있기도 한 실무 담당자분들께 진심으로 감사를 전한다. 마지막으로 문학평론가의 글을 열일곱 편이나 모으는 일은 결코 쉬운 일이 아니다. 이 책을 선뜻 내기로 결정해준 문학과지성사 이광호 대표님께 감사드리며, 그 어려운 일을 기꺼이 맡아 한 권의 책으로 잘 만들어준 최은지 편집자께도 감사드린다.

2025년 9월
필자의 일원, 소영현

1부
가족, 노동, 돌봄

다시 만난 세계
여성 서사의 진화와 가족 서사의 재발견

·· 소영현

1. 여성 서사의 확장과 진화:
페미니즘 대중화 이후의 여성 서사

　페미니즘 대중화 이후의 여성 서사는 주요 서사의 부속물로서 동원되거나 가족 내 할당된 역할 혹은 가족 바깥의 존재라는 식의 패턴화된 형태를 벗어나서 다양한 서사(=현실)의 발견으로 변주되어왔다. 현실에 있으나 서사에 없던 존재들, 가부장제가 자리와 역할을 부여한 존재들 이외의 여성들, 즉 남성의 가계도에서는 주변부적인 존재였던 여성들, 비혼이나 기혼인 이모나 고모, 촌수 먼 여성 친척들의 자리가 마련되었다. 가부장 체제에 의해서는 가시화되지 않던 '관계'도 포착되었다. 단지 친밀성을 나누는 존재가 아니라 사회생활의 일원으로서 직장 동료나 선후배의 다층적 면모가 포착되었고 퀴어를 포함한 비혈연의 생활동반자적 관계에 대한 폭넓은 포착이 이루어졌다. 이는 여성 서사가 단지 서사적 변주로만 한정할 수 없는 변화를 겪고 있음을 보여준다. 실제로 그 변화의 일면은 여성을 중심으로 한 가계도를 구축하는 방식[1]으로,

---

[1] 황정은의 『연년세세』(창비, 2020), 정세랑의 『시선으로부터,』(문학동네,

다른 일면에서 페미니즘 대중화 이후로 본격화된 퀴어 서사의 등
장으로도[2] 포착되어온 게 사실이다. 아울러 매체의 다변화에 기반

2020), 한정현의 『소녀 연예인 이보나』(민음사, 2020), 최은영의 『밝은 밤』(문학
동네, 2021) 등 적지 않은 소설들이 어머니의 어머니의 어머니로 이어지는 여성
의 가계도를 서사화하면서 할아버지에서 아버지로 이어지는 남성 중심의 가계
도를 재편하고 여성 중심의 가족사를 다시 쓰고 있다. 구체적으로 살펴보자면,
여성 중심의 가족사가 무명 여성들의 그림자 노동의 역사로 구현될 수밖에 없음
을 정제된 비참함의 면모로 포착하는 황정은의 『연년세세』에서 여성 서사는 혈
연으로 이루어진 관계를 지칭하는 말을 지울 때 그 관계 속에서 사라졌던 개별
존재를 가시화한다. 의미 없는 기호로만 환원되는 '순자'의 삶의 반대편에 그 자
신의 이름인 '이순옥'이나 딸 '한세진' 등으로 이어지는 실체로서의 여성들을 배
치하면서, '순자'라는 기호 뒤로 사라졌던 개별 존재의 윤곽과 그 실체적 삶을
복원한다. '이순옥'과 '이순옥'의 친구 '순자' 그리고 수많은 '순자'라는 이름뿐
아니라 나아가 '이순옥'의 어머니 시대로부터 후대에 이르기까지 반복되는 여성
들의 삶을 환기하는 '순자'라는 기호를 통해 소설은 혈연이나 친족 관계 속에 함
몰된 여성들의 삭제된 노동(현실)을 복원하고, 그 여파로서 억압적 여성의 역사
가 반복되는 근원적 이유를 질문한다. 역사의 비가시적 면모들을 부각하면서 여
성들 혹은 소수자들의 관계도를 중심으로 한 여성 서사를 구축하고 여성 서사를
역사에 대한 보철 서사로 기능하게 하는 한정현의 『소녀 연예인 이보나』나 최
은영의 『밝은 밤』이 여성 서사로서의 역사 쓰기를 다시 수행하고 있다면, 정세
랑의 『시선으로부터,』에서 구축된 여성 서사는 역전된 형태의 남성 중심 서사와
는 결이 다른 상상력을 보여준다는 면에서 상호 보족적 작업이라 해도 좋을 것
이다. 특히 정세랑의 『시선으로부터,』에서 제안되는 여성-예술가의 가계도는,
한국에 거주하고 한국어를 사용하면서도 혈연으로 구성되지는 않은 가족, 즉 혈
연 중심주의와는 꽤 먼 거리에 놓인 가족을 상상한다는 점에서 큰 의미를 갖는
다. 이 과정에서 혈통은 말할 것도 없이 한국 사회에서 조심스럽게 다루어지는
'혼혈'의 의미까지 재고된다. 혈통과 혈연 중심의 가계도를 강화하는 제사 의례
의 의미도 바꿔놓는다. 『시선으로부터,』에서 '심시선' 역사를 애도하기 위해 탈-
혈연적인 가계도가 시작되는 하와이에 모인 비-혈연적 가족은 제사로 대표되는
가부장-혈통 중심주의를 강화하는 의례를 비판적으로 재전유하면서, 낭만적 사
랑에 기반한 이성애 중심주의에 등을 돌리고, 우리의 예측과는 전혀 다른 방식
의 가족 형태가 후속 세대에 의해 실행될 수 있음을 경쾌한 문체로 암시한다.
2 김건형, 『-우리는 사랑을 발명한다』, 문학동네, 2023; 오혜진, 『포스트페미
니즘 시대 한국 여성문학·퀴어문학 연구—2010년대 이후 시민권 담론과 소수자
정치』, 성균관대학교 박사학위논문, 2024.

하여 대표적 대중 서사인 웹툰을 통해서도 다양한 여성 서사(-현실)가 등장하고 있음을—주목해야 할 변화 가운데 하나로 꼽을 수 있다.[3]

2010년대 중반 이후로 페미니즘의 대중화를 이끈(이끌 수 있었던) 의제는 한국 사회에서 가부장제와 긴밀하게 결합되어 전 사회적인 영향력을 행사해온 소수자, 타자 혐오로 압축된다. 문학과 문화 영역에서의 성폭력 문제에 대한 가시적인 관심을 통해 시대적 경향성을 확인하기는 어렵지 않은데, 사회 차별의 요인들이 젠더적 지평에서 폭발적인 분출력을 마련했다. 여성 서사의 차원에서 이러한 경향은 조남주의 『82년생 김지영』(민음사, 2016)을 통해 단적으로 확인할 수 있듯이, 타자로서의 여성에 대한 서사적 관심을 피해자로서의 여성에 대한 주목의 형태로 포착하는 미묘한 이동을 불러왔다. 따지자면 피해자로서의 여성 자체에 대한 호명에 관심을 기울였다기보다는, '피해자-되기'나 연대라는 관념을 활용하면서 서사의 관심이 피해자로서의 여성의 자리를 극복하는 데 집중되었다. 이러한 변화는 여성 서사를 통해 포착하고자 하는 여성의 일면이 타자이거나 피해자가 아님을 말해주며, 반대로 말하자면 여성을 타자와 피해자의 자리에 가두는 방식에서 탈피하고

---

3 구자준,「변화하는 일상툰의 비판적 가족 재현—웹툰 〈단지〉와 〈며느라기〉를 중심으로」,『한국극예술연구』제65집, 2019, pp. 71~98; 탱알,『다 된 만화에 페미니즘 끼얹기—여성 서사 웹툰 읽기』, 신디, 2019; 허윤,「'페미니즘 리부트' 시대의 여성 간 로맨스—비완·seri 〈그녀의 심청〉(저스툰, 2017~2019)」,『대중서사연구』제28권 4호, 2020, pp. 183~212; 김강으,「고소설 문화콘텐츠를 통해 본 여성서사의 새로운 가능성—웹툰 〈그녀의 심청〉을 중심으로」,『한국고전여성문학연구』제41호, 2020, pp. 177~205.

자 한 시도의 결과로 보아야 할 것이다. 페미니즘 대중화 이후 여성 서사에서 주목할 점은 미묘한 성격 변화 자체가 아니라 그것이 이끈 '효과'인 셈이다.

요컨대, 신자유주의적 사회 재편의 세례로서 혹은 그 전면적인 저항으로서의 페미니즘 대중화가 열어준 여성 서사의 세계는 모두가 주체이거나 모두가 타자이자 소수자인 시대의 여성 서사라는 점에서 긍부정적 새로운 의미망을 마련한다고 할 것이다. 신자유주의적 개인화의 압력은 여성을 주체화하는 동시에 그 여성을 공모적이고 착종적인 존재로 구축하는데, 이러한 상황은 우리가 상상할 수 있는 여성-주체의 최대치가 외형상 신자유주의적 주체로서 구현될 수 있음을 말해준다.

이런 의미에서 페미니즘이 주창해온 여성들 간의 연대는 순진한 각본이 될 수밖에 없다. 신자유주의가 만들어낸 여성의 개인화와 계급의 젠더화 결과로서 여성 내 계급 격차와 불평등이 좀더 뚜렷해질 수밖에 없기 때문이다.[4] 이는 더 이상 여성이 처한 억압적 모순을 폭로하거나 체제에 의해 비가시화된 타자로서의 여성을 복원하는 것만으로 여성 서사의 가능성을 담지한다고 말하기 어려우며, 여성 서사를 다루는 것만으로는 그 너머의 세계를 상상하거나 제안할 수 없음을 말해준다.

덧붙여 이 난제를 다루기가 어려운 것은 우리가 비판이 불가능한 시대에 직면해 있기 때문이기도 하다. '타자적-주체적' 여성 등장의 의미를 둘러싸고 거시 구조의 구성적 일면에 대한 날카롭

---

4 김현미, 『흠결 없는 파편들의 사회』, 봄알람, 2023, pp. 19~20.

고 전면적인 비판의 실천이 그리 용이하지는 않은데, 비판 정신이 기능하기 위한 비판 지평이 존재한다고 확신할 수 없는 상황은 그러한 비판적 조망의 자리가 허용하는 틈이나 이면이 주체이자 타자-소수자들로만 채워진 현실 세계에서 과연 유용한 제언의 자리를 차지할 수 있는가라는 의구심을 떨치기 어렵게 하기 때문이다. 사유 실험적 시도로서 이 글에서는 비판이, 이면을 밝히기 위해 해체를 거듭하는 자리가 아니라 파편들을 모으고 배치하는 자리에서 제 기능을 할 수 있음을 염두에 둔 채로, 대결이나 통합이 아니라 부분적 퍼스펙티브의 '연결'이 만들어내는 상상적 외부에 주목하여[5] 여성 서사가 마련하는 새로운 연결과 배치의 면모를 더듬어 보면서 다변화된 여성 서사의 의미와 가능성을 검토하고자 한다.

2020년대 전후로 등장한 여성 서사들은[6] 가족관계를 중심으로 친족 관계에서 유사 가족관계까지를 포함하면서, 연대를 상상하지만 연대 불가능성을 확인하는 방식으로, 여전히 해소되지 않는 여성들 사이의 미묘한 갈등이나 불화를 구조적 차원에서 짚는 방식으로, 여성 서사의 경계가 여러 각도에서 가족 서사의 갱신 형태로 재편되고 확장되고 있음을 보여준다.[7] 여성 서사는 더 이상

---

5 메릴린 스트래선, 『부분적인 연결들』, 차은정 옮김, 오월의봄, 2019 참조.
6 최은영의 『몫』(미메시스, 2018), 『아주 희미한 빛으로도』(문학동네, 2023), 김유담의 『이완의 자세』(창비, 2021), 『돌보는 마음』(민음사, 2022), 『커튼콜은 사양할게요』(창비, 2022), 김지연의 『마음에 없는 소리』(문학동네, 2022), 박서련의 『당신 엄마가 당신보다 잘하는 게임』(민음사, 2022), 『나, 나, 마들렌』(한겨레출판, 2023), 이서수의 『젊은 근희의 행진』(은행나무, 2023), 『엄마를 절에 버리러』(자음과모음, 2023), 이주혜의 『그 고양이의 이름은 길다』(창비, 2022), 『누의 자리』(자음과모음, 2023), 손보미의 『사랑의 꿈』(문학동네, 2023) 등.
7 김미정은 김유담과 박서련의 소설을 두고 적대의 조밀한 조건들에 서사가

여성 서사라는 이름으로 한정할 수 없는 지점까지 그 경계를 확장하면서 현실 자체에 좀더 밀착하는 쪽으로 이동하고 있다. 문학계에서 여성 서사가 뚜렷하게 가시화된 1990년대 이후로, 가족으로부터 분리된 자리에서 여성 서사를 수립하려던 열망은 가족 서사의 갱신 자체가 여성 서사의 새로운 가능성임을 새삼스레 확인하는 쪽으로 움직이고 있다고도, 예측과는 다른 방식으로 구체화되고 있다고도 할 수 있는 것이다.

이러한 이동의 과정이 일방향적이지도 선형적이지도 않다는 것, 그리고 그것은 어떤 의미에서는 지체로 보이거나 되밟기 작업으로도 보인다는 점을 언급하지 않을 수 없는데, 이 글에서는 여성 서사를 가족 서사의 범주와 겹쳐두고 이러한 흐름이 가닿고 있는 지점과 그것을 통해 제기된 질문의 함의를 살피면서 이러한 변화의 다변적 영향을 좀더 섬세하게 읽어내고자 한다. 구체적으로 집과 가족에 주목하면서 여성 서사와 가족 서사의 교차적 면모를 보여주는 이서수의 소설과 퀴어를 혈연가족 내 존재로 복원하고 가족 서사를 다시 쓰고 있는 김병운의 소설을 통해, 이 재편된 가족 서사가 서사나 서사로 구현된 현실의 보수화나 지체가 아니라 좀더 심도 깊은 성찰에 기반한 서사적 진전임을 확인하고자 하는 것이다. 이러한 진전은 혈연이나 제도 차원에서 논의되던 가족 개념을 친밀성 중심으로 재편할 수 있게 한다는 점에서 유의미하다고 하겠다.

할애되고 있으며 결과적으로 여성들이 서로 적대할 수밖에 없는 구조가 좀더 명확하게 그려지고 있다고 짚은 바 있다. 김미정, 「여성 서사의 자긍심」, 『문학과사회』 2022년 여름호, pp. 279~90.

2. 여성 서사 다시 쓰기: 여성 서사×가족 서사

　가족 서사는 꽤 오랫동안 그저 낡은 것으로 치부되었다. 특히 국가와 공동체로부터 자유로운 개인이 부상하던 1990년대 이후로, 한국문학에서 가족은 버리고 싶지만 버릴 수 없는 족쇄 같은 것으로 다루어졌다. 전통적인 것, 낡은 것, 권위적인 것, 보수적인 것, 버리고 싶지만 버릴 수 없는 애잔한 것, 무엇보다 가부장제적인 것과 다르지 않은 것으로 이해되었다. '여성 문학 전성시대'라 불렸던 1990년대 다수의 문학에서 가족의 억압적이고 폭력적인 (가부장제적인) 면모를 적지 않게 확인할 수 있었다. 신자유주의적 자본의 위력이 거세진 2000년대 이후로, 이른바 가족해체와 1인 가구의 등장 경향이 뚜렷해지면서 가족에 대한 관심은 중산층을 중심으로 한정되기 시작했고, 가족은 친밀성을 공유하는 (혈연 기반의) 구성체라기보다 경제 공동체의 성격을 더 많이 갖게 되었다.
　가족을 부양하거나 생계를 책임지는 역할을 내팽개치고 가족의 무게를 견디지 못하고 도망가버린 김애란의 소설 「달려라, 아비」(『달려라, 아비』, 창비, 2005) 속 아버지나 생활 능력이 없는 남편들과 여성에게 기생하는 남성들을 향해 밥상을 뒤엎고 물건을 부수거나 원망의 주먹질과 화풀이를 반복하면서 폭력적 감정의 분출을 일삼는 김이설의 소설 『환영』(자음과모음, 2011) 속 여성-가부장을 통해[8] 확인할 수 있듯, 2000년대 전후로 가부장인 아

---

[8] 소영현, 「여성의 몸을 말하는, 21세기형 사회소설」, 『하위의 시간』, 문학동네, 2016, p. 135.

버지의 권위는 부재하는 형태로나 남게 되었고 가족 내 권력도 생계를 책임지는 이에게로 옮겨가게 되었다. 나아가 편혜영의 소설 「우리가 나란히」(『소년이로』, 문학과지성사, 2019)가 보여주듯, 혈연의 위계가 가족 내의 권위를 보증해주지 않으며 생계 책임자의 성별이나 연령도 더 이상 중요하지 않게 되었다.

가족은 동거 가족 가구의 구성원을 의미하는 동시에 결혼과 친족 유대를 통해 연결된 사람들을 의미한다. 함께 거주하는 가까운 친척을 가리키는 의미에서 가족은 서구에서도 18세기 후반에야 등장한 개념으로, 부르주아의 직업 지위의 세대적 계승을 수행한다는 차원에서 철저하게 근대적으로 작동한다. 이러한 대목은 가족과 계급이 근본적으로 긴밀하게 얽혀 있음을 말해준다.[9] 한국 사회는 한 사람의 생계 부양자를 중심으로 가족경제가 유지되던 시절을 지나, 국가부도의 위기를 통과하면서 이른바 노동의 유연성이란 이름으로 성별과 세대, 연령의 구분 없이 유급 노동 중심의 가족구조로 전환되기 시작했다. 남성-가장의 지위가 근본에서 흔들리고 성별분업을 축으로 하는 핵가족의 효용성이 무력화되면서 양육과 돌봄으로 지탱되는 개인과 가족의 삶이 자본의 논리에 잠식되어 시장화된 것이다.[10] 그리하여 생계 책임자가 갖는 권위는 언제든 누구에게든 이양될 수 있는 것이자 생계를 책임질 수 있는 시기에만 유지될 수 있게 되었다. 국가나 사회의 위기를 고스란히

---

9   미셸 바렛·메리 맥킨토시, 1장 「가치에 대한 질문」, 『반사회적 가족』, 김혜경·배은경 옮김, 나름북스, 2019.
10 김혜영, 「'동원된 가족주의'의 시대에서 '가족 위험'의 사회로」, 『한국사회』 제17집 제2호, 2016, pp. 224~26.

개인에게로 떠넘기고 개인 간의 차이를 위계로 만들어버리는 신자유주의적 세계 구성 원리 내에서 끝내 실패로 귀결하지 않을 생애가 많지 않아졌지만, 점차 가족이 개인의 실패를 무조건적으로 '함께' 떠안지는 않게 되었다. 자본의 논리에 따라 가족은 때로는 경제활동을 위한 협업 구성체로 때로는 남보다 못한 관계로 손쉽게 변경되었다.

물론 이는 근본적으로 자본과 노동의 의미 변화가 이끈 효과이다. 가령, 주목 경제는 금융자본주의 아니, 투기적 자본주의 시대에 달라진 자본과 노동의 의미를 환기한다. IMF 경제위기를 겪은 한국 사회에서 구조조정과 노동시장의 유연화가 본격화되면서 사회적 불평등의 심화에 따른 양극화가 회복될 수 없는 수준에 이르고 있다. 일시적이고 단기적인 비정규직 노동은 말할 것도 없고, 개인사업자의 개념을 넘어서서 스마트폰과 앱 기반의 단기, 초단기 플랫폼노동(자)이 산업의 주류가 되어가는 상황이다. 생애주기에 따른 개인의 삶의 구성이나 가족의 표준화된 생애주기는 탈구되고 비균질화될 수밖에 없는 것이다. 이서수의 소설 『헬프 미 시스터』(은행나무, 2022)나 「미조의 시대」, 「젊은 근희의 행진」(『젊은 근희의 행진』, 은행나무, 2023)이 피할 수 없는 이 시대의 진실로서 보여주고 있듯, 플랫폼노동(자)을 중심으로 한 세계에서 노동과 실업의 경계는 희미해지고 있다. 생계 부양자의 개념도 함의를 상실해가고 있으며, 정상 가족 이데올로기의 힘에는 불가역의 균열이 새겨지고 있다.

이서수의 소설 「엄마를 절에 버리러」에서 엄마와 딸 '소원'은 가장의 오랜 투병으로 인한 경제적 부담을 나눠 갖고 있으며, 환자를 돌보는 일뿐만 아니라 서로에 대한 부양과 돌봄의 책임을 의무이자 빚처럼 나눠 갖고 있다. 이들은 가족을 부양과 돌봄의 책임을 회피할 수 없는 공동 운명체로 인식한다.

> 엄마가 옥수수를 삶다가 내게 고통 없이 죽을 수 있는 방법을 물었을 때, 나는 딱딱한 목소리로 되물었다. 이제 와서 엄마 혼자 죽으면 내가 돈도 벌면서 아버지 간호도 해야 하는데 나보고 어쩌라는 거냐고. 이 집에선 누구도 도망쳐선 안 되었다.[11]
>
> 내가 갑자기 아프기라도 해봐. 그러면 간병 생활 다시 시작이야. 그 지옥 같은 일을 또 반복해야 돼. 그러니까 우리는 여기서 연을 끊는 게 나아. 차라리 그게 더 나아. (p. 21)

이러한 상황은 온전한 핵가족의 형태를 이루고 있다고 해도 그 가족이 1인 가족(가구)보다 정상성을 획득하고 있다고 말하기 어렵다는 사실을 확인시킬 뿐 아니라 의료와 부양이라는 돌봄의 영역이 철저하게 가족에게 떠맡겨져 있음을 확인하게 한다. 책임과 의무를 다해야 하는 상황이 가족의 일원에게는 함부로 죽어서도 안 된다는 압박으로 작용하는 것이다. 더구나 우리의 예상과는 달리 주거 공간의 분리 여부는 가족제도가 개인에게 가하는 억압의 강도를 결코 약화시키지 않는다.

---

11 이서수, 「엄마를 절에 버리러」, 『엄마를 절에 버리러』, 자음과모음, 2023, p. 13. 이하 인용 시 페이지만 표기.

물론 억압의 강도에는 계급의 차이가 새겨져 있기도 하다. 「엄마를 절에 버리러」의 청년들인 '소원'과 친구 '이선'의 서로 다른 상황이 말해주듯, 핵가족 형태의 내부 즉 그 일원인 여성 청년들 사이에도 계급 격차는 뚜렷하다. '소원'과 '이선'에게 부모와의 동거가 갖는 의미는 표면적인 유사성과는 달리 젠더화되고 계급화된 격차를 갖는 꽤 이질적인 것으로, 그런 의미에서 그 격차는 쉽게 좁힐 수 없는 것으로 인식되어야 한다. 가족의 지원을 받지 못하거나 친밀성을 나눌 존재가 없는 사람들의 증가 현상과 그 의미를 '가족 난민'이라는 용어로 짚고 있는 사회학자 야마다 마사히로의 지적처럼, '자립하지 않는' 싱글과 '자립할 수 없는' 싱글의 차이는 오히려 더 커지고 있다.[12] 이는 신자유주의 시대에 점차 극심해진 양극화와 젠더화된 빈곤을 다루기 위해 특정 연령-세대나 그 세대의 계급이나 젠더 문제를 떼어내서 다룰 수 없으며, 그러한 방식이 가능하거나 유효하지도 않다는 사실을 시사한다.[13]

우리가 가족으로 맺어져 있는 게 슬프고 한스러웠다. 그러나 다시 태어나더라도 부모와 전혀 모르는 사이가 되고 싶진 않았다. 서로를 아예 모르는 채로 살아가는 삶은 상상할 수 없었기 때문이다. 다시 가족으로 만나, 이번엔 돈이 아주 많은 가족으로 만나 서로에게 든든하고 편안한 안식처가 되어주고 싶었다. 돈이 많으면

---

12 야마다 마사히로, 3장 「'페러사이트 싱글'의 출현과 변질 과정, 그리고 한계」, 『가족 난민』, 니시야마 치나·함인희 옮김, 그린비, 2019 참조.
13 새삼스럽게 언급하자면, 교차성의 관점에 입각한 시야가 요청된다고도 할 수 있으며, 좁혀서는 가족과 같은 통합적 논의 틀 안에서 살펴볼 필요가 있다고도 말할 수 있다.

그런 가족이 될 수 있을 것 같았다. (pp. 32~33)

바로 그런 의미로 이 소설을 통과하면서 가족에 대한 꽤 유의미한 통찰을 얻게 된다. 가족에 대한 논의를 친밀성에 대한 관심과는 분리해서 다룰 필요가 있는 것이다. '이제 그만 죽어'라고 담담하게 말할 수 있을 정도로 아버지의 오랜 투병 생활에 지쳤음에도, 소설 속 엄마는 가족을 잃은 상실감을 떨치지 못하며, 딸 '소원'의 경우도 다르지 않다. 그녀들은 종종 끝없이 이어지는 빚을 갚다가 가족을 내다 버리고 싶었던 때가 있으며 "가족으로 맺어져 있는 게 슬프고 한스러웠"(p. 32)음을 고백하지만, 소설의 주된 정조는 흥미롭게도 그 감정이 가족의 일원에 대한 것이 아님을 우회적으로 전한다. 병에 걸린 아버지를 돌보고 가족경제를 책임지는 엄마와 딸이 지칠 때마다 서로를 돌보는 일을 게을리하지 않는 일면을 포착하면서, 소설은 그들이 버리고 싶은 것이 있다면 그것이 가족이기보다는 가족이 처한 상황임을, 그렇게 가족과 친밀성을 분리해서 들여다볼 수 있게 한다.

사정 자체는 조금도 변하지 않았고 가족은 2020년대의 엄마와 딸에게도 여전히 고통을 안겨주지만, 그 재현의 관점과 지점은 꽤 달라져 있다. 가족이 서로에게 가하는 고통으로는 가족을 통해 마련되고 지속되는 친밀성에 대한 요구 자체가 소거될 수 없음을 선언하는 듯 보인다. 가족해체의 시대 아니 초개인화된 시대에도 여전히 친밀성이 삶을 지탱하기 위한 핵심 요소임을 역설하는 이 소설을 통해 가족해체와 친밀성의 요청이 동시적으로 논의되어야 할 문제임을 확인하게 된다. 2020년대 가족 서사의 역설적 면모라

할 만하다.

　가족에게 부여된 돌봄이나 부양의 책임을 가족 안에서 더 이상 해결할 수 없는 시대이다. 이서수의 소설은 가족에게 부여된 책임이 철저하게 젠더화된 것임을 '가족 유기'라는 불온한 상상력을 통해 포착한다. 그 책임의 무게가 젠더화된 윤리적 압박으로 작용한다는 점에서, 부양과 돌봄을 떠맡는 여성에 대한 논의를 개별적인 개인의 문제로 환원할 수 없으며, 결과적으로 가족의 문제로 살펴야 한다는 사실을 다시금 확인하게 된다. '가족 유기'의 상상력이야말로 가족 서사가 여성 서사이기도 하다는 점을 통찰하게 하는 것이다. 이렇게 본다면 '가족 유기'와 같은 극단적 상상력을 통해 다시 주목하게 되는 가족문제는 현재 사회의 누적된 불평등과 차별의 결과에 대한 현상화이거나 그것에 대한 응답이기도 하다.[14] 부양과 돌봄의 문제에서 자유로울 수 없는 여성들의 이야기가 결과적으로 가족 서사의 다시 쓰기 형태로 반복될 수밖에 없는 것이다. 여성 서사의 갱신이 가족 서사의 재편과 맞물리거나 겹치는 상황은 여성이 처한 현실의 일면이 추동하는 바이기도 하다.

3. 퀴어 서사 다시 쓰기: 퀴어 서사×가족 서사

　여성 서사 혹은 가족 서사가 비-혈연과 탈-혈연적 관계만을 지향한다는 관점을 고수할 때, 여성 서사-가족 서사의 확장태가

14　김순남, 『가족을 구성할 권리』, 오월의봄, 2022.

보여주는 다른 일면, 가령 퀴어-친족의 계보를 복원하면서 가족사를 다시 쓰고자 하는 시도의 의미와 같은 것은 누락되기 쉽다. 전면적인 사회 인식의 재편을 시도하는 박상영이나 조우리의 퀴어 서사와는 다른 자리에서 일상과의 접면을 넓혀가려는 시도들이 김병운의 퀴어 서사처럼 가족 서사와 겹쳐진 형태로 드러나는 경향에 대해서도 그 의미를 살필 필요가 있는 것이다. 혈연가족 내의 퀴어 서사 만들기 작업을 낡은 것으로만 치부할 수 없는 것은 이러한 시도가 어떻게 공동체 내의 일원으로서 퀴어가 그 존재 영역을 넓혀갈 것인가에 대한 소설적 모색이자 어떤 의미에서 퀴어 서사의 확장으로서의 의미를 갖기 때문일 것이다.

물론 퀴어 서사 내에서 혈연가족을 등장시킬 필요는 없으며 가족의 커밍아웃이 가족 내 피할 수 없는 갈등만을 야기하는 것도 아니다. 하지만 도시로 진출한 아들의 커밍아웃이 도심의 변두리나 지방에 거주하는 가족에게 삶의 터전을 떠날 결심을 하게 할 만큼의 사회적 압박임은, 김봉곤의 소설 「기록적」(『문학과사회』 2023년 겨울호)을 통해서도 확인할 수 있듯, 일상의 차원에서 여전히 부인할 수 없는 사실이다. 퀴어 소설가와 그 엄마의 이야기인 김병운의 소설 「그리고 여기서부터가 사소한 일이다」에서도 새삼 환기되는 것은 바로 그 지점이다. 익명의 삶이 그리 쉽게 허락되지 않는 한국 사회에서 커밍아웃은 주인공의 것으로만 한정되지 않고 필연적으로 그의 가족을 연루시킨다. 공개적인 커밍아웃을 한 것은 아니지만 게이 소설가를 내세운 소설을 발표하면서 결과적으로 주인공의 아들이 자신을 공개하게 된 상황을 다루는 이 소설은 그런 방식의 커밍아웃이 이웃과 터놓고 지내던 엄마의 삶을 벽장 속에 가둘 수 있음을 짚는다.

그래. 네가 누굴 만나든 어떻게 살든 그건 네가 알아서 할 일이지. 근데 그렇다고 해서 네가 나한테 피해를 줘도 되는 건 아니잖아? 나한테도 죽어도 말하고 싶지 않은 게 있다는 생각은 못 해봤니? 내가 지금 이걸 안고 사는 것만으로도 너무 버거울 거라는 생각은 못 해봤어? 네가 무슨 염치로 그걸 말하는데? 어째서 함부로 내 동의도 없이 막 까발리는데?

엄마가 그렇게 따져 물었을 때 나는 말문이 막혔다. 엄마가 나 때문에 난처해졌다는 사실도 사실이지만, 내가 엄마 인생에서 절대로 들키고 싶지 않은 비밀이 되었다는 게 억울해서. 내가 되고 싶었던 건 언제나 자랑이었는데 결국 내가 되고 만 건 비밀이라는 게 참담해서.[15]

소설에 따르면 게이 소설가의 작품이라는 소개문이 사진까지 실려 신문에 소개된 이후로,[16] 한동네에 살면서 서로의 집안 사정까지 속속들이 알고 지내던 사람들, 그러니까 엄마의 가까운 이웃이자 동료들이 그가 성소수자임을 알게 된 것이다. 따지자면 그

---

15 김병운, 「그리고 여기서부터가 사소한 일이다」, 『문학동네』 2022년 봄호, p. 246.
16 「그리고 여기서부터가 사소한 일이다」의 화자는 소설 속 소설의 내용이 게이이자 소설가인 화자 '나'가 퀴어 소설 출간을 거점으로 주변 사람들에게 하나둘 커밍아웃하는 과정을 담고 있으며, '나'가 세상 모든 사람들에게 말해도 끝내 엄마에게만은 말하지 못하는 자신의 한계를 확인하는 이야기였다고 요약한다. 같은 글, p. 243.

사건은 엄마와 주인공이 해소될 수 없는 갈등을 겪게 하지도 그에게 집을 떠나게 하지도 않았다. 엄마는 소설을 발표하기 전부터 아들이 게이임을 알고 있었다.[17] 서사의 주된 관심 가운데 하나가 퀴어 아들과 엄마의 '관계'임에도, 소설은 퀴어 아들을 '거부/부인'하는 엄마나 엄마와의 갈등에는 별다른 관심이 없는 편이다.

오히려 소설은 공동체를 작동시키는 혐오의 시선을 피하기 위해 집을 떠났던 아들보다는 남겨진 엄마의 상황에 좀더 시선을 둔다. 코로나19 확진 판정을 받아 병원에 격리된 엄마의 부탁으로 집을 관리하러 간 아들은 엄마의 방에 머물면서 비로소 그간 외면하던 질문들, "엄마는 매일 밤 여기에 누워 무슨 생각을 했을까" "홀로 남겨진 이 집에서 어떤 시간을 보냈을까"(p. 238)를 떠올리게 된다. 그의 반추에 따라 엄마의 일상에서 벌어진 다음과 같은 변화를 확인할 수 있다. '엄마는 소설이 신문에 소개되었던 그 일 이후로 두 달 뒤에 실직을 했다. 참다못해 이웃을 욕하며 공동체에 대한 적의를 드러내면서도 대부분의 시간을 방 안에 틀어박혀 지내며 침묵했다. 동네 아줌마들과 함께 했던 산악회나 성당 활동도 전부 그만두었다. 셀카나 직접 찍은 꽃 사진이 걸려 있던 카톡 프로필이 어느 순간을 기점으로 텅 비어버렸다.' 말하자면 엄마의 일상은 "어느 누구에게도 현재의 삶을 들키지 않으려고 애쓰는 것처럼"(p. 257) 점차 지워지고 있었던 것이다.

[17] 엄마에게 커밍아웃했을 때, 엄마는 "한동안 말을 잇지 못한 채 연신 눈물만 흘렸"고, 이미 "자책하면서 괴로워하기도 했으나" "상담이나 치료를 권유하지도" "회개나 갱생을 운운하지 않았"다. 오히려 엄마는 그가 성소수자로 입게 될지도 모를 피해나 위험을 걱정했고, "괜히 밉보이거나 동정받지 말"(p. 245)라는 당부를 거듭했다.

나는 이게 뭔지 너무 잘 알았다. 이건 틀림없이 벽장 속에 갇힌 내 모습이었으니까. 내가 벽장 속에서 겪었던 감정들을 엄마가 그대로 되풀이하고 있었으니까. 게이는 난데 왜 엄마가 수치스러워해야 하나? 게이는 난데 왜 엄마가 치욕을 감내해야 하나? 나는 그 순간 엄마를 벽장 속으로 밀어넣은 사람이 나라는 사실을 부인할 수가 없었고, 내가 엄마를 성소수자 부모라고 아우팅해버린 가해자라도 된 것만 같은 복잡한 기분에 울고 싶어졌다. (p. 246)

얼핏 갈등으로도 포착될 수 있는 그 지점의 다른 일면에 주목하며, 소설은 거기에서 자신을 닮은 이야기를 쓰고자 했던 자신의 욕망 때문에 화자가 떠넘긴 비밀에 짓눌려 엄마가 "낙인의 공포"에 사로잡히게 되었음을 포착한다. 화자에 따르면, 엄마는 "다른 사람이 알까 봐 두려워했고, 무슨 불이익을 당할까 봐 불안해했다"(p. 246). 이 마음 혹은 상태의 실체를 무엇이라 해야 할까. 표면적으로만 보면 아들이 퀴어인 걸 숨기고 싶은 마음이자 비밀로 떠안고 있는 마음이라고 해야 하지만, 사실 엄마의 마음은 아들과 엄마의 관계에만 한정되어 생겨난 감정이 아니다. 오히려 그것은 거부하거나 부인하려 해도 끝내 그럴 수 없는 어떤 면모, 즉 혈연이 끌고 오는 가족의 공동운명체적 면모와 연관된다. 작가는 그것이 아들에 대한 엄마의 거부나 부인의 마음과는 다른 것임을, 엄마의 경험이 사실상 퀴어인 자신이 경험하는 낙인의 공포와 조금도 다르지 않음을 세심하게 짚어낸다.

비슷한 시기에 씌어진 다른 두 편의 소설 「크리스마스에 진심」과 「세월은 우리에게 어울려」에서는 가족사 내에서 퀴어의 계보를 추적하면서 가족 서사 갱신의 면모를 좀더 분명하게 보여준다. 엘리스 벡델의 『펀 홈』과 같은 퀴어 가족사가 한국에서 가능할까 의구심을 품는 「세월은 우리에게 어울려」의 화자에게 친구 '장희'는, 가족사에서 철저하게 지워지거나 은폐되었을 퀴어의 혈연 가족적 계보를 환기하고 확신하다.

> 다들 말을 안 해서 그렇지 증조에 고조까지 거슬러 올라가든 사돈에 팔촌까지 옆으로 뻗어가든 가계도를 샅샅이 뒤져보면 퀴어가 여럿인 집은 생각보다 많을 거라고 자신했다. 그러고는 또 하나의 사례처럼 자기 아버지의 외종사촌 얘기를 했다. 그러니까 할머니의 큰오빠의 막내아들. 촌수를 엄밀히 따지자면 오촌 외종숙이지만 엄마가 삼촌으로 부르기에 자기도 그냥 삼촌으로 부르게 됐다는 친척 어른.[18]

「크리스마스에 진심」에서 자신의 삼촌이 게이냐는 친구 '용이'의 조카 '찬오'의 질문에 화자는 말문이 막히고 마는데, 친구에게 조카가 "이쪽"일지도 모를 어떤 전형을 일정 시기마다 모두 보이며, 자신의 어린 시절과 겹치는 어떤 면면들 때문에 놀라곤 한다는 얘기를 이미 전해들은 바 있기 때문이다.[19] 게이 삼촌과 조카

---

18 김병운, 「세월은 우리에게 어울려」, 『자음과모음』 2022년 겨울호, p. 220.
19 "아저씨가 보기엔 어때요? 제가 삼촌이랑 비슷해요./……응?/우리가 닮았어요?/나는 찬오가 무슨 고민을 하는지 알 것 같았고, 그래서 가슴이, 아니 영혼이 조여오는 듯한 기분을 느꼈다. 찬오는 이미 세상의 눈으로 자기 자신을 바라보기 시작한 것 같았고, 나는 그런 아이들이 자신을 어떤 식으로 통제하고 또 미

의 계보를 변주하고 있는 「세월은 우리에게 어울려」에서도 다르지 않다.[20] 소설 속 할머니는 손자인 '장희'를 볼 때마다 어릴 때의 삼촌과 똑같다는 말을 자주 했고, 그래서인지 화자의 엄마는 삼촌이 집에 오는 걸 별로 좋아하지 않았다는 것이다. 소설은 '죽은' 사람이자 '없는' 사람으로 취급했던 가족의 일원인 퀴어를 후대의 친족이 다시 발견하고 복원하는 과정을 통해 그의 삶과 죽음에 대한 풍문이 거짓일 뿐임을 밝히고[21] 조카의 삼촌으로서의 가족 내 자리를 마련해준다. 월북 가족이 그러하듯, 살아 있지만 죽은 사람으로 치부된 존재의 복원을 통해 가족 내 퀴어의 계보 구축은 말할 것도 없이 가족의 역사를 다시 쓰(게 되)는 것이다.

물론 소설은 혈연에 기반한 퀴어 친족의 복원이 가족 내에서 삭제되었던 퀴어의 삶의 복원으로 아름답게만 마무리될 수 없음을 놓치지 않는다. 그런 삭제와 누락을 가능하게 했던 어떤 마음들을 정확하게 가시화한다. 흥미롭게도 그 마음은 「세월은 우리에게

워하게 될지를 알았다. […] 제가 싫은 건요. 할머니가 걱정하는 거예요. 할머니가 그러는데요. 제가 삼촌 어렸을 때랑 비슷하대요./그래?/네. 너무 비슷해서 깜짝깜짝 놀란대요./할머니는 그게 싫으시대?/아니요, 그런 말은 안 했는데. 그냥 제가 알아요, 속상해한다는 걸." 김병운, 「크리스마스에 진심」, 웹진 〈비유〉 2022년 11월호.
20 어릴 때부터 여성스러운 행동거지로 천덕꾸러기 취급을 받던 엄마의 오촌 외종숙인 (삼촌으로 불렀던) '원진무' 씨는 1980년대 말에 미국으로 가서 잘 살다가 어느 날 갑자기 세상을 떠났고, 후일 알려진 바에 따르면 에이즈로 인한 합병증이 사인이었다.
21 엄마의 부음을 전해 듣고 찾아와 삼촌인 '원진무' 씨를 돌봐왔고 지금도 곁을 지키고 있다고 밝힌 사람이 전한 진실에 의하면, 미국에서 죽었다던 삼촌은 한국에 들어와 부산에 정착했으며, HIV 감염인으로 스무 해 가까이 살아냈고 또 살아가고 있으며, 최근 건강이 안 좋아져 기억이 있는 한 옛 인연들에게 인사를 전하고 있다는 것이다.

어울려」에서 삼촌 '원진무' 씨와 조카 '장희'를 둘러싼 두 개의 거짓말을 통해 폭로된다. "그이가 더러운 병에 걸렸다는 말. 하지 말라는 짓만 골라서 하더니 결국 죽었다는 말"(p. 230)로 퀴어인 삼촌의 실제 삶을 삭제한 엄마의 거짓말이 한편에 놓여 있고, 다른 한편에 삼촌과 함께 드라이브를 간 상대가 여자였다고 엄마에게 전한 '장희'의 거짓말이 놓여 있다. 두 거짓말은 아마도 누군가를 보호하고자 하는 마음이 만들어낸 것임에 분명할 것이다. 「크리스마스에 진심」에서 조카 '찬오'가 자신을 걱정하는 할머니를 안심시키기 위해 게이 삼촌과 거리를 두고자 하는 것과 마찬가지로, 「세월은 우리에게 어울려」에서의 어린 시절 '장희'는 삼촌에게서 무슨 영향이라도 받을까 봐 신경을 곤두세우던 엄마의 "복잡한 마음"(p. 229)을 모르지 않았기에 엄마를 안심시키려 한 것이다. 성소수자로서의 자신을 거부하거나 부정하는 것은 아니지만, 그럼에도 오히려 정반대로 깊이 연민하고 우려하는 마음을 갖고 있으며 그런 마음으로 사회에서 성소수자가 놓인 자리까지 공유하려는, 혈연으로 엮인 가족의 마음은 역설적으로 퀴어에게 견딜 수 없는 죄의식까지 껴안게 하기도 한다. 그런 의미에서 그 마음이 동시에 퀴어 혐오에 대한 반응이기도 했음을 부인하기는 어렵다. 소설이 세심하게 짚고 있듯, 소수자와 타자에 대한 혐오는 더 깊은 심연에 자리하고 있으며 혈연가족 내에서 종종 친밀성과 뒤엉킨 복합적인 힘으로 작동한다.

다른 애들의 수군거림이나 놀림보다 더 싫었던, 진심으로 혈연가족인 아들을 걱정하는 "엄마의 눈빛"(「크리스마스에 진심」)과 같은 것을, 할머니 말씀을 잘 듣는 착한 아이인 '찬오'가 겪을지도 모른다는 사실을 드러내는 방식인 김병운의 소설로 우회하면서, 이렇게 퀴어 친족의 계보를 다시 쓰는 일이 만들어내는 복잡한 심정을 들여다볼 수 있다. 그리고 그 마음을 고스란히 사랑으로 오인해서는 안 된다는 은밀한 전언과도 만나게 된다.「세월은 우리에게 어울려」의 엄마가 거짓말을 내뱉던 때의 마음,[22]「그리고 여기서부터가 사소한 일이다」의 엄마에게도 휘몰아쳤을 '불안이거나 공포였을' 그 마음을 섬세하게 헤아리면서도, 작가는 그 감정이 왜 불안이고 공포였을까에 대한 질문이 필요하다는 사실을 놓치지 않는다. "안전을 바라는 마음? 보호해야 한다는 믿음?" 그건 "헷갈릴 것도" "선해할 것도 없"는 "혐오"[23]였음을 쓰라린 마음으로 단언한다.

가족 서사 아니 가족의 문제로 돌아와보자. 비혼이나 1인 가구를 선택하는 이들이 증가하고 있으며, 가족에 대한 이야기보다는 가족해체에 대한 이야기를 더 많이 듣는 시절이다. 그러나 앞서 언급했듯이 자발적인 무자녀 가족이나 비혼 집단에서조차 개인화는 의외로 뚜렷하지 않은 편이다. 한국 사회의 많은 문제들은 여전히 강고한 가족주의와 연관되어 있다.[24] 가족해체 현상이 어제오늘

---

22 "감염과 죽음이 동의어인 줄 알았던 그 무지한 시절에, 장희의 미래를 오염과 타락, 징벌로밖에 상상할 수 없었던 그 막막한 날들에 그녀가 홀로 감당했을 공포의 무게에 대해 생각했다. 그러니까 어쩌면 그건 장희의 성장과 함께 증식한 불안이 아니었을까. 장희가 누군가를 원하고 만지고 사랑하는 게 이상할 게 없는 나이가 됨으로써 […] 완성된 공포가 아니었을까." 김병운,「세월은 우리에게 어울려」, 같은 책, p. 230.
23 같은 책, p. 232.
24 저자 김희경에 따르면, 한국의 가족은 압축적 근대화가 낳은 온갖 부작용의 해결사 역할을 해왔고, 지금도 다르지 않으며, 그런 이유로 한국 사회에서 복지

의 일이 아니며 1인 가족의 비율이 전체 가구의 30퍼센트가 넘는다는 통계에도 불구하고, 장애 가족이 그러하듯 소수자성과 타자성이 가족과 쉽게 분리될 수 없으며 오히려 많은 부분에서 가족의 문제로 다루어져버리는 것도 이러한 사정과 무관하지 않다. 여성 서사와 퀴어 서사의 진화가 가족 서사의 갱신 형식을 띠는 것은 어쩌면 자연스럽고도 당연한 일인 것이다.

4. 가족 서사의 갱신: 혈연에서 관계로

남자친구와 싸우고 돌아온 딸이 거실에서 자위 중인 엄마를 목격하는 장면으로 시작되는 정영롱 작가의 웹툰 〈남남〉[25]에서 만나게 되는 가족을 제도로서의 가족이나 가족 내 구성원의 차원으로만 본다면 '이상한' 가족임이 분명하다. 하지만 고등학생 때 임신과 출산을 한 후 싱글맘으로[26] 살아온 엄마와 그 딸의 일상을 현

는 오랜 기간 가족에게로 떠넘겨져왔다. 사회는 급격히 변화하는데 사회적 안전망이 없는 상황에서 살아남기 위해 가족은 더 단단히 뭉쳐야 했다는 것이다. 좀더 엄밀하게는 집단주의의 약화를 불러오기 마련인 근대화 과정에서 거꾸로 직계가족 중심의 배타적 가족주의가 더 강력해졌음을 간과해왔다는 것이다. 김희경, 『이상한 정상가족』, 동아시아, 2017(개정증보판: 2022), pp. 95~96, 177~78.
25 정영롱, 『남남 1·2·3·4·5·6』, 문학동네, 2021~2024. 만화가, 일러스트레이터로, 2015년 웹툰 〈알아집니다〉로 데뷔해 2019년부터 DAUM웹툰에서 〈남남〉을 연재했으며, 〈남남〉으로 2020년 오늘의 우리만화상을 수상했다.
26 "엄마(김은미): 우리가 뭘 짓을 했다고 오빠가 도망을 가는데? 그냥 나한테서 떼놓기만 하면 된다. 이거야? 그냥 너랑 내가 같이 있는 것만으로 잘못된 거야! 나만 좋아서 그랬어? 나만 나쁜 년이야? 왜 사람들이 나만 욕해? 내가 노는 애라서? 너한텐 사람들이 위로해주지? 걔가 꼬신 거냐고 물어보진 않았어? 그

실감 있게 포착함으로써, 『남남』은 여성 서사와 가족 서사의 교차적 상상력이 만들어내는 진전된 국면을 지향이 아니라 현실로서 가시화한다. 『남남』은 결혼 제도 내외의 임신과 출산이 갖는 의미, '청소년'이나 '엄마'라는 이름이 가두었던 섹슈얼리티에 대한 관심을 환기할 뿐 아니라 가족의 본질 가운데 하나가 친밀성을 나누는 관계 자체에 있음을 일상적 에피소드를 통해 전한다. 폭력적 관계였던 친부 가족을 엄마의 친구인 '미정'과 그녀의 엄마를 중심으로 엄마 '자신의 선택'으로 구성한 대안 가족과의 대비를 통해 뚜렷하게 차별화한다.[27]

런 건 또 궁금들 하시니까. 말해봐 너도 그냥 내가 쉬워 보여서 나한테 잘해준 거 아냐? 너 좋다고 쫓아다니는 게 우스웠어?"(3화 엄마의 어린 시절, 『남남 1』, 문학동네, 2021, pp. 92~93)

[27] 새로운 가족 형태를 상상하고 재현하는 만화와 웹툰이 적지 않다. 이동은·정이용의 『당신의 부탁』(이숲, 2015), 송아람의 『두 여자 이야기』(이숲, 2017), 류승희의 『그녀들의 방』(보리, 2019), 김소희의 『자리』(만만한책방, 2020), 수신지의 『며느라기』(귤프레스, 2018), 심우도의 『우두커니—늙은 아버지와 사는 집』(심우도서, 2019), 박소림의 『좀비 마더』(보리, 2020), 홍연식의 『마당 씨의 식탁』(사계절, 2020) 『마당 씨의 가족 앨범』(2020) 등 기성 가족 형태에서 여전히 지속되는 문제들을 가시화하는 한편, 1인 가구나 비혈연가족 등 다양한 형태의 가족에 대한 상상이 이루어지고 있으며, 나아가 가족 내 생계와 복지, 돌봄을 포함한 비가시적 문제들을 드러냄으로써 친밀성 공간으로서의 가족에 대한 다른 인식을 요청한다(박ु기, 「최근 한국만화의 가족 재현 연구—정상 가족의 위기와 다양한 형태의 가족 재현을 중심으로」, 『만화애니메이션 연구』 제70호, 한국만화애니메이션학회, 2023, pp. 256~59). 정영롱 작가의 웹툰 〈남남〉은 출간일 기준 2500만 이상의 누적 조회수를 기록하며 인기를 끌었고, 동명의 작품을 드라마화한 「남남」도 큰 인기를 얻었다. ENA 채널 방영작 「남남」(극본 민선애, 연출 이민우, 기획 KT 스튜디오 지니, 지니TV 오리지널 드라마)은 시청률이 급상승하면서 시청자의 공감을 이끌었고, 전형성을 벗어난 가족 서사를 보여줬다는 평가를 받았다. 야한 영화를 보고, 자위하는 장면을 딸에게 들키거나 해변에서 남성의 시선을 즐기기도 하는 엄마, 즉 신자유주의 시대에 모든 것을 내어주는 극강의 희생의 아이콘이었던 엄마가 성적 욕망을 가진 '여성'으로 등장한 것이다(임

엄마: 할 건데?

진희: 아니 난 그 아저씨 오늘 처음 봤고 어떤 사람인지도 모르는데 갑자기 자기들끼리 결혼이래.

엄마: 우리도 뭐 아직 확실한 건 아냐. 그랬으면 좋겠단 거지.

진희: 그럼 그렇게 말을 해야지. 엄마는 가끔씩 왜 이렇게 나를 깜짝 놀라게 하나?

엄마: 니 엄마가 그렇지 뭐. 아 맞다. 그 사람 네 아빠야.[28]

먼저 입을 뗀 건 아저씨였다. 아저씨는 대충 엄마랑 예전엔 어떻게 지냈는지, 자신이 요즘 뭘 하고 지내는지, 놀라진 않았는지 등을 에두르며 얘기했다. 대화는 의외로 놀라우리만큼 평범하게 흘러갔는데…… 근데 왜 갑자기 그 말에 빡이 쳤는지 모르겠다.

진홍: 지금부터라도 잘해주고 싶어요.

진희: 저기요. 그게 아니죠. 그딴 식의 보상은 필요 없어요. 손해 배상도 아니고, 아저씨가 내 인생에 뭐라고 잘해주긴 잘해줘요? 나는 그쪽 모르고 살았고, 아저씨도 나 몰랐잖아요. 서로 세상에 있는지도 몰랐던 사람들이니까. 없던 걸로 치고요. 뭐, 정 못해준 거 보상하고 싶으면 우리 엄마한테나 잘해줘요. 그딴 말로

지선 기자, 「'엄마가 달라졌다'…엄마의 성적 욕망 드러내는 드라마 '남남'」, 『경향신문』 2023년 8월 7일 자; 우다빈 기자, 「'남남', 조용한 강세…지상파 제친 비결은」, 『한국일보』 2023년 8월 7일 자; 임지선 기자, 「서로 지켜주고, 비켜주는 가족의 탄생…'남남'의 전혜진, 최수영」, 『경향신문』 2023년 8월 31일 자). 나아가 가족의 의미를 고민하고, 가족이 아니라 가족애를 그렸다는 데에서 호평의 이유를 찾기도 했다 (황재하 기자, 「가족의 의미 고민한 '남남' 5.5%로 종영…자체 최고 시청률」, 『연합뉴스』 2023년 8월 23일 자).

28 정영롱, 『남남 2』, 문학동네, 2021, pp. 287~89.

생색내지 말고.²⁹

　자신에게 딸이 있는 줄 몰랐던 '진홍'과 자신의 생물학적(유전자적) 아버지가 엄마 '은미'와 만나는 아저씨라는 사실을 알게 된 '진희'가 만나는 장면에서 『남남』이 담고 있는 가족 서사의 날카롭고도 새로운 면모는 비교적 정확하게 드러난다. 서로 세상에 있는지도 몰랐던 사이임에도 혈연관계임이 밝혀지는 순간, 친밀한 관계가 될 수 있다고 여기는 '진홍'과 달리, 『남남』의 여성들인 '은미'와 '진희'는 그들을 존재하지 않았던 (가부장적) '가족관계' 안으로 손쉽게 밀어 넣지 않는다. 잘해주겠다는 '아저씨'에게 불편해하면서 '진희'는 오히려 '진홍'을 잘 살고 있던 엄마와 자신 사이에 끼어든 불청객으로 취급한다. 오랜 친구 '진수'가 그러하듯이, '부모는 부모고 자신은 자신'이라고 생각하지만, 자신이 남이라고 생각한 사람이 "엄마에겐 남이 아니란 사실"(『남남 3』, p. 240)을 받아들이는 일이 자연스럽지 않으며 노력이 필요한 일임을 보여준다. '은미'와 '진희' 모녀는 오히려 혈연이 자동적으로 부여하거나 생성하는 관계 같은 것은 없다는 사실, 그런 친밀성은 존재하지 않는다는 사실을 냉정할 만큼 분명하게 보여준다.

　『남남』에서 선언된 이러한 가족 관념, 즉 가족이 자동적으로 혈연으로 맺어진 친족을 가리키는 것만은 아니며 한집에서 일상을 나누는 식구라는 의미만도 아니라는 인식은 이념적이거나 선언적인 차원을 넘어선다는 점에서 좀더 유의미하다고 하겠다. 혈

29　정영롱, 『남남 3』, 문학동네, 2022, pp. 18~22.

연으로 맺어지지는 않았지만, 그들 구성원이 가족으로 인정한 관계, '은미'의 말로 표현하자면, '미정'의 엄마를 "내가 정한 내 엄마"(『남남 3』, p. 134)라 여기는 딸 '은미'에게 그 '엄마'는 유산을 남기는 방식으로 그들이 제도가 부여한 의무나 책임과는 다른 자리에 놓인 '가족'임을 선언한다. '은미'와 '미정' 엄마의 관계는 가족이 혈연이나 결혼 제도에 의해 자동적으로 생성되는 것이거나 고정불변의 것만이 아니며 오히려 '가장 친밀한 관계' 자체이자 생애 한 시기의 일시적이고 유동적인 생활공동체에 가까운 것으로 무엇보다 수행적 일상을 통해 구축되는 것임을 보여준다.[30]

5. 왜 다시 가족 서사인가

가족 서사를 두루 살펴보았지만, 김희경이 지적한, 여전히 강고한 가족주의에 대해 동의하지 않기는 어렵다. 돌이켜보면, '한부모가족'('싱글맘' '미혼모' 가족)의 이야기인 「달려라, 아비」에서도 가족구성 형태가 야기하는 구조적, 젠더적 차원의 곤경과 같은 것은 전혀 다루어지지 않았고, 그에 대한 독해도 폭넓게 이루어지지 않았다. 소설 속 씩씩하고 우직하며 건강한 싱글맘은 생계 부양자이자 양육과 돌봄의 책임자로, 모녀 가족 안에 아버지의 자리는 따로 필요하지 않았던 것으로 보인다. 그럼에도 부재하는 아버지가 만들어내는 그늘과 상처, 그리고 부재의 형식으로 가족의 일원에

---

30 김순남, 같은 책, p. 54.

게 존재감을 과시하는 아버지의 영향력을 소설 내 곳곳에서 확인할 수 있었다. 이러한 형태의 아버지는 아마도 그들의 삶의 실질에서가 아니라 그 가족을 향한 바깥의 (사회적) 시선이 요청한 것이었을 터이다. 금융위기를 거친 한국 사회가 그러한 이데올로기를 강력하게 요청하고 있기도 했거니와 무엇보다 가족구성원의 일부로서 부재하는 아버지를 포함해야 할 정도로 정상 가족에 대한 강박이 강고했음을 역설한다고 하겠다.

이 글에서 다룬 2020년대 이후의 여성 서사와 그 변형태들, 이서수나 김병운의 소설, 정영롱의 웹툰〈남남〉의 주된 서사도 가족을 중심으로 이루어지고 있으며 가족 서사가 엄마와의 관계 속에서 다루어지고 있다는 사실은 흥미롭다. 그러나 그 가족은 이전과는 꽤 다르기도 하다. 우선 남편이나 아버지와 같은 가부장-생계 부양자가 경제적 차원에서나 정서적인 차원에서 구성원의 관계에 별다른 영향을 미치지 못하며, 그런 의미로 실질적으로 가족 내부의 구성원이라 말하기도 쉽지 않아졌다. 아버지는 없거나 병든 존재이거나 혹은 삶에서 영향력을 행사할 수 없는 존재로 다루어진다. '아버지의 부재'라 할 법한 이 상황도 부재한 채로 상징 권력을 획득했던 이전 시대의 '아버지의 부재'와는 전혀 다르다고 해야 한다.

1990년대 후반 특히 신자유주의 풍조가 만개한 2000년대 이후 남성-아버지의 권력 상실을 애도하는 담론에서 위로가 필요한 약한 자인 아버지와 치유 능력을 갖춘 강한 자인 어머니의 짝패는 대중문화의 단골 모티프가 되어왔다. 국가와 사회의 위기를 가족의 문제로 돌리는 담론이 가족주의의 재생산을 위한 동력으로 기능해온 것이다.[31] 하지만 긍부정적인 의미를 모두 포함한 채로 한 개인이 생애를 통해 다양한 가족 경험을 한다는 사실에 착목하여 가족구조가 아니라 '경로'에 주목하는 방식을 통해 보자면, 오히려 주목할 것은 가족의 변화가 아니라 친밀성과 파트너십의 변화가 아닐 수 없다.[32]

여성 서사의 확장이자 가족 서사의 재편으로 구체화되는 이러한 관점적 전환은 정상 가족에 대한 재고를 보다 섬세하게 수행할 수 있게 한다. '정상'을 가능하게 하는 가족제도 전체를 거부하거나 해체하는 방식의 평면화된 접근법을 벗어나 논의를 진전시킬 틈새를 마련해준다. 그간 한편으로 '정상' 가족의 억압성을 폭로하는 방식으로, 다른 한편으로 '정상이 아닌' 혹은 '이상한' 가족에 대한 수많은 서사를 만들어내는 방식으로, 다양한 가족의 존재 방식이 논의되었고 그것은 여성 서사로 때로 퀴어 서사로 구체화되어왔다. 그러나 돌이켜보면 그러한 가족 서사에서의 '비/정상론'은 가족제도를 통째로 부정하거나 혹은 가족문제를 구성원의 문제로 축소하는 방식으로 이루어져왔던 게 사실이다.

왜 가족 서사가 다시 문제인가. 여성 서사와 퀴어 서사가 가닿고자 하는 논점들에 대한 관심이 왜 다시 가족 서사의 형태로 등장하는 것인가. 다양한 매체 양식을 통해 가족 서사가 등장하는 것의 의미는 무엇인가. 여성-퀴어 서사가 가족문제로서 다루어지는

31 박혜경, 「경제위기시 가족주의 담론의 재구성과 성평등 담론의 한계」, 『한국여성학』 27권 3호, 2011, pp. 91~97.
32 이재경, 「가부장제 이후의 한국 가족—정상성에서 유연성으로」, 『한국문화연구』 제29권, 2015, pp. 283~310.

것은, 한국 사회의 누적된 불평등과 차별의 결과가 가족의 범주 안에 고이고 그 형태로 분출되고 있기 때문일 것이다. 가족의 외양으로 제기되는 문제들은 결국 지금 이곳의 한국 사회에서 가족이 사적-공적 문제가 뒤엉켜 있는 공간임을 말해준다. 따라서 이러한 의미에서 다시 쓰는 가족 서사는 이른바 '정상 가족'의 이데올로기를 유포하는 식의 가족 서사에 대한 재정비나 재호명과는 사실상 관련이 없다고 해야 하며, 오히려 정반대로 가족의 정치화에 대한 강력한 요청으로 읽혀야 한다.[33] 영국의 대표적인 여성해방 이론가 미셸 바렛과 메리 맥킨토시가 『반사회적 가족』에서 정확하게 짚고 있듯이, 어떤 성적 관계도 결혼에 기초한 편재하는 적극성과 소극성으로 이분화되는 이미지에서 전적으로 자유로울 수 없다. 가족 바깥의 섹슈얼리티는 혈연가족의 억압적이고 불균형적인 본성에서 비롯되는 것이기 때문이다.[34]

    이렇게 본다면 페미니즘 대중화 이후 한국문학에서 소수자들의 친밀성의 영역이 다양한 형태로 재현적 가시화를 이루고 있는 것이 사실이지만, 여성과 퀴어를 포함한 소수자적 존재 누구라도 타자적-주체적인 복합성을 띠지 않을 수 없다는 사실 또한 명백해졌다고 하겠다. 요컨대, 정치적-경제적 층위로 엉켜 있으며 분리 불가능한 사적-공적 존재라는 점을 외면한 채로 소수자 차원의 존재론적 가시화만으로, 그러니까 현실 가족의 다양한 양태를 재현하는 방식만으로는 문제의 진면목을 들여다볼 수 없다. 가족

---

33 김순남, 같은 책, pp. 10~12.
34 미셸 바렛·메리 맥킨토시, 같은 책, pp. 153~54.

서사의 재등장에 주목하는 것은 여성 서사의 진화를 계급, 젠더, 섹슈얼리티 문제를 둘러싼 교차적 관점에서 좀더 깊이 있게 들여다보려는 전환적 시야가 가닿은 지점이라고 할 것이다. 이는 가부장제의 차원에 갇혀 있는 가족 담론을 새로운 친밀성의 가능성 탐색으로, 즉 가족을 정치화하려는 시도로서 이해해야 한다는 요청이기도 하다.

친밀한 공동체를 찾아서

·· 백지은

1. '사랑-결혼-가족'

대한민국 민법에서 규정하는 '가족'은 다음과 같다. "1. 배우자, 직계혈족 및 형제자매 2. 직계혈족의 배우자, 배우자의 직계혈족 및 배우자의 형제자매"(민법 제779조(가족의 범위) 제1항) 또한 '건강가정기본법'은 가족을 "혼인·혈연·입양으로 이루어진 사회의 기본단위"(건강가정기본법 제3조(정의) 제1호)로 규정한다. 법률이 준용하는 이러한 규정은 우리 사회의 가족적 관계들의 범위를 실질적으로 어떻게 포괄하는가. 인용한 법조문에 가장 많이 쓰인 단어는 '배우자'이다. 결혼한 상대, 부부의 한쪽에서 본 다른 쪽. '配偶者'에서 '者'를 '子'로 바꾸어 생물학이나 생리학에서 쓸 때는 "성숙한 반수체 생식 세포. 다른 세포와 접합하여 새로운 개체를 형성하는 세포", 즉 난자 또는 정자를 지시하는 말이 된다고 한다. 결혼은 혈연 중심의 가족 성립의 근간으로서 이성끼리의 결합을 가리킨다. 결혼으로 맺어진 한 쌍의 남녀가 "접합"으로 "새로운 개체를 형성"함으로써 '직계혈족'과 '형제자매'가 생겨나고 그들의 배우자 또한 가족구성원에 포함된다. '가족'이라는 용어는 맥락에 따라, 하나의 단위처럼 셈해지는 집단 또는 그 집단의 구성원을 가리킬 수도 있고, 일정한 구성원들을 고정된 관계의 집단으로 구성하는 경로 또는 행위를 의미할 수도 있다. 이 중 어느 맥락으로나 '가족' 규정의 중심에는 '결혼: 이성애-부부의 탄생'이라는 결합 방식이 놓여 있다.

이성(異性) 간의 결합 또는 생식 작용을 전제하는 결혼 또는 부부의 탄생이 '가족'의 중심에서 담당하는 역할은 물론 '사랑'이라는 이상적 의미와 관련이 있다. 개인의 내면적·정서적 열정이자 개인 간 소통의 매체인 사랑이 성sexuality과 일치되는 자리에서 이른바 '낭만적 사랑'이라는 의미론이 연애라는 사회적 관계를 생성한다. 연애에서 결혼으로 이어지는 자연스러운 행보란 '낭만적 사랑'이라는 이상적 의미론의 상징적 코드를 더 밀고 나간 것이다. 즉, '사랑(-성)'이 담보한 친밀성intimacy이 '연애-결혼'에 결부되어 '부부-가족'의 토대로 정착된다. 개인의 내면적·정서적 열정에서 출발한 '사랑(-성)'은, 결혼의 핵심 동기이자 결혼 생활의 행복과 불행을 좌우하는 소통의 코드 또는 행위의 양식이 되어, 사회의 기초 단위인 가족을 형성하는 객관적 원리로 전환된다. 성적 열망을 포함하는 정념의 시간적 차원과 사회적 차원의 불안정성/불확실성을, 제도와 규범의 인정을 통해 안정성/확실성으로 전환하여, 가족이라는 집단에 필요한 '친밀감'의 기반을 마련하는 것이다. 이렇게 형성된 '사랑(-성)-결혼-가족'의 연계에서, 매 세대 새 가족의 수립을 그 가족 스스로에 의해 이루어내는 근대 핵가족 체계가 성립한다. 전근대 신분제 사회의 가문 경제에서 결혼이 가족이라는 집단 간 교환 계약을 담당했던 것과 달리, 근대 가족 체계에서 결혼은 사랑이라는 개별성과 가정이라는 집단성을 매개하는 친밀성의 담당자이자 새로운 가족관계의 규범으로 등극하였다.

그런데 이 '사랑-결혼-가족'의 합일에는, 낭만(성)을 핵심으로 하는 사랑(의 개념)과 결혼을 일치시킴으로써 궁극적으로 그 낭만(성)을 희생하고서야 이상적으로 지속될 수 있는 사랑의 역설 혹은 모순이 떠안겨 있다. 다시 말해 이는 (성적인) 열정의 요소들을 통합한 '사랑(-성)'을 전제하면서도 동시에 그것(의 불안정, 불확실)과 단절하여 사랑을 가정이라는 성역에 안착시켜 제도화하려는 역설화의 결과이다. 그렇다면 '낭만적 사랑'이란, 감정 또는 관계 자체가 아니라 감정 또는 관계를 매개하는 이념이거나 각본, 이데올로기 또는 신화라고 할 수 있다. '사랑-결혼-가족'의 합일은 낭만적 사랑(의 신화 또는 이념)을 수행하는 일련의 관계들—연애결혼, 부부의 사랑, 행복한 가정 등—을 통해 유지됨으로써 근대 시민사회의 핵가족 모델을 지탱하는 통념으로 작용해왔다고 하겠다.

따라서 '사랑-결혼-가족'의 합일이라는 통념이 '낭만적 사랑'의 무수한 계기들을 일반적인 이념으로 견인하는 데 언제나 성공했다고 할 수는 없다.¹ 그것은 오히려 통념에 어긋나는 다양한

I   근대 초기 무렵에는 '낭만적 사랑'과 결부된 '연애' 또는 결혼이 남녀 관계의 정신적 측면을 강조하고 평등한 인간관계를 지향하는 근대적 주체성의 계기로 작동하면서, 개인의 일생을 자유로운 해방으로 이끌고 구시대적 혼인 풍습을 타파하는 해결책으로 사용되기도 했다. 예컨대 한국의 첫 근대소설 『무정』의 작가 이광수는 소설과 논설에서 연애를 '개인의 행복 중에 최대한 행복'이라고 하면서, 혼인의 조건 중 건강, 정신력, 경제력, 충분한 발육 등과 함께 연애를 가장 기본적인 요인으로 꼽았다. 그는 연애를 '고상한 정신생활을 가진 자'의 '영적 요구'에서 비롯된 '문명적' 애정이라 정의하며, '진화' 혹은 '문명'이라는 용어와 함께 이를 근대적 의식을 담은 개념으로 사용했다. 이광수, 「혼인에 대한 管見」,

현상들로 인해 끝내 불식되지 않은 인식의 완고함으로 드러나는 듯하다. 어쩌면 통념을 반영하는 현상보다 통념에 부합하지 않는 현상을 통해 역설paradox적으로 학습된 인식이 더 끈질기게 지속되었다고 할 수 있다. 진지한 서사나 실제 생활에서나, 사랑하는 남녀가 가정을 꾸리는 평범한 에피소드의 개연성을 떠올려보라. 사랑과 결혼의 통합은 대개 어떤 양상으로 전개되는가? 많고 많은 '사랑' 이야기에서, '결혼-가족'으로 이어진 사랑의 행방은 대개 어떻게 반영되어 있는가? 이런 질문들을 바탕으로 몇몇 부부의 사례를 구체적으로 고찰해보려고 한다.

2. 가정(家庭)의 가정(假定)

서수진의 「골드러시」는, 호주에 이민해 살고 있는 결혼 7년 차 부부 서인과 진우의 이야기다. 둘은 결혼 기념으로 "골드러시 체험"[2]이라는 폐광 여행을 하는 중인데, 가는 길에서부터 둘 중 누구랄 것도 없이 "차를 돌려서 집으로 돌아가고 싶"(p. 95)기만 하다. 일하던 식당의 셰어하우스에서 처음 만난 둘은 3개월 만에 혼인신고를 했다. "셰어생들이 다 같이 술을 마실 때면 꼭 진우 옆에 앉아서" 살갑게 말을 걸던 서인은 "잠드는 것이 어려운데 진우가 잠든 후에 내는 고른 숨소리가 백색소음처럼 심리적인 안정을"(p.

『學之光』 제12호, pp. 376~77.
2 서수진, 「골드러시」, 『현대문학』 2021년 1월호, p. 95. 이하 인용 시 페이지만 표기.

97) 주는 것이 좋았다고 했다. 이들의 짧은 연애는 이 정도만 묘사되었으나, 부부가 된 후 처음 아파트를 얻은 날 "그들 앞에 펼쳐진 미래"를 꿈꾸며 진우가 "자신이 서인을 얼마나 사랑하는지 말하고 싶었"다고 했을 때까지도 결혼으로 이어진 이들의 사랑은 "환하게 빛나"(p. 100)고 있었다. 그러나 거기까지였을까? 영어를 못하는 진우와 운전을 못하는 서인의 결혼 생활에서 어느새 둘은 결코 '친밀'하지 않은 사이가 돼버린다. 이유를 찾자면, "서인이 다른 남자와 잤"(p. 100)기 때문이기도 하고, 그보다 먼저는 서인이 "얼마나 외로웠는지"(p. 101) 진우가 알아주지 않았기 때문이기도 하겠지만, 둘의 사랑이 사라져버린 것이 이들의 의지나 선택은 아니다. 비자와 영주권 문제로, 장기주택자금 대출을 받으면서, 둘은 여전히 부부인 채로, 사랑 없는 결혼 생활을 7년째 지나는 중이었다.

이들의 불행한 결혼 생활은, '사랑-결혼-가족'의 통합을 지탱하는 낭만적 사랑이 현실적으로 가능하지 않음을, 행복한 결혼이란 낭만적 사랑의 신화일 뿐임을 일러주는 것일까? 이 소설의 입장은 이러하다. "진우는 서인에게 반지를 내밀며 무릎을 꿇은 적이 없었다. 사람들의 박수를 받으며 입장해 서인에게 입을 맞춘 적도 없었다. 초음파 사진을 보면서 눈물을 흘린 적도, 서인의 눈을 닮은 아이를 보며 경탄한 적도 없었다. 진우와 서인은 빛나는 순간을 가져본 적이 없었다. 빛나는 순간. 진우는 그것이 그들이 늘 기다려오던 것이라는 것을 알았다. 그리고 그것이 그들에게 절대 오지 않으리라는 것을 알았다"(p. 112). 이들이 원하고 기다린 '빛나는 순간', 그것은 말하자면 '낭만적 사랑'의 이념을 체현하는 '사랑-결혼-가족'의 합일에 있다. 그런데 이들은 결혼 생활의 불행감에 대해 (낭만적) 사랑의 무력함을 탓하는 것이 아니라 사랑이 (낭만적으로) 충분하지 않았음을 안타까워한다. 따라서 이들의 이야기는 낭만적 사랑의 이념 또는 그 신화를 부정하는 것이 아니다. 이들을 자연스럽게 결혼에 이르게 했고 이후 7년의 세월을 버티며 이들 스스로 ('빛나는 순간'을 갈구하면서 어쩌면) 강요당했던 그 사랑의 이념 또는 신화를 오히려 강조하고 있는 셈이다.

사랑(의 이념)이 결혼 생활에서 무력해지는 사태가 오늘날 실로 놀라운 사건이라 하기는 어렵지만, 서인과 진우의 사랑이 끝난 지 오래라면 이 부부의 가정은 유지되기 힘들며 유지된다 해도 무의미하다고 생각하기는 쉽다. 이것이 '사랑-결혼-가족'의 합일이라는 통념의 작용이다. 그런데 이들 자신조차 진작부터 가정의 유지를 기대하지는 않았을 터인데, 그럼에도 이들이 7년의 세월을 함께 지내온 것은 무슨 이유인가? 다만 비자와 영주권, 장기주택자금 대출로 인한 생활의 문제 때문일까? 아니, 그런 생활의 문제로 짧지 않은 세월을 함께 지내올 수 있었다면, 이들에게 '가정'의 실질적인 의미는 무엇이라고 할 수 있을까? 아마도 이들에게는 '함께 살기'를 지속함으로써 무너뜨리지 않은 '가정'의 의미가 있기 때문일 것이다. 이 또한 '사랑-결혼-가족'의 합일이라는 통념의 작용이다. '사랑-결혼-가족'의 도식은 그중 하나의 항이 희미해지면 전체가 무의미해지는 것이 아니다. 희미해진 항의 무의미를 다른 두 항으로 부정하면서 전체를 여전히 의미 있는 것으로 유지하려 하기 때문이다.

낭만적 사랑의 의미론은, 실제의 가족적 관계를 규정하든 못하든 대부분의 가족관계의 표면과 이면에서, 긍정적으로나 부정적으로나 여전히 작동 중인 하나의 가정(假定)과도 같다. 서인-진우 부부에게는 '사랑-결혼-가족'의 도식에서 '사랑'이라는 항목이 가정을 친밀하고 행복하게 유지하는 실질적 근거가 아니라 가정의 친밀함과 행복감이 더 이상 가능하지 않음을 깨닫게 만드는 이념처럼 작용했다. 이 소설은, '결혼-가족'을 통합하는 '사랑'의 기능이, 결혼과 가족이 실제로 유지되는 다양한 방식을 설명하지 못하고, 일반적인 결혼과 가족의 형태를 규범으로 제시하는 데 있음을 드러낸다. 즉 '사랑-결혼-가족'의 도식이 이 사회의 개인 또는 가족에게 정상성이라는 규범을 부과하는 사회적 장치로 기능한다는 사실을 시사한다.

3. 정상의 비정상

현대 사회에서 '사랑-결혼-가족'의 틀이 '가족' 형성을 위한 '원리'가 아닌 '규범'이 될 때 '가족' 형성의 원리는 부부의 낭만적 사랑에 두어지기 어려워진다. 비근한 사례로 '부부 생활 십계명'이라는 제목으로 회자되는 문구들—화내지 말라, 고함지르지 말라, 흠을 보지 말라, 비교하지 말라, 사랑을 잊지 말라 등—을 떠올려 볼 수 있다. 엄격히 준수하기란 단 한 항목도 쉽지 않은 그 조언들을 곱씹다 보면 오히려 부부간의 사랑이란 게 지속 가능한 것일지, 부부 관계란 합리적이고 호혜적인 인간관계와는 거리가 먼 게 아닌지 하는 의문이 생겨난다. '사랑(-성)'에 관한 낭만적 신화가 혼인 서약 이전과 이후 모두에서 충실하게 작동하지 못하는 문제는 바로 이 시대에 당착한 모순은 아니다. 한국 사회의 역사적 사례만 보더라도, 1920년대 '(자유)연애결혼'은 부모의 강권이 아니라 당사자의 주체적 결정으로 가족을 형성한다는 진보적 의의를 띠었으나 1930년대에 이르면 자유연애로 형성된 결혼-가족이 또 다른 자유연애에 의해 위협받을 수 있다는 인식으로 '(안정된) 가족'과 '(열정적) 사랑' 사이의 대립이 표면화되었다.³ 그렇다면 이 시대 가족이라는 공동체가 '사랑-결혼-가족'의 도식을 유지하면서 지속되는 것은 낭만적 사랑의 통념이 조정되고 있기 때문일 것이다. 그 구체적인 양상을 몇 편의 소설에서 확인할 수 있다.

3-1. 열정 없는 결혼: 안정-재생산

이서수의 「몸과 우리들」은, 스스로를 남자도 여자도 아니라고 생각하지만, 외형상 "누가 봐도 여자로 보"⁴이는 몸 때문에 여자로 간주되어온 '유미지'라는 인물의 자기 고백을 중심으로 구성된 소설이다. 유미지는 끊임없이 주변으로부터 경고를 듣는다. "여자처럼 보이지만 여자가 아니라고 말하는 너 같은 사람의 몸은 룰이 없는 전쟁터"라고, "이 사회에서 살아가려면 성별을 선택해야 보호받을 수 있"(p. 86)다고. 성별화된 사회의 가장 표층적이고 광범위한 통념을 드러내는 이런 경고에 유미지는 도통 부합할 수가

---

3 김동식, 「낭만적 사랑의 의미론」, 『문학과사회』 2001년 봄호, p. 164 참고.
4 이서수, 「몸과 우리들」, 『현대문학』 2023년 3월호, p. 86. 이하 인용 시 페이지만 표기.

없다. "여자도 남자도 아닌 상태로"(p. 93) 상대를 사랑하고 성관계도 맺는 기분을 물으면 "너를 사랑하는 것과 나의 정체성은 다른 문제야. 사랑은 그냥 사랑이야"(p. 84)라고 답할 뿐이다. "여자가 아니라면서"(p. 94) 어떻게 결혼을 하고 아이를 낳아 키우겠냐는 질문에도, "여자가 아니라 인간으로서 아이를"(p. 93) 키우겠다고 답하거나, 아내도 남편도 아닌 "그냥 가족"의 역할, "사랑과 믿음을 전해주는 역할을 맡으면"(p. 94) 된다고 답하고 만다.

자기 성별을 스스로 규정하지 않는 유미지의 태도와 관련하여 '사랑-결혼-가족'의 도식에서도 가장 역설적으로 드러나는 통념은, 특히 이성애-가부장제의 규범에 따라 형성된 '가족 역할극'이다. 남자나 여자라는 전통적 성별 규범을 수행하지 않고도 '사랑'과 '결혼-가족'을 통합할 수 있는 유미지에게 '사랑-결혼-가족'의 도식은 불편하지도 어색하지도 않다. 유미지는 사랑과 성을 이성애적 일치로 수용하지 않을 뿐, '결혼'으로 구성되는 '가족'을 거부도 부정도 하지 않는다. 그럼에도 주변에서는 "가족의 기본은 역할"이라며 "결혼하면 성별에 따라 역할이 나뉘"는데 "너는 성별이 모호하니 어떤 역할을 맡아야 하는지 알 수가 없"다는 논리로 그를 추궁한다. "아내야? 남편이야?"(p. 94)

이성애 가부장제의 규범을 성(별)과 사랑의 일원화로 받아들이지 않는 유미지의 태도는 가족을 형성하고 유지하는 데 아무런 지장을 초래하지 않을뿐더러, 오히려 낭만적 사랑으로 소통되는 성애만이 가족 재생산의 유일한 메커니즘이 아님을 시사한다. 유미지에게 성별 역할을 강요하는 주변의 압력(통념)은 역설적으로 이성애-가부장제 규범으로 작동하는 재생산 메커니즘이 고통과 희생—"아내로 살아가는 일이라니 그건 너무 끔찍한 말""엄마로 살아가는 건 희생이야"(p. 92)—을 동반한다는 사실을 적나라하게 드러낸다. 사랑과 성을 반드시 일치시키는 것만을 결혼 계약의 필수 요건으로 강요하는 사회적 통념의 억압은 유미지에게 "서운하기보다는 서글픈 마음"(p. 96)이 들게 한다.

요컨대 이서수의 「몸과 우리들」은, 가족을 성립하고 유지하는 힘이 이성애적 '사랑(-성)'에만 기반한 것은 아님을, 결혼과 가족으로 이어지는 사랑은 남성과 여성으로 이분화된 성별의 성적 결합 또는 그 결합의 사회적 코드인 낭만적 사랑도 아님을 주장하고 있다고 할 수 있다. 유미지의 고백은 타인에게 자신을 이해시키고자 "당신에게 저의 삶을 낱낱이 보여주고 싶"(p. 58)은 욕망에서 출발한 일종의 '자기 서사'이지만, 자신에 대한 즉각적 인정과 이해를 요구하기보다는 "오랫동안 고여 있었던 대화의 순간들로"(p. 59) 청자를 이끌며 계속해서 타인에게 말을 건네는 방식으로 나아가기 때문이다. 자신의 비밀을 다 털어놓은 화자가 "당신은 이제 이해하나요" "당신은 저를 어떤 얼굴로 바라볼까요" "당신의 삶이 조금은 변할까요?"(p. 104)라고 다시금 물어올 때, 이 일인칭의 고백은 타인의 이해를 갈구하는 개별적 표현을 넘어 타인과의 연결로 이어져 '고여 있던' 통념을 움직이려는 관계적 담론으로 열린다.

3-2. 결혼 없는 가족: 돌봄-연대

'사랑-결혼-가족'의 통합적 구조를 조정하며 성립하는 또 다른 가족의 이야기는 김멜라의 「저녁놀」이다. 작가 자신의 표현대로 이 소설은 "함께 사는 커플의 먹고사는 이야기"인데, "식재료를 사서 요리해 먹고, 다 먹은 다음 나란히 기대어 앉아 '내일은 뭐 먹을까?' 메뉴를 궁리하는 두 여자의 이야기"[5]라고 말해도 좋다. 서로를 '눈점' '먹점'이라는 애칭으로 부르는 이 커플은 "자립하고 독립해" 함께 지내면서 "늙어 죽을 때까지 같이 살겠다"[6]고 결심한 연인 관계다. 둘은 법적 부부가 아니고 자녀 출산을 통한 혈연적 유대 가능성도 낮지만, "질 좋은 음식을 요리해 먹고 안전하고 깨끗한 집에서 잘 살아보겠다는"(p. 171) 꿈을 같이 꾸며 일상을 함께 꾸려가는 두 사람이 서로에게 가족이 아닐 수는 없다. 이 레즈비언 커플의 공거(共居)는, '사랑-결혼-가족'의 도식에서 결혼 항목이 제외된 상태로 형성된 또 다른 가족의 형태를 이색적으로 보여준다.

소설에서 특히 흥미로운 점은 화자가 "실리콘 재질로 만들어진 검은색 모형 페니스"(p. 150)라는 사실이다. 이 특이한 화자는 자신을 전혀 사용하지 않는 두 여자에게 굴욕감을 느끼며 "섹스 없인 존재하지도 못했을 것들이, 섹스에 등 돌리고"(p. 171) 산다고 비난한다. 그러나 페니스 없이 이뤄지는 두 여성의 성애는 오히려 더 향락적이며 충만하다. 그들은 "인간의 모든 행위 중 만지고 비비고 문지르는 것이 가장 높은 만족을 준다"(p. 152)는 깨달음을

---

5 김멜라, 「작가노트」, 『2022 제13회 젊은작가상 수상작품집』, 문학동네, 2022, p. 92.
6 김멜라, 「저녁놀」, 『문학과사회』 2021년 가을호, p. 172. 이하 인용 시 페이지만 표기.

공유하며 깊은 쾌락을 느낀다. 특히, 두 여성의 "몸 깊숙한 곳에 가라앉아 있던 단단한 점들이 빙글빙글 돌며" "세포 하나하나가 넓고 길게 펼쳐지는 듯"한 "희열의 고개"(p. 184)를 묘사한 장면은 연인 간의 친밀함과 애정을 생생하고 유쾌하게 그려낸다. 이는 기존의 레즈비언 서사에서 흔히 볼 수 없었던 매우 특별하고 활력 넘치는 장면으로, 두 인물 간의 진정한 유대와 친밀성을 더없이 선명하게 전달한다.

이들처럼, '사랑(-성)'이 이성애 아닌 동성애인 경우, 이들의 친밀한 공거는 결혼이라는 사회적 계약 없이도 실질적인 가족을 이룬 것과 같다. '사랑-결혼-가족'의 통합 구조는 여기서 또다시 해체되어 있다. 이성애 가부장적 결혼 계약을 유일한 가족 재생산의 방식으로 상상하는 통념은 "여자와 여자가 맺는 관계가 감히 질서가 될 수 있다고 믿으며 먹고 소화하고 잠자고 깨어나 일하는"(p. 179) 이 여자들의 공거를, 불완전한 연대 또는 비정상적인 가족 범주로밖에 보지 못할 것이다. 그녀들로서도 "여자 둘이 살기엔 너무 힘든 세상"에서 "남자 만나서 혼인신고 하고 신혼부부 대출받아서 좋은 집 가"(p. 182)는 편이 "바꾸자고, 바꾸자고"(p. 179) 법 개정을 외쳐대기보다 쉬울지도 모른다고 생각할 수밖에 없다. 엄연히 "자신이 보호하고 보살펴야 할 가족은 눈점인데, 눈점이 아플 때"(p. 181) "가족이 아파요, 애인이 몸살 났어요, 아내가 감기 기운이 있네요"(p. 180)라고 말하지 못하는 사회에서, 결혼으로 제도화되지 않은 동성 간 유대는 "반려동물과 반려인의 관계도 못 되"(p. 181)는 차별적 위치에 놓이기 때문이다.

그러나 이 소설에서 드러나듯, 결혼이라는 사회적 계약이 누락된 '사랑(-성)'의 (동성애적) 결합은 가족의 연대를 더 단단하게 만든다. 그리고 이때 가족 재생산의 메커니즘은 더욱 생산적으로 작동한다고 볼 수도 있다. 출산과 양육을 중심으로 공동체를 확장하는 '이성애-가부장제 결혼'과 대비적으로, (말을 만들어 쓰자면) 이 '동성애-식구제 비혼'의 연대는 쾌락, 돌봄, 식사, 보호, 반려 등에 보다 직접적으로 관여함으로써 공동체를 지속하는 재생산 작용에 즉각적으로 기여하는 것이다. '사랑-결혼-가족'의 도식에서 결혼이라는 법적 계약이 빠진 채 성립한 이 가족 형태는, '사랑(-성)'을 결혼과 연결하는 '낭만적 사랑'의 역설과 모순을 완화(?)하고, 가족구성의 친밀성을 '동반자관계companionship'로 재규정할 수 있게도 한다. "두 사람이 별명이 아닌 자기의 이름으로 세상에 불리기 원할 때 그 사랑의 언어를 편안하게 소리 낼 수 있었으면 합니다"[7]라고 적은 작가의 소망은, 결혼이라는 법적 계약의 차별적·배제적 성격을 지적하는 동시에, 그러한 계약 없이도 이들의 사회적 관계가 더욱 편안하고 지속적인 "사랑의 언어"로 유지될 수 있다는 자신감의 표현일 것이다.

3-3. 가족 아닌 사랑: 비정상-공거

위수정의 「아무도」는, 결혼한 여성이 배우자 아닌 다른 남자에게 마음을 두게 되어 남편과 별거를 감행한 후 그녀가 통과하는

---

[7] 김멜라, 「작가노트」, 같은 책, p. 95.

날카로운 실감들을 전하는 소설이다. 그녀가 11년간 같이 산 남편은 성실하고 세심한 사람이고, 이제 둘은 서로 "목소리만 들어도 알았다"[8]고 할 만큼 친밀한 사이다. 배우자가 있는 그녀가 마음을 둔 다른 남자에게도 배우자가 있고, 그는 "나는⋯⋯ 아내를, 가족을, 사랑하거든요"(p. 143)라고 말하는 사람이다. 사정이 이러하니, 규범과 도덕을 말할 필요도 없이 그녀의 마음은 '말도 안 되는' 마음, 남에게 꺼내놓을 수가 없는 마음이어서, 그녀는 날씨, 주식 시세, 아파트 가격, 심지어 "살인 사건과 불륜에 대해. 인간 같지 않은 것들에 대해" 별의별 얘기들을 쏟아내며 살아가지만 어디서도 누구와도 "사랑에 관한 이야기는 나누지 않았다"(p. 126).

그녀의 '말도 안 되는' 마음, 이것은 이 시대에 가장 통상적으로 소통되는 '사랑'이라는 말(소통 매체)로 통용될 수가 없는 마음이다. 우리의 일상생활과 사회생활은 '사랑-결혼-가족'의 통합 구조에 기반한 말들로 맺어지고, 어머님, 아가씨, 외숙모, 올케언니 등의 호칭이 당연하게 오가는 자리에서 그녀는 "나의 생활과 나의 마음이 이렇게나 서로 멀 수도 있구나"(p. 139) 하며 대개는 "제대로 된 말이라는 걸 할 마음이 없었던 것 같다. 아니, 말을 제대로 할 자신이 없었다는 편이 더 맞"(p. 126)다고 생각한다. 그녀의 생활에서는 '아무도' 사랑이라고 부르지 않는 그 '마음', 그건 어쩌면 마음이라기보다는 어지러움, 갈증, 따끔함, 뜨거움, 숨가쁨, 달고 차가움 등의 신체적 감각에 더 가까운 것 같기도 하다. "그 사람의

---

[8] 위수정, 「아무도」, 『문학과사회』 2021년 겨울호, p. 128. 이하 인용 시 페이지만 표기.

무엇이 아니라 그냥 그 사람 자체를" 생각하며 "점점 더 외롭고 고통스러워"(p. 125)지는 그 열렬함을 무어라 말할 수 있을까.

    수형 씨, 나는 당신을 사랑해. 이런 게 사람들이 흐뭇한 표정으로 고개를 끄덕여주는, 그런 사랑이라는 걸 알아. 하지만 나는 그 사람을 원해. 지금껏 이렇게 누군가를 원한 적이 없었어. 아니, 있었겠지. 있었을 거야. 하지만 그런 적이 있었다는 것을 잊을 정도로 원해. 나를 개라고 생각해도 좋아. 그래, 그게 맞을지도 모르지. 이건 그저 개 같은 욕망일 뿐이라고. 미래는 없다고. 지나가는 바람이라서 나중에 백퍼 후회할 거라고. 더러운 꼴을 볼 거라고. 그런데 그게 뭐? 그게 어쨌다는 거지?
    하지만 나는 당신과 집으로 돌아갈 것이다. 당신이 이 일을 결코 잊지 못하리라는 것을 나는 안다. 그럼에도 너와 함께 생활하기 위해. 아주 오랫동안 함께 살기 위해. 부모는 되지 않고.
    어떤 마음은 없는 듯, 죽이고 사는 게 어른인 거지. 그렇지? 그런데 어째서 당신들은 미래가 당연히 존재할 것이라고 믿는 건가? 그러나 이 모든 말을 나는 할 수 없었다. (p. 149)

"열정적 사랑이라는 코드는 어떠한 도덕적 정당화도 필요로 하지 않으며, 사회 질서의 지속을 보증하는 것에 닻을 내릴 필요가 없다. 그 정당성의 근거는 삶의 짧음이라고, 영원한 삶이 아니라고 말할 수도 있을 것이다."[9]

---

9   니클라스 루만, 『열정으로서의 사랑—친밀성의 코드화』, 권기돈·조형준·정

첫번째 인용문은, 그녀의 머릿속에서 요동치는 정념이 직설적으로 발화된 부분이다. 지극한 정념이 곧 아픔이 되는 그 사랑 또는 열망에 대해 누구든 "제대로 된 말이란 걸" 가지고 얘기해볼 수만 있다면 "개 같은 욕망" "지나가는 바람"(p. 149)이라고 말하지는 않을 것이다. 사회학자 루만의 책에서 옮겨 적은 두번째 인용문이 알려주듯, 그것은 다만 "열정적 사랑"의 지극히 평범한 상태일 수도 있다. 하지만 그녀가 이러한 자기의 생각을 실제로 발화하는 것은 아니다. "이 모든 말을" 그녀는 "할 수 없"(p. 149)다. '사랑-결혼-가족'이 근거하는 낭만적 사랑(의 이념)을 저버리고 다시 시작된 그녀의 '열정으로서의 사랑'은 "중 2병이라거나 배부른 허무주의자라는 비난을"(p. 145) 면할 수 없기 때문이다. 그녀 또한 '집'을 떠나자고 주장하려는 것처럼 보이지도 않는다. 오히려 그녀는 이미 예감하고 있다, 남편과 함께 "집으로 돌아갈 것"임을. "함께 생활하기 위해" 그녀는 남편과 함께 "아주 오랫동안"(p. 149) 살 것이다. 다만 그녀는 '정상'의 삶—정상적인 집, 정상적인 사랑, 정상적인 관계, 정상적인 앎—과 가장 멀리에 있는 어떤 생에 대해, "좋겠다는 생각을"(p. 145) 해보는 사람일 뿐이다.

집이 없는 사람이 되어 아무거나 먹고 아무나와 자고 아무것도 소중한 것이 없는 상태를. 안온한 일상이 존재하지 않는 나날을. 친구와 가족과 이름을 버리고. 집착도 사랑도 모르는. 그렇게 죽

성훈 옮김, 새물결, 2009, p. 141.

음에 노출되어 하루하루 연명해가는 삶을. (pp. 145~46)

4. '친(밀)함'을 '정정하는' 공동체

서구의 18세기 무렵 성립된 낭만적 사랑의 신화와 '사랑-결혼-가족'의 통합 구조는 근대 시민사회의 가족 수립과 재생산 메커니즘을 구축하였으나, 현대 사회의 가족을 응집시키는 구심력은 그것을 넘어서고 있다. 가족이라는 친밀하고 안정적인 공거 상태를 뒷받침하는 첫째 원리인 '사랑(-성)' 또는 '(사랑-)결혼'의 다양한 양상들이 '사랑-결혼-가족'의 통합 구조를 느슨하게 만드는 원심력으로 작용하기에 이른 듯하다. 주목할 것은, 역설적으로 이 원심력은 가족 공동체를 재구축하는 새로운 연결의 힘을 발견하는 데 활용될 수 있다는 사실이다.

근대적인 결혼제도 내에서 성-사랑-결혼이 유기적으로 연관되어 있을 때, 이상적인 결혼이라고 규정한다. 하지만 최근에 이러한 통합 구조가 해체되고 있는 현상들이 보이며, 그런 현상들을 만들어가는 주체들이 현재를 살아가는 한국 사회의 기혼 남성과 여성들이다. 〔······〕 이는 섹슈얼리티의 변동 양상과 더불어 결혼 관계와 성적 배타성 간의 긴장감 약화와 연관되어 있다.[10]

---

[10] 이성은, 「한국 기혼 남녀의 섹슈얼리티와 친밀성의 개념화」, 『가족과 문화』 18집 2호, 2006, p. 27.

한국 사회의 친밀성의 개념 역시 서구의 성적인 친밀성으로 단선적으로 정의하기는 힘들다. 첫째, 한국적 친밀성은 가족주의에 기초한 자녀 양육, 경제 공동체로써의 연대 의식, 소속감에 근거한 친밀감, 둘째, 부부로서 오랜 세월 함께 삶을 공유하고 소통하면서 얻게 되는 정서적이고 심리적인 안정감으로써의 친밀성, 마지막으로는 다양한 감정으로 정의되는 사랑에 근거한 성적인 즐거움과 교감을 통한 친밀성으로 정의할 수 있다고 본다.[11]

인용한 연구를 참고하면, 한국 사회에서 '가족'을 뒷받침하는 친밀성의 문제는 '사랑(-성)'과 '(사랑-)결혼'의 일치를 전제한 제도의 결속력이나 사회적 통념으로만 보장되는 것은 아니다. 쉽게 말해, 결혼으로 맺어진 두 사람이 더 이상 사랑하지 않게 되었다거나 결혼이 보장한 사랑의 지속성이 섹슈얼리티를 거두어갔다거나 등의 이유로 '가족'이 친밀한 공거의 단위가 되지 못할 까닭은 없다는 말이다. 다만 '결혼'에 '사랑(-성)'만을 결부하여 그것이 '가족'이라는 친밀한 집단의 성립을 위한 매개 역할을 한다는 통념을 중지시키고, 이 단위의 개념을 재사유할 필요는 있을 것이다. 이 두 가지 사유의 단초가 될 만한 논의를 간단히 제시하면서 이 글을 마무리하겠다.

먼저, '사랑-결혼-가족'의 통합 구조에서 결혼이 매개하는 요소를 확장시킬 수 있다. 모든 인간 집단은 인간들만의 연결이 아

---

11 같은 글, p. 34.

니라 인간 외의 것들과 함께 맺는 관계가 얽혀 형성되는 것이다. 결혼이 매개한 부부 또는 가족이라는 집단에도 사람들 사이에, 사람들 바깥에, 사람들 안쪽에, 사람 외의 것들과 연결된 다른 인간 또는 비인간이 많이 있고, 그것들과의 연결 또한 집단의 친밀성과 긴밀하지 않을 수 없다. 인간의 관계만이 아니라 인간 아닌 것이 인간에 끼치거나 인간이 인간 아닌 것에 끼치는, 인간 아닌 것으로서 인간의 일부이자 인간으로서 인간 아닌 것이 되기도 하는, 그런 연결들. 다음의 '친(밀)한 사이'에서 엿볼 수 있다.

    옆으로 누워 있던 식탁을 함께 들어서 세워 봤다. 세 다리로 서는 듯...... 하다가 이내 한쪽으로 기울었고 그러면서도 쓰러지지 않았다. 두 사람은 눈을 마주쳤고 푸하하 웃었다. 종이 상자와 포장 비닐로 어질러진 바닥. 기울어진 식탁 옆에서 드라이버와 손걸레를 손에 쥔 채 껴안은 두 사람.
    침대에 누워서가 아니라 일어서서 안은 건 처음이었다. 낯설고 새롭고 따뜻했다. 두 사람은 오래 미뤄 둔 질문을 떠올렸다.
    때로는 시시하고 때로는 끔찍했으며 결국에는 죄다 망해버린 연애들이 있었다. 초라하게 사라진 나라들조차 폐허 어딘가에는 영광을 남기는 것처럼 그 연애들에도 부정할 수 없는 순간은 있었다. 연애가 망하더라도 사랑은 망할 수 없는 것일지도 몰랐다. 하지만 이제는 저렴한 각본으로 사랑하느니 차라리 다른 이름을 붙이고 싶었다. 어차피 첫 단추부터 이상했으니까. 차라리 이것은...... 딩동. 음식 도착을 알리는 초인종이 울렸다. 두 사람이 잠정적으로 내린 결론은 이러했다.

"우리는 친한 사이야."

그 말은 두 사람만의 농담이 되었다. 즉석밥과 계란, 반창고와 감기약, 섬유유연제와 블루투스 스피커 등을 '친한 사이' 해버렸고, '도망가면 안 친한 사이'라며 대청소 날을 정해 손가락을 걸었다. 니콜라이는 누구도 근황을 모르는 앙맨에게 '앙 맥주띠?'로 끝나는 메시지를 남겼고, 진주는 일 년 넘게 업데이트가 없는 힝구의 채널에 '힝구야 안녕'으로 시작하는 댓글을 달았다. 둘 다 답장은 받지 못했지만 '좋은 친한 사이 시도'였다며 서로 칭찬했다. 정전을 계기로 앞집 부부와 배드민턴을 쳤다. 부부가 대접한 더운 나라의 음식이 입에 맞진 않았지만 접시를 비웠고, 그 집 꼬마가 리코더 연주를 뽐냈을 때 박수를 쳤다. 집에 돌아와 '우리 오늘 이웃이랑 친한 사이 해버림'이라며 하이파이브를 했다.[12]

다음, 가족에 대한 일반적인 상식이 "가족이란 폐쇄적이고 배타적인 인간관계"라는 사실을 재고하면서 "가족을 닫힌 인간관계가 아니라 정정 가능성을 바탕으로 한 지속적인 공동체"[13]를 의미하도록 재정의를 시도하는 논의를 참고할 수 있다. 일본의 문예비평가 아즈마 히로키는, 글로벌리즘과 내셔널리즘 사이에서 분열된 현대 세계를 다시 연결할 수 있는 정치적 주체의 상징을 '관광객'으로 삼았는데 이 주체가 토대로 삼아야 할 새 정체성을 '가족'에서 찾는다. "여전히 우리 안에 존재하는 '가족적인 것'에 대한 집

---

12   김기태, 「두 사람의 인터내셔널」, 〈문장 웹진〉 2022년 8월호.
13   아즈마 히로키, 2장 「정정 가능성의 공동체」, 『정정 가능성의 철학』, 김경원 옮김, 메디치미디어, 2024.

착을 이용해 새로운 연대를 형성하는 길을 생각하려 한다"[14]는 것이다. 비트겐슈타인이 언어게임에 참가하는 플레이어의 공동체를 '가족 유사성'으로 표현한 것을 참조하여, 항상 변하기 마련인 규칙과 시대에 따라 달라지는 전통, 관습, 가치관 등에 맞춰 '가족(=플레이어)'의 정의 또는 범주는 정정 가능한 개념이 될 수 있다고 본다. 두 사람의 사랑이라는 '우연성', 부모에게 태어나버린 '강제성', 사람으로 성장하는 한 다른 사람과 관계 맺을 수밖에 없는 '확장성', 이 세 가지 성질을 '가족'구성의 원리이자 인간 커뮤니케이션의 본질로 본 그는 "가족은 관광객으로 만들어"지며 "우연과 운명, 변화와 보수, 열린 것과 닫힌 것이 대립하지 않"[15]은 채 정정 가능성에 의해 지속되는 공동체라고 말한다.

14 아즈마 히로키, 『관광객의 철학』, 안천 옮김, 리시올, 2020. p. 219.
15 같은 책, p. 92.

재현으로부터 상상력 해방의 장소까지
최근 소설 속 노동 이야기를 중심으로

·· 김미정

1. 2010년대 소설 속 일·노동 이야기가 부상시킨 것

　반드시 '노동'이라는 말과 그 개념을 염두에 두고 쓰인 것은 아닐지라도, 2010년대 중반 이후 한국 소설에서 '일' '노동'의 상황을 환기시키는 작품이 빈번하게 등장했고 과거의 그것과 달리 서사의 스펙트럼도 넓어졌다. 예를 들어 사무실에 젊은 여성들이 출퇴근하는 모습이 그려졌다. 다양한 비정규 활동이 알바, 프리랜서의 이름으로 등장하는가 하면, 돌보는 일과 예술 활동 등이 노동으로 간주되었다. 일일이 나열할 수 없는 오늘날 일터의 현장을 쓰겠다는 작가들의 모임¹이 결성되기도 했다. 이들의 고군분투 서사는 소설 밖 노동의 장소 및 주체가 어떻게 변화해왔는지 짐작케 하기에 충분하다. 예컨대 1980년대 노동문학에서 노동은 대공장 산업노동 중심성을 띠고 있었다. 일하는 젊은 여성들의 일과 삶을 주제

I 2023년 만들어진 '월급사실주의' 동인이 대표적인데, 소설가 장강명을 중심으로 하여 오늘날 노동 현장에 밀착한 소설을 고민하는 여러 작가들이 모인 이 동인에서 그간 발간한 앤솔러지 소설집으로 『귀하의 노고에 감사드립니다』(문학동네, 2023), 『인성에 비해 잘 풀린 사람』(문학동네, 2024), 『내가 이런 데서 일할 사람이 아닌데』(문학동네, 2025)가 있다.

화한 2000년대 칙릿chick-lit소설에서조차 두드러진 것은 '소비' 주체로서의 측면이었다. 이에 비할 때, 2010년대 이래 소설 속 일·노동의 현장이 부각시킨 산업구조 및 노동 주체의 변화가 무엇인지는 뚜렷하다.

여러 장면들 중에서도 우선 경쟁을 통과한 이들의 안도감과 성취감이 서사의 중심축이 되는 장면도 의미심장하다. 한 소설의 주인공은 "20대 중반까지는 돈을 지불하고 뭔가를 학습하고 받아들이기만 했다. 그런데 이젠 돈을 내는 것이 아니라 받았고, 내 머리와 손끝을 써서 뭔가를 생산해냈다. 그 느낌이 너무 좋았다. **쓸모 있는 존재라는 느낌**"을 받았다고 말한다(강조는 인용자). 또 다른 소설의 주인공은 정규직 채용 전 건강검진을 받은 후 비로소 "존중받"은 느낌이었다고 토로한다. 소설마다 맥락은 다르지만 이런 감각들은 신자유주의 시대의 청년 상황 불안과 공포를 통과한 세대의 생존 서사와 무관치 않을 것이다.[2] 오늘날 노동이 개인의 능력(주의)과 직결되는 회로도 여기에서 다시금 확인된다. 개체 간 차이가 능력의 차이로 환원되고 그것이 자연화하는 것은 노동이 왜곡되는 흔한 회로의 하나다. 실제 소설 속 인물들 사이에서도 이 회로에 기반하는 경쟁 구도는 자주 의식되고, 때로 각자의 자존감을 좌우하는 요인으로 놓이곤 한다.[3]

2   앞의 인용은 김세희의 「가만한 나날」(『가만한 나날』, 민음사, 2019, p. 108)의 구절로, 주인공에게 일이란 "성취감" "프로" "능력" 같은 가치들과 관련되는 것으로 기술된다. 뒤의 인용은 장류진의 「백한번째 이력서와 첫번째 출근길」(『일의 기쁨과 슬픔』, 창비, 2019, p. 162)의 구절이다. 두 작품은 각각 2017년, 2018년 발표되었다.
3   이와 관련하여, 2021년경의 몇몇 소설이 노동에 대한 관습적 가치 평가를

한편 그동안 노동으로 간주되지 않아온 다양한 활동을 노동 개념을 통해 그 의미를 확인시킨 것도 최근 소설의 특징이다. 특히 2010년대 중반 이후 소설에 이르러 돌봄 활동 속 젠더 역학이 뚜렷이 폭로되었다. 동시에 돌봄이 여성이나 주변인의 일로 간주된 채 급격히 시장화하고 공공 시스템이 부재하는 오늘날의 상황도 조밀하게 드러났다.[4] 인물, 계층, 세대 간 갈등이나 시장 안의 수요자/제공자 사이의 갈등이 두드러지는 가운데, 돌봄을 둘러싼 '가부장×자본'의 문제가 일상 구석구석을 재구조화했음도 환기시켰다. 그런데 이런 폭로는 돌봄이 시장의 교환 체계 속에 고착해 있다는 착시를 만들거나 고된 노동으로만 환원될 수 없는 돌봄 활동의 특수성과 정동을 희미하게 하는 효과도 만든다. 이로 인해 돌봄 혹은 소외된 노동은 시민권을 얻을 수 있을지 모르지만 여전히 폄훼와 기피의 자리를 벗어나지 못하는 아이러니에 갇힐 때가 많다.[5]

반복하지 않으려는 과정에서 보인 난점(공정-능력주의의 착종이나 노동에 대한 일면적 인식을 보여주는 측면)을 지적한 한영인의 「우리 시대의 노동 이야기」(『갈라지는 욕망들』, 창비, 2024)도 좋은 참고가 된다.

4   여기에서 염두에 둔 작품은 김유담의 「돌보는 마음」(『돌보는 마음』, 민음사, 2022), 장류진의 「도움의 손길」(『일의 기쁨과 슬픔』, 창비, 2019), 이미상의 「여자가 지하철 할 때」(《문장 웹진》 2020년 9월호) 등이다. 또한 돌봄의 서사화를 다루면서 '페미니즘에 의한 자본주의 비판'을 역설하는 이지은의 「재생산노동력의 상품화와 여성 연대의 곤경—장류진의 「도움의 손길」에 부치는 주석」(『소설 클럽』, 문학동네, 2024) 및 환대나 돌봄이 "가난에 대한 형벌이자 책임으로 인식"되는 양상을 비판적으로 고찰하는 박서양의 「비평 연재 실험」(웹진 〈비유〉, 2021년 11월호)도 이 주제와 관련된 참고 목록이다.

5   돌봄을 노동의 자리에 놓을 수 있게 된 계기라 할 1970년대 가사 노동 임금 투쟁이 궁극적으로 '가부장제×자본주의'로부터의 이탈을 목표로 했음을 생각하면 지금 돌봄 및 돌봄 서사의 딜레마가 무엇인지 선명하다. 이와 관련해 팬데믹을 겪으며 드러난 돌봄의 위기와 가능성 모두를 포착하고 사회를 바꾸는 개방적 삶의 실천과 전환의 원리를 발견하려는 백지연의 「삶의 전환을 꿈꾸는 돌봄

이것은 일종의 서사적 곤경이지만 궁극적으로는 보이지 않거나 소외된 노동이 가까스로 발견된 자리에서 다시 극적으로 부상한 자본주의 관계 속 모두의 곤경일 것이다. 소설 속 서사에서 노동은, 여러 함의가 지워진 채 거의 임금노동과 동의어가 되어버렸다. 노동은 곧 임금노동으로 환원되곤 한다. 자본주의를 생각하지 않고 노동 이야기를 읽는 것은 불가능하다. 노동할 수 없는/않는 몸이 한 명의 몫을 다하는 인간으로 간주되지 않는 논리는 자꾸 강화된다. 앞서 나열한 최근 소설 속 노동 이야기의 몇몇 특징 역시 개별 작품의 한계로 이야기하기 전에, 이러한 상황의 반영으로 읽어야 한다. 오늘날 소설 안팎의 노동 장면이 어떤 곤경과 이행을 보이고 있는지 가늠하기 위해 2018년 이후 발표된 몇 편의 소설을 더 읽어본다.

2. 부드러운 통치술, 공모되는 사람들

2018년 화제가 되었던 장류진의 소설 「일의 기쁨과 슬픔」은 앞서 언급한 문학사적 변화를 함축하고 있었고, 판교 테크노밸리라는 장소의 상징성을 통해 한국의 노동 구조 및 조건의 변화를 환기시키기도 했다. 여기서 다시 읽고 싶은 부분은, 소설 속 한 인물(거북이 알)이 월급 대신 포인트를 지급받고 그에 대처하는 과정

의 상상력」(『창작과비평』 2021년 여름호), 나아가 돌봄을 취약성과 연결하는 통상적 해석으로부터 이탈시켜 보편적이고 중심적인 가치로서 급진화하는 황정아의 「가치로서의 돌봄」(『개념과 소통』 28호, 2021)도 중요하게 참고할 수 있다.

이다. 월급 대신 지급된 포인트란 직장 내 괴롭힘 혹은 부당대우로 따져 물어야 할 노동권 침해다. 이 일의 당사자 역시 "굴욕감에 침잠된 채"(p. 51) 밤을 지새운다. 하지만 그녀는 빠르게 상황 변화를 추수하는데, 월급을 포인트로 받는 상황에 맞추어 간명하게 자기를 조율하는 장면은 상징적이다. 이런 가뿐해 '보이는' 전환은 어떻게 가능했을까.

따지고 보면 주인공의 처세·응전 방법은 그렇게 발현되게끔 회로화된 메커니즘과 연동되어 있다. 소설 속 세계는 이미 포인트를 현금화·현물화할 수 있는 조밀한 시스템과 방법을 갖추고 있었던 것이다. 온라인 플랫폼의 경제와 희롱에 능통한 이들에게 그것은 익숙한 리얼리티일 것이다. 또한 포인트와 화폐의 호환이라는 설정은 오늘날 '가상'화폐의 상징성에 근접해 있기도 하다. 이런 상황에서 굴욕감은 어쩌면 그리 어렵지 않게, 타협하며 휘발시킬 수 있는 것인지 모른다. 소설 속 문제들이 처리되는 방식에서 개인화한 양상을 읽어내는 것도[6] 합당하고, "윤리적인 지점을 초과하는 미묘한 활기"에 대한 지적도[7] 유의미하다. 하지만 반복건대, 이것은 이미 소설 안팎에서 충분히 조밀하게 마련되어 있는 구조와 연동된 특징으로 접근해야 할 것이다. 이 세계의 통치술은 이미 패

---

[6] 반드시 이 소설에 대한 것만은 아니지만, "일의 소외, 노동의 소외 양상은 더 심해졌"지만 "저항의 양상"이나 "소통과 연대의 정서는 거의 찾기 힘들"고 "고립된 단자론의 세계"만을 보여준다는 비판도 기억해두어야 한다. 오길영, 「노동소설에서 사회소설로—장류진『일의 기쁨과 슬픔』과 김혜진『9번의 일』」, 『황해문화』 2020년 여름호 참조.
[7] 강지희, 「새로운 작가들의 젠더·노동·세대감각」, 강경석·강지희·서영인·이철주 좌담, 『창작과비평』 2019년 봄호.

널티와 보상을 자유자재로 구사하며 사람들을 자발적으로 느끼게 끔 하여 공모시킨다. 시스템은 개인에게 있어서 더 이상 적대화와 투쟁의 대상만은 아닌 것이다.

이쯤에서 잠시 스마트폰을 떠올려보아도 좋을 것이다. 여러 이유와 목적에서 우리는 하루 종일 스스로의 신체와 스마트폰을 동기화하며 살아간다. 이것은 단순히 기술적 변화만을 의미하지 않는다. 과거의 고정자본이 공장 벽을 넘어 오늘날의 이동성을 지닌 스마트한 디바이스로 이동·확장했다고 논해지는 상황이[8] 바로 여기에 있다. 주지하듯 근대의 노동이란 시계의 발명으로 상징되는 근대적 시간 개념에 기초하여 측정되고 정의되어왔다. 그러나 지금 결정적으로 그 시간 개념이 달라지고 있다. 단적으로 필요에 따라 연결된 단체 대화방과 여러 종류의 SNS는 밤낮 구별 없이 공적인지 사적인지 불분명한 무언가를 끊임없이 발송하며 우리의 응답을 기다린다. 일인지 휴식인지, 공적인 것인지 사적인 것인지 혼란스러워하며 우리는 계속 무언가를 한다. 일과 휴식, 노동과 삶의 시간 구분이 사라지면서 우리는 "모든 삶의 모든 시간 전체가 생산적이 되도록"[9] 요구받는다. 이렇듯 일/휴식의 근대적 구분조차 애매해진 상황이지만, 가치화=화폐화는 삶 속에서 계속 진행된

---

8 이것이 기술 비관론으로 연결될 리 없다는 것을 강조할 필요는 없을 것이다. 노동 개념 변화에 대해서는 이미 일일이 거론할 수 없을 만큼 논의가 축적되어 있지만, 이 글에서 직접적으로 참고한 것은, 질 들뢰즈 외 『비물질노동과 다중』(서창현 외 옮김, 갈무리, 2005)과 안토니오 네그리·마이클 하트의 『어셈블리』(이승준·정유진 옮김, 알렙, 2020), 조너선 크레리의 『24/7 잠의 종말』(김성호 옮김, 문학동네, 2014) 등의 논의다.

9 안토니오 네그리·마이클 하트, 같은 책, p. 173.

다. 이 자본 장치에 우리가 적극 동기화되어 각자의 역능을 공모하도록 하는 것이 오늘날 통치술의 한 방법이다.

직접적으로 착취하고 수탈하는 자본의 성격이 노골적이었던 시절의 많은 노동 서사는 그로부터 존엄을 희구하는 안간힘을 보여주었다. 하지만 오늘날의 자본은 사람들 스스로 공모하게 만들며 교묘하고 "부드러운 전제(專制)"[10]를 행한다. 물론 이것이 존재의 수동성이나 결정성을 의미하는 것은 결코 아니다. '전제'를 수식하는 '부드러운'이라는 말이 암시하듯 오늘날의 통치술은 직접적인 강요와 억압을 느끼지 않도록 행해지는 방향으로 전개되어 왔다. 오히려 우리 몸이 가지는 고유의 역능을 동기화시키며 작동하도록 해 스스로의 필요와 욕망도 함께 충족시킨다. 즉 2010년대 중반 이후 서사에서의 노동은 예컨대 김세희의 「가만한 나날」 속 바이럴마케팅 업무가 상징하듯, 과거에 비할 수 없이 훨씬 추상화되었다. 이 업무는 광고주(기업)의 민낯을 평범한 사람들의 일상 속으로 분식(粉飾)시킨다. 근래 소통의 메커니즘이 발신자-메시지-수신자를 전제로 한 고전적 모델을 뛰어넘어 발신자와 수신자의 경계를 지운 상황에서 작동하고 있음을 소설 속 주인공의 일을 통해 새삼 확인할 수 있다. 즉 자본과의 적대 및 안과 밖의 구별이 지워진 듯한 자리에 그녀들이 있다. 최근 소설 속에서 일이나 시스템의 성격에 따라 인물 및 서사의 향방이 결정되는 경향[11] 또는 신자유주의적 능력주의 서사에 대한 소설적 입장이 모호해 보이는

---

[10] 브라이언 마수미, 『정동정치』, 조성훈 옮김, 갈무리, 2018, p. 90.
[11] 졸고 「부드러운 전제와 노동—자본의 뫼비우스띠」(반교어문학회, 『위기와 성찰의 뉴노멀 시대』, 보고사, 2022) 참조.

측면[12]도 이러한 조건과 함께 생각해야 한다.

자본과 불화하는 마지막 보루 같았던 예술(노동)을 재현하는 서사에서도 이런 양상을 확인하기란 어렵지 않다.[13] 2020년 발표된 임솔아의 「내가 아는 가장 밝은 세계」(『아무것도 아니라고 잘라 말하기』, 문학과지성사, 2021)는 최근 한국적 모순이 압축된 부동산 문제를 첨예하게 다룬다. 이 소설은 최근 수년간 한국에서의 부동산 열풍이 어떻게 사람들의 욕망을 자가발전시켰는지 보여주는 동시에 바로 그 욕망에 의해 열풍이 지지되었음을 암시하기도 한다. 그런데 소설에서 이 욕망 메커니즘의 마디 하나를 담당하는 이가 바로 소설가로 설정된 주인공이다. 10년 차 프리랜서 소설가인 주인공은 생활인으로서의 영위를 위한 조건들(은행 대출, 건강보험) 속에서 내내 허둥지둥한다. 나름대로 성공한 예술가로 인정받지만 "위촉된 적 없는 직책의 해촉증명서를 발급받기 위해"(p. 140) 고군분투해야 하는 점에서 그녀는 현대의 무수한 비정규 직능인 중 한 명일 뿐이다. 여기에는 예술가가 예술 노동자로 지칭될 수밖에 없는 오늘날 상황이 자연스럽게 드러난다. 예술의 자율성에 대해 설왕설래해온 소설 바깥의 논의도 자연스레 겹쳐진다.[14]

---

12   한영인, 같은 글 참조. 덧붙이자면 이러한 측면은 이미 서구 및 일본 등에서의 포스트 페미니즘 논의 속에서 검토된 문제의식이기도 하고, 2010년대 이후 여성 서사 속 노동 이야기에 대해서도 이와 관련하여 지면을 달리해 이야기할 주제이기도 하다.

13   여기에서 언급하는 소설들은 졸고 「숲을 돌보는 시간」(『문학과사회』 2022년 봄호), 「여성 서사의 자긍심」(『문학과사회』 2022년 여름호)에서 다룬 바 있는데, 당시 서평 형식 내에서 충분히 논하지 못한 문제의식을 구체화하고 있음을 밝혀둔다.

14   2010년대 문화예술계에서 있었던 '예술 노동'의 의제화와 그에 대한 논의

문제적인 것은 소설의 결말에서 주인공이 보이는 선택이다. 본래 주인공은 온 세상 사람들의 폭력적 '웃음'에 동참하지 않는 대신 "무표정"(p. 130)을 고집해왔고, 그것이 곧 그녀가 택한 "자긍심"(p. 132)이라고 할 만했다. 하지만 주인공은 결국 세상과 타협하고 세상의 웃음에 동참해버리는 위악의 포즈를 보여주며 소설은 마무리된다. 소설에서도 암시되듯, 이 세계는 자격을 요구하고 그것을 인정하는 구조를 우리 스스로 내면화하게끔 하며 삶을 통치한다. 소설은 이러한 각자도생의 메커니즘에 대한 냉소와 자기혐오를 드러낸다. 하필 주인공이 소설가라는 점에서 이는 자본주의의 반대자를 낭만적으로나마 자처할 수 있던 예술의 형질 변환, 혹은 무기력을 선언하는 것처럼도 보인다. 나아가 예술–시장 관계가 오히려 인물의 선택과 결정에 있어 알리바이처럼 사용되는 측면까지 엿보게 한다.

　2021년 발표된 박서련의 소설 「A Queen Sized Hole」(『당신 엄마가 당신보다 잘하는 게임』, 민음사, 2022) 역시 오늘날 예술가의 비루한 초상을 그려낸다는 점에서는 이와 대동소이하다. 근대 자본주의 초창기의 예술가들이야말로 시대로부터의 소외를 자처하며 그것에 역설적으로 추동된 이들이었다. 그러므로 그들의 소외감이란 일종의 자긍심의 뒷면이기도 했다. 하지만 시장에서 도태되지 않기 위해서라도 국가의 보호를 간절히 청구해야만 하는 오늘날 예술가의 분열적 소외감과 옛 시절의 자긍심 어린 소외감이 동일할 리 없다. 시민의 지위를 요구받고 보장받는 자리, 곧 "건보

들이 함께 이야기될 수 있을 것이다.

료와 국민연금과 전기세, 수도세, 통화료 고지서, 대출 인지세, 보증료 같은 것"(p. 235)에 허덕이며 불안정하게 살아가는 이들의 글쓰기는 기능적·도구적·계산적 글쓰기와 결코 충돌하지도 이질적이지도 않다.

이런 이유에서 「A Queen Sized Hole」의 가장 중요한 장면은 (소설에서는 가볍게 처리되지만) 주인공의 소소한 내적갈등이다. 요약하자면 이렇다. 소설가 주인공은 오래전의 친구와 만나게 되면서 그 만남을 소설에서 활용할지 말지 고민한다. 소설에 활용하는 과정에서 친구의 추억을 훼손하거나 그녀에게 상처를 줄 수도 있음을 주인공은 우려한다. 주인공의 내적갈등으로부터 떠오르는 것은 명확하다. 이는 최근 스캔들이 된 소위 '창작(자)의 윤리' 문제를 환기하고, 나아가 그것의 근본적 배후를 짐작케 한다. 창작 윤리와 관련된 최근의 스캔들은 많은 이가 짐작했듯 결코 개인화할 수 없는 구조적 이유를 갖는다. 하지만 이 구조적 이유는 흔히 이야기되는 문학계와 문학권력의 문제를 초과해 있다. 이것은 예컨대 계급 범주를 넘어 이제는 삶의 일반적 양태가 되어버린 불안정한 '프레카리아트precariat'의 세계와도 직결된다. 끊임없이 요구받는 창작의 성과, 그리고 당장 생활인으로서의 생존과 자기보존 등의 압박이 창작·글쓰기의 '윤리' 문제에까지 닿아 있음은 부정할 수 없다. 각자도생의 심상이 불러일으켜지고 그 과정에서 경험하는 직접적인 압박감은 다른 선택지에 대한 시야를 확보하기 어렵게 한다. 창작 윤리를 비롯하여 우리의 판단과 선택 모두 궁극적으로 오늘날의 통치술을 지우고 이야기하기 어려워진 것이다.

의지를 발휘할 주체의 성격이 모호해진 것(장류진), 각자도

생의 심상과 동기화되며 자기보존하는 회로(임솔아), 창작 윤리에 마저 스며든 불안정한 삶과 계급의 양태(박서련) 속 자본주의는 부드러운 권력 장치agencement이다. 수직적 착취나 수탈을 노골화하지 않고, 인권과 노동권을 배려하는 인간의 얼굴을 지니고 있으며, 더 많은 존재의 필요와 욕망을 연루시키며 자가발전하는 장치에 가깝다. 자본주의에 대한 이야기를 추상적인 거대 서사로 일축할 수 없는 이유가 바로 여기에 있다.

3. 그런데 관점을 달리해본다면

지금까지의 이야기가 다시 일종의 자본주의 리얼리즘[15]을 연상시킬지 모르겠다. 하지만 그것을 확인하기 위해서 이 글을 쓰고 있지는 않다. 오히려 이 상황 자체가 품고 있는 다른 차원의 이야기되지 않아온 것에 문제를 제기해보려 한다. 이제 최근 세계 및 소설에서 미묘하게 달라진 지점과 모종의 가능성을 읽어볼 차례다. 이서수의 장편소설『헬프 미 시스터』(은행나무, 2022)는 오늘날 노동-자본 관계의 최전선을 함축하는 플랫폼노동 이야기이자

---

[15] '자본주의 리얼리즘'은 잘 알려져 있듯 마르크시즘 문화비평가 마크 피셔 Mark Fisher의 말이다. 피셔는 1990년대 이래로 신자유주의가 유일한 경제정책이 된 오늘날 1세계 사람들의 감각을 지목하며 이 개념을 사용하기 시작했다. 그가 강조한 것은 자본주의 리얼리즘의 바깥에 대한 상상이었다. 하지만 오늘날 그것이 '바깥 없음'에 대한 체념으로만 풍미되는 경향은 떨쳐지지 않고 있다. 개인적으로는 수사적·수행적 효과 측면에서라도 이 말을 탈구축해야 한다고 여기기에, 여기에서는 극복의 대상으로 지칭한다.

그 노동 현장에 뛰어든 가족의 분투기다. 물론 여기서도 상황은 썩 좋지 않다. 소설 속 상황을 스케치해본다.

직장 내 성범죄 피해 여성이 오히려 퇴사를 한다. 가족 부양의 책임은 트라우마마저 사치스러운 것으로 만들어버린다. 주식과 코인이 상징하는 금융자본이 제패한 세계에서 노동의 의미는 초라하다. 키오스크(무인 주문 시스템)로 상징되는 기술의 발전은 세대 간 격차를 벌리며 낙오자를 대량생산하고 그것을 따라잡는 것은 오롯이 개인의 몫이다. 스마트폰 앱의 알림음에 즉각적으로 반응하는 신체의 주인은 나라고 하기 어렵다. 법적으로는 사장님(사업자)이지만 실은 모두가 노동자다. '굿헬스케어'(건강 산업)와 '골드안마'(성매매 산업)라는 상호가 뫼비우스의 띠처럼 분리되지 않는 세계다. 아이들 역시 예외는 아니어서, 온라인 세계로 이동한 성 착취와 폭력에서 그들은 안전하지 못하다. 일일이 거론하기 어려운, 그러나 시대에 밀착한 관찰력과 직관 없이는 포착하기 쉽지 않은 2022년 당시의 삶과 노동의 최전선이 이 소설에 서사화되어 있다.

여기에는 대공장 산업 노동에 기반을 두었던 이른바 포드주의 시대의 노동과 미국의 실리콘밸리(혹은 한국의 여러 테크노밸리)로 상징되는 포스트-포드주의 시대 노동의 차이가 어렴풋이 감지된다. 소설 속 인물들은 다양한 플랫폼 앞에서 상시 대기하다가 일시적이고 유동적인 일의 현장에 투입된다. 서로 늘 연결되어 있지만 실상은 지극히 파편화되어 있어서 같은 일을 한다는 동질감조차 가지지 못한다. 소설 속 일의 현장들이야말로 신자유주의의 노동 유연화와 포스트-포드주의의 테크놀로지가 결합한 단적인 공간 아닐까. 이곳에서 노동자/자본가(사업자)/소비자식의 구획된 정체성은 이전보다 쉽게 무화된다. 예컨대 플랫폼 배달 노동자가 법적으로는 개인사업자(사장님)이지만 실제로는 고된 작업 현장의 노동자라는 이중구속적 상황은 사람들끼리의 연결을 어렵게 할 뿐 아니라 당사자 자신마저 분열시킨다.

즉, 앞서 언급한 작품들에서 엿본 시대의 조건을 『헬프 미 시스터』는 고도로 세련되게 집약해놓았다. 그런데 결정적으로 이 소설에는 오늘날 노동-자본의 조건에 대한 폐색감을 넘어, 그 조건 자체에서 비롯된 '다른 벡터'의 이야기가 엿보인다. 소설은 '(자본주의) 바깥은 없다'고 믿는 오늘날 시대의 감각을 질문하는 듯도 하다. 기우에서 적어두자면 이것은, 소설이 '바깥'을 역설한다는 의미는 아니다. 소설은 '바깥은 없다'는 인식과 동기화되기보다 거기에서 조심스레 그 말이 품고 있는 다른 방향, 예컨대 '바깥이 없으면 안으로부터 바깥으로 뒤집으면 된다'는 식의 가능성을 떠올리게 한다. 이러한 독해에 힘을 실어주는 장면들을 잠시 살펴본다.

우선, 파편화된 관계들이 느슨하고 일시적으로나마 연합할 가능성이 타진된다. 예를 들어 플랫폼 배달 일을 시작한 주인공 '수경' '우재' 부부는 작가, 시민활동가와 술자리에서 합석하고 대화를 이어간다. 여기서 작가, 시민활동가란 그 설정에서부터 미묘한 긴장감을 자아내는 인물군이다. 앞서 임솔아, 박서련 소설의 글쓰는 주인공들에게서도 확인했고, 김혜진의 『9번의 일』(한겨레출판, 2019)에서 재현된 노조의 모습에서도 엿볼 수 있듯 최근 한국 소설에서 예술이나 (시민)활동은 질문 혹은 의심의 대상인 듯도 하다.[16]

---

16 하지만 노동문학연구자 정고은은 이 장면에서 "'공부'를 해야 벗어날 수 있

이는 그들로 대표되던 '다른' 세계에 대한 상상, 행위, 의도가 질문받는 것에 다름 아니다.[17]

소설 속 합석 장면 역시 처음에는 그와 크게 다르지 않아 보인다. 작가, 시민활동가에게서 계몽과 위선의 포즈가 암시되는 서술은 내내 긴장감을 자아낸다. 하지만 모두가 비슷한 처지인 "별 볼 일 없"는(p. 166) 사람들임을 확인하면서 분위기는 누그러지고 서로가 무장해제된다. 일시적 장소에서 "가족이 아닌 사람들과 함께 웃고 떠"(p. 167)드는 일로 생성되는 연결감은 플랫폼노동의 연결과는 분명 성격을 달리한다. 이 장면은 소설이 다시 혈연가족 중심의 관계를 강조하며 흘러가지 않도록 하는, 소설에서 빠져서는 안 될 중요한 대목이다. 작가, 활동가의 일을 바라보는 소설의 시선은 탈낭만화가 다소 과잉된 것이 없지 않지만, 그럼에도 이러한 장소를 만들고 잇고 상상해온 이들의 역할과 의미는 재환기되고 있다. 그 장소를 만드는 느슨한 연합의 원리와 그 행위자들에 대한 사유를 소설로부터 생각하게 된다.

다는 계몽적인 입장"을 취하는 지식인·활동가의 모습이 여전히 견지되고 있다고 지적한다. 정고은, 『신자유주의 시대의 노동문학 연구』, 성균관대 박사학위논문, 2023, pp. 154~55. 나 역시 그 지적에 동의하고 또한 거기에서 기존 노조·활동가 혐오와 잘 구별되지 않는 미묘함도 읽게 되지만, 지금 발견하고 싶은 것은 장차 다르게 발현될 것을 기대하게 만드는 한 줌의 가능성 쪽임을 언급해둔다.

17 김혜진의 『9번의 일』에서 노조와 사측이 등가적으로 그려지는 장면은 재현 및 시선에 대한 작가의 고민과 관련된다. 하지만 익숙한 표상으로부터 이탈시키고 외부로부터의 판단을 되도록 개입시키지 않으려는 듯한 이러한 재현법이 의도치 않게 또 다른 편향으로 귀결될 측면은 유의해야 한다. 이에 대해서는 한영인의 같은 글과 졸고 「부드러운 전제와 노동——자본의 뫼비우스띠」 참조. 또한 이것은 과거 가치들의 전선(戰線)이 무화된 오늘날 전방위적인 가치 헤게모니 쟁탈 상황과도 연관시켜 살필 주제다.

또한 소설이 상대적으로 어른 인물들('보라' '은지' '준후')에게 한 줌의 기대를 보태는 것도 주목해야 한다. 이때 미래 세대는 클리셰적 낙관으로 이상화되어 있지는 않다. 예를 들어 스물세 살로 설정된 보라는 "노력하면 세상을 바꿀 수 있"(p. 82)다는 믿음으로 주위의 사람들을 지키고자 하는 인물로, 2010년대 내내 현실 세계의 변화를 주도한 이들의 힘과 용기를 집약하고 의인화한 존재로 보인다. 한편 미성년자 은지와 준후는 이른바 플랫폼 없는 세계를 경험해본 적 없는 세대다. 이들은 플랫폼 자본주의에 가장 익숙할뿐더러 거기에 위태롭게 공모되어 있지만, 때로는 플랫폼의 틈새를 이용해 복수할 줄도 안다. 즉 세상의 이치를 '덜' 깨달았기 때문에 믿음직한 유의 미성년이 아니라, 이 세계의 작동 방식에 생래적으로 익숙하기에 다른 방향으로 뛰쳐나갈 방법도 상대적으로 수월하게 고안할 수 있는 유연한 존재다. 세계의 달라진 조건에 익숙하고 능란하다는 것이 곧바로 다른 사건성의 조건은 아닐 테지만, 제대로 알아야 제대로 상상할 수 있지 않은가. 그 앎과 상상과 실천의 시간이 누구 쪽에 더 많이 열려 있는지는 분명한 것이다.

이와 관련되는 생각이지만, 오늘날 무기력해진 말 중 하나가 '희망'이 아닐까 한다. 『헬프 미 시스터』는 이 '희망'이라는 말을 성급히 소환하지 않는다. 하지만 이 말을 폐기하는 것을 조심스레 유보시키는 것은 분명하다. 희망이라는 말의 의미를 '시간'을 통해 다시 생각하게 만드는 측면이 있다. 가령 소설 속 보라, 은지, 준후를 통해 개인적으로 떠올린 것은 공교롭게도 지금으로부터 한 세기 전 루쉰의 말이었다. 잠시 인용해본다. "나는 비록 내 나름대로의 확신을 가지고 있었지만, 희망에 대해서 말하자면 그것을 말살시킬 수는 없을 것이다. 왜냐하면 희망이라는 것은 미래를 향하는 것이므로, 반드시 없다고 하는 내 확신을 가지고, 있을 수 있다는 그의 주장을 꺾을 수는 없는 것이기 때문이다."[18]

한 세기 전 루쉰은 그의 앞에 펼쳐질 시대와 역사에 대해 직감하고 있었다. 그것이 결코 희망과 낙관의 서사일 리만은 없음을 알고 있었을 그는 희망을 긍정하지 않는다고 단언하곤 했다. 하지만 그는 희망을 맹목의 구조로부터 탈구시켰다. 희망이라는 말을 '오지 않은' 시간의, 그러므로 무엇이 될지 아직 모르는 백지의 가능성에 비끄러맸다. 여기에서 부상하는 것은 바로 '도래하지 않은 시간', 그렇기에 반드시 결정되어 있다고 말할 수 없을 미래다. 그리고 지금 『헬프 미 시스터』를 통해 더 생각하고 싶은 것이 이쪽이다. 무엇이 될지 아직 모르며, 그렇기에 원리적으로는 무엇이든 될 수 있을 그 미래와 잠재성을 부정할 수는 없다는 것. 그것은 예감 혹은 추측만 가능할 뿐, 강조컨대 아무도 경험하지 않은 영역이기 때문이다.

오지 않은 시간을 부정과 비관으로 짐작하게 하는 것은 결국 누구·무엇의 욕망이고, 누구·무엇을 이롭게 하는 것인지도 질문하고 싶다. 오늘날 통치술은 아직 결정되어 있지 않은, 오지 않은 시간을 '현재의 것'으로 선취하고 전유하고자 한다. 자주 사용되는 '선제(先制, pre-emption)'[19]와 같은 말도 그와 관련된다. 오지 않은

---

18 루쉰, 「자서」, 『루쉰 소설 전집』, 김시준 옮김, 서울대학교출판부, 1996.
19 오늘날 통치와 행정의 용어로도 익숙해진 '선제'라는 말과 관련해서는 브라이언 마수미의 『존재권력—전쟁과 권력, 그리고 지각의 상태』(최성희·김지영 옮김, 갈무리, 2021)가 중요한 참조가 된다.

시간을 현재의 비판에 접합시키는 통치술의 의도는 분명하다. 아득한 목적지로서의 희망을 맹목하지 않는다 하더라도, 적어도 미래를 암흑으로 선취하려는 힘의 배후는 면밀하게 볼 필요가 있는 것이다.

마지막으로, 이 소설의 설정인 플랫폼이라는 장소 역시 질문의 대상임을 강조하고 싶다. 이는 소설 바깥의 논의와도 적극적으로 접속시켜 생각해볼 필요가 있다. 소설에서 인물들이 돈을 필요로 할 때 플랫폼과 네트워크는 정확히 거기에 기다리고 있었다. 하지만 이것은 달리 말해, 그들의 시간은 온종일 플랫폼에 구속되어 있고 플랫폼이 곧 그들 세계의 매트릭스라는 이야기이기도 하다. 또한 소설 속 인물들은 플랫폼을 통해 소소하게 서로 연결되어 있으며, 그러한 네트워크를 플랫폼은 이용한다. 우리가 이루는 네트워크적 협력, 공통적인 것에 오늘날 자본주의가 기생하고 그것을 활용하는 양상이 단적으로 확인되는 것이다. 여기에서 소설 속 삶이 플랫폼에 종속되어 있고 자본주의 바깥은 없다는 말이 다시 떠오를 수 있겠으나, 달리 보아 이들의 연결과 협력 없이는 그 플랫폼도 작동하지 않는다는 엄연한 사실을 동시에 환기해야 한다.[20] 우리의 역량commons을 다시 가져올 조건이 바로 이 지점이라는

---

20 "자본주의가 하나의 생산 양식일 뿐만 아니라 또한 세계들의 생산"(질 들뢰즈 외, 같은 책, p. 240)이며, "자본주의는 자연을 형성한다. 자연은 자본주의를 형성한다"(제이슨 W. 무어, 『생명의 그물 속 자본주의—자본의 축적과 세계생태론』, 김효진 옮김, 갈무리, 2020, p. 47)는 말은 정확히 여기에서 복기하고 싶다. 내내 강조했듯 자본주의가 우리의 '공통적인 것'에 더욱 의존하는 경향 자체가 마치 '바깥은 없다'라는 말의 완벽한 실현처럼 보이기도 하지만, 그것은 역설적으로 '공통적인 것' 없이는 자본주의가 작동하지 않는다는 사실을 의미하기 때문이다.

것, 자본주의가 이 힘을 빌리지 않고 매끄럽게 작동할 수 없다는 것. 이런 의미에서 최근 고정자본으로서의 데이터, 기술 등을 재전유해야 한다는 문제의식도 최근 널리 공유되며 설득력을 얻고 있다는 사실도 주목하고 싶다.[21]

제목 '헬프 미 시스터'를 바로 이러한 상상과 연결시켜볼 수도 있지 않을까. 소설에서 '헬프 미 시스터'는 다양한 플랫폼노동 현장 중 하나이자 여성의 불안을 타개하기 위해 만들어진 앱이다. 여성의 불안 역시 시장에서 소구력 있는 자원으로 활용되는 양상을 보여준다. 이 또한 어떤 식으로 변화해갈지 아직은 누구도 모른다. 하지만 적어도 이 앱을 통해 현재 사람들은 끊임없이 "나는 누군가 필요합니다"(p. 304)라고 발신하고 응답한다. 우리를 불안정하고 취약하게 만드는 것이 바로 이 세계이고, 이 세계는 우리의 불안정함과 취약함을 이용한다. 하지만 한편으로는 그 불안정함과 취약함으로 인해 소설 속 이들은 연결되고 만나고 있다. 이러한 아이러니가 품은 가능성이 소설 밖 지금 여기에도 뒤섞여 있다.

4. 상상력 해방시키기

문학을 생각할 때 자본주의라는 말은, 이제는 너무 아득하고

---

[21] 이러한 문제의식은 한국에서도 연이어 논의되고 있는 듯하다. 『창작과비평』의 커먼즈 논의(2018년 여름호), 계간 『문화과학』의 플랫폼 자본주의 및 커먼즈 논의(2017년 겨울호 및 2022년 봄호), 이광석의 『피지털 커먼즈—플랫폼 인클로저에 맞서는 기술생태 공통장』(갈무리, 2021) 등을 참조할 수 있다.

큰 말 혹은 큰 이야기처럼 여겨진다. '오늘날 자본주의의 멸망보다 지구의 멸망을 상상하기 더 쉬워 하는' 세태에 대한 지적[22](앞서 언급한 이른바 '자본주의 리얼리즘')도 그런 것과 관련될 것이다. 하지만 내 삶이나 감각이 무엇에 어떻게 횡령되고 있는지, 그 방법이 어떻게 변화해가는지 시야에 두는 것은 시대를 불문하고, 또한 문학의 문제가 아니라도 중요하다고 생각한다. 그것은 내가 어떻게 내 삶을 스스로 주관할 수 있을지/없을지의 가능성을 가늠하는 일이기 때문이다.[23] 그런 의미에서 지금 정작 질문되어야 할 것은 우선 '다른 삶은 없다'고 추수하는 인식 혹은 믿음의 지점일지 모른다. 오늘날 자본주의는 장치이기도 하지만 무엇보다 '믿음'의 체계다.[24] 압도적인 것, 다른 세계는 가능할 리 없다고 여겨지는 것일수록 그것은 맹목적 믿음에 의해 지지될 가능성이 높다. 이러한 믿음 혹은 오인의 구조를 질문하지 않는/질문할 수 없는 상상력 자체가 오히려 질문되어야 하는 것 아닐까.

자본주의가 우리에게 행한 것을 묻는 대신에, 거꾸로 우리가 자본주의를 위해 무엇을 해왔고 어떻게 일하고 있는지 질문해보

---

22 대표적 논자로는 프레드릭 제임슨Fredric Jameson과 슬라보예 지젝Slavoj Žižek을 들 수 있다.
23 이 글이 처음 발표된 때는 2022년 겨울이고, 본 앤솔러지 수록을 위해 본격적으로 개고된 시점은 2025년이다. 이 글은 그 시차를 충분히 감안하며 수정되었지만, 2025년 상반기부터 급격하게 체감된 빅데이터 및 인공지능 시대로의 전환 상황까지 반영하지는 못했다. 이에 대한 이야기는 후일을 기약한다.
24 정용택의 「물질 없는 유물론 대 물신 없는 가치론」(『뉴래디컬 리뷰』 2022년 여름호) 참조. 정용택의 글은 유물론적 종교 비판의 관점에서 한국 사회를 비판적으로 조망한 것이지만, 이것은 궁극적으로 자본주의가 물신주의적 믿음의 체계라는 점을 증명하고자 한 글로도 읽을 수 있다.

면 어떨까.[25] 이것은 통상적인 사고의 전제를 바꾸어보는 것이다. 예컨대 화폐가 존재하기에 앞서 인간-비인간 행위자가 먼저 존재해왔다는 것. 오늘날 자본주의는 더욱더 우리의 활동과 협력 없이 작동하지 못한다는 것. 단적으로 무수한 플랫폼 기업이나 빅테크 기업이야말로 유저가 제공하는 주인 없는 데이터 더미 없이 존속할 수 없다는 것. 과감히 말해보자면 투쟁은 늘 억압에 앞서[26] 있다는 것. 이런 식으로 말이다.

이와 관련될, 혹은 이제까지와는 조금 다른 이야기를 덧붙여 보려 한다. 최근 한국 소설에 '유령' 혹은 '영혼' 등 비인간 존재들이 들어오는 장면이 흥미롭던 참이다. 공히 인간의 상태를 경험한 바 있는 이 존재들은 소설마다 불가피한 역할을 부여받고 있다. 재현으로 증명할 수 없는 모호한 진실을 확인시키는 매개자 역할을 하거나(구소현), 이루지 못한 소망 충족의 대리자가 되거나(임선우), 인간들끼리 선뜻 내보이기 어려워하는 마음(내면)의 표현-연결자가 되거나(김멜라, 임선우), 몸을 잃은 형체 없는 마음들이 세상을 부유하는 과정이(김지연) 그려진다.

이는 모두 간헐적으로 등장하던 이전의 유령과는 확연히 다르다. 지금은 유령이 아니라면 서사가 전개될 수 없거나 달라졌을

---

25 이 문장은 정확히 다음 문장의 패러디다. "우리는 자본주의가 자연에 행하는 바가 무엇인지 묻는 대신에 자연이 자본주의를 위해 일하는 방식을 물음으로써 시작할 수 있다"(제이슨 W. 무어, 같은 책, p. 37). 마르크시즘 생태주의자 제이슨 무어는 지구 생태계의 문제를 사유하는 전제로서 자본주의와 자연의 통상적 이분법적 관계를 재설정하고 출발하는데, 이는 최근의 커먼즈 논의의 방법과도 상통하는 바가 있고, 이 글에서도 시사받은 바가 많아 잠시 적어둔다.

26 안토니오 네그리·마이클 하트, 『어셈블리—21세기 새로운 민주주의 질서에 대한 제언』, 이승준·정유진 옮김, 알렙, 2020.

정도로 이들은 중요한 역할을 부여받고 있다. 또한 이들은 단독적인 행위자라기보다 인간/비인간, 생물/무생물, 유기체/무기체식의 구획을 지으며 움직이는 일종의 연합과 배치assemblage에 가깝다. 소설마다 양상은 다르지만, 이들은 이 세계에서 현실이라고 여겨진 것의 범주를 질문한다. 현실이라고 믿어지는 것이 이 세계의 전부가 아니라는 사실, 드러나거나 현행화되지 않은 것 너머의 보이지 않는 힘을 환기시키고 증거한다.

이러한 유령의 등장 역시 다른 세계의 불가능함이라는 믿음에 미학적으로 반응하는 의식적·무의식적 교섭의 일종이라고 생각한다. 그것은 어떤 기존 표상으로 환원될 수 없다. 내내 폐색적이라고 여겨지는 세계에서도, 늘 소리 없이 여기저기에서 만들어지고 있는 균열들 덕분에 어쩌면 우리는 질식하지 않을 수 있었다. 유령들은 현실과 비현실 혹은 보여지는 세계 너머의 전모를 찰나적으로 감지시킨다. 이 세계에 엄연히 존재하지만 쉽게 가시화되지 않는다는 이유에서 부정되거나 지워지는 것들을 증거하는 듯 보이기도 한다. 이러한 유령의 방법은 앞서『헬프 미 시스터』에서 엿본 작가-시민활동가-플랫폼노동자의 느슨한 연결, 그리고 보라, 은지, 준후 등이 상징하는 아직 오지 않은 시간, 나아가 플랫폼의 조건 자체가 곧 역전 가능성을 품고 있다는 사실과도 분명 상통한다. 독자는 그 잠재성을 더 많이 발견하고 현행화하는 일을 이 소설들로부터 넘겨받는다.

발견을 위해 관점부터 바꿔보는 일에 대해 내내 이야기한 셈이다. 같은 장소이지만 위치에 따라 다른 것이 보인다. 이것은 '바깥은 없'을지라도 '바로 지금-여기'가 '다른' 장소의 입구일 수 있음을 의미한다. 이른바 '로두스' '내재성의 평면' 등과 같이 말해져 온 철학의 용어들도 바로 이런 장소에 대한 이미지 아니었을까. 그러므로 당장 필요한 것은, 우리 안의 견고한 믿음의 체계 자체를 질문하고 그것에 순순히 동의하지 않을 용기가 아닐까 생각한다. 결정되지 않은 것, 아직 오지 않은 시간을 누가 어떻게 상상하고 선취하느냐의 문제에는 원하든 원하지 않든 이 세계 모두가 연루되어 있다. 즉, 우리가 벗어날 수 없는 것은 자본주의가 아니라 미래에 대한 이 연루의 책임이다. 문학, 예술에서 상상력을 해방시켜야 할 이유를 바로 여기에 조심스레 놓아본다.

'자기 돌봄'과 '서로 돌봄'이 교차하는 자리[1]
최근 소설에 나타난 싱글 중년 여성과 '돌봄'의 문제

·· 조연정

1. '페미니즘 리부트' 이후의 한국문학

2000년대 중반 이후 문학장은 물론이거니와 현실에서도 중요하게 쟁점화되지는 못했던 페미니즘에 관한 논의들이 지난 2016년의 '강남역 살인 사건'과 '#문단_내_성폭력' 말하기 운동 이후 한국 문단에서 적극적으로 이슈화되었다. 이론과 실천, 혹은 창작과 비평이 적극적으로 공조하는 상황 속에서 다양한 여성 서사에 관한 논의가 활발했고, 동시대 문학에 대해서는 물론 한국문학사 전반에 대한 섬세한 해체의 작업들이 응집력 있게 이루어졌으며, 문학과 현실의 복잡한 관계에 대해서도 재사유하는 계기가 마련되었다.

이른바 '페미니즘 리부트'[2] 이후의 수년 동안은 여성들이 처한 유·무형의 억압적 현실들을 고려한 '운동' 혹은 '실천'으로서의 문학에 대한 요청이 집중적으로 이루어졌던 시기라 기억된다. 이

---

1 『한국문예비평연구』 85호에 실린 글을 수정해서 수록했다.
2 손희정, 『페미니즘 리부트—혐오의 시대를 뚫고 나온 목소리들』, 나무연필, 2017.

는 2000년대 중반 이후부터 약 10년간 한국 문단의 페미니즘적 실천이 미학적 차원에서만 복잡하고 첨예하게 이루어졌을 뿐 현실의 여성들에게 가해지는 실제적 억압들에는 상대적으로 무관심했다는 반성으로부터 도출된 결과이다. 현실의 젠더 인식이 '페미니즘 리부트' 이후 결코 진화한 게 아니라는 점을 다양한 백래시의 사례와 현실의 지표들이 보여주고 있지만,[3] 적어도 더 이상 한국 문단의 관심이 이분법적 성차의 문제라 볼 수 없을 정도로 현재의 한국 문단은 다종다기한 문제를 제기하며 각종의 중심을 해체했다 할 수 있다. 한강 작가의 노벨문학상 수상이 서구 유럽으로부터 마침내 인정받은 '한국문학의 쾌거'가 아니라, 국가 폭력에 저항한 광주 출신 여성 작가의 개별적 성취로 이해될 만큼 우리의 시각은 진화한 것이다.

이러한 성과는 그간의 우리가 한국 문단의 페미니즘이 돌파해야 할 여러 문제들을 섬세하고 치열하게 설정해보았던 노력의 결과라고 할 수 있다. '여성 서사'를 어떻게 다양화할 것인가, 여성 문학사는 어떤 형태로 씌어질 수 있는가, 당사자성과 재현의 윤리는 어떻게 사유해야 하는가, 페미니즘은 한국 문단의 보편적 의제가 될 수 있는가 등의 질문에 대해 그간 우리는 많은 토론을 거듭해왔다. 이러한 상황에서 여성 작가들의 작품들로 일종의 정전

---

3   가령, 최근 진행된 다음의 좌담들에서 '페미니즘 리부트' 이후 여전히 불균형한 한국 문단의 젠더 배치에 관한 대화들을 읽을 수 있다. 노태훈·심진경·이현석·하재연·황인찬, 「한국문학은 여성의 것이 되었나」, 『자음과모음』 2023년 가을호; 김보경·백지은·소영현·홍성희·조연정, 「서로의 목격자가 되어주는 우리 '실종'당하지 않도록 사라지지 않는, 우리」, 『문학과사회 하이픈』 2023년 겨울호.

화를 시도해본 『한국 여성문학 선집』(전7권, 민음사, 2024)이 발간된 점을 눈여겨볼 필요가 있다. 1990년대 후반의 시점에서 이상경이 여성 문학 연구의 가장 시급한 문제로 여성 문학에 관한 초보적인 자료 정리도 제대로 안 되어 있다는 사실을 지적했음을 상기한다면,[4] 20여 년이 지난 시점이기는 하지만 여성 작가들의 작품으로 기존의 문학사를 대체해본 『한국 여성문학 선집』의 성과는 비교적 뚜렷하다 할 수 있다. 여성 작가들의 작품 선집이 이제는 더 이상 게토화의 대상으로 전락할 수 없다는 점을 확인한 것만으로도 위 작업의 성과는 명백하다.

『한국 여성문학 선집』이 편의상 기존 문학사의 시대 구분을 존중하면서 여성 (작가)의 작품들을 분류하고 배열하는 필수적이고 방대한 작업을 진행했다면, 우리에게 남은 과제는 좀더 세밀한 관점을 적용해 문학사의 다종다기한 대안적 계보들을 작성해보는 것이라 할 수 있다. 여성 (작가) 문학의 충실한 집적도 필요하지만 그(녀)들의 작품이 기존의 남성/지식인/이성애자/비장애인 중심의 문학사를 구체적으로 어떻게 해체하는지 그 대안적 방법론들을 세밀화하는 일도 여전히 중요하다.

2. 젠더화된 착취로서의 돌봄 노동

이 글은 이러한 문제의식하에 한국 소설에서 아내도 엄마도

---

[4] 이상경, 『한국근대여성문학사론』, 소명출판, 2002.

아닌 채로 중년에 접어든 비혼 여성의 가족 내 역할과 그녀들의 삶이 확장·계승되는 방식에 관심을 두어본다. 이 글은 특히 최근 소설이 싱글의 중년 혹은 노년의 여성들을 재현하는 양상을 '돌봄'의 문제와 더불어 분석해보고자 한다. 이들은 자신의 생계를 온전히 책임질 수 있는 사회적 능력을 지니고 있음에도 불구하고 가족을 이루지 못했다는 이유로, 엄밀히 말해 사적관계 안에서 돌봄의 책임 주체가 되지 못했다는 이유로 알 수 없는 결핍을 느끼거나, 나이 든 부모나 조카를 대상으로 돌봄 노동을 제공하고 있음에도 불구하고 공적 영역에서의 생산 노동에 종사하지 못하고 있다는 이유로 자본주의 노동윤리를 거스르는 잉여적 존재로 취급받거나, '정상적'으로 인정되는 형태를 벗어난 다른 삶을 살고 있다는 다양한 이유들로 인해 건강하지 못한 모습으로 그려지기도 한다. 이러한 소설 속 인물들을 한국 사회의 현실과 연관지어 생각해볼 필요가 있다.

여성의 사회 진출이 늘어났으나 동일 직급의 성별 임금 격차는 좁혀지지 않으며, 일하는 여성은 오히려 가정의 안과 밖에서 이중의 노동을 짊어져야 하는 불합리한 상황에 놓여 있다. 출산과 육아, 그리고 교육에 들어가는 사적비용과 이로 인한 불평등이 전세계적으로 유례없이 극심한 것이 한국의 사정이다. 이러한 상황 속에서 최근의 한국 사회에서는 결혼과 출산을 거절하는 인구가 점점 늘어나고 있으며 출산율은 세계 최저 순위를 기록하고 있다. 그런 만큼 최근의 소설이 그리는 '비혼 중년 여성'의 양상은 특별히 주목해볼 만하다. 누군가의 아내이자 엄마가 되지 않았으나 그들이 여전히 돌봄에 대한 의무 혹은 애착으로부터 쉽게 해방될 수 없다는 사실은 의미심장하다.

가령 2014년에 발표된 손보미의 「임시교사」에 등장하는 'P부인'의 경우를 보자. 부유한 젊은 부부의 열 살짜리 아들을 파트타임으로 돌보는 '임시교사' 출신의 그녀는 '남의 집'처럼 생각하지 말고 편히 지내라는 교양 있는 젊은 부부의 예의 바른 제안에도 불구하고 제 할 일만 깔끔히 하면서 손님처럼 그 집 안을 드나든다. 그런데 안정적이고 평화롭게 굴러가던 젊은 부부의 삶에 예기치 않은 위기가 찾아와 가정이 엉망이 되었을 때 주도적으로 여러 상황을 빠르게 해결한 것은 의외로 'P부인'이었다. 20년간 비정규직 교사로 일하다 은퇴한 그녀는 젊어서는 남동생을 금전적으로 뒷바라지했으나 결코 가족에게 자신의 삶을 의탁한 적이 없으며 언제나 삶에 대한 긍지를 잃지 않은 채 소박하지만 평온한 독신의 삶을 유지해왔다. 그러한 안정된 삶에 균열이 생기게 된 것은 아이러니하게도 그녀가 자신을 고용한 젊은 부부의 일시적 위기를 해결하는 돌봄 제공의 주체가 되면서 삶에 대한 어떤 활력을 느꼈기 때문이다. 위기로부터의 복원력이 강할 수밖에 없는 상류층 젊은 가족의 일상은 금세 안정을 되찾지만, P부인은 자신이 더 이상 누군가의 절대적 조력자가 될 수 없다는 사실에서 일종의 상실감을 느끼는 듯 그려진다. 이러한 상실감은 임시교사로서 자신이 가르쳤던 학생들에 대한 상상으로 이어지기도 한다.

그 젊은 부부, 그 품위 있고 교양이 넘치는 부부는 어쩌면 나에게 역사—지리 혹은 사회—과목을 배운 적이 있는 아이들일지도 몰라. 하지만 P부인은 그게 너무나 과장된 생각이라는 점을 인정했다. 하지만, 적어도 자신이 가르친 아이들이 어디에선가 그 젊은 부부처럼 건강하고 우아하게 성장해서 넓고 깨끗한 건물의 꼭대기에 살며, 좋은 차를 몰고, 교양 있는 말투를 구사하며, 사회의 중요한 한 부분을 차지하고 있으리라는 생각을 했다.[5]

임시교사 출신의 검소한 싱글 중년 여성과 안정된 직업을 지닌 부유하고 교양 있는 젊은 가족을 대비시키는 이 소설에서 "가족제도 바깥으로서의 '임시직·비혼'의 여성"은 "정상적인 것처럼 보이는 가부장제 질서 안의 균열과 자기기만을 노출하게 만드"는 잉여적 존재로 읽혀왔다.[6] '돌봄'의 문제로 관점을 이동시킨다면 우리는 이 소설에서 가족의 내부나 외부에서 여성들에게 노골적으로 강요되는, 그리하여 어쩌면 여성들에게 내면화된 돌봄 제공자로서의 책임감을 은연중 확인하게 된다. P부인이 자신을 고용한 가족들의 갑작스러운 구원자가 되면서, 특히 알츠하이머 진단을 받은 할머니를 돌보며 느낀 감정은 노동의 보람으로만 단순히 설명될 수 없다. 그것은 '돌보는 주체'로서의 충족감 혹은 자신이 누군가의 전적인 보호자가 되었다는 사실에서 오는 뿌듯함에 더 가까워 보인다. '캐시미어 니트에 진주 목걸이를 하고 있는' 노부인과 그들의 자손을 돌보는 유일한 조력자가 되었다는 만족감은 이들의 계급 차와 관련된 일종의 전복적 인식과는 다소 거리가 있다.

---

5   손보미, 「임시교사」, 『우아한 밤과 고양이들』, 문학과지성사, 2018, p. 117. 이하 이 작품을 인용할 경우 페이지만 표기.
6   이광호, 「어쩌면, 우연입니다—손보미와 우연한 긍정의 방식」, 『문학동네』 2020년 여름호, p. 36.

"P부인은 노부인을 요양소로 보내는 것에 대해 자신에게 아무런 의견도 묻지 않은 것 때문에 조금 상처를 받았"(p. 111)다고 고백한다. 애초에 자신이 그들의 삶의 어떠한 결정권자도 될 수 없었다는 사실을 씁쓸히 깨닫는 것이다.

가족이라는 대표적인 친밀한 관계 안에, 그리고 특히 여성에게, 돌봄 노동이 불균형적으로 과도하게 부과되어왔다는 것은 오래전부터 돌봄에 관한 논의들이 반복적으로 제기해왔지만 쉽게 해결하지 못한 문제이다. 성별분업 노동을 통해 집 밖의 남성male bread winner과 집 안의 여성female care taker을 분리하고 그 역할과 지위를 차별화하면서 돌봄에 관한 젠더 격차가 생겨나게 되었다는 점은 주지의 사실이다. 1990년의 우에노 치즈코는 인간의 돌봄 노동이 다른 노동보다 열등한 것으로 취급되는 사정이 해결되지 않는 한 페미니즘의 과제는 영원히 남게 된다고 말했다.[7] 그리고 그 과제는 30년이 지난 지금도 여전히 우리에게 남아 있다.

'돌봄care'이라는 용어를 사용하기 이전에도 육아 및 가사 노동, 재생산 노동, 보이지 않는 노동, 그림자 노동 등의 용어로 이러한 문제 제기는 지속적으로 이루어져왔다. 돌봄이 언제나 기꺼운 노동일 수는 없는 반면, 그 노동의 가치는 언제나 평가 절하된다는 점에서 돌봄 노동이 특정 부류의 사람, 즉 성, 계급, 인종 또는 경제적 여건에 근거하여 가장 열악한 쪽에 부과되고 있다는 점은 문제적이다.[8] 동시에 특정 부류의 사람들에게는 돌봄의 책임이 면책

---

7   우에노 지즈코, 『돌봄의 사회학—당사자 주권의 복지사회로』, 조승미·이혜진·공영주 옮김, 오월의봄, 2024, p. 43에서 재인용.
8   가사 돌봄 노동자가 돌봄 노동으로 낙인찍히게 될 때, 가사 서비스는 여성

되기도 한다는 점에서 지속적인 불평등이 생겨날 수밖에 없다. 돌봄을 가족 내 문제로 한정시키지 않는 것의 대안이 단순히 돌봄을 시장이나 국가의 책임 아래 두는 것이 될 수 없는 이유가 이 때문이다. 시장에 전가된 돌봄은 물론 국가가 책임지는 돌봄도 자원의 차이로 인해 심각한 불평등을 초래할 수밖에 없다. 돌봄을 둘러싼 불평등의 문제들을 해결할 수 있는 유일한 길로 '돌봄 민주주의'를 제안하는 조안 C. 트론토에 따르면, 취약한 육체를 가지고 있는 인간은 모두가 필연적으로 돌봄 수혜자가 될 수밖에 없는데, 이러한 사실이 자명하듯 모든 인간이 마찬가지로 평등하게 돌봄 제공자가 되어야 한다는 민주적 인식이 전제가 될 때 돌봄 문제에 관한 합당한 대안이 마련될 수 있다.

  기후 위기와 고령화사회를 맞이하여 갈수록 심각해지는 돌봄 문제를 해결하기 위해서는 인간에 대한 새로운 정의가 필요하다. 주체성과 독립성의 측면에서 민주적 인간을 정의하는 근대적 사유로부터 탈피하여, 우리는 취약성과 상호 의존이라는 평등의 관점에서 인간을 정의할 필요가 있다. 인간은 인생의 특정한 시기를 제외하고는 모두가 예외 없이 돌봄을 필요로 하는 취약한 존재이기 때문에, 결국 모든 인간은 돌봄 제공의 의무를 지닐 수밖에 없고 거기에는 어떠한 예외도 없어야 한다는 것이 트론토의 생각이다. 특히 '보호'와 '생산'을 통해 사회에 기여한다는 이유로 일상

화되고 다문화적인 노동으로 인식되기 때문에 비민주적이다. 가사 노동자들은 후진적이고 사사로운 형태의 노동을 제공하는 사람으로 인식되어 낙인찍히며, 이들이 제공하는 노동은 후진적이며 사사로운 이들에 의해서 제공되기에 역시 후진적으로 사사롭다고 인식되고 낙인찍힌다. 조안 C. 트론토, 『돌봄 민주주의』, 박영사, 2024, p. 222.

에서의 직접적인 돌봄 노동으로부터 해방된 남성들에게서 '보호형 무임승차'와 '생산형 무임승차'의 권리를 회수하는 것이 '돌봄민주주의'의 시작이라고 그녀는 특별히 강조한다.[9] "무임승차권을 회수하고 돌봄책임을 할당하는 방법을 제공할 정치적 과정을 창출하는 것은 민주사회를 포용적으로 만들기 위해 필수적인 일"[10]이라는 것이다.

    이처럼 돌봄에 관한 논의를 까다롭게 만드는 문제들은 다양하다. 돌봄을 둘러싼 고질적인 젠더 불평등과 연동되어 돌봄 노동의 가치가 제대로 인정되지 않는다는 점이 일차적인 문제이지만, 가족과 같은 친밀한 영역 안에서 돌봄이 애정과 관심이라는 감정과 더불어 윤리적 규범으로 의무화되기도 한다는 점이 더 심각한 문제이다. 고령자 돌봄의 문제에 천착한 우에노 지즈코는 '가족 돌봄'이 달리 선택지가 없는 경우 '강제 노동'이 될 가능성이 있다고 지적하며 가족 돌봄은 당연하지도 자연스럽지도 바람직하지도 않다고 강조한다.[11] 그렇기 때문에 돌봄은 '사랑의 행위'가 아닌 전적으로 '돌봄 노동'으로서 다뤄져야 하며, 당사자 권리의 측면에서 논해져야 한다.[12]

    돌봄의 주고받음은 언제나 평등하게 상호적이지 않다. 돌보

---

9   같은 책, p. 155.
10   같은 책, p. 319.
11   우에노 지즈코, 같은 책, pp. 220~26.
12   같은 책, p. 65. 한편, 그가 고려하는 돌봄의 권리에는 '돌봄을 할 권리a right to care'와 '돌봄을 받을 권리a right to be cared'는 물론 '돌봄을 하라고 강요당하지 않을 권리a right not to be forced'와 '(부적절한) 돌봄을 받으라고 강요당하지 않을 권리a right not to be forced to be cared'까지 포함된다. 같은 책, p. 94.

는 쪽과 돌봄을 받는 쪽 사이에는 압도적인 비대칭성이 있으며 그 관계는 호혜적이지도 않고 등가도 아니다.[13] 그렇기 때문에 돌봄은 사적이고 친밀한 관계 안에서 온전히 해결될 수 없다. 무엇보다도 자명한 사실은 돌봄을 주고받는 행위가 아름답고 보람되고 행복한 것일 수 있지만, 많은 경우 고통스럽고 지난한, 결국 돌봄 제공자의 육체와 정신을 병들게 만드는 행위가 될 수도 있다는 점이다. 적절한 돌봄을 받지 못하는 상황 못지않게 돌봄에의 부적절한 강요 역시 간과할 수 없는 문제이다. 이러한 사실을 인정하지 않고서는 돌봄 문제에 대한 논의를 시작할 수도 없다. 이러한 질문들을 고려하며 최근 소설에 나타난 싱글 중년 여성과 돌봄의 문제를 함께 사유해보자.

본론에 들어가기에 앞서 다시 한번 우회해보자. 손보미의 「임시교사」와 같은 해에 발표된 권여선의 「이모」의 '윤경호' 역시 공교롭게도 P부인과 크게 다르지 않은 삶을 살았다. 그녀는 술에 취해 객사한 아버지를 대신해 대학 졸업 후 20여 년 동안 가족을 부양했다. 젊은 시절 대기업에 입사해 동생 두 명의 학비와 생활비를 댔으며 어머니를 평생 모시고 살았다. 동생들이 가족을 꾸리고 자식을 낳아 기르는 동안 그녀가 한 일은 여러 차례 남동생의 도박빚을 갚느라 모아놓은 돈과 퇴직금을 날리고 신용불량자가 되어 비정규직을 전전하며 계속해서 돈을 벌었던 일뿐이다. 그녀는 수중에 자신을 위한 돈 한 푼 쥐어보지 못한 채 젊은 시절을 온전히 바쳐 가족의 부양자로 헌신해야 했으며 그러한 와중에 사랑하던

---

13 같은 책, p. 88.

남자를 잃고 결혼도 하지 못했다. 쉰 살에 이르러 가까스로 신용을 회복한 그녀는 그때부터 가족들에 대한 지원을 끊고 독립을 위해 돈을 모으기 시작한다. 그리고 5년간 1억 5천만 원의 돈을 모아 월세 아파트를 얻어 독립했다. "그녀는 편지 한통을 써놓고 사라졌다. 시외삼촌이 또 도박빚에 몰려 시외할머니에게 전화를 걸어 죽네 사네 하던 밤 바로 다음 날에."[14]

아파트 보증금을 제외한 5천만 원의 돈을 한 달에 65만 원으로 쪼개 쓰며 윤경호는 2년 가까이 외부와 어떠한 연락도 취하지 않은 채 도서관에서 하루 종일 책만 읽으며 극도로 절제된 삶을 살았다. 그리고 췌장암이 발병하여 쉰 중반에 사망했다. 죽기 전 2년여의 시간은 윤경호가 어느 누군가를 위해서도 희생하지 않고 오로지 자신만을 위해 살았던 시간이라 할 수 있다. 성인이 되고 난 이후 30년의 시간 동안 가족을 금전적으로 책임지는 보호자로서, 함께 사는 어머니를 돌보는 딸로서 집 안팎에서 몇 겹의 노동을 감내하며 살았지만, 그녀는 결국 자신이 돌봄을 제공했던 상대들에게 그에 합당한 돌봄을 돌려받지 않고 인내했던 시간들을 보상받을 만큼 정말로 제멋대로 살아보지도 못한 채 죽었다. 죽기 직전 마지막 2년간의 시간마저도 없었다면 윤경호의 삶은 오로지 가족에게 헌납된 삶이었다 해도 틀린 말은 아닌 것이다. 윤경호의 어머니는 맏딸의 유산 전부를 외아들의 빚을 갚는 데 쓰기를 바라기까지 한다.

14 권여선, 「이모」, 『안녕 주정뱅이』, 창비, 2016, p. 89. 이하 이 작품을 인용할 경우 페이지만 표기.

문학의 안팎에서 오랫동안 확인했듯 친밀한 사적영역의 범위 안에서는 계급과 무관하게 돌봄의 젠더 불평등이 예외 없이 뚜렷하다. 부부 사이에도, 부모 자식 간에도, 남매 사이에도, 혹은 이성애 커플 사이에도 돌봄은 주로 여성에게 부과된다. 권여선의 「이모」에서는 돌봄의 이러한 비대칭성이 두드러진다. 돌봄 제공자이기를 마침내 거절한 말년의 윤경호의 모습이 굉장히 예외적이고 비범해 보일 정도로 한국의 중년 여성들이 돌봄이라는 강요된 희생으로부터 자유롭기 어렵다는 점은 자명하다. 한국 사회에서 가정 안의 여성은 생산 노동에 가담하지 않는다는 이유로 제 몫을 다하지 않는 사람으로 취급되기 쉽고, 누구에게도 의탁하지 않고 자신의 삶을 온전히 살아내는 싱글 여성은 이기적이라 평가되기도 한다. 죽기 직전 윤경호는 조카며느리에게 젊은 시절 자신에게 호감을 보이며 손을 내밀던 대학 동기 남학생의 손바닥을 담뱃불로 지졌던 희귀한 일화를 들려주며 다음과 같이 말해본다.

나도 애초에, 이렇게 생겨먹지는, 않았겠지. 불가촉천민처럼, 아무에게도, 가닿지 못하게. 내 탓도 아니고, 세상 탓도 아니다. 그래도 내가, 성가시고 귀찮다고, 누굴 죽이지 않은 게, 어디냐? 그냥 좀 지진 거야. 손바닥이라, 금세 아물었지. 그게 나를, 살게 한 거고. (p. 106)

이 소설의 대부분은 윤경호가 조카며느리에게 죽기 직전 들려준 기억에 남을 만한 인생의 몇 장면에 관한 이야기들로 채워져 있다. 그 장면들에서 윤경호는 알 수 없는 분노에 사로잡혀 있다.

P부인이 자기 삶의 긍지와 나름의 우아함을 잃지 않기 위해 애를 썼던 모습들과 윤경호가 불쑥 튀어나오는 화를 억누르던 모습들을 단지 그녀들의 특별한 불행 때문이었다 말할 수는 없다. 그녀들의 삶을 불행한 것이었다고 함부로 단정할 수 없고, 삶의 태도 역시 각각 다르긴 했으나, 그녀들의 삶이 꽤 전형적인 불행으로 그려진다는 사실, 그리고 그녀들의 계급적·사회적 지위나 가족 내 역할이 유사하다는 사실에 대해서는 재차 주목할 필요가 있다.

    P부인과 윤경호의 형상으로부터 우리는 얼마나 멀어졌을까. 최근의 한국 소설에서 눈에 띄게 보이는 주제는 중년 혹은 노년의 싱글 여성에 관한 것이다. 배우자와 자녀가 없는 채로 나이가 들고 있는 그녀들은 작품 속에서 주로, 조카에게 돌봄 노동을 제공하는 '고모'나 '이모'로, 더불어 늙은 부모를 돌보는 '딸'로서의 역할이 강조된다. 한국 사회에서 돌봄 노동이 주로 친밀한 관계에 의존하고 있으며 돌봄 노동을 제공하는 주체가 주로 여성이라는 점에서, 이러한 소설에 나타나는 '고모'와 '이모', 그리고 '딸'의 형상은 현실의 고질적인 젠더 부정의를 분명하게 증명하는 사례로 읽힐 수밖에 없다.

    돌봄과 관련하여 최근의 소설이 제기하는 문제들은 이러한 고전적인 '젠더화된 착취'의 문제를 넘어 실로 급진적이고 구체적이다. 이희주, 위수정, 최은미, 박상영, 김지연 등 최근 특별한 주목을 받고 있는 젊은 작가들의 소설을 다루는 인아영의 글이 증명하듯, 돌봄에 관한 최근의 논의들은 "여성을 성적으로 대상화하는 방식으로 납작하게 재생산되어온 돌봄력과 섹슈얼리티의 복잡한 관계를 다면화"[15]하거나, 정상 가족의 각본과 재생산주의가 강력하게 작동하는 한국 사회에서 법적·제도적으로 안온한 보호를 받을 수 없는 퀴어 커플이 노화와 질병 등의 문제를 통과하면서 봉착하게 되는 민감한 문제들을 날카롭게 묘파하기도 한다.[16]

최근의 몇몇 소설들에서 돌봄은 대체로 가족이라는 이미 형성된 관계 안의 의무로 작용하는 것만이 아니라, 새로운 여성 연대로 확장될 가능성의 장이 되기도 한다. 가령 이미상의 「모래 고모와 목경과 무경의 모험」과 예소연의 「사랑과 결함」에 나타난 고모 서사는 여성들의 관계가 모성 신화에 기대지 않고 어떤 방식으로 계승·확장될 수 있는지에 관한 질문을 제기한다. 전하영의 「숙희가 만든 실험영화」에 등장하는 '미혼 이모'의 존재까지 함께 고려할 때 최근의 소설에서 '가족을 초과하여' 돌봄이 사유되는 방식도 이해해볼 수 있다. 이 글은 정상 가족 이데올로기와 재생산주의를 초과하는 자리에서 돌봄이 어떻게 사유되고 있는지를, 특히 싱글 중년 여성들의 서사를 통해 살펴보고자 한다.

3. 감정 노동의 평등한 여성 연대

최근 몇 편의 한국 소설이 그리고 있는 비혼의 이모 혹은 고모는 배우자와 자녀 없이 나이 들어가며 부모 혹은 형제에게 의탁해 살고 있다는 점에서 P부인이나 윤경호와는 또 다르지만 처지가

---

15 인아영, 「Healers, carers, and lovers」, 『진창과 별』, 문학동네, 2023, p. 51.
16 같은 책, pp. 62~64.

비슷한 중년 여성들이라 할 수 있다. 결혼하지 않은 고모는 결혼하지 않은 이모와 마찬가지로 따로 돌볼 배우자와 자녀가 없다는 점에서 가족 내 1순위의 돌봄 노동 자원이 된다. 이모가 엄마의 자리를 거의 완벽히 대체한다면 상대적으로 고모는 엄마와 갈등을 빚는 불편한 인물로 자주 묘사된다. 고모는 핏줄의 다름으로 인해 엄마일 수도, 젠더의 차이로 인해 아빠일 수도 없는 존재이다. 강화길의 「음복」(『문학동네』 2019년 가을호)에서 섬세하게 묘사되었듯 '아들일 수 없는 딸'로서의 고모는 나이 든 부모에게 육체적·정신적 감정 노동을 제공해야 하는 역할을 부여받는 존재이면서도 불편한 불청객으로 그려지기도 한다. 딸로서 고모는 아들과는 달리 가족 내 예민한 관계에 관해 '무지할 권력'을 행사할 자격을 부여받지 못했기 때문이다.

예소연의 「사랑과 결함」에서는 온 가족의 미움을 한 몸에 사던 고모가 등장하는데, 단적으로 말해 이 소설은 돌봄의 문제와 관련하여 "가족은 답이 아니라 문제"[17]라는 사실을 명백하고도 섬세하게 드러내주는 소설이다. "삶은 기괴한 얼굴을 하고 있다"[18]라는 단 한 문장으로 압축될 수 있는 이 소설은, 범상치 않은 일상, '정상'적이지 않은 가족, "모종의 불안"(p. 163)을 동반한 사랑 등을 흥미로운 관계와 장면들을 통해 그려낸다. 물론 이 소설을 특히나 기묘하게 만드는 결정적인 요인은 순정이라는 인물이다. 어려서 조실부

---

[17] 전희경, 「시민으로서 돌보고 돌봄 받기」, 『새벽 세 시의 몸들에게―질병, 돌봄, 노년에 대한 다른 이야기』, 생애문화연구소 옥희살롱 기획, 봄날의책, 2020, p. 45.

[18] 예소연, 「사랑과 결함」, 『사랑과 결함』, 문학동네, 2024, p. 167. 이하 이 작품을 인용할 경우 페이지만 표기.

모한 그녀는 "간병 일"(p. 152)을 하며 열다섯 터울의 남동생을 뒷바라지했으며 그 와중에 혼기를 놓쳐 뒤늦게 "애 딸린 남자"(p. 160)와 결혼했다가 1년 만에 이혼하고 남동생 가족과 죽을 때까지 함께 살았다. 남동생의 아내이자 성혜의 엄마인 민애를 끔찍하게 증오하고 괴롭혔으며 그만큼 조카인 성혜에게 집착에 가까운 유별난 사랑을 주었다. 그러나 성혜에 대한 순정의 사랑이 아낌없이 주는 일방적인 것만은 아니었다. 그녀는 밤마다 어린 성혜가 눈물을 보일 때까지 험악한 질문들로 조카의 사랑을 확인받고자 했다. "민애가 좋아, 내가 좋아?" "내가 콱 죽어버리면 어떡할래?"(p. 177)라는 질문들에 답하며 잠이 들어야 했던 성혜는 순정 앞에서 "절대로 엄마 편을 들지 않"(p. 169)는 처세를 익혔고 받은 사랑의 크기만큼 불안과 공포 속에서 자라야 했다.

잘 모르는 사람들에게는 "사랑스럽고 인심이 좋으며 넉살 두둑한"(p. 164) 이웃이었고, 성혜의 애인이었던 '수'에게도 "좋은 사람"(p. 151)으로 기억에 남은 순정은, 실상 오랫동안 조울증을 앓으며 "항우울제 및 각종 신경안정제"(p. 161)를 복용해야 했고 결국 위암이 재발해 세상을 떠났다. 남동생이 정상 가족을 만들 수 있도록 지원하느라 젊은 시절 자신의 삶을 제대로 챙기지 못했고 결국 "소박맞은 여자"(p. 164)가 되어 병으로 죽은 순정의 삶은 결론적으로 불행한 것이었다 할 수밖에 없다. 그러나 순정이 남동생의 가족에게 전적으로 희생적이고 선량한 조력자의 역할만 했던 것은 아니라는 점에 주목해야 한다. 민애를 향해서는 언제나 "독기어린 눈빛"(p. 163)을 거두지 않았고 "자주 물건을 부수기도 했고 아버지를 때리기도 했"던 고모는 "삐쩍 말"라 "입냄새가 심하게"(p. 188) 나는 괴로운 몰골로 죽어갔다. 순정은 성혜의 가족에게 "축축하고 퀴퀴한 기억"(p. 188)을 남겨준 불청객이었던 것이다.

올케에 대한 증오는 물론, 이와 연동되는 조카에 대한 과도한 집착적 사랑은 순정이 희생적인 '타인 돌봄'보다는 오히려 이기적인 '자기 돌봄'의 삶을 살았음을 증명하는 것으로 읽힌다. 순정이 죽었을 때 주변 사람들은 대부분 그녀가 불행한 삶을 비관해 자살했으리라 추측했지만 그런 예상과 달리 순정은 재발한 암으로 투병 생활을 하면서도 삶에 대한 애착을 놓지 않았던 인물로 성혜에게 기억된다. "말로는 언제 죽어도 괜찮다는 듯 굴었지만" "누구보다도 생존하고 싶어했던 사람이"(p. 184)었던 것이다. 순정은 성혜에게 복용 기간이 오래된 약들을 "너무나도 맛깔나게"(p. 176) 싸 먹는 모습으로 기억되는데, 이러한 모습에서 삶을 비관하는 태도를 찾기는 힘들다. 그녀는 보험 만기금으로 수령한 자신의 남은 재산을 끔찍이 사랑했던 조카에게 남기지 않고, 결국 남남이라고밖에 할 수 없는 1년 남짓의 짧은 기간 동안 가족으로 연을 맺었던 의붓자식에게 남기는 뜻밖의 선택을 하기도 한다. 그만큼 자신이 만든 가족에 대한 책임과 애착도 강렬했다고 할 수 있다.

예소연의 「사랑과 결함」은 '자신의 가족을 이루지 않은 고모'라는 존재를 통해 '피'로 연결된 가족의 의미를 되돌아보게 한다. 성혜는 가족에게 고모가 다소간 불편한 존재였음을 말하면서도, 결국 고모에 대한 강렬한 기억은 그녀와 "흠뻑 사랑을" 주고받았던 사실임을 강조한다. 순정과 성혜는 사랑뿐 아니라 결함도 공유한 사이라 할 수 있다. 조카인 내가 고모와 마찬가지로 정신적 질환을 앓고 있다는 사실은 '나'에게는 물론 가족들에게도 곤란한 상황으로 여겨지는데, '수'가 "정신병은 모계유전"이라며 "너는 운 좋게도 유전의 영향에서 벗어났다고"(p. 181) '나'를 안심시키려는 듯 말했을 때 '나'는 강한 거부감과 불쾌감을 느낀다. 그게 꼭 '정신병'은 아니더라도 고모와 '나' 사이에 "공유된 무언가"(p. 182)가 있다는 확신은 분명했기 때문이다.

분명 나와 고모 사이에는 공유된 무언가가 있었다. 그것은 내가 태어나면서 물려받은 무언가였을 수도 있고, 고모의 영성체를 받아먹고 주름진 손등을 쓰다듬으며 이루어진 느슨한 관계성이었을 수도 있다. 나에게 흠뻑 사랑을 주던 고모가 내가 가장 사랑하는 엄마를 증오하고, 내가 가장 사랑하는 엄마가 나에게 흠뻑 사랑을 주던 고모에 의해 삶을 비관하고, 나를 포함해 그 모두의 사랑을 받는 아버지는 우리 중 누군가가 죽기 전까지 절대로 이 문제를 해결할 수 없다는 걸 아주 오래전부터 깨달아왔을 것이다. 그리고 정신병도 유전이야, 라고 말할 수 있는 사람이 되어 삶을 그럭저럭 살아올 수 있었겠지.

〔……〕'모계유전'이라는 말이 나에게 주는 비관적 함의는 대단했다. 내가 정말 정신적으로 큰 문제를 겪게 되었는데 그 원인이 모계유전이라고 말한다면 내가 겪어온 모든 고통이 엄마의 유전자적 결함으로 치환되고 고모의 인생을 끊임없이 괴롭히던 조울증은 할머니의 유전자적 결함으로 치환되는 거겠지.

하지만 내가 아는 것은 고모나 엄마가 그저 나에게 끔찍한 사랑을 흠뻑 물려주었을 뿐이라는 사실이다. 나는 아직도 그 사랑의 정체가 무엇인지 모른다. 그리고 그 사랑과 결함이 나를 어떻게

구성했는지도. (pp. 182~83)

고모와 엄마가 서로를 미워하느라, 그리고 마치 두 명의 엄마를 둔 것처럼 '나'가 항상 그녀들의 눈치를 보느라, 세 명의 여성이 내내 겪어야 했던 서로에 대한 애증과 집착과 불안 등 모든 정신적 긴장은, 유전보다도 더 강력하게 작동하여 여성들 사이의 견고한 연결을 증명한다. "아버지도 나도 아닌 엄마를 아주 오랫동안, 빤히 바라보"며 "민애야"라고 신음처럼 불러본 뒤 숨을 거둔 고모의 마지막과, 그 부름에 "저도요"(p. 188)라고 대답할 수밖에 없었던 엄마의 관계는 어떻게 이해될 수 있을까. "나는 그 순간 우리 가족이 가진 축축하고 퀴퀴한 기억들이 전부 엉켜버렸다"(p. 188)라고 생각한다. 가족은 유전으로도, 핏줄로도, 법적 구속으로도, 그 무엇으로도 온전히 이루어진다고 볼 수 없다. 그것은 사랑만큼의 미움, 고통만큼의 보람, 그리고 한없이 이기적인 마음과 반복되는 인내를 통과하여 형성되는 것이다. 어쩌면 "누구에게도 말하지 않"아야 할 "그런 것들"(p. 188)로 이루어지는 것이 가족이다. 예소연의 표현대로라면 그것은 '사랑과 결함'으로 이루어진다. 그렇다면 이 소설에 등장하는 고모와 성혜의 관계가 '모계'가 아니라고 말할 수도 없다.

'결혼하지 않은 여성'은 자신의 온전한 가족을 이루는 데 실패한 여성이 아니다. 가족 내 돌봄 노동의 의무를 우선적으로 떠맡은 희생양인 것만도 아니다. 죽은 고모를 회상하는 예소연의 「사랑과 결함」은 배우자와 자식보다는 한 발 먼 가족인 조카 혹은 올케와의 관계 안에서 오로지 감정적 '자기 돌봄'에만 몰두한 듯한 순정이라는 인물을 통해 가족의 의미를 따져본다. 이들의 관계는 아버지의 말처럼 "정신병도 유전이야"(p. 182)라는 말로 쉽게 해명될 수 없으며, '수'의 말처럼 고모가 결국 '좋은 사람'이었다는 사후적인 미화로 정리될 수도 없는, 마치 죽은 고모의 유품인 고장난 로봇청소기의 궤적처럼 복잡한 관계였다고 볼 수밖에 없다. 고모와 내가 공유한 것이 있다면 그것은 고모의 입에서 내 입으로 건네지던 축축한 영성체, 고모의 약을 대신 먹고 "몹시 충만하고 완전해진 기분을 느끼고야 말"(p. 178)았던 기억, 눈물을 흘리며 잠들었던 밤들, 마지막으로 본 고모의 눈물과 죽음을 앞둔 육체 등이라고 해야 하지 않을까. 어떤 가치도 재생산하지 않으며 오로지 '사랑과 증오'라는 처절한 감정만을 공유한 이들의 관계가 가족의 날것 그대로의 모습일지 모른다는 사실이 고모가 '나'에게 남긴 유산이다.

젠더화된 이성애 중심의 사회에서, 특히나 가족관계 안에서 재생산 노동의 부담은 여성화된 주체들에게 지워지고, 노동의 보상은 주로 남성들에게 제공된다. 여성화된 주체의 재생산 노동의 혜택을 남성화된 주체가 누린다는 것이 바로 젠더화된 착취이다. 그리고 이성애 중심의 가족 안에서의 젠더화된 착취는 육체노동뿐 아니라 사랑이자 책임 혹은 집착이라는 이름의 감정 노동도 물론 포함한다.[19] 많은 가정에서 가족구성원의 정서 욕구를 충족시키

---

19 김양선은 "감정노동과 돌봄 노동의 수행이 여성에게만 전가되는 상황"을 황정은과 윤이형, 장류진의 소설 등을 통해 분석한 바 있다. 이때 돌봄 노동의 전담자가 노인, 로봇 등 비가시적 존재라는 점에도 주목한다. 김양선, 「팬데믹 이후 사회에 대한 (여성)문학의 응답─젠더, 노동, 네트워크」, 『비교한국학』 29(1), 2021 참조.

는 일의 책임이 주로 여성에게 주어진다는 점을 환기해보자. 이러한 주장을 펼치는 알바 갓비는 "모든 여성은 직접 착취당하지 않아도 젠더에 기초한 착취에 취약"[20]할 수밖에 없다고 말한다. 예소연의「사랑과 결함」은 순정과 민애, 그리고 성혜 사이의 끊임없는 감정 노동을 묘사함으로써 가족 내 젠더화된 착취에 대해 말하는 소설로 읽힐 수 있다. 그러나 이 소설에서 순정의 남동생이자 민애의 남편, 그리고 성혜의 아빠인 남성의 자리는 이름도 없이 다소 희미하게 지워져 있다.[21] 그것이 감정에 관한 것일지언정 노동하지 않는 남성은 보상을 누리기보다는 결국 관계 안에서 배제될 수밖에 없다는 사실 역시「사랑과 결함」은 말하고 있다. 이성애 관계를 넘어, 그리고 핏줄의 관계를 넘어, 세 여성 사이의 사랑과 집착과 증오와 연민을 넘나드는 치열한 감정 노동을 통해 재구성되는 새로운 가족의 의미를「사랑과 결함」이 보여주고 있는 것이다.

4. 착취하지 않는 돌봄의 가능과 불가능

이미상의「모래 고모와 목경과 무경의 모험」에서도 유사한

---

[20] 알바 갓비,『친밀한 착취―돌봄노동』, 전경훈 옮김, 니케북스, 2024, p. 141.
[21] 2000년대 소설에서 대명사나 알파벳 약자로 호명되며 "비가시적 존재"임이 환기되었던 여성 인물들이 최근의 여성 서사에서 이름을 부여받고 서사의 중심으로 들어오게 된 형태를 김양선은 "실명제 서사"로 명명하며, "잊힌 혹은 비가시적 존재였던 여성들의 이야기의 귀환"이라고 설명한다. 김양선, 같은 글, p. 21. 이러한 논의를 따른다면 이 글에서 다루는 여성 서사들도 여성 실명제 서사에 속한다고 할 수 있을 텐데 이때 반대로 남성들이 무명의 비가시적 존재가 되어 있다는 점은 주목할 만하다.

인물관계가 등장한다. 이 소설의 "결혼 안 한 고모" 역시 집안의 문젯거리이다. "쌀만 환영하는" "쌀보리" 게임에 비유해 자신을 "보리에도 못 미치는 모래"라고 비하하며 말했던 고모의 농담에서 유래하여, 그녀는 "모래 고모"[22]라고도 불린다. "어느 집이나 그러하듯 목경의 집안에도 사고뭉치가 두 명 있었고 그중 한 명이 고모(다른 한 명은 무경)였다. 고모는 사 남매 중 막내로 부모와 같이 살았다. 보기에 따라 부모에게 얹혀산다고도 부모를 모시고 산다고도 할 수 있었다. 죽기 전 십 년 정도는 가족과 연락을 끊고 어딘가에서 살았다"(p. 281)라고 고모의 삶이 정리된다. 다음의 문장들도 모래 고모의 처지를, 나아가 현실에서 비슷한 상황에 놓인 결혼 안 한 중년의 딸이 가족 내에서 어떠한 지위와 역할을 부여받는지를 정확히 설명한다.

> 환영받지 못한 막내딸. 처지는 자식. 결혼하지 않고 부모와 살며 무상으로 가사와 돌봄과 간병 노동을 제공하고도 끝까지 용돈 말고 자기 재산은 갖지 못한 사람. 종합병원 진료일이면 부모가 비굴한 얼굴로 거실 한 번 자기 얼굴 한 번 보며 "그래도 나 죽으면 이거 다 네 거 아니겠니" 거짓말하는 꼴을 봐야 했던 사람. 다 알면서도 "엄마, 가요" 웃고 말던 사람. 이따금 수틀리면 가출하곤 하다가 아예 사라져버린 집안의 사고뭉치. 고모의 마지막 모습은 이랬다. 엄마를 모시고 종로3가역 9번 출구에서 종로12번 마

22 이미상, 「모래 고모와 목경과 무경의 모험」, 『이중 작가 초롱』, 문학동네, 2022, p. 282. 이하 이 작품을 인용할 경우 페이지만 표기.

을버스를 기다리다 사라져 영영 돌아오지 않았다. (p. 282)

　　부모와 함께 사는 모래 고모가 집을 떠날 때마다 찾아온 곳은 둘째 오빠의 집이었고, 그곳에서 두 명의 여자 조카 무경과 목경을 돌보는 일을 떠맡아야만 했다. 아이들의 엄마는 "아침부터 밤까지 무언가를 배우러"(p. 283) 다니는 일에 몰두했는데 남편이 직장에서 자신만의 시간을 갖는 만큼 아내인 자신도 그만큼의 시간을 공평하게 자기를 위해 써야 한다고 생각했던 여성이기 때문이다. 한편 목경의 할머니, 즉 모래 고모의 엄마는 "여성의 모성도 남성의 성욕처럼 통제할 수 없으며 일단 불러일으켜지면 아무 아이를 붙잡고서라도 해소해야 한다"(pp. 284~85)는 이른바 '모성 배출 신화'를 믿는 사람이었다. "아이가 없어본 사람은 종종 쌓인 아기 사랑을 풀어줘야 한다"(p. 284)라고 그녀는 믿었다. 무경과 목경 자매의 할머니는 (아마도 자신을 대신해서) 손녀들을 돌보는 딸의 노동을 마땅히 그래야만 하는 것으로 합리화하기까지 한다. 가족구성원 모두의 필요를 충족시키는 고모의 돌봄 노동은 심지어 자식이 없는 그녀 자신의 욕구 충족을 위해서도 불가피한 것으로 여겨진다.

　　고모는 "목경과 무경의 부모가 밖으로 돌았을 때, 자식을 굶겨 죽일 만큼 정신이 나가지는 않았지만 애들을 돌보기가 죽기보다 싫었을 때, 놓아지지 않는 정신이, 최소한의 양심이 저주처럼 느껴졌을 때, 차라리 불능이길 바랐을 때", 그럴 때 "아무 설명 없이 생색 없이 철없는 가출의 형식으로 나타나 상대가 가장 바라는 것을 해준"(p. 309) 사람이었다고 묘사된다. 목경은 고모가 "할 순 있지만 정말 하기 싫은 일"(p. 309)을 했던 것이라 생각한다. 그리고 고모의 그러한 행위가 결국 다른 가족들이 "할 순 있지만 정말 하기 싫은 일이 (결코 하고 싶어지지는 않겠지만) 그럭저럭 하기 싫은 일로 바뀔 때까지 숨 돌릴 틈을"(p. 309) 준 것이라고도 생각해 본다.

그러나 모래 고모는 결국 "할 순 있지만 정말 하기 싫은 일"(p. 309)을 완전히 거절하는 삶을 택한다. 가족 안의 "사고뭉치"(p. 282)이자 인정받지 못하는 돌봄 제공자의 자리를 거부하고 아예 가족을 버리는 선택을 한다. 이 소설은 어느 날 갑작스럽게 집을 나간 모래 고모가 10년 만에 사망 소식으로 가족에게 되돌아온 장면으로 시작한다. "고모는 연고가 없는 지역의 작은 종교 공동체에서 죽었다"(p. 303). 교주도 의식도 없는 그곳은 실제로 종교 집단이라기보다는 생활공동체에 가까웠는데 오갈 데가 없는 사람들이 함께 모여 낮 동안에는 각자의 일을 하고 밤에는 함께 밥을 해 먹는 그런 생활공동체였다. 고모가 죽기 전까지 시간을 보낸 이 작은 공동체는 그저 자기를 돌보고 서로를 돌보는 생활 집단에 불과했던 것이다. 이곳은 목경이 어린 시절 고모와 함께 갔던 목욕탕의 거울에서 보았던 "둥지협동조합"(p. 312)이라는 곳과 오버랩된다. 이 협동조합은 장애인들을 돌보는 곳이었는데 고모가 가출을 감행해 향한 곳이 결국은 돌봄이 일방적인 의무나 시혜가 아니라 선택으로서 실천할 수 있는 '서로 돌봄'의 공간이었다는 점은 의미심장하다. 누구나 평등하게 그리고 자발적으로 돌봄의 제공자가 되고 동시에 돌봄의 수혜자가 되는 그런 곳을 선택해서 고모는 가족을 떠난 것이다.

'결혼 안 한 고모'를 그리고 있는 이미상의 소설은 가족과 돌봄의 관계를 이처럼 급진적으로 새롭게 정의한다. 돌봄은 주로 여성에게, 특별히 가족의 잉여적 존재로서 '결혼 안 한 여성'에게 의무적으로 부과되는 노동이 아니라, 가족 밖에서 자신의 선택으로 실천할 수 있는 노동이자 삶의 형태가 되어야 한다는 점을 이 소설은 주장한다. 이 글의 서두에서 살펴보았듯, 돌봄과 관련된 성별분업의 관행이나 돌봄을 사적관계에 의존하는 관행은 해결되어야 하며 그러기 위해서는 결국 돌봄을 친구, 동료, 이웃, 지인 등의 관계로 확장시켜 시민적 보편성의 차원에서 논의해야 한다는 최근의 여러 주장들을 환기한다면 이미상의 소설은 돌봄에 관한 첨예한 현실적 문제를 담은 소설로 읽힐 수 있다.

　그러나 이 소설에서 말하려는 것이 물론 이게 다는 아니다. 가장 흥미롭게 주목되는 관계는 바로 '귀족의식'을 나누는 무경과 모래 고모의 관계이다. 두 조카를 데리고 자신의 비밀스러운 취미인 사냥을 하러 시골로 짧게 여행을 갔던 모래 고모는 그곳에서 총을 잃어버려서 어쩔 수 없이 불량하고 무례한 남성들에게 도움을 청하게 되는데, 그 상황에서 무경은 고모 대신 총을 찾아오며 "할 수 있지만 정말 하기 싫은 일. 고모의 그 일을, 내가 했어요"(p. 307)라고 말한다. 그 비밀스러운 말에 고모는 "너는 내 딸이구나"(p. 308)라고 선언하며 응수한다. 고모의 '귀족의식'을 간파했으며 그것을 계승한 무경은 자라서 결국 집 밖에 나오지 않는, 가족 안에서도 밖에서도 사회적 인간으로서의 기능을 완전히 상실한 잉여 존재가 되는 것을 선택한다. 가족의 골칫거리 두 명 중 한 명이 되는 것이다.

돌봄 노동처럼 여성에게 본능이자 의무로 부과된 가족 내의 특정한 역할은 애초에 당연히 여성에게 기꺼운 것이 아니며, 여성들은 죄책감 없이 그것을 하지 않기로 선택할 수 있다. 물론 모래 고모의 경우처럼 그러한 선택은 가족과 완벽하게 절연한 이후에야 실현될 수 있으며, 무경의 경우처럼 가족 내 역할은 물론 일체의 사회적 역할을 방기하는 형태로만 가능해진다고도 할 수 있다. 그렇다면 모래 고모와 무경이 선택한 삶은 한국 사회에서 돌봄을 둘러싼 가족 내 젠더 배치가 얼마나 견고한지를 증명한다. 고모와 무경이 '귀족의식'을 나누며 가족을 비롯한 일체의 관계를 거절한 대가는 목경에게 그대로 전가되기도 하기 때문이다. 목경에게는 "언니의 몫까지 하려는 강박관념이 있었"(p. 304)으며, 집을 떠난 고모가 위급한 상황에 처했다는 보이스피싱일지 모르는 전화를 받고 아버지가 애초에 "보험을 날린" "고모의 무책임"(p. 305)에 화를 내며 불안해할 때, 자신의 통장을 기꺼이 들고나온 것도 바로 목경이었다.

그런데 모래 고모와 무경이 "할 순 있지만 정말 하기 싫은 일"(p. 309)을 거절하며 '귀족의식'을 나눌 수 있었던 것은, 즉 그들의 삶이 다른 가족을 곤란하게 하는 사고뭉치의 그것으로만 비치지 않고 '귀족의식'의 고귀한 계승으로 인식될 수 있었던 것은 그들을 정말로 '귀족처럼' 바라보는 목경의 시선이 있었기 때문이라는 점도 중요하게 지적되어야 한다. 목경은 그들이 그랬듯 "할 순 있지만 정말 하기 싫은 일"(p. 309)을 거절하지 못했지만, 그렇게 할 수 있었던 그녀들에 대한 경외의 마음을 품고 있었다. 그렇다면 목경은 비유컨대 대관식에서 밀려난 고모의 가짜 딸이라고 볼 수

만도 없다. 서로의 '귀족의식'을 알아챈 모래 고모와 무경, 그리고 그런 그녀들을 알아본 목경까지, 그녀들이 만드는 연대는 실로 특별하다. 이소의 말처럼 이들은 "가족이라는 이해 공동체를 초과하는 독특한 '동족'이 만들어지는 과정을 보여"준다.[23] 가족 내에서의 젠더 배치라는 억압을 벗어나야만, 혹은 세대 간의 계승이라는 고루한 관계를 탈피했을 때에라야, 결국 친밀함의 관계를 초과하는 자리에서 그녀들은 온전한 여성의 자리를 공유할 수 있게 된다.

이미상의 소설에서는 세대와 시대의 경계를 초월해 존재하는 젠더 부정의 혹은 젠더화된 착취에 대한 철저한 인식이 드러난다. 그러한 부정의에 저항하는 가장 철저한 방법은 제도 안에 머물며 누리게 될지 모르는 소수자 혹은 타자로서의 지위마저 거절하는 것이다. 가부장제도 안에 편입되어 누리게 될지 모르는 여성으로서의 자리를 철저히 거부하는 것이다. 그 어떤 것도 누리지 않겠다는 굳은 결심일지 모른다. 한국 사회에서 젠더 부정의의 양상이 가장 뚜렷하게 나타나는 곳이 결국 모든 것을 친밀성의 이유로 묶어내고 합리화하는 가족이라는 공간이라는 점에서, 일차적으로 자신의 가족을 만드는 재생산을 거절하고, 이미 속해 있는 가족관계로부터도 완벽히 탈주한, "집안의 사고뭉치"(p. 282)인 모래 고모와 무경의 존재는, 젠더 배치로부터 자유로워지는 일이 얼마나 전면적인 관계의 부정을 통해서만 실천될 수 있는지 보여준다. 진정한 귀족은 특권의식을 누리는 자가 아니다. 관계 안에서 누군가를

---

[23] 이소, 「세대와 시대—최근 소설의 세대 재현에 관하여」, 『문학과사회 하이픈』 2024년 봄호, p. 12.

착취하는 자도 아니다. 그것이 비록 피해자의 권리일지언정 자신이 누릴 수 있는 모든 특권을 거절하는 자존감이 귀족을 귀족으로 만든다. 다시 한번 알바 갓비의 말을 인용하자면, "모든 여성은 직접 착취당하지 않아도 젠더에 기초한 착취에 취약"[24]할 수밖에 없다. 그렇다면 한국 사회의 취약 계층인 여성은 어떻게 진정한 귀족이 될 수 있을까. 이미상의 「모래 고모와 목경과 무경의 모험」은 스스로 착취당하지도 누군가를 착취하지도 않는 그 불가능한 여성의 자리에 대해 근본적인 질문을 던지는 소설이다.

5. 자기 돌봄과 서로 돌봄의 경계

'세 가구 중 한 가구가 혼자 사는 시대'라고는 하지만 이러한 1인 가구 담론은 청년 세대나 노년 세대에 집중되어 있고 중년 1인 가구의 경우에는 주로 이혼이나 '기러기 아빠'로 혼자가 된 남성의 사례로 다루어지곤 한다.[25] 전하영의 「숙희가 만든 실험영화」는, 본인이 "아줌마라는 것에 이제 겨우 무감해졌"[26]을 뿐인데, 주변 친구들이 실제로 손녀를 돌보는 할머니가 되어가는 상황이 황당하게 느껴지는 비혼 중년 여성 '숙희'의 여러 혼란을 날것 그대

---

24 알바 갓비, 같은 책, p. 141.
25 김희경, 『에이징 솔로—혼자를 선택한 사람들은 어떻게 나이 드는가』, 동아시아, 2023.
26 전하영, 「숙희가 만든 실험영화」, 『시차와 시대착오』, 문학동네, 2024, p. 127. 이하 이 작품을 인용할 경우 페이지만 표기.

로 보여준다. 숙희는 함께 가족을 꾸릴 배우자를 열렬히 찾기보다는 자유롭게 연애를 하면서 이삼십대를 지나왔으며, 삼십대 중반 이후 10년 정도는 '아이가 있는 삶, 어머니로 살아가는 삶'에 대한 가능성을 집요하게 생각하면서 지금의 나이에 이르렀다.

그런데 숙희는 자신을 보호해줄 안전한 둥지가 없다는 불안 보다 오히려 자신이 누군가의 보호자가 되어주어야 한다는 심적 압박감을 더 크게 느낀다. 숙희는 한국 사회의 통념적 기준으로는 용인되지 않을 만큼 나이 차가 크게 나는 어린 남성 '찬영'과 가끔 데이트를 하는 사이인데, 자신이 매번 "벌받는 심정으로"(p. 146) 그에게 돌봄의 부담을 느끼게 된다는 점을 불편하게 인식한다. 중년 여성이 돌봄을 제공하는 주체가 되지 않고 싱글의 삶을 편안하게 즐기고 누린다는 것이 어떤 결핍처럼 여겨질 만큼, 한국 사회에서 여성의 생애주기에 대한 고정관념이 견고하다는 것을 이 소설을 통해서도 확인하게 된다. 여성은 젊어서는 성적으로 대상화되고 나이가 들면서는 누군가를 돌보는 조력자로 주변화된다. 한국 사회에서 여성의 삶은 거칠게 이런 식으로 요약될 수 있다.

숙희는 읽던 책에서 "결혼해서 어머니가 될 기회를 놓친 미혼 이모는 우스우면서도 불쌍한 사람 취급을 받는다"(p. 141)는 구절을 발견하고 씁쓸하게 고개를 끄덕인다. 이제 영락없이 중년 여성이 되어버린 숙희가 찬영의 데이트 상대로서 외부의 시선을 불편하게 의식하는 것이나, 어린 시절 숙희를 돌보러 왔던 젊고 예뻤던 '천호동 아줌마'가 그 이후에 만났던 "더 늙고 못생긴, 할머니에 가까운 아줌마들"(p. 130)보다 더 인상 깊게 기억되는 것은, 그녀들이 중년 아줌마의 이미지에 어긋나 있기 때문이다. '아줌마'라는 존재는 주로 돌봄과 가사 노동을 도맡는 사람이며, '아줌마'라는 말 자체가 비하의 호칭이기도 하다는 점에 모든 문제가 놓인다. 한국 사회에서 "'아줌마'라는 단어에 〔……〕 적합한 사람"(p. 130)의 이미지는 꽤 선명한데 그렇기 때문에 숙희도, 숙희의 친구인 윤미도 "아줌마처럼 되고 싶은 않은 아줌마"(p. 131)일 수밖에 없다.

"자신이 나뭇조각이라도 되는 것처럼 시선을 끌지 않으려 노력했다"(p. 137)라는 숙희의 말처럼 한국 사회에서 나이 든 여성은 대부분 잊힌 존재가 된다. 나이 든 여성은 공식적인 사회적 역할에서도 많이 배제되고, 그녀들이 실제 수행하고 있는 몇 겹의 '보이지 않는 노동'은 그 가치를 충분히 인정받지 못한다. 남성들에게 남성성의 가치는 나이와는 다소 무관한 것이지만, 여성이 특정한 방식으로만 대상화되는 사회구조 속에서 '나이 든 여성'은 점점 없는 존재에 가까워진다. 경제적인 불편함 없이 자신의 삶을 보란 듯이 잘 꾸려가는 숙희도 평온한 일상을 누리지는 못한다. 그녀는 나이가 들어갈수록 자신의 날것 그대로의 욕망이 한국 사회가 용인하는 기준에 부합하는지를 불편하게 점검한다. 가령, 찬영과 "손을 잡고 다니는 것이 민망하게" 느껴졌고 "경험상 홍대는 불쾌했고 을지로나 이태원은 상대적으로 괜찮았다". 자신들이 "어딜 가나 눈길을 끄는 커플"이라는 사실을 불편하게 의식했고 자신들을 주목하는 시선이 "위협적인 만큼 집요하다고 느껴질 때면 숙희는 마치 찬영의 친누이, 혹은 막내 이모라도 되는 것처럼 그에게서 반걸음 떨어져 성적인 뉘앙스를 탈락시킨 채 무감하게 서 있곤 했다"(p. 137). 젊은 남성의 애인이라는 모종의 우월감이 사회적으로 용인되지 않는 관계를 긴장 속에 유지해야 하는 피로감보다 클 수는 없었다.

그녀가 혼란을 느끼는 것은 그녀가 한국 사회에서 익숙한 여성의 삶의 패턴으로부터 일탈해 있기 때문이기도 하지만, 비혼 중년 여성의 삶이 예외적인 것이 아니라고 확인해줄 다양한 참조가 그녀에게도, 더불어 우리에게도 없었기 때문이다. '아줌마'스러운 삶이 그녀에게는 어색했으나 '아줌마'스럽지 않은 삶을 그녀는 스스로 부자연스럽게 의식했어야 했던 것이다. 어린 남자와 연애를 하며 지겹도록 "자기혐오와 자기 객관화"에 골몰하게 되고, 아이를 필사적으로 원해보기도 하는 등 숙희가 현재 자신의 삶을 자유롭게 누리기보다는 일종의 결핍으로 이해하는 것은 외부의 시선 때문이다. 물론 숙희의 이러한 태도가 굉장히 보수적이라 평가될 소지도 없지 않지만 적어도 전형적인 태도라고 볼 수밖에는 없다.

그럼에도 불구하고 한국 사회에서 비혼 중년 여성의 내면을 다양하게 확인할 기회가 많지는 않았다는 점에서, 이 소설을 통해 날것 그대로의 숙희의 마음을 읽는 일은 소중하다. 누군가의 보호자가 되어야 한다는 일종의 돌봄 욕망, 혹은 돌봄의 의무로부터 탈피하여 같은 또래 독신 여성 윤미를 만나러 괌으로 향하는 비행기에 오르는 숙희의 결단은, 그녀가 위태로운 '싱글'의 삶을 청산하고 완전한 '솔로'의 삶을 편안히 받아들이기로 했다는 결심을 드러내는 결론처럼 읽히기도 한다. 그러나 소설의 마지막 장면에서 숙희는 "마음이 철렁하고 내려앉을 정도로 〔……〕 심하게 귀여"(p. 126)운 윤미의 손녀를 품에 안으며 "예측할 수 없는 활력"과 "예상치 못한 기쁨"(p. 158)을 강렬하게 느낀다.

이 마지막 장면이 의미하는 바는 무엇일까. 돌봄은 취약한 육체를 위한 일방적인 노동이 아니라 결국 위태로운 인간의 삶을 지속시키는 상호적인 에너지라는 점을 확인하게 되는 장면일 수도 있다. 그러나 모든 형태의 돌봄이 이 같은 상호적인 에너지의 교환일 수 없다면, 힘겨운 노동에 대한 보상의 기쁨을 도무지 기대할 수 없는 고통스러운 돌봄이라면, 배타적인 관계 안에서 등가적으로 주고받을 수 있는 것이 아니라면, 돌봄이 결국 누군가의 일상과 육체와 영혼마저 파괴한다면, 우리는 어떤 형태의 돌봄을 고안해야 하는 것일까. 소설의 마지막 장면은 오히려 이러한 질문들을 남겨놓는다. 돌봄을 친밀성에 의존하는 한국 사회에서 비혼 중년 여성이 돌봄 노동의 의무에서 자유롭지 못하다는 문제적 사실을 넘어, 그들이 결국에는 누군가의 돌봄의 대상이 될 수밖에 없다는 사실을 우리는 직시할 필요가 있다. 가령 숙희와 그녀의 비혼 친구들이 상상했던 다음과 같은 '서로 돌봄'의 노년의 삶은 평화롭게 완성될 수 없을지도 모른다.

숙희가 노년의 삶에 대해 전혀 고려해보지 않은 것은 아니었다. 숙희와 윤미에게는 언젠가 노인이 되면 같이 살기로 한 다른 세 명의 친구가 더 있었다. 모두 다 싱글이고 윤미만 제외하곤 다들 자식이 없었는데 윤미는 딸이 외국에 살 것이므로 없는 거나 마찬가지라며 무리에 끼워주었다. 그들은 은퇴하기 전까지 각자의 삶을 열심히 살다가 육십대 중반이 넘을 때쯤 비수도권에 있는 마당이 넓은 주택을 사서 함께 서로의 '식구'가 되어주자는 구상을 나누기도 했다. 텃밭을 가꾸고 고양이도 키우고 서로를 돌보면서 동네 서점을 열어 그림 그리거나 글쓰기 강연을 진행하는 등 마을 공동체에도 기여하는 그런 이상적인 삶을 그렸다. 숙희와 윤미를 포함한 다섯 명의 여자들은 근미래를 배경으로 하는 SF의 플롯을 짜듯 두루뭉술하게 그들이 함께하는 미래를 꿈꿨다. 솔직히 그때가 되면 어떻게든 되겠지 하는 심정도 없지 않았다. 모두가 삼십대였던 그때는 아직 노년의 삶이란 게 먼 훗날의 일처럼 느껴졌기 때문이었다. (pp. 133~34)

삼십대의 그녀들이 상상한 것은 "은퇴하기 전까지 각자의 삶을 열심히 살다가" 은퇴 후 공동주택을 마련하여 '가족 같은' 형태를 이루어 취미와 특기를 나누며 노년을 함께하는 것이었다. '친밀한 관계'가 '대안 가족' 혹은 '공동체 가족'이 되는 형태일 텐데, 문제는 이러한 공동체가 유지되기 위해서는 경제적으로나 육체적으로나 모두가 '자기 돌봄'이 어느 정도 가능해야 한다는 점이다. (남성들의 경우, 심각히 아프거나 육체가 쇠약해진 상황이 아닐지라도 일상적 가사 활동을 통한 자기 돌봄이 쉽게 가능하지 않다는 점에서 남성들로만 이루어진 '대안 가족'은 상상조차 하기 어렵다.) 행복한 말년에 대한 위와 같은 상상이 예측하지 못한 것은 아마도 다음의 사실들일지 모른다. 비혼으로 늙어가면서 '은퇴하기 전까지' 각자의 삶을 자유롭게 누리는 일이 생각만큼 쉽지 않을지 모른다는 점, 함께 늙어가는 그녀들이 다치거나 아프거나 더 많이 늙게 되어 서로를 돌보는 것이 불가능해지는 날이 결국 오리라는 점 말이다. "돌봄을 하는 이와 받는 이의 호혜적 '케어링 사회'를 주장하는 사람들은 '돌봄의 상호성'을 강조하나, 실제는 돌봄을 하는 쪽과 받는 쪽이 호환되지 않는 경우가 흔하다"[27]는 점은 돌봄을 둘러싼 젠더화된 착취의 문제만큼이나 핵심 사안이기도 하다. 젠더화된 착취 없는 여성들만의 서로 돌봄이 충분한 대안은 될 수 없는 것이다.

　비혼 등을 선택하여 비규범적 생애를 살아가고자 하는 이들도 막상 혈연가족에게 문제가 생기면 대개 1순위로 가족 돌봄을 요구받는다. 유미가 결국 오십 언저리의 젊은 나이에 손녀를 돌보는 '할머니'가 될 수밖에 없었던 것도 이러한 이유 때문이다. 완벽히 자유로운 1인 가족은 쉽지 않다. "대안가족이 아니라 가족에 대한 대안"이 필요하다고 했던 여성학자 박혜경의 말을 인용하며 전희경은 우선 "정상가족 이데올로기의 해체에서 더 나아가 이데올로기로서의 가족의 해체를 고민해야 한다"[28]고 말한다. 가족 내부에서건 외부에서건 '친밀한 관계'에 돌봄을 의탁한다면 결국 돌봄은 개인의 인간관계 역량에 의존하는 것이 될 수밖에 없다는 것이다. "다치고 아프고 늙고 언젠가는 죽어가는 취약한 존재로서, 인간이라면 누구나 참여하고 연루되어 그 속에서 살아가야 하는 것이 바로 돌봄관계다. 이 보편성을, 이 불가피성을, 이 공동의 운명을 '시민적 돌봄'이라 이름 붙이면 어떨까?"[29] 이러한 생각의 전환을 위해서 우리는 사회가 부여한 형태로서가 아니라 자신이 진정으로 원하는 삶의 형태에 대해 일단 더 많은 대화를 나눌 필요가 있다. 비혼 중년 여성 숙희의 '실험영화' 같은 삶과 어지러운 생각들에 대해서도 말이다.

　돌봄을 제공했던 누군가는 결국 돌봄을 필요로 하는 상황에

27　우에노 지즈코, 같은 책, pp. 100~101.
28　전희경, 같은 글, p. 66.
29　같은 글, pp. 67~68.

놓이게 된다는 점에서 시민적 돌봄에의 요청은 불가피하다. 그런데 한국 사회에서 자식을 낳아 기르는 일은 아이가 커갈수록 결국 무시무시한 경쟁과 불평등에 노출되고, 부모 돌봄과 부양은 때에 따라 엄청난 희생과 인내를 요구한다. 가족의 테두리를 벗어나 돌봄과 관련하여 법적·제도적 혜택을 받는 것도 쉬운 일이 아니다. 이러한 상황에서라면 가족 밖의 평등한 돌봄을 상상하기는 힘들다. '시민적 돌봄'에의 실천은 가족과 관련한 인식과 제도가 충분히 선진적이지 못한 한국 사회에서라면 결국 요원한 것이라 말할 수밖에 없다. 돌봄의 문제를 논하기 이전에 우리는 어떤 사회구조 안에 이 문제를 놓아야 하는지 그 전제가 되는 당면한 사회문제들에 대해서도 치열하게 고민해야 한다. 그런 점에서 「숙희가 만든 실험영화」는 돌봄의 문제에 관한 매우 구체적인 사회적 방안을 고민하게 하는 소설로 읽힐 수 있다.

6. '난잡한 돌봄'을 사유하기

돌봄과 관련해서는 젠더, 세대, 계급 등의 문제를 돌파하는, 그리고 복잡하게 뒤엉킨 규범적, 사회적, 경제적, 심리적 요소들을 하나하나 고려하는 지속적인 대화가 필요하다. 한국 문단의 최근 소설들은 다채로운 가족의 형태에 대해, 그리고 그와 연동되는 돌봄의 문제에 대해 논해왔다. 이 글은 예소연의 「사랑과 결함」, 이미상의 「모래 고모와 목경과 무경의 모험」, 전하영의 「숙희가 만든 실험영화」를 읽으며 최근 젊은 여성 작가의 소설에서 비혼 중년 여성의 삶을 중심으로 가족과 돌봄의 문제가 사유되는 방식, 그리고 가족의 경계를 넘어 새로운 여성들의 연대가 실험되는 방식을 살펴보았다. 이들 소설은 돌봄의 문제를 결국 사적인 관계에 의탁할 수밖에 없는 한국 사회의 고질적인 가족주의에 대해, 그리고 가족 내 젠더화된 착취에 대해 강력하게 문제를 제기하는 한편, 평등하고 상호적인 서로 돌봄의 관계에 기초한 여성들의 연대가 이러한 문제를 어떻게 돌파할 수 있는지 그 가능성을 가늠해보고 있다.

예소연의 「사랑과 결함」에서 순정, 민애, 성혜는 사랑과 집착과 증오와 연민으로 이루어진 아슬아슬한 관계 안에서 서로가 평등한 감정 노동의 공동체를 형성한다. 이미상의 「모래 고모와 목경과 무경의 모험」에서 모래 고모와 목경과 무경은 젠더화된 착취를 거절하는 '귀족의식'을 공유하면서 "무능해서 귀한"(p. 278) 능력을 서로 존중하는 강한 연대를 형성한다. 전하영의 「숙희가 만든 실험영화」의 인물들이 설계해보는 은퇴한 싱글 여성들의 "서로의 '식구'가 되어주"(p. 133)는 공동체는 현실적으로 이미 실천되고 있는 대안 가족의 형태라 할 수 있다. 가족 혹은 친구로 맺어진 관계 안에서 형성된 이러한 여성 공동체는 그것이 비록 언제나 건강하고 완벽한 돌봄의 현장은 되지 못할지언정, 이성애적 젠더 착취의 대안적 공간으로 제시된다는 점에서 그 의미를 따져볼 수 있다. 여전히 돌봄을 둘러싼 핵심적인 난제는 젠더 불평등일 수밖에 없다는 점을 이러한 소설들에서 재차 확인하게 되는 것이다.

연구자이자 예술가인 다섯 명의 학자로 이루어진 단체 '더 케어 컬렉티브'의 『돌봄 선언』에서 제안한 '난잡한 돌봄'은 '시장'과

'가족'에 의존하지 않는 '급진적 평등주의'의 '대안 돌봄 실천'을 의미한다.³⁰ 마지막으로 이와 관련된 이연숙의 문제 제기를 숙고해보자고 제안하면서 이 글을 마치도록 하겠다.

> 인간, 비인간을 막론하고 모든 생명체 간에 이루어지는 모든 형태의 돌봄이 필요와 지속 가능성에 따라 공평하게 그 가치를 인정받고 사용되어야 한다. 이것을 우리는 난잡한 돌봄의 윤리라고 부른다. 〔……〕 '난잡하다'는 것은 또 '차별하지 않는' 것을 의미하고, 우리는 돌봄에 차별이 있어서는 안 된다고 주장한다.³¹

위의 문장을 인용하며 이연숙은 "혈연에 의존하는 돌봄과 국가와 기업이 제공하는 용역으로서의 돌봄에 대항하는 난잡한 돌봄이라는 대안은, 누구도 쉽사리 부인할 수 없을 만큼 '착한' 주장이기는 하지만, 동시에 누구도 실천할 수 없을 만큼 불가능한 주장이기도 할 것"³²이라는 뼈아픈 문장들을 적으며 건강한 몸으로 돌봄을 나누지 못하고 아픈 몸으로 서로의 고통과 슬픔을 나누는 이들의 돌봄 현장을 생각해보자고 제안한다. 가령 '아픈 여자'들이 침대에 누워 서로를 돌보는 모습 같은 것을 말이다. "함께 나눌 슬픔이 충분한 한에서 이들은 살아 있고, 만약 이들이 그런 방식으

---

30   이연숙, 「「퀴어-페미니스트의 '돌봄' 실천 가이드」를 위한 예비적 연구」, 『문학동네』 2022년 여름호, p. 148.
31   더 케어 컬렉티브, 『돌봄 선언—상호의존의 정치학』, 정소영 옮김, 니케북스, 2021, pp. 80~82.
32   이연숙, 같은 글, p. 148.

로만 살아 있을 수 있다면, 그것이 나쁜 돌봄일지언정 돌봄에 속할 자격이 없다고는 말할 수 없을 것이다"[33]라는 것이 그녀의 주장이다. 서로의 고통을 나누는 그러한 불가능한 돌봄의 장면을 구체적으로 상상하도록 하는 것이 문학의 몫이기도 할 것이다. 그리고 그것을 해결하는 것은 여전히 현실의 우리들의 몫으로 남아 있다. 돌봄에 관한 최근의 소설들이 궁극적으로 향하고자 하는 곳도 결국 현실의 난잡하고 슬프고 고통스러운 각각의 돌봄의 현장일 것이다.

33 같은 글, p. 151.

비규범적 유대와 퀴어 가족의 발명*
2010년대 이후 한국 퀴어 문학의 가족구성권 재현과 소수자 정치

·· 오혜진

시민권 정치와 퀴어 가족구성권 담론의 대두

'퀴어queer'는 흔히 게이, 레즈비언, 바이섹슈얼, 트랜스젠더, 인터섹스, 젠더퀴어 등 비규범적 성별·성애 실천자들을 포괄하는 명사로 통용된다. 이런 구분과 범주화는 서구에서 스톤월 항쟁을 계기로 전개된 정체성 정치를 통해 대중화된 것이다. 하지만 2005년 '지금 퀴어 연구에서 퀴어한 것은 무엇인가?'라는 특집으로 발행된 『소셜 텍스트』의 「서문」에서 데이비드 앵은 '퀴어'를 단지 비규범적인 성적 주체들을 지시하는 명칭만이 아니라 "성적 주체들을 명명하려는 국가권력의 규범화 메커니즘에 도전"하는 용어로 재정의한다. 즉 '퀴어'는 섹슈얼리티뿐 아니라 인종, 성별, 계급, 국적 및 종교를 포함한 여러 사회적 적대에 대한 광범위한 비판적 문제의식의 산물이며, 이는 퀴어 연구의 지배적 경향에 대한

---

* 이 글은 2023년 9월 8일 한국문학번역원에서 주최한 「번역아카데미 3차 비평포럼—사랑의 접면들」의 발표문과 필자의 박사학위논문 「포스트페미니즘 시대 한국 여성문학·퀴어문학 연구—2010년대 이후 시민권 담론과 소수자정치」(성균관대, 2024)의 일부를 축약·수정해 작성됐습니다.
1   David L. Eng, 「Preface」, *Social Text* vol. 23, Duke University Press, 2005.

전면적인 재검토 및 갱신을 요청하는 것이다. 이 글은 '퀴어'를 비판적 사회 이론이자 급진적 진보 정치의 의제로 재점화하는 이 같은 기획에 공명하며, '퀴어 문학'을 동시대 퀴어 정치학에 적극적으로 개입하는 전략적 범주이자 정치적 실천으로서 사유하기를 제안한다.

한국 사회에서 2000년대부터 본격적으로 전개되는 소수자 운동과 그 부분적 제도화, 그리고 각각 2015년과 2017년에 촉발된 "페미니즘 리부트"[2]와 미투운동은 여성 및 비규범적 성적 주체가 경험하는 차별과 불평등의 문제를 전면화하게 한 핵심적인 계기였다. 이때 공동체의 구성원이 갖는 권리와 지위의 문제를 규정하는 '시민권civil right' 개념은 소수자 정치의 유력한 담론적 자원으로 활용된다. 시민권의 서사를 차용함으로써 소수자는 일방적인 배려나 시혜적 연민을 요하는 대상이 아니라, 자신의 권리를 주장하고 행사하는 주체로서 스스로를 재현하게 된 것이다.

그리하여 시민권의 정치와 결합한 동시대 퀴어 문학의 새로운 숙제는 소수자를 권리의 주체로 재정의하고, 소수자가 가져야 할 권리의 내용을 적극적으로 발명하는 것이다. 이제 성소수자가 경험하는 현실은 단지 타자의 삶에 대해 무지하고 무관용한 사회의 폭압성을 드러내는 비극적 사건만이 아니라, 소수자의 시민권이 보장되지 않아 발생하는 차별과 불평등으로 문제화된다. 즉 성소수자의 불안정한 법적·사회적 지위를 드러내고 이들이 누려야

---

2 '페미니즘 리부트'라는 명명과 그 문화적 함의에 대해서는 손희정, 「페미니즘 리부트」, 『페미니즘 리부트—혐오의 시대를 뚫고 나오는 목소리들』, 나무연필, 2017을 참조.

할 합당한 몫과 지위를 확보하는 방식으로 성소수자의 '시민-됨'을 재현하는 것은 동시대 퀴어 문학의 지배적 경향을 형성한다. 물론 이는 가부장적 자본주의 체제가 승인한 '시민'의 조건을 새롭게 해석하는 과정과 긴밀하게 관련된다.

잘 알려졌다시피, 페미니스트 연구자들은 시민권이 전제하는 '보편'과 '인간'의 기본값에 이의를 제기하고, 가부장제를 공고하게 유지하는 데 복무해온 시민권 이론에 비판적으로 개입해왔다. 캐롤 페이트먼은 사회계약론에서 '이성적·독립적 개인들의 동의하에 실시된 원초적 계약'이라고 정의된 '계약contract'이 실은 여성을 배제한 성적 계약이자 정치적 허구였다는 점을 역설한다.[3] 린 헌트 또한 가족로망스의 형식으로 상상되고 수행된 프랑스혁명과 공화주의가 여성을 배제한 형제들의 결속에 의해 가능했다는 점을 적확하게 지적했다.[4] 서구에서 2차 세계대전 이후 패전국과 식민지국의 여성에게 부여된 시민권이 독립적인 '개인'이 아니라 '모성'을 전제로 한 것이었음을 강조한 문현아의 논의 역시 경청을 요한다. 이처럼 평등한 시민권의 획득을 주장하면서도 가부장제 사회가 정의한 젠더화된 시민권의 개념을 받아들여야 하는 상황[5]은 여성 시민권 정치에 개재한 오랜 딜레마다. 이런 문제의식을 계승해 최근의 시민권 담론은 성적 차이를 넘어 다원성을 포괄하기

---

3 캐롤 페이트먼, 『남과 여, 은폐된 성적 계약』, 유영근·이충훈 옮김, 이후, 2001.
4 린 헌트, 『프랑스 혁명의 가족 로망스』, 조한욱 옮김, 새물결, 1999.
5 문현아, 「시민/시민권」, 『여/성이론』 통권 제5호, 여성문화이론연구소, 2001, pp. 272~73.

위한 대안적 시민권 창출의 필요성[6]을 주장하는 방향으로 전개돼 왔다.

다만 이때 고려할 것은 시민권 개념이 언제나 '포섭'과 '배제'라는 양가적인 효과를 동시에 수반한다는 점이다. 이와 관련해 '엑스존 사건'[7]은 '성소수자가 시민이 된다는 것'의 복잡한 함의를 시사하는 문제적인 사례로 분석될 만하다. 2000년 8월, 청소년보호위원회와 정보통신윤리위원회는 청소년보호법에 의거해 동성애자 사이트 '엑스존'을 청소년유해매체로 지정·고시했다. 이에 대해 2003년 법원은 '동성애자도 인격권, 행복추구권, 평등권, 표현의 자유를 지닌다'며 동성애자의 시민권을 언급했으나, 행정처분을 무효화해달라는 엑스존의 요구는 기각했다. 비판적 여론을 의식한 청소년보호위원회는 동성애를 청소년유해물로 규정하는 조항을 삭제하겠다면서도, 음란한 사이트가 있다면 단속하겠다고 밝혔다.

이 판단에 따르면 '엑스존'은 동성애자 사이트라서가 아니라 '음란한 것'이므로 여전히 '유해한' 매체일 수 있다. 일반적으로 이성애 규범에 어긋난 성적 행위는 '음란한 것'으로 간주되기 때문이다. 서동진은 이 사건을 '동성애자가 시민이 된다는 것'과 '시민권이 퀴어화·성애화된다는 것'의 간극을 드러낸 단적인 예라고 지적하며, '(음란하지 않은) 좋은 게이 시민'에게만 시민권을 부여한다

---

6 샹탈 무페, 『정치적인 것의 귀환』, 이보경 옮김, 후마니타스, 2007; 아이리스 매리언 영, 『차이의 정치와 정의』, 김도균·조국 옮김, 모티브북, 2017.

7 1990년대 청소년보호법의 작동과 성적 검열에 대해서는 류진희, 「"청소년을 보호하라?", 1990년대 청소년보호법을 둘러싼 문화지형과 그 효과들」, 『상허학보』 54집, 상허학회 엮음, 케포이북스, 2018을 참조.

는 것은 결국 비규범적인 존재를 통치 가능한 대상으로 만들려는 훈육 정치의 일환이라고 서술한다. 그는 '성적 시민권'이란, 단지 비이성애적 주체에게 시민권을 부여한다는 차원에 국한되는 것이 아니라, 시민권에 개재한 이성애 규범적 성격 자체를 문제화하는 정치적 기획[8]이어야 한다고 강조한다.

성소수자의 가족구성권은 시민권 담론과 결합한 퀴어 정치가 집중하는 첨예한 문제다. 최근 포괄적 차별금지법과 생활동반자법, 동성결혼 법제화, 동성 커플의 건강보험자격 인정 등에 대한 사회적 관심이 빠르게 확산되면서 가족구성권을 중심으로 한 퀴어 시민권의 문제가 소수자 정치의 주요 의제로 급부상했다. 특히 합법적·사회적으로 공인된 퀴어 가족에 대한 기대는 한국 퀴어 문학장에서 '퀴어 시민의 세속적이고 제도적인 삶'이라는 새로운 주제의 출현을 촉발했다. 이제 동시대 퀴어 문학은 비이성애적·비혈연적으로 구성된 친밀한 관계를 공인받고 안정화하고 싶은 퀴어 시민의 욕망을 재현하고, 사회적 단위로서 기능하는 '퀴어 가족'의 형식과 내용을 구체적으로 상상한다.

이 같은 정황을 바탕으로, 이 글은 비규범적인 친밀한 관계의 제도화 가능성을 타진하는 2010년대 이후 한국 퀴어 문학의 재현 전략과 그 정치적 함의를 검토한다. 이는 그간 가족제도를 비롯한 친밀성의 전통적인 관계 형식들이 어떤 가치들을 사유화·사사화하고 있었는지를 점검하고, 퀴어 가족구성권을 통해 발명되는 새

---

8   서동진, 「성적 시민권과 비이성애적 주체」, 『한국의 소수자, 실태와 전망』, 최협 외 지음, 한울, 2004.

로운 공동체성을 탐문한다는 의미를 지닌다. 이를 통해 퀴어 가족 구성권을 둘러싼 한국 퀴어 문학의 재현 전략이 동시대 시민권 정치의 문법과 길항하는 양상을 복합적으로 구명하고자 한다.

이상화된 동족 공간과 퀴어 가족 정치의 (불)가능성

가족과 결속, 친밀한 관계에 대한 상상력은 2010년대 이후 한국 퀴어 문학장의 중요한 주제군을 형성해왔다. 강화길의 「방」(『괜찮은 사람』, 문학동네, 2016), 최진영의 『해가 지는 곳으로』(민음사, 2017) 등의 레즈비언 서사들은 재난 상황에서 유독 취약해지는 레즈비언 커플의 존재론을 각별히 묘사한다.[9] 이는 가족구성권에 대한 레즈비언 서사의 상상력이 안전의 확보 및 상호 돌봄에 대한 열망과 관련된다는 점을 시사한다.

2022년에 발표된 조우리의 연작소설 『이어달리기』[10]는 레즈비언 서사가 상상하는 비혈연적·비이성애적 결속과 친밀성의 성격을 성찰하는 데 유효한 텍스트다. 수록작 중 한 편인 「엘리제를 위하여」를 보자. 이 소설의 화제는 레즈비언 전용 바 '엘리제'의 존속 여부다. 엘리제가 위치한 건물의 주인이자 비혼 레즈비언인 '성희'는 전 애인의 딸들을 '조카'라고 부르며 이들과 친밀한 관계를

---

9 2010년대 이후 한국 레즈비언 서사에 관한 독해로는 필자의 『지극히 문학적인 취향―한국문학의 정상성을 묻다』(오월의봄, 2019)의 4부 참조.
10 조우리, 『이어달리기』, 한겨레출판, 2022. 이하 인용 시 페이지만 표기. 인용문의 밑줄은 인용자의 것.

유지한다. 그리고 사건은 시한부 선고를 받은 성희가 자신의 비혈연 조카 중 한 명인 '혜주'에게 미션을 담은 편지를 보내면서 시작된다. 미션의 내용은 "홍대 놀이터 옆 엘리제를 찾아가 그곳의 문제를 해결"(p. 19)하라는 것. 극소수의 고객에게 "L리제"(p. 25)로 통용되는 엘리제는 눈에 쉬이 띄지도 않고, 음식 맛도 형편없으며, 인테리어도 촌스럽고, 만성 적자에 시달린다. 엘리제의 사장마저 건강상의 문제로 가게를 더 이상 운영하기 어렵다고 선언한 상황이다. 그리하여 성희가 혜주에게 부여한 미션의 진짜 내용은 어떻게든 엘리제의 폐업을 막으라는 것이다.

"계속 동굴에 숨어 있을 필요가 있나요. 엘리제를 열린 공간으로 만들어요. '우리 편'이 많아지면 좋잖아요."
페페는 대꾸할 말을 쉽게 찾지 못했다. 엘리제가 동굴이었나. 아니라고, 할 수 없었다. 그래, 엘리제는 동굴이었다. 고립을 자처하며 찾아온 사람들이 어둠 속에 몸을 숨겼다. 같은 어둠에 잠긴 사람들끼리 무방비하게 체온을 나눴다. 안전하다는 느낌 속에서. 안전? 그건 무엇으로부터의 안전이었을까. 혐오로부터? 폭력으로부터? 다만 그것들로부터? 페페는 뭔가를 말하고 싶었지만, 머릿속의 생각들이 점점 더 엉키기만 할 뿐 실마리를 잡을 수가 없었다. (p. 38)

혜주는 엘리제의 종업원 '페페'에게 엘리제를 더 많은 사람들에게 개방하자고 제안한다. 그렇게 손님이 늘어 장사가 잘되면 가게를 인수할 사람도 나타나리라는 계산이다. 하지만 페페는 이 제안이 석연치 않다. 페페는 엘리제를 개방하고 싶지 않은 이유에 대해 엘리제에 있으면 "안전하다는 느낌" 때문이라고 설명하지만 무엇으로부터의 안전인지는 끝내 해명하지 못한다. 이에 혜주는 엘리제를 "동굴"이나 "피난처"에 비유하며, "'우리 편'이 많아지면 더 좋잖아요"(p. 38)라는 말로 페페를 설득해 엘리제를 보다 대중적인 여성 전용 공간으로 만든다. 이제 엘리제는 '힙한' 공간으로 포털에 광고되고 SNS를 통해 널리 회자된다. 다만 엘리제가 한층 세련된 모습으로 바뀌자 단골손님들은 발길을 끊는다. 그들에게 엘리제는 "무언가로부터 달아나고 숨기 위한 곳"이 아니라, "그냥, 좋아서, 모여 있고 싶은 곳"(p. 42)이었기 때문이다. 결국 페페는 자신이 가게를 이어받아 엘리제를 원래 모습으로 돌려놓는다. 엘리제는 다시 '구리고 이상한 곳'이 됐지만, 엘리제를 존속시키라는 성희의 미션은 달성된 셈이다.

눈여겨볼 것은 레즈비언 바의 존재 의미를 손쉽게 '안전에의 열망'으로 규정하려는 관성에 대해 페페 스스로가 갖는 의구심이다. 그는 강제적 이성애 사회를 의식하지 않을 수 있는 편안한 동족 공간ethnic space을 필요로 하지만, '안전'이라는 규율화된 언어로써 엘리제를 표백된 공간으로 간주하는 것에는 동의하지 않았다. 소설은 페페의 이 미묘한 저항감을 깊이 들여다보지 않은 채, 엘리제를 '그 엘리제'로 되돌리는 선택만을 넌지시 지지한다.

이 서사적 선택의 의미는 『이어달리기』의 수록작들을 포괄적으로 살필 때 더 잘 드러난다. 에필로그를 제외한 수록작 일곱 편은 성희의 비혈연 조카 일곱 명이 성희에게 전달받은 미션을 수행하는 과정을 각각 서사화한다. 성희는 전 애인의 조카나 지인의 딸들과 '이모-조카' 관계를 맺는다. 그러고는 "『이상한 나라의 앨리스』, 『작은 아씨들』, 『빨간 머리 앤』"(p. 20) 등에 등장하는 '(많은 유산을 남기는) 대고모'처럼 조카들을 살뜰히 살피고, 그들에게 필요한 경험과 자원을 적시에 선사하는 후견인 역할을 맡는다. 마지막 수록작인 「배턴 터치」에서는 자신이 살아 있을 때 열리는 자신의 장례식에 모든 조카가 찾아와 서로 만나기를 염원해온 성희의 소망이 달성된다. 성희는 비혈연 조카들에게 자신을 매개로 형성된 '퀴어한 친족'을 선물한 것이다.

'이모-조카'라는 유사 가족의 레토릭을 전유해 '보호와 후원'이라는 돌봄의 기능을 충실히 수행하는 이 비혈연 가족의 유대와 친밀성은 더없이 안온하다. 이 서사들에서 페미니즘 대중화와 미투운동 이후 대두된, 안전한 커뮤니티와 믿을 만한 여성/레즈비언의 계보 및 연대에 대한 독자의 열망은 이상적인 방식으로 충족된다. 성희는 이 비전형적·비규범적인 유대를 존속시킬 관용과 경제력을 갖추고 있었고, 그의 비혈연 조카들은 호혜의 원칙을 준수하는 성원으로서 성희의 미션을 성실하게 수행하는 것으로 성희의 후원에 보답한다.

하지만 이 결속이 지나치게 호혜적이고 목가적이라는 점이야말로 퀴어 가족 정치의 조건을 집요하게 따져보도록 만든다. 과연 이 안온하고 무해한 결속에는 낯설고 위험한, 더럽고 게으른, 배은망덕하고 불성실한 타자의 자리가 마련돼 있을까. (유사) 가족의 언어와 친밀성의 내용을 의심 없이 차용하는 유대에 대한 상상력은 '낯선 타자와의 조우'라는 모험과 연루의 정치를 장려하기보다는 동족 간의 자기동일성을 확인하는 데에만 소용되는 것은 아닐까.

 이 질문은 에이즈 위기로 인해 게이 공동체가 붕괴 위기에 처했을 때 '퀴어한 책임감'[11]의 필요성을 역설한 더글러스 크림프의 사유 앞에서 한층 의미심장해진다. 그는 서로에게 안전과 안정의 감각을 확보해주는 수평적이고 무해한 유대가 아니라, 서로가 질병과 죽음, 절멸의 위험과 연루된 네트워크에 함께 속해 있음을 기꺼이 감당하는 윤리와 책임감이야말로 '퀴어한 것'이라고 부른다. 에이즈 패닉의 국면에서 그는 커뮤니티의 중요성을 역설했지만 그것을 결코 안전을 위한 방패막이로 내세우지는 않았다. 그는 안전·위생·질서·건강·성숙 따위의 명분을 들어 강화되는 정상화 및 규범화의 압력에 '난잡한 돌봄promiscuous care'이라는 실천[12]으로 맞서며 정치적인 것으로서의 '퀴어'를 복원해낸다.

 최근 한국 퀴어 문학장에는 '퀴어한 친족' 개념을 전유해 새로운 결속과 유대를 재현하려는 시도들이 빈번하다. 특히 게이 소설의 인물들이 도심 곳곳을 거니는 멜랑콜릭한 개인으로서 데이팅 앱을 통해 또 다른 개인과 개별적이고 일회적이고 우연한 만남을 반복하는 방식으로 친밀성을 형성하는 데 반해, 여성/레즈비언 서사에서 (유사) '언니' '자매' '이모' '엄마' 그리고 여성들만의 은밀하고 안전한 공간은 언제나 유대의 강력한 기호로 간주된다.

 그러나 '비혈연적·비이성애적 관계'라는 조건이 곧바로 급진

---

11 더글러스 크림프, 「우울과 도덕주의」, 『애도와 투쟁』, 김수연 옮김, 현실문화, 2021, p. 30.
12 더글러스 크림프, 「감염병의 시대에 우리의 문란한 사랑을 계속하는 법」, 같은 책.

적인 퀴어 가족 정치로 이어지는 것은 아니다. 퀴어 가족 정치는 다양한 비공식적 관계를 기존 가족제도에 포함·편입시키려는 시도만을 지칭하지 않는다.[13] 그것은 사회계약론과 근대적 인간관이 전제하는 개인의 주체성과 자율성, 자립과 의존, 호혜와 합리의 규칙들로 형성된 정상성을 해체하고, 비규범적 존재들과의 공생을 모색하는 정치적 실험이다. 퀴어 가족 정치학이 친밀성의 조건과 내용을 새롭게 발명하는 급진적 기획이라면, 유사 가족의 언어를 차용해 호혜적 돌봄의 기능을 무리 없이 소화하는 무해한 결속을 확보하는 것만으로는 충분치 않을 것이다.

무엇보다 '퀴어한 결속'을 "우리 편" "같은 어둠에 잠긴 사람들"과 같은 동질적인 유대로 상상하는 방식에 대해 더 질문할 필요가 있다. 과연 동질적인 사람들로만 구성된 동족 공간은 정말 '안전'을 담보하는 탈정치화된 공간일까. 이 물음에 대해, 식민지기의 대표적인 동족 공간인 조선인 극장의 문화정치를 구명한 연구들은 시사하는 바가 크다. 식민지기 조선어 영화만 틀어주는 극장에는 일본인 관객은 거의 오지 않았고, 오직 조선인 관객들만이 그 공간을 점유했다. 민족주의적 영화로 잘 알려진 조선어 영화 「아리랑」(나운규, 1926)이 상영될 때, 해당 극장에서 관객들이 불현듯 '조선 독립 만세'를 외치며 궐기했다는 소문은 전설처럼 회자된다. 그러나 염상섭의 소설 『광분』(1929)에서 탁월하게 묘사되듯, 조선인 극장은 문제를 일으킬 소지가 있는 불온한 이들이 모여

13 Liz Montegary, *Familiar Perversions—The Racial, Sexual, and Economic Politics of LGBT Families*, Rutgers University Press, 2018; 김순남, 『가족을 구성할 권리』, 오월의봄, 2022, pp. 13~15.

있는 곳, 즉 상시적인 감시·감찰의 대상이자 불시에 봉쇄될 수 있는 공간이기도 했다.[14] '저항의 보루'이면서 동시에 언제든 격리와 통제를 위한 '수용소'로 화하는 것이 동족 공간의 본질인바, 이처럼 동질적 결속에 대한 열망과 게토화의 위험은 불가분의 관계에 있다.

돌봄의 인클로저와 대안 가족의 상상력

비이성애적·비혈연적으로 구성된 친밀한 관계를 공인받고 안정화하고 싶은 욕망은 퀴어 가족의 조건에 대한 구체적인 상상으로 이어진다. 특히 2017년에 발간된 김혜진의 『딸에 대하여』[15]는 페미니즘 담론의 재활성화 이후 레즈비언 커플의 사회적 삶에 집중함으로써 독보적인 의의를 획득했다. 퀴어 가족의 가능성을 타진하는 이 소설이 동성 연인 관계인 '그린'과 '레인'이 아니라 이들을 지켜보는 '나(엄마)'를 초점화자로 내세운 것은 의미심장하다. 이는 작가의 관심이 '나는 왜, 어떻게 퀴어인가'라는 자기 환원적인 질문이 아니라, 시민들의 생활 세계에서 레즈비언 커플이 어떤 존재로 식별(안)되는가의 문제에 있다는 것을 뜻한다.

---

14 식민지기 동족 공간으로서 조선인 극장이 지닌 양가적 의미에 대해서는 이혜령, 「식민지 군중과 개인—염상섭의 『광분』을 통해서 본 시론」, 『대동문화연구』 no. 69, 성균관대학교 동아시아학술원, 2010; 이화진, 『소리의 정치』, 현실문화, 2016을 참고.

15 김혜진, 『딸에 대하여』, 민음사, 2017. 이하 인용 시 페이지만 표기. 인용문의 밑줄 및 중략은 인용자의 것.

'나'의 딸은 작중 '그린'이라는 별명으로 등장하며, 비정규직 시간강사로 일한다. 그는 '동성애자라는 이유로' 대학에서 부당해고된 동료들의 항의 집회에 참여하고 있다. 그린은 그 일을 자신의 일로 생각하고 있으며, 그린이 집회에 참여하는 동안 그의 연인 레인이 월세를 내고 집안일을 돌본다. 그러나 경제적 곤경에 빠진 그린과 레인은 결국 '나'에게 월세를 지불하는 방식으로 '나'의 집에 들어와 살게 된다. 한편, 딸에게 오랜 연인이 있다는 걸 알면서도 둘의 관계를 그저 "소꿉장난"(p. 106)으로 여기는 '나'는 남편을 여의었고, 직업은 요양보호사다. '나'는 젊은 시절 저명한 지성인으로서 이타적인 삶을 살았던 '젠(이제희)'이라는 환자를 돌보고 있는데, 아무런 혈육 없이 "치매"에 걸려 홀로 요양원에 방치된 젠을 돌보며 '나'는 자꾸만 딸의 노후를 떠올린다.

    그래. 그럼 소꿉장난이 아니라는 걸 어디 한번 말해 봐라. 너희가 가족이 될 수 있어? 어떻게 될 수 있어? 너희가 혼인신고를 할 수 있어? 자식을 낳을 수 있어?
    엄마 같은 사람들이 못 하게 막고 있다고는 생각 안 해?
    가족이 그렇게 쉽게 되는 줄 아니? 그게 그렇게 쉽게 만들어지는 줄 아니? 어쩔 수 없이 해야 하는 <u>의무나 책임</u>이나 그런 걸 너희가 알아? (p. 107)

    <u>누군가를 보살피는 것의 수고로움</u>. 내가 아닌 누군가를 돌보는 것의 지난함. 실은 나는 아름답고 고결해 보이는 이런 일의 끔찍함과 가혹함을 딸애와 그 애에게 알려주고 싶은지도 모른다. 그

애들이 다만 책에서 읽거나, 누군가에게 전해 듣는 게 아니라 직접 경험하게 하려는 것인지도 모른다.

  10년 뒤, 20년 뒤, 나를 이렇게 보살펴 달라고 말하고 싶은 게 아니다. 나는 이 애들이 자신들의 노년을, 젊은 날에는 어떻게 해도 상상할 수 없는 그때를, 그렇지만 반드시 찾아오고야 마는 그 순간을, 단 한 번이라도 생각하게 하고 싶다. 그래서 지금이라도 책임과 믿음을 나눌 수 있는 제대로 된 짝을 찾았으면 좋겠다. (pp. 183~84)

'나'가 그린과 레인의 관계를 인정하지 않는 이유는 많다. '나'는 자신의 눈앞에 존재하는 그들을 보며 "어둔 밤에 너희 둘이 나란히 누워 있을 때 무엇을 하는지, 남편이 내게 혹은 내가 남편에게 주던 즐거움을 너희도 비슷하게 흉내 낼 수 있는지. 너희 부모가 너를 낳은 것처럼. 우리 부부가 딸애를 낳은 것처럼. 너희들도 서로를 정확히 반씩 닮은 자식을 가질 수 있는지"(pp. 121~22) 속으로 따져 묻고, "아이를 가질 수 없는 관계. 아무것도 만들지 못하는 헛된 사이"란 "영원히 불완전한 채로 남는 삶"(p. 155)이라고 규정한다. 그리고 그런 삶에 대한 "사람들의 경멸과 모욕. 감수해야 하는 수치심과 자괴감의 무게"(p. 155)를 걱정한다. 즉 그린과 레인의 관계를 "소꿉장난"으로 여기는 '나'는 성적 쾌락, 재생산 능력의 유무, 돌봄 노동의 수행 등 이성애 가족이 담당해온 전통적인 기능을 기준으로, 그린과 레인이 형성해온 파트너십이 '가족'의 그것으로는 '미달'이라고 판단한다. 이때 그린과 레인이 이미 7년이 넘도록 경제 공동체를 이루고 성적으로 교감하며 정서적 유대를 형성한 채 살아왔다는 점은 고려되지 않는다.

성소수자가 재생산을 수행하지 않는다는 점은 성소수자를 '비정상적' 존재로 간주하는 주요 근거로 운위돼왔다. 아이의 성장 과정을 고려해 삶을 기획하고 재산을 운용하는 것은 '정상적인 삶' '좋은 삶'에 대한 지배적 각본을 형성한다. 반면, 이를 수행하지 않는 성소수자의 삶은 뒤처지고 미달된 삶, 탕진되고 낭비되는 삶으로 간주된다. 리 에델만은 '아이' 표상을 이성애적 사랑의 결실이자 미래에 대한 일관된 기대의 집약적 상징으로 활용하는 재생산 중심 미래주의reproductive futurism[16]가 성소수자를 '미래 없는' 존재로 재현한다고 지적한다.

하지만 퀴어들의 관계 혹은 퀴어한 관계는 "자신들을 통제하려는 규범적 시간성을 거부하며 그것에 균열을 일으"키고, "비규범적 관계에서 다른 삶을 갈망"[17]한다는 점에서 새로운 시간성을 창출하기도 한다. 성소수자의 정서 구조를 지배해온 뒤처짐backwardness의 정동은 "재생산적 명령과 낙관주의, 보상의 약속 등과 동떨어진 미래를 상상"[18]하게 함으로써 발전주의적 시간관으로부터 적극적으로 이탈하는 퀴어한 시간성queer temporality[19]을 창출할 수도 있는 것이다.

---

[16] Lee Edelman, *No Future*, Duke University Press, 2004, pp. 1~32; 김순남, 같은 책, p. 107.

[17] 김경태, 「동시대 한국 퀴어영화의 정동적 수행과 퀴어 시간성」, 『한국레즈비언영화사』, 이동윤 엮음, 담담프로젝트, 2021, p. 165.

[18] Heather Love, *Feeling Backward*, Harvard University Press, 2009; 김순남, 같은 책, p. 113에서 재인용.

[19] Judith jack halberstam, *In a Queer Time and Place*, New York University Press, 2005.

그렇게 볼 때, 퀴어 가족에 대한 상상과 실천은 단지 비이성애적·비혈연적 가족도 이성애 가족이 수행하는 기능을 감당할 수 있다면 가족으로 인정해야 한다는 차원의 문제 제기가 아니다. 퀴어한 관계는 사회적 시간이 아이의 출생과 성장 및 노화의 방식으로 서사화되고, 생애사의 각 단계마다 요구되는 과업의 수행과 그에 대한 보상이 뒤따르는 식으로 편성된 가부장적 자본주의의 시간관을 상대화하려는 시도다. 이는 자본주의 리얼리즘[20]의 세계에서 시도되는 가장 급진적인 정치적 실천이기도 하다.

> 며칠만 모시고 있겠다는데 그걸 왜 못 하게 해요? (……)
> 직원이 난처한 표정으로 나를 바라본다. 내가 말한다.
> 저분은 가족이 없어요. 피를 나눈 직계가족 같은 게 없다고요. 찾아올 사람이 세상천지에 하나도 없다고요. <u>가족이든 아니든 그게 도대체 뭐가 그렇게 중요해요.</u> (p. 176)

완고하던 '나'의 마음이 동요하는 것은 '나'가 임종이 임박한 젠을 이전과 '다른 방식으로' 돌보면서부터다. 젠은 찾아오는 가족도 없고 그의 이름으로 보내지던 후원금도 끊겼다는 이유로 병원으로부터 방치된다. 더 이상 경제적 수익을 창출하지 못하고 '가족'이라는 안전망마저도 부재한 젠의 몸은 '쓸모없는 몸'으로 간주된다. 젠에 대한 이 같은 처우를 납득하지 못하는 '나'는 결국 요양병원 직원의 만류와 추궁을 뒤로한 채 젠을 자기 집으로 데려와 돌

---

20 마크 피셔, 『자본주의 리얼리즘』, 박진철 옮김, 리시올, 2018, pp. 11~12.

본다.

 젠이 맞이할 무연고 죽음의 의미는 양가적이다. 무연고 죽음에 대한 공포는 '나'로 하여금 딸에게 정상 가족에 소속될 것을 재차 종용하게 하는 이유이지만, "아무 관계"도 아니면서 젠을 헌신적으로 돌보는 '나'의 실천은 이미 누군가를 돌보는 데 따르는 "의무나 책임"이 반드시 가족만의 것은 아니라는 점을 증명한다. 반드시 가족이어야만 누군가를 돌보거나 누군가에 의해 돌봐질 권리가 있다는 시대착오적인 원칙은 당장 눈앞에서 발생하는 돌봄 공백과 속절없이 쇠락해가는 한 인간의 육신 앞에서 더없이 무력해진다.

 그리하여 '나'가 그린과 레인의 관계를 다시 보게 되는 것은 레인이 돌봄 노동을 성실하게 수행하는 장면을 거듭 확인하게 되면서다. 레인은 '자기 일'이 아님에도 그린의 동료들에게 식사를 대접하고, 그린의 아버지이자 '나'의 남편이 투병하는 동안 꾸준히 병실을 지켰으며, '나'가 젠을 집으로 데려왔을 때에도 말없이 젠을 돌봤다. 이 과정을 지켜본 '나'는 자신이 그린과 레인의 관계를 "이해할 수 있을지" 여전히 확신할 수 없지만, 레인에게 "이렇게 있어 줘서 고맙구나"(p. 194)라는 인사를 건네고 비로소 함께 밥을 먹는다.

 이처럼 『딸에 대하여』는 가족을 성립시키는 가장 중요한 요건으로 돌봄의 기능을 강력하게 제시한다. '누군가를 돌본다'는 '아름답고 고결하고 끔찍하고 가혹한 일'은 오직 가족만이 감당할 수 있는 배타적·독점적 권리이자 의무라고 생각했던 '나'는 소설 후반부에 이르면, 자신을 포함해 많은 이들이 이미 오래전부터 가족이 아님에도 누군가를 돌보고, 누군가에 의해 돌봐지는 일을 기꺼이 감당하고 있었음을 깨닫는다. 이 점을 상기하고 나서야 비로소 '나'가 레인과 함께 밥을 먹는 장면이 등장하는 것은 돌봄의 수행이 곧 레인을 '식구(食口)'로 받아들이는 결정적인 계기라는 점을 시사한다. 가족이 없거나 기존 가족제도 내에서 돌봄의 수행이 적절하게 이뤄지지 않는 상황을 상정하는 이 소설에서 그린과 레인의 관계는 기존 가족제도의 돌봄 공백을 메우는 대안 가족의 지위를 부여받는다.

돌봄의 약속과 '퀴어 가족-되기'의 정치적 기획을 결합시키는 상상력은 전통 가족의 단위를 초과해 발생하는 돌봄 관계에 대한 인정과 제도화를 시도하는 생활동반자법의 문제의식과도 상통한다. 생활동반자 관계는 혈연이나 혼인으로 이뤄진, 민법상 가족이 아닌 두 성인이 합의하에 함께 살며 서로 돌보자고 약속한 관계다. 생활동반자법은 이들이 함께 살 때 필요한 사회복지 혜택과 제도적 권리를 보장하고, 둘이 동거 생활을 시작하고 해소할 때 필요한 공정한 절차를 규정한다.[21] 잘 알려졌듯, 이 법을 촉발한 직접적인 계기는 "고독", 즉 기존 가족제도에서 발생하는 돌봄 공백과 그로 인해 '인간답게 살 권리'가 심각한 수준으로 저해되는 현실이다. 1인 가구의 증대, 독거노인의 빈곤화와 높은 자살률은 사회적 기초단위로서의 가족이 붕괴된 상황에서 발생하는 돌봄 공백의 실태를 단적으로 보여준다. 게다가 이 돌봄 공백은 "고독의 사회

---

21 황두영, 『외롭지 않을 권리—혼자도 결혼도 아닌 생활동반자』, 시사IN북, 2020, pp. 6~8.

적 비용"²²을 발생시킨다. 돌봄의 외주화 현상이 확산되면서 돌봄 서비스를 제공하는 드넓은 시장이 구축된 것은 이미 오래전 일이다. 이때 생활동반자법은 육아도우미와 간병인, 활동보조인 등 수많은 돌봄 인력 체계를 운영하는 데 드는 사회적 비용을 절감할 효과적인 대안으로 운위된다.

하지만 퀴어 가족구성권의 문제의식은 단지 돌봄 공백으로 인한 사회적 비용을 줄이고자 동성 파트너십 관계를 법적 '가족'으로 공인 및 제도화하는 차원에 머물지 않는다. 마르크스주의 페미니스트들은 자본주의 국가제도하에서 사적인 가정을 돌보는 일은 사랑과 친밀성의 표현이기 이전에 우선 자본주의를 재생산하는 장치이자 통치의 기제²³라는 점을 지적해왔다. 이들은 가족의 근원적인 특징이 돌봄을 사적인 영역에 가둠으로써 사유재산을 축적하는 인클로저 과정에 있다고 설명한다. 이런 현상은 비단 백인, 이성애, 가부장, 식민주의적 핵가족에게만 해당하는 것이 아니라 유색인의, 비이성애적·탈식민주의적으로 설계된 가족에게도 해당된다. 이런 맥락에서 가족제도의 보완이 아니라 폐지야말로 급진적인 퀴어적 실천일 수 있다고 주장하는 소피 루이스는 그간 가족제도를 상대화하기 위한 전략으로 제시된 흑인 모성이나 퀴어 모성의 의의를 인정하면서도, "무슨 목적으로 모성을 퀴어화하는"지

22 같은 책, p. 94.
23 슐라미스 파이어스톤, 『성의 변증법―페미니스트 혁명을 위하여』, 김민예숙·유숙열 옮김, 꾸리에, 2016; 마리아로사 달라 코스따, 『집안의 노동자―뉴딜이 기획한 가족과 여성』, 김현지·이영주 옮김, 2017; 마리아로사 달라 코스따, 『페미니즘의 투쟁―가사노동에 대한 임금부터 삶의 보호까지』, 이영주·김현지 옮김, 갈무리, 2020.

를 질문하지 않는다면 이는 결국 "비백인, 혼종, 게이, 선주민 가정의 정치적 성격을 낭만화"함으로써 여전히 억압 수단으로 작동하는 가족제도의 존속에 복무하게 될 것이라고 강조한다.[24]

그러므로 질문되어야 할 것은『딸에 대하여』에서, '나'가 레인이 보여주는 돌봄 능력에 서서히 감화되면서 그린과 레인의 동성 파트너십을 달리 보게 될 때, 어째서 그 순간에도 '가족이 그 모든 돌봄 노동을 오롯이 감당해야 한다고 전제되는가'의 문제다. 과연 돌봄 관계에 대한 사유는 반드시 '가족'이라는 관계 형식을 경유해야만 할까. 이미『딸에 대하여』에는 혈연가족이 아님에도 돌봄의 역량을 공유하는 다양한 관계가 등장한다. '나'는 처음에 요양보호사라는 직업적 소명 때문에 젠을 헌신적으로 돌봤지만, 젠을 요양병원 밖으로 데리고 나가 자신의 집으로 들인 순간 그것은 직업적 소명을 초과하는 시민적 역량의 발휘로 의미화된다. 젠이 과거에 혈연과 무관한 필리핀 아이 '띠팟'을 경제적·정서적으로 돌봤다는 점 또한 가족제도와 무관한 돌봄의 실천이다. 그린이 부당해고에 항의하는 동료 강사들의 투쟁을 '내 일'처럼 여기며 함께 싸우는 것, 그린과 그린의 동료들을 레인 역시 정서적·물리적으로 지원하고 지지하는 행동 또한 가족제도를 통해 사유화되지 않는, 돌봄 역량의 공공적 수행이다.

앞서 언급한 다양한 양상의 돌봄 위기는 돌봄을 개인이나 가족 단위의 문제로 한정하는 인클로저 전략으로는 결코 타개할 수

---

[24] 소피 루이스,『가족을 폐지하라―우리가 아직 보지 못한 세계를 상상하는 법』, 성원 옮김, 서해문집, 2023, pp. 45~68.

없다. 취약성vulnerability이야말로 인간의 공통적인 속성임을 발견하는 최근의 연구들[25]은 이제 '독립적·자율적 개인'이라는 환상에서 벗어나 상호의존 관계와 보편적 돌봄universal care이 진보 정치의 새로운 비전이어야 한다고 주장한다.[26] 오직 가족 단위만을 고려해 설립되는 공공정책의 복지는 가족과 무관한 삶을 사는 사람들을 '비시민'으로 간주해 배제하기 때문이다.[27] '가족적인 것'에 토대를 두지 않는 돌봄에 대한 상상은 퀴어 가족이 "대안가족이 아니라 가족에 대한 대안"[28]이기 위해 반드시 검토해야 할 과제일 것이다.

당위로서의 동성 결혼과 '지체된 미래'

2010년대 이후 전 세계적으로 동성 결혼을 법제화하는 추세[29]

---

25 주디스 버틀러, 『불확실한 삶—애도와 폭력의 권력들』, 양효실 옮김, 경성대학교출판부, 2008; 마사 C. 누스바움, 『혐오와 수치심—인간다움을 파괴하는 감정들』, 조계원 옮김, 민음사, 2015.
26 더 케어 컬렉티브, 『돌봄 선언—상호의존의 정치학』, 정소영 옮김, 니케북스, 2021, p. 41.
27 김영옥, 「늙은 사람 '되기'에는 준거집단이 필요하다—생애구술사 작가·소설가 최현숙」, 『늙어감을 사랑하게 된 사람들』, 위즈덤하우스, 2023, pp. 231~61.
28 박혜경, 「가족을 넘어선 페미니즘—필요성, 가능성 그리고 미래」, 『여성주의 학교 '간다'—페미니즘, 경계에서 세상을 말하다』, 한국여성민우회 엮음, 지성사, 2008.
29 2001년 네덜란드를 필두로 동성혼 법제화의 추세는 전 세계적으로 나타난다. 아시아에서는 대만과, 네팔, 태국이 동성혼을 법제화했다. 일본 도쿄구는 파트너십 인정 제도를 도입했으며, 2025년 현재 다섯 개 고등법원이 동성 관계의 혼인을 인정하지 않는 것은 위헌이라고 판결했다. 한국에서는 동성혼 법제화,

가 이어지면서 동성혼 법제화와 혼인 평등은 동시대 퀴어 문학의 새로운 주제로 부상한다. 박민정의「아내들의 학교」(『아내들의 학교』, 2017)가 레즈비언 커플 사이의 계급 격차 및 동성애 규범성이 억압하는 개인의 욕망을 가시화하기 위해 동성결혼이 법제화된 미래 시점을 선택했다면, 조우리의『오늘의 세리머니』[30]는 아직 도래하지 않은 동성혼 법제화의 시간을 현재에 기입했다는 점에서 특기할 만하다.

『오늘의 세리머니』는 하주시 동사무소 주민센터 가족관계팀에서 혼인신고를 담당하는 레즈비언 공무원 '도선미'와 '이가경'이 레즈비언 커플 101쌍에게 혼인관계증명서를 발급하는 이야기다. 이 상상력의 출처는 명백한데, 동성결혼과 관련한 새로운 법 해석의 등장 및 전산 시스템의 변화가 그것이다. 통상적으로 한국에서 동성혼이 불법 혹은 금지의 대상으로 여겨지고 있는 것과 달리, "혼인과 가족생활은 개인의 존엄과 양성의 평등을 기초로 성립되고 유지되어야 하며 국가는 이를 보장한다"라고 규정된 헌법 제36조 제1항은 동성 간의 혼인을 금지한다는 내용을 직접적으로 포함하고 있지 않다.[31] 이에 대해 법학자들과 퀴어 활동가들은 헌법

비혼 출산 지원, 생활동반자 제도화를 포함한 '가족구성권 3법'이 2023년 5월 31일 발의된 바 있다. 임재우 기자,「장혜영, '동성혼 법제화' 국회 첫 발의…국힘 김예지 의원도 가세」,『한겨레』2023년 5월 31일 자.
30 조우리,『오늘의 세리머니』, 위즈덤하우스, 2023. 이하 인용 시 페이지만 표기. 밑줄은 인용자의 것.
31 그런 의미에서 동성 결혼 '합법화'는 부정확한 표현이다. '동성혼 법제화'는 동성 결혼에 관한 법조항의 내용이 미비하거나 불명확한 현 상황에서 사실혼과 같은 방식으로 이미 존재하는 동성 커플의 다양한 관계 형식을 '혼인' 및 '가족제도'와 관련한 법제도에 기입하고, 이들의 공적 지위를 법적으로 인정해야 한

과 민법에 등장하는 "양성" "부부" "배우자" 등의 용어에 관한 치열한 해석 투쟁을 통해 현재의 법제도를 기반으로 동성 결혼과 혼인 평등을 법제화·실효화할 수 있는 방안[32]을 강구하고 있다. 한편, 2022년 3월, 신고자의 성별에 관계없이 혼인신고를 접수할 수 있도록 가족관계 등록 전산 시스템이 바뀐 사건[33] 또한 이 소설의 기획을 추동한 직접적인 계기다. 물론 혼인신고 접수가 가능해졌을 뿐 수리는 되지 않기에 동성 커플이 혼인신고를 거쳐 법적 부부로 인정받을 수 있게 된 것은 아니다. 하지만 많은 동성 커플은 수리되지 않을 것을 알면서도 대한민국 행정 시스템에 동성 커플들의 존재를 기입하기 위해 혼인신고를 '접수'한다.

소설의 주인공 선미는 주변의 눈을 의식하며 클로짓 레즈비언으로 살다가 그 때문에 연인 '은경'과도 헤어진 인물이다. 반면, 가경은 자신을 레즈비언으로 정체화한 후 온 세상에 "선제공격을 하듯 커밍아웃"(p. 63)을 해왔다. 가경에게는 1948년에 태어나 하주시에서 동창 '송미영'과 연인으로 함께 살고 있는 고모 '이순영'

다는 문제의식을 담고 있다.

[32] 서종희, 「한국에서의 호모 사케르―동성혼」, 『원광법학』 제26권 2호, 원광대학교 법학연구소, 2010; 김선화, 「동성혼의 법제화에 관한 고찰」, 『이화젠더법학』 제7권 3호, 이화여자대학교 젠더법학연구소, 2015; 박보람·이예진, 「생활동반자관계법과 동성혼 법제화의 법적·실천적 쟁점」, 『Ewha Law Review』 제8권, 이화여자대학교 법학전문대학원, 2018; 『가족구성권 3법 연속토론회―동성혼 법제화를 위한 '혼인평등법(민법 개정안)'의 의미와 과제』, 국회의원 강민정·류호정·배진교·이은주·장혜영·정의당 성소수자위원회·성소수자차별반대무지개행동·혼인평등연대, 2023. 6. 7.

[33] 하수민·강주헌 기자, 「동성끼리 혼인신고 접수가능…LGBT "의미있는 기록·변화"」, 『머니투데이』, 2022년 4월 1일 자; 이주빈 기자, 「동성결혼 안 되는 이유가 뭐죠?…그들은 동사무소를 찾아갔다」, 『한겨레』, 2022년 5월 23일 자.

이 있다. 미영은 젊은 날에 사랑하지 않는 남자와 결혼한 적 있으나, 순영에게 돌아온 뒤로는 그녀와 떨어져 산 적이 없다. 다만 암에 걸려 시한부 삶을 선고받은 미영은 죽기 전에 "나란히 이름 적힌 종이 한 장"(p. 92), 즉 그녀들이 혼인 관계임을 법적으로 증명하는 문서를 갖고자 한다. "죽음을 앞두고 지난 생을 돌이키자, 사랑하지 않는 사람과 오랜 시간 법적인 부부로 살았다는 후회보다 사랑하는 사람과 한 번도 법적인 부부가 되지 못했다는 회한"(p. 91)이 컸기 때문이다. 그리하여 가경은 자신들의 관계가 법적으로 공인되기를 열렬히 바라는 순영-미영 커플의 소원을 들어주기 위해 선미와 거사를 기획한다. 선미는 "그저 연인이 아니라 부부가 되기를 원한다"(p. 96)는 순영과 미영의 염원이 자신의 것이기도 했음을 깨닫고 이 계획에 합류한다.

    가경은 순영과 미영의 주민등록번호를 받아 와 전산 시스템에 접속해 혼인신고 접수 창에 입력해본다. 뭔가 잘못된 일을 하고 있다고 생각했는데 의외로 "경고하는 창"(p. 104) 하나 뜨지 않았다. "남편 자리에 여성을 입력했는데, 맞는 거냐고 확인"(p. 105)했을 뿐이다. "우리 고모가 남편인가? 하주 고모가 남편인가?"(p. 105) 망설이던 가경은 "모든 칸이 빠짐없이 채워진 접수 창을 보며" "마지막 버튼을 누르고 난 뒤에 벌어질 일을 생각했다"(p. 105). 가경이 선미의 협조를 구한 것은 가경이 입력한 혼인관계신고서가 접수되고 결재 라인으로 넘어갔을 때 '기록' 버튼을 눌러줄 사람이 필요해서다.

    "결재까지만 되면 혼인관계증명서는 발급받을 수 있잖아요."

"그건 아무런 효력이 없는 문서가 될 거예요."

"그래도 그 순간엔 진짜잖아요."

"진짜를 가졌다가 잃으면, 그렇게 다시 예전으로 돌아가면 두 분께 더 큰 상처가 될 수도 있어요."

월 점검 때 그 기록이 발견되면 바로 '직권정정' 될 것이다. 혼인은 무효가 되고, 다시 예전으로 돌아간다.

"아뇨. 예전과 같지 않아요. 정정 기록이 남잖아요. 두 사람이 짧게나마 혼인관계였다고. 그런데 그게 무효가 되었다고. 정정을 하면 무엇을 정정했는지 밝혀 적어야 하니까. 무슨 일이 벌어졌는지 다 기록하는 거. 그게 대한민국 행정이잖아요."(p. 107)

선미와 가경의 계획은 비밀스럽고도 순조롭게 실행됐고, 결국 "이순영은 송미영이 입원한 병원 1층 로비에 마련된 무인민원발급기에서 혼인관계증명서를 출력했다"(p. 133). 만 18세 이상인 이순영과 송미영은 "결혼 의사가 합치할 것. 혼인 적령에 이를 것. 근친혼이 아닐 것. 중혼이 아닐 것"(p. 228)이라는 혼인신고의 요건을 모두 갖췄기에 "혼인이 불가한 사유가 없었"(p. 227)다. 모든 절차가 너무 쉬워서 "억울"(p: 167)하기까지 했던 선미와 가경은 이제 "얼마나 사회가 혼란해지는지 보"(p. 173)기 위해 더 큰 계획을 실행한다. 그 결과, 이제 세상에는 "하주시에서 혼인신고를 한 레즈비언 부부"(p. 205) 101쌍이 존재하게 된다. 물론 이는 얼마 지나지 않아 "현행법상 수리할 수 없는 동성 간의 혼인신고가 공무원의 실수로 수리되었기에 하주시장의 권한으로 직권정정"(p. 207)됐지만, 자신의 선택을 후회한 커플은 없었다. 다시는 "전으로 돌아갈 수 없는"(p. 174) 101쌍의 레즈비언 커플들은 이제 전산 시스템의 공백에 기대는 것이 아닌 또 다른 계획을 실행한다. "부당한 행정절차에 대한 행정소송을 제기"(p. 246)하겠다고 기자들 앞에서 선언하는 것이다. 소설의 마지막 장면에서 이들은 "이미 승리한 사람처럼"(p. 247) 서로 맞잡은 두 손을 하늘을 향해 치켜든다.

두 명의 공무원이 마치 "공범"(p. 177)처럼 마음을 졸이며 레즈비언 커플들의 주민등록번호를 전산 시스템에 비밀스럽게 등록하고, 그것이 별탈 없이 수리되기를 기다리는 한 달간의 여정은 마치 한 편의 첩보물처럼 긴박감을 자아낸다. 하지만 긴박감이 무색하게도 서사는 두 공무원의 활약을 방해하는 어떤 앤태거니스트도 등장시키지 않는다. 자신들의 관계가 법적으로 인정되기를 바라는 레즈비언 커플들의 열망은 별도의 서술을 요하지 않는 자연스러운 것으로 상정되고, 가족관계 등록 절차에 대한 행정소송을 집단적으로 제기하는 이들의 액티비즘은 이미 상징적이고 불가역적인 "승리"로 의미화된다. 레즈비언 커플의 혼인신고를 수리하지 않는 공무원들의 관성이 존재하긴 하지만, 이는 부수적이다. 이 소설에 등장하는 법제도와 행정 시스템은 카프카의 법처럼 결코 열리지 않는 완고하고 폭력적인 장치가 아니다. 오히려 법은 얼마든지 다르게 해석되고 수정될 수 있는 것으로 여겨지며, 관료제와 행정 시스템 역시 적지 않은 구멍이 숭숭 뚫린 불완전한 체계로 인식된다. 소설은 동성결혼을 가로막아온 제도적 장치들을 얼마든지 수정 및 개선 가능한, 불완전하고 가변적이고 탄력적인 것으로 재현함으로써 '동성혼 법제화'라는 당위적 미래를 현재에 기입한다.

그런데 기묘한 것은, 소설이 '법적으로' 가족이 된다는 것의 의미, 즉 퀴어 가족의 제도화가 뜻하는 바를 애써 설명하지 않는 다는 점이다. 가장 오래된 커플인 순영과 미영이 선미와 가경이 만들어준 혼인관계신고서의 실효성과 무관하게 그저 그 종이 한 장을 갖고 싶었다고 말할 때, '퀴어 가족의 제도화'라는 의제는 정치적 쟁점이 아니라 일종의 소명으로 여겨지며 물신화된다. 자신들의 관계에 대한 국가의 법적 증명을 원하는 레즈비언 커플 101쌍의 욕망 또한 서로 별다른 차이를 보이지 않는다. '송나래'와 '조유미'는 3년 전 뉴욕에서 혼인신고를 했는데, 그 동기는 "뉴욕에서는 여행자도 혼인신고가 가능하다는 걸. 알고 나니까 하고 싶어졌다. 할 수 있다는데 안 할 이유도 없었다"(p. 177)라고 간략하게 서술된다. 다만 이들은 "모국어가 아닌 언어로 적힌 증명서가, 그들이 살고 있는 현실에선 아무것도 증명할 힘이 없다는 사실"(p. 178) 때문에 이제 "진짜 혼인증명서"(p. 178)가 갖고 싶어진다. 즉 동성혼이 법제화되지 않은 한국은 이미 미국에서 결혼하고 신혼여행까지 마친 이들의 현재와 선진국에서 통용되는 글로벌 스탠더드를 미처 따라잡지 못한, '뒤처진' 나라로 의미화되는 것이다. 혼인신고 날 "며느리가 들어올 줄은 몰랐다며 호탕하게 웃"(p. 182)는 양쪽의 어머니들, 카페에서 소박한 결혼식을 올리는 두 여자에게 즉흥적이고 무조건적인 축하의 인사를 건네는 손님들. 이들에게도 동성혼 법제화는 투쟁을 통해 쟁취해야 하는 대상이 아니라, 시간을 앞지른 이들 앞에 뒤늦게 도착한, 지체된 미래일 뿐이다. 이는 선형적이고 발전론적인 시간성을 전제한 채, 각국에서 서로 다른 양상으로 전개되는 인권의 정치를 지정학적 위계를 바탕으로 재배치한다는 점에서 후기 식민 국가의 시간 의식을 보여주는 것이기도 하다.

동성혼 법제화의 시간을 당위적 미래로 상정하는 상상력은 퀴어 운동사에서 동성혼 법제화가 퀴어 정치의 대표적인 의제로 부상한 맥락을 반영한다. 많은 민권운동사가 시간이 지날수록 소수자의 권리가 확장된다는 식의 규범적이고 발전주의적인 역사 쓰기를 시도한다. 퀴어 운동사의 대중적인 판본들 역시 동성 결혼과 혼인 평등을 쟁취하기 위한 투쟁을 퀴어 운동사의 가장 드라마틱한 사건으로 서술하는 경향이 있다. 게다가 "며느리가 남자라니 동성애가 웬 말이냐!"[34]라는 유명한 구호에서 짐작되듯, 동성 결혼이야말로 퀴어 혐오 세력이 가장 격렬하게 반대하는 사안이기에 동성혼은 퀴어 운동 진영에서 폭넓은 지지를 얻는 의제로 간주되기도 한다. 하지만 동성혼 법제화 운동은 퀴어 정치학을 기반으로 시도된 다양한 액티비즘의 일부일 뿐 그 내용은 정치적·사회적 맥락에 따라 상이하다. 그렇다면 논쟁적인 것은 이 소설이 동성결혼을 둘러싼 복잡다단한 논쟁의 역사를 간단히 삭제한 채 동성혼 법제화의 시간을 당위적 미래로 설정했다는 점이다.

소설에서 법적 인정을 염원하는 레즈비언 커플의 표상은 일관된 면이 있다. 이들이 원하는 것은 "커플룩"(p. 131) "커플 아이템"(p. 181) "웨딩드레스를 입은 두 명의 신부"(p. 182) "서로를 부르던 호칭을 '자기'에서 '여보'로 바꾸"(p. 196)는 것, 혼인관계증명

---

[34] 2010년 동성애자 인물을 등장시킨 SBS 드라마 「인생은 아름다워」(김수현 극본, 정을영 연출)에 대한 시청 거부 운동을 홍보하는 성소수자 혐오 세력의 신문광고 문구다.

서를 얻은 후에 서로 폴라로이드 사진을 찍어주고, 혼인을 후회하고, 회사에서 지급하는 결혼 축의금을 받으며, 친구들이 질릴 정도로 결혼 이야기를 하는 것 등이다. 즉 이들이 동성결혼을 통해 실천하고자 하는 퀴어 파트너십과 친밀성의 내용은 이성애자 파트너십의 재현에 소용되는 사회적 서사와 일치한다.[35] 이처럼 동화주의적인 방식으로 직조되는 동성 결혼의 서사는 퀴어 가족구성권의 기획이 담지해온 급진적인 문제의식을 과감하게 생략한다.

예컨대 이 소설에 등장하는 "웨딩드레스를 입은 두 명의 신부"라는 표상[36]은 최근 대중화된 '퀴어 결혼식' 콘텐츠에서 가장 매력적인 이미지로 소비된다. 트위터나 유튜브 같은 플랫폼에서 '레즈비언 결혼식'을 검색해보면, 두 여성이 웨딩드레스를 고르고 이를 착장한 상태로 결혼 화보를 촬영하는 과정을 담은 콘텐츠가 높은 조회수를 기록하고 있음을 확인할 수 있다. 이는 퀴어 정치학이 '여성의 남성성'[37]을 발견함으로써 '부치-팸'과 같은 비규범적 젠더 수행과 그 변이를 적극적으로 가시화하는 방식으로 전개됐

---

[35] '퀴어 결혼식'은 유튜브와 트위터 등의 플랫폼에서 가장 인기 있는 퀴어 콘텐츠 중 하나다. 결혼식의 3대 요소라 불리는 '헤메코(헤어, 메이크업, 코디)' 매뉴얼부터 호텔 결혼식장을 예약하고, 결혼식 화보를 촬영하며, 해외에서 신혼여행 브이로그를 보여주는 이 콘텐츠는 막대한 자본을 요하고 실제로 유수 기업들의 협찬을 받아 진행되기도 한다. 이 모든 과정이 성소수자들의 "작은 승리의 역사"라는 의미를 부여받으며 기록 및 전시된다. '퀴어 결혼식'에 관한 대중적 상상력을 잘 보여주는 사례로는 김규진, 『언니, 나랑 결혼할래요?』, 위즈덤하우스, 2020 참조.

[36] 『오늘의 세리머니』 표지에도 까맣고 긴 머리에 초록색 드레스를 입은, 전형적인 여성의 모습으로 패싱되는 두 인물이 똑같은 포즈를 취한 모습으로 그려져 있다.

[37] 잭 핼버스탬, 『여성의 남성성』, 유강은 옮김, 이매진, 2015.

음을 고려할 때 꽤 의아한 일이다. "웨딩드레스를 입은 두 명의 신부"라는 이미지로 과잉 재현되는 퀴어 결혼의 상상력에는 게이 아빠들, 혹은 레즈비언 엄마들로 깔끔하게 분류되지 않는 퀴어 가족, "부치 아빠"와 "팸 엄마"가 가부장제의 권위와 무관하게 젠더 양극성을 체현[38]함으로써 이성애적 가족제도의 규범을 전복하는 장면이 고려되지 않는다.

아직 두 사람이 헤어지기 전에 몇 번이나 하주역에 왔었노라고 은경은 말했다. 서울로 가는 기차를 기다리는 선미를 지켜보다 같은 열차를 탈 때도 있었다고. 그보다 더 많이, 아무런 약속도 없이 하주역에 올 때도 있었다고. 선미는 마음속에 오래도록 자리했던 무언가가, 견고한 벽이라고 생각했고 때로는 자신을 지키는 울타리라고도 여겼던 그 무엇이, 와르르 무너져 내리는 것을 느꼈다.
은경을 만나러 갈 때면 항상 이 역을 거쳐 갔다. 선미에게 하주역은 갑갑한 시선과 입방아에서 벗어날 수 있는 탈출로의 입구였고, 동시에 제 스스로 되돌아오는 감옥의 문이었다. (p. 169)

한편, 이 소설이 선보이는 '공인된' 퀴어 가족에 대한 상상력은 제도 바깥에서 펼쳐지는 삶의 역동성을 단호히 무시하거나 기각한다는 점에서 자못 보수적인 데가 있다. 위 인용문은 선미가 순영과 미영의 혼인신고를 성공적으로 마친 후, 은경이 유학을 떠나

---

[38] 잭 핼버스탬, 이화여대 여성학과 퀴어·LGBT 번역 모임 옮김, 이매진, 2014, pp. 104~105.

기 전에 마지막으로 선미를 찾아오는 장면이다. 하주시에 사는 선미와 서울시에 사는 은경은 서로 만나기 위해 항상 거쳐야 했던 하주역에 대해 이야기한다. "역 밖으로 나갈 수가 없더라. 언니를 곤란하게 할까 봐"(p. 169)라는 은경의 말을 듣고, 선미는 자신에게 하주역은 언제나 갑갑한 시선과 입방아를 의식할 수밖에 없는 "감옥의 문"이자, 그곳을 벗어나게 해주는 "탈출로의 입구"로 느껴졌었음을 떠올린다. 이때 '감옥'과 '탈출로'의 비유는 명백히 '은둔하는 삶'과 '공인된 삶', 즉 혼인관계신고서 획득 이전과 이후의 삶에 대한 유비다.

이 유비는 시사적이다. 국가가 승인한 법제도 바깥에서 법적으로 공인되지 않은 방식으로 존재하는 친밀성의 관계가 "감옥"에 갇힌 것으로 묘사되는 반면, 탈출로를 통과해 도달하리라고 기대되는 세계의 모습은 회사로부터 "결혼 축의금"을 지급받고 "신혼부부 특별 공급으로 아파트 분양받"(p. 94)아, 신혼부부와 이성애 가족을 우대하는 세금 정책의 혜택을 착실히 챙기는, 여전히 이성애 규범적이고 자본주의적인 세계다. 이때 소설이 시도하는 '퀴어 가족-되기'는 국민-되기의 과정과 구분되지 않는다. 여기서 퀴어 가족은 성실한 노동과 납세, 재생산의 과업을 수행하는 순종적인 시민을 양성하기 위해 국가가 마련한 보상 체계를 아무런 불화 없이 승인하고 그에 편승하는 단위에 불과하다.

이와 관련해, 잭 헬버스탬은 퀴어 커플의 법적 결혼이 "합법적으로 결혼할 수 있는 사람들과 그렇지 못한 사람들 사이에 선을 그음으로써 작동"해온 제도에 신빙성을 부여하는 일[39]이라고 신랄하게 지적한다. 그는 커플 사이의 장기적이고 영구적인 합의를 특권화하는 것은 "단기적이거나 일시적인 관계보다 추적하거나 기록할 수 있는 관계에 우선권을 승인"하는 것, 즉 "특정 부류의 사회적 관계를 다른 동등하게 정당한 관계보다 가치 있게 보는 방식"에 대한 승인이라고 비판하며, 동성결혼의 상상력을 넘어 "동반자 관계의 다양성, 인간관계의 독창성"을 인정해야 한다고 말한다. 또한 그는 세금 혜택 등을 이유로 동성결혼의 법적 지위 획득을 옹호하는 논리는 결혼을 통해 이득을 취할 수 있는 부유한 계층에게만 유효하며, 이는 인종과 섹슈얼리티 등 다른 사회정의 운동과의 어떤 접점도 만들어내지 못한다는 점에서 퀴어 정치학을 사회변혁 운동으로 간주하는 이들에게는 그다지 매력적이지 않다고 서술한다.

 요컨대 2010년대 이후 동성 결혼의 상상력을 경유해 '퀴어 가족-되기'의 열망을 재현하는 한국문학장의 퀴어 서사들은 이성애 규범적 법질서를 위반하고 교란함으로써 가부장적 자본주의 국가의 통치 메커니즘에 도전하기보다는 "결혼제도에 대한 불평등한 접근성을 가려서는 안 된다"[40]는 자유주의적 명제에 몰입하는 것처럼 보인다. 이는 반박하기 어려운 당위적 주장이지만, "상호 돌봄, 상호 의존, 소속감"[41]이 반드시 국가의 통치역 안에서만 가능한 것이 아니라는 점에 대해서는 더 논의할 필요가 있다. '결혼'이라는 특정한 형태의 관계만을 특권화하지 않고, 비규범적인

---

39 같은 책, pp. 163~74.
40 황두영, 같은 책, p. 184.
41 소피 루이스, 같은 책, p. 147.

"관계 맺기, 소속되기, 함께 살기"⁴²의 방식으로 친밀성을 새롭게 발명하려는 급진적 시도야말로 퀴어 가족 정치의 실험일 수 있다면, '당위적 미래'의 형식으로 상상되는 '결혼할 권리'만큼이나 '권리를 거부할 권리'의 상상력 또한 필요할 것이다.

---

42 잭 핼버스탬, 『가가 페미니즘―섹스, 젠더, 그리고 정상성의 종말』, p. 163.

2부
계급, 세대, 폭력, 사랑

비판적 서사의 존재양식에 대하여

·· 황정아

1. 비판은 얼마나 비판적인가

문학에서 '비판적 서사'라면 비평(또는 평론)을 먼저 떠올리게 되지만 문학장에서 비평이 본격적으로 조명받는 일은 드물다. 그래도 이따금은 비평이 어떠해야 하는가를 둘러싼 논의가 벌어지기도 하는데 얼마 전에 있었던 그런 논의를 두고 누군가는 "대화를 향한 열띤 의지"가 있을 뿐 "과거처럼 치열한 '논쟁'을 거의 요구하지 않는다"고 총평하기도 했다. 이 지적에 공감하더라도 '치열한 논쟁의 요구'가 실재했던 과거를 상기하는 것 역시 쉽지 않은 일이다. 돌아보면 10여 년 전에도 비평이 한 차례 (아마도 스스로에게만) 관심의 대상으로 부상해 심각한 위기라는 판정과 발본적 자기 성찰의 요청을 받은 바는 있다. "판단과 평가를 배제한 수동적 리뷰어로서의 역할만"을 수행하는 "좀비 비평"[2]이 되었다고 개탄을 사는가 하면, "이제 비평은 어떤 확고한 미학적 기준을

---

[1] 한영인, 「비평적 대화를 수행하는 섬세한 독해의 힘」, 『창작과비평』 2023년 겨울호, p. 390.
[2] 소영현, 「좀비 비평의 미래—비평의 죽음에 관한 다섯 개의 주석」, 『문학과사회』 2012년 겨울호, pp. 406~407.

바탕으로 텍스트의 미적 서열을 확정적으로 재단할 수가 없"[3]음을 자인해야 하리라는 다른 종류의 권고도 제출되었다. 하지만 그사이에 '치열한 논쟁'이 벌어져야 마땅하다는 주장이나 그에 따른 실제 논쟁이 있었다고 말하기는 힘들다.

어떻든 비평이 위기라는 인식은 꽤 오래된 것이고 요전의 '대화 의지' 역시 모종의 위기의식에서 비롯했으리라 짐작된다. 비평의 위기는 때로 '종언'이라는 극단적 어휘를 동반하는 문학의 위기의 일부라고 생각되는데, 대체로 그런 분위기가 지배하는 가운데 뜻밖에도 문학의 위기를 해결할 주체로 비평을 호명하는 일도 일어난다. 문학 일반이라기보다 문학'연구'에 초점을 둔 논의이긴 하지만, 이를테면 지난 수십 년에 걸쳐 통상 문화연구로 불리는 역사주의적·맥락주의적 '학술scholarship' 패러다임의 위세가 야기한 폐해를 짚으며 그것이 "숱한 오류에도 불구하고 '비평'이 적어도 염원은 했던 더 폭넓은 사회적 기능을 포기하라고 문학 사상가들에게 요구하고 대신 문화 이론과 문화사를 쓰는 식으로 제아무리 '비판적으로'든 문화를 그저 관찰하도록 가르치는 점에서는 하나의 탈정치화이고 그런 의미로 우파적"[4]이라 비판하는 조지프 노스Joseph North의 논의가 그런 예다. 문학연구보다 더 민주주의적이고 급진적임을 자처해온 문화연구의 정치성을 '감히' 의문시한 노스의 시도에서 어쩌면 더 놀라운 점은 그가 '학술 패러다임'이 야

---

3 강동호, 「파괴된 꿈, 전망으로서의 비평」, 『문학과사회』 2013년 봄호, p. 361.
4 Joseph North, *Literary Criticism—A Concise Political History*, Harvard University Press, 2017, p. 12. 조지프 노스의 논의 전반에 관해서는, 졸고 「문화연구의 (탈)정치성과 비평의 복원」, 『안과밖』 제46호, 창비, 2019 참조.

기한 폐해를 이겨내기 위해 다름 아닌 '비평 패러다임'으로 시급히 전환해야 한다고 강조하는 대목일 것이다.

문화의 상태에 대한 징후 포착과 지식 축적의 도구를 넘어 문학이 문학답게 존재하기 위해 비평의 복원이 핵심이라는 노스의 주장에 공감하는 입장이라도, 복원해야 할 '비평'이 어떤 것인가에 대해서는 달리 생각할 여지가 많다. 요약하자면 노스가 말하는 비평이란 "문학작품을 수단으로 새로운 감수성의 영역, 새로운 주관성 양식, 새로운 경험역량을 함양함으로써 직접적으로 문화를 풍요롭게 만드는" "제도적인 미적 교육 프로그램"[5]이다. '미적 감수성'이나 '미적 교육' 같은 단어들이 조금 낡은 느낌이긴 해도 딱히 흠잡기 어려운 노스의 비평 정의는 스스로 비판한 학술 패러다임과 겹쳐지는 지점에서 자기모순적 성격을 드러낸다. "미학적 변별distinction의 도출이 자동적으로 계급 변별의 도출과 엘리트적 방식에 우리를 연루시킨다"(p. 113)는 학술 패러다임의 전제가 문제라고 실컷 지적하고도 그 역시 비평에서 판단과 평가를 통한 변별을 한사코 반민주주의적이라 보는 것이다.[6] 여기에 관해서는 문화연구 주창자들뿐 아니라 노스 같은 이들에게마저 공통 표적이 된 리비스F. R. Leavis에 공감을 표하는 것으로 논평을 대신한다. 리비스에게 문학이 문학답게 존재하는 방식은 문학 텍스트를 읽는 이들 각자가 텍스트와 맺는 밀도 있는 관계, 그리고 그렇듯 텍스트에

---

5   North, 같은 책, p. 6.
6   더욱이 노스는 신자유주의 시대에 자본주의 지배계급은 고급 취향을 가장함으로써가 아니라 그 취향을 비판하는 시늉을 함으로써 스스로를 정당화하며, "새로운 자유주의들은 미적 변별들aesthetic distinctions에 대해 민주주의적 수평파로 포즈를 취하는 경향이 있다"고 지적한 바도 있다.(같은 책, p. 86)

반응하고 의미를 재창조하는 가운데 이루어지는 만남에 있다. 그리고,

> 문학에서 이런 '재-창조적인 반응'과 '만남'은 곧 (비평전문가의 전유물이 아닌 '누구나'에 개방된) 비평적 판단judgement 과정 그 자체다. 비평적 판단은 남의 것을 그대로 가져다 써서는 의미없다는 점에서 개인적인 것이다. 하지만 그것의 "내재적 형식"은 "이건 이렇습니다, 그렇지 않나요?"와 "그렇지요, 하지만"으로 구성되는 대화, 더 정확히는 무수히 서로를 촉발하는 대화의 연쇄이며 이 연쇄는 또한 가치의 유통과정과 다름없다.[7]

이 지점에서 애초에 비평을 살피는 계기가 된 '비판'의 문제로 돌아가자. 리비스가 말하는 비평적 판단과 비판은 어떤 관계에 있는 것일까. 그간 문학연구에서든 비평 활동에서든 '판단'이 서열을 매기는 반민주주의적 발상이라 일축당하는 동안 '비판'은 한층 위상이 높아져왔고 그 점은 문학작품에도 얼마간 적용된다. '문학의 정치'를 강조하며 이른바 '몫이 없는 자들의 몫'을 말할 때조차 몫의 획득을 도모하거나 몫이라는 발상을 전환하는 일보다 몫 없음을 '비판'하는 일을 주된 활동으로 규정해왔던 것이다. 학술 패러다임을 두고 "제아무리 '비판적으로'든 문화를 그저 관찰"만 한다고 한 노스의 말이 함축하다시피, 비판은 독보적인 위상을 확보하면서 동시에 (한때 널리 쓰였던 '전복'이나 '내파' 같은 단어보다 얌

---

7 졸고 「문학성과 커먼즈」, 『창작과비평』 2018년 여름호, pp. 22~23.

전한 표현인 데서 드러나듯) 여하한 개입과 변화 또는 (재)창조보다는 '관찰' 같은 한층 온건한 활동과 연결되었다. 관찰을 적발과 폭로라는 더 강한 단어로 바꾸더라도 핵심은 달라지지 않는다. 이런 경향을 두고 이브 세지윅Eve Sedgwick 같은 사람은 "마치 그렇게 하면 반드시 변화가 일어난다는 듯 문학을 문화의 어두운 진실을 노출하는 계기로 활용"하여 "어디서나 숨겨진 위협을 찾고 부정적인 정동을 탐색하는"데 몰두하는 '편집증적 읽기paranoid reading'라 꼬집기도 한다.[8] 그렇다면 비평의 위기 또는 더 포괄적인 문학의 위기는 비판이라는 범주에 사회적 효용이나 존재적 정당성을 지나치게 의존해온 것과 무관하지 않다고 말할 수 있다.

그런데 '비판'이 과연 비판적인가를 둘러싼 의혹이 제기되는 상황은 문학에만 한정된 일이 아닌 듯하다. 이와 관련한 흥미로운 사례를 인류학과 과학기술학, 생태 담론 등 여러 분야에서 영향력을 발휘한 브뤼노 라투르Bruno Latour의 논의에서 발견할 수 있다. 「왜 비판은 힘을 잃었는가? 사실의 문제에서 관심의 문제로」라는 글[9]에서 라투르는 "비판이 올바른 과녁을 겨냥하"지 못하고 "이제

---

[8] North, 같은 책, p. 158.
[9] 브뤼노 라투르, 「왜 비판은 힘을 잃었는가? 사실의 문제에서 관심의 문제로」, 『문학과사회』 2023년 가을호. 이하 인용 시 페이지만 표기한다. 이 글에서 비판은 critique를 옮긴 것이고 단어 자체로는 criticism과는 구분해야겠지만, critique가 잘못을 폭로하는 식의 비판에 몰두한다는 점이 문제라는 라투르의 취지로 미루어 여기서는 특별한 구분 없이 '비판'으로 아울러도 무방하리라 본다. '힘을 잃었는가' 부분은 뭔가 다른 것에 의해 그랬다는 의미가 아니므로 '힘이 빠져버렸나'로 이해해도 좋을 것이다. 번역 저본이 따로 명기되지는 않았는데, 영문은 "Why Has Critique Run out of Steam? From Matters of Fact to Matters of Concern," *Critical Inquiry* 30 (Winter 2004) 참조.

는 가능하지 않은 전쟁을 위해, 적이 한참 전에 사라진 전투를 위해, 더 이상 존재하지 않는 영토를 정복하기 위해"(p. 291) 헛된 싸움을 벌이고 있다고 진단한다. 그가 말한 사태가 구체적으로 어떤 것인지는 예컨대 기후변화 부인론denialism을 떠올려보면 분명해진다. 부인할 수 없는 객관적 사실이란 없고 모든 것은 사회적으로 구성된 것이며 따라서 이데올로기적인 것이라는 '비판'의 오랜 주장을, 이제는 그런 '부인론'들이 기꺼이 받아들여 기후변화를 보여주는 (과학적) 사실들이 한갓 이데올로기적 구성물이라 일축하는 데 활용하고 있다. 그러니 "위험은 더 이상, 사실인 척하는 이데올로기적 주장에 대한 과도한 신뢰—우리가 과거에 매우 효과적으로 싸우는 법을 배웠던 그 문제—에서 오는 것이 아니라, 나쁜 이데올로기적 편향으로 위장된 좋은 사실에 대한 과도한 **불신**에서 오는 것"(p. 293)이 된 판국이다. "어떤 확고한 지반도 없다는 것, 바로 이것이 비평이 말하고자 했던 것"이었으나 이제 "최악의 상대가 이 '확고한 지반의 결여'를 우리로부터, 우리가 소중히 여기는 것에 반대하는 주장을 위해 전유해간다면, 이는 무엇을 의미하는가?"(p. 294)를 묻지 않을 수 없다.

라투르에 따르면 비판이 심각한 정당성 위기와 맞닥뜨린 데는 그간 "당신이 비판적이라면, 당신은 언제나 옳다"(p. 307)는 분위기를 조성하며 "비판적 야만성critical barbarity"(p. 309)을 발동해 온 탓이 크다. 비유하자면 마치 기소독점권을 쥔 채 기소해서 명예를 얻고 기소하지 않아서 돈을 얻는 부패한 검사처럼, 비판은 사실 뒤에 감추어진 "신념, 권력, 환영을 폭로하는 데 탁월했던 강력한 기술적 도구의 배치disposition로부터"(p. 299) 논쟁의 우위를 점하는 동시에 때로는 그 '기술적 도구'를 사용하지 않음으로써 이익을 얻는 '신공'을 발휘하며 언제든 올바름만큼은 독점해왔다.[10] 그렇게 "강렬한 희열을 주는 마약"(p. 307)이 되었기에 이미 힘을 잃었는데도 계속해서 비판에 의지하게 되었다는 것이다.

'물질적 전회material turn'를 이끈 논자답게 라투르는 사실상 자기 손으로 무장해제당한 비판이 취해야 할 선택지로 "고집스러운 정도의 실재론적 태도"(p. 298), 곧 '사실'을 외면하지 않는 데 그치지 않고 그것을 더 풍요롭고 복잡한 '사물'로 보라고 제안한다. 이때 '사물'이라는 표현은 하이데거를 참조한 것이다. 하이데거는 일찍이 "모든 유럽 언어에서 'thing'과 준(準)사법적 회합 사이에 강한 연관이 있"고 "'사물'은 어떤 경우에는 저 밖에 있는 대상을 가리키고, 다른 경우에는 그야말로 **안**에 있는 **쟁점** 혹은 **모임**을 나타"낸다는 데 주목한 바 있다. 라투르의 언어로 옮길 때 이는 사물이 "사실의 문제와 관심의 문제 모두를 가리킨다"(p. 300)는 의미이다.

문학에서 라투르(및 여러 '물질적 전회' 논자들)의 논의 가운

---

10   이런 대목을 참조할 수 있다. "순진한 신자들이 그들의 객체에 강하게 집착할 때, 당신은 신자들이 그들의 신들, 시, 소중한 객체들 때문에 무언가things를 하게 된다고 주장하면서 모든 애착을 수많은 물신으로 바꿀 수 있고, 그것들이 그들 자신의 투사에 불과함을 보여줌으로써―그래, 그 사실을 홀로 볼 수 있는 사람인 당신이―그 모든 신자들에게 창피 줄 수 있다. 하지만 이내 순진한 신자들이 자신의 중요성과 투사 능력에 대한 믿음으로 우쭐해지면, 당신은 그들에게 두번째 어퍼컷을 날림으로써 다시 한번 창피를 줄 것이다. 이번에는, 그들이 뭐라고 생각하건 간에 그들의 행동은 그들 자신은 볼 수 없고 오직 당신만이, 절대 잠들지 않는 비판가인 당신만이 홀로 볼 수 있는 객관적 실재의 강력한 인과관계의 작용으로 완전히 결정되어 있음을 보여줌으로써 말이다. 굉장하지 않은가?"(p. 307)

데 주목받는 대목은 대체로 사물 또는 비인간을 향한 관심으로 보인다. 하지만 비판의 비판성에 관한 그의 문제 제기 역시 그에 못지않게 주목받아 마땅하다. 라투르는 "관심의 문제를 다루는, 또 다른 강력한 기술적 도구를 고안할 수 있을까? 도나 해러웨이의 주장처럼 더 이상 주안점이 폭로하는 데 있지 않고 보호하고 돌보는 데 있는 그러한 기술적 도구를?"(p. 299)이라 질문하고, '사물'이 곧 '모임'이듯이 "비판가는 폭로하는 사람이 아니라, 집결하는assemble 사람"이고 "순진한 신자들의 발아래 깔린 양탄자를 들어 올리는 사람이 아니라, 참가자들에게 모일 광장을 제공하는 사람"(pp. 315~16)이어야 한다고 강조한다. 그에 따라 "이제 직면하게 될 실천적 문제는 '비평'이라는 단어를 새로운 긍정적 은유, 제스처, 태도, 반사 작용, 사유 습관 들의 집합 전체에 연결하는 것"(p. 316)이 된다.

비판의 갱신을 향한 라투르의 주장에 다 동의하기는 어렵고 특히 문학에서는 '사물로 향하라'는 그의 제안이 문학적 실천을 결국 (더 많은 사물에 대한 더 정교한) '재현/서술'의 틀에 가둘 우려도 있다.[11] 앞서 노스가 변별과 판단을 고려하지 않은 것과 유사하게, 라투르 역시 '관심'의 차원을 제기하고도 모든 사물을 향한 동질적인 관심을 상정하지, '어떤 특정한 사물이 우리의 어떤 관심을 어떻게 요구하는가'라는 비평적 판단의 범주와 연결하지 않는 것이다. 하지만 폭로와 적발에 그치는 통상적인 비판의 '비판성'에 대

---

11 이 점에 관한 상세한 논의로는, 졸고 「브루노 라투르의 정치생태론과 문학의 (생태)정치」, 『안과밖』 제55호, 2023 참조.

한 문제 제기, 그리고 집결하고 구성하는 활동을 향한 촉구는 오늘날 문학의 정치를 갱신하는 일에 참조점이 될 수 있으리라 본다.

2. 비판적 서사의 다른 존재양식: 권여선의 「무구」

비판이 힘을 잃었다는 평가가 일리 있다면 비판적 서사에 대해서도 같은 이야기를 할 수 있을 것이다. 이를테면 잔혹한 폭력이나 극단화된 불평등 같은 것에 대한 비판이 힘을 가지려면 적어도 폭력과 불평등이 '세상의 이치'여서는 안 된다는 공통감각이 우세해야 한다. 신자유주의의 세례를 거치고 '맨 얼굴'을 한 자본주의의 말기적 증상이 노골화되면서 우리는 그런 공통감각 자체가 위기에 처했음을 나날이 실감한다. 공통감각을 전제하는 비판 역시 '올바른 과녁'에 꽂히기 어려워진다는 이야기가 된다. 폭력이 폭력을 언제까지고 반성하지 않으며 불평등이 스스로를 변명할 필요조차 느끼지 않는, 이른바 '자본주의 현실주의'의 치세 속에 살고 있기 때문이다. 이 현실주의의 메커니즘은 어떤 가치가 지켜지지 않는다는 비판을 그런 가치란 원래 없으니 있을 도리도 없다고 되받아치는 것이다. 따라서 폭력의 잔혹함을 비판하는 서사가 도리어 폭력의 위력을 증폭시키고, 재난이 된 불평등을 비판하는 서사가 도리어 불평등의 실재성을 강화할 위험, 다시 말해 서사가 비판한 현실과 그렇게 비판받은 현실이 마주 보는 거울처럼 서로를 끝없이 되비추며 우리의 세계상을 장악해버릴 뚜렷한 위험이 존재한다.[12] 이것이 오늘날 비판적 서사에 동반되기 쉬운 무력함 또는 아이러니가 아닐까. 세상의 종말과 미래의 폐허를 경고하는 SF 서사 또한 이 아이러니에서 자유롭지 않다. 비판의 갱신이 필요하듯 비판적 서사의 갱신이 필요한 이 시점에, '아무것도 비판하지 않는 것처럼' 보이는 소설에서 비판적 서사의 다른 존재양식을 찾아보려 한다.

권여선의 소설에는 자주 '청빈' 또는 '단순재생산'의 삶을 향한 유토피아적 욕망이 독특한 방식으로, 때로 상반되는 (자기파괴나 자기처벌적인) 강렬한 정동과 결합된 채 그려지는데, 「무구」[13] 역시 그런 계열의 소설로 읽을 수 있다. 여기서는 20년이 지난 후 다시 만나게 된 대학 동기 임소미와 고현수 사이의 어떤 '우애'가 소설의 유토피아적 충동의 중심에 놓인다. 하지만 이 충동은 권여선의 다른 소설들에서와 마찬가지로 (상대적으로 과잉이 덜하고 덜 도착적인 형태이긴 해도) 순순히 표현되기보다 불행한 인연 속에, 또는 다행한 사건 속에 잠복한 채 존재한다.

소미가 지인의 페북을 통해 재회한 현수는 U시에서 부동산 사무실을 운영하고 있다. "흰 티셔츠에 청바지를 입고 인문대 깃발을 흔들며 행진하던 늘씬한 아가씨"(p. 145)였던 현수는 혼자 아이 둘을 키우는, 마흔다섯이라기엔 늙고 지치고 살도 많이 붙은 모습이지만, "그래서인지 한편으로 기이한 활력이 느껴지기도"(p.

---

12 이 점에 관한 상세한 논의는, 졸고 「불평등의 재현과 '리얼리즘'」, 『창작과비평』 2019년 가을호 참조.
13 권여선, 「무구」, 『각각의 계절』, 문학동네, 2023. 이하 인용 시 페이지만 표기.

120) 한다. 문도 제대로 안 열리는 낡은 '팥죽색' 차를 타고 포장도 안 된 논둑길을 따라 간판도 없는 식당에서 만둣국 같은 것을 먹거나 폐업한 카페 주차장에 차를 세운 채 담배를 피우며 그저 "이런저런 얘기를 주고받"(p. 125)는 게 고작인데도 소미는 하루가 멀다 하고 현수를 만나러 먼 길을 오간다. 이들의 만남을 둘러싼 풍경으로는 소미의 맹숭맹숭한, 그리고 현수의 파탄 난 결혼이 있고, 무엇보다 한국 사회에서 가장 강렬한 욕망이 집결된다는 부동산이 있다.

    부동산은 우선 두 사람을 만나게 한 (그리고 결국 헤어지게 만든) 매개이고 현수의 직업과 관련되지만 U시 전체를 들썩이며 사람들을 미치게 만드는, 실로 위력적인 행위능력을 발동하는 '비인간' 존재다. 식당 옆자리에서 거의 참상이라 해도 좋을 가족드라마를 상연한 젊은 부부를 보며 현수는 "저 가여운 부부도 미쳐가는 중"이며 "저기 샘골 쪽 아파트! 그거 덥석 상투 잡고 들어온 게 뻔하"(p. 124)다고 일러준다. 현수에 따르면 U시의 부동산업자들이 "죽기 살기로 일하"는 건 대박을 기대해서가 아니다. "망할 것이다. 조만간. 그런 기운이 가득한 동네거든, 이 동네가. 그런 동네의 무시무시한 열기를 소미 너는 상상도 못 할 거라면서 현수는, 그래서 재미가 있다면 있지, 사람들이 막 미치는 게 보이니까, 막 던지고 막 주워먹고, 했다"(pp. 127~28)는 것이다. 스스로 인정하듯이 현수 역시 그 미친 열기에서 자유로울 수 없고, 반쯤은 의도였을 테고 또 반쯤은 주저했을 테지만 "돈 있으면 꼭 사고 싶어 죽겠는 땅이 하나 있"고 "아직 때를 안" 탄 "무구"(p. 128)한 땅이라는 말을 넌지시 꺼내어 결국 소미로 하여금 모아둔 돈을 긁어모으고 엄청난 빚까지 지면서 사게 만든다.

　사고 싶은 땅이 있다는 말에 선뜻 호응하는 소미에게 현수는 "정신 차려, 너도 지금 막 미쳐가는 중인 거야"(p. 128)라며 농담처럼 또 핑계처럼 경고하지만, 소미를 움직인 것은 미친 열기가 아니라 땅의 무구함과 그 무구함을 현수와 공유하고 싶은 마음이다. 돈이 없다는 현수에게 일단 자기가 돈을 내고 나중에 반을 무조건 현수에게 팔 것이니 공동명의로 해두자는, 부동산계약 관행에도 어긋나고 현수도 '사양한' 순진한 제안을 하며 소미는 "이익을 봐도 손해를 봐도 우리가 같이 보는 게 중요하다"(p. 129)고 말한다. 이후 거의 폐허가 되어 있는 그곳을 현수와 함께 가꾸고 다듬는 일에 재미를 붙이는 모습에도 '무구한' 기대는 충만하다. 적어도 당시의 소미에게 그 땅은 아직 '부동산'이 아니었고, 분명 현수에게도 얼마간은 그러했다. 하지만 알고 보니 그곳은 뒤에 묘역이 들어선다는 소문이 도는 '때 탄' 부동산이었고, "여기 별말이 다 도는 동네"(p. 130)라며 소미를 안심시키던 현수는 어느 날부턴가 연락이 끊긴 이후 16년이 흐른 지금까지 소식이 없다.

　현수가 사라지면서 소미는 남편 몰래 진 빚을 갚느라 한동안 고생을 해야 했지만, 한참의 시간이 지난 후 주변 입지의 변화와 땅의 존재를 알게 된 남편의 수완이 합세하여 그 땅은 임대보증금을 안겨주는 알짜배기 부동산이 된다. 그 수익금으로 소미 부부는 안락한 노후를 누리며 이제 소미도 언제 세가 들어오는지, 근처 워터파크가 개장하면 얼마나 더 오를지 계산하는 사람이 되어 있다. '이익도 손해도 우리가 같이 보는 게 중요하다' 했던 다짐은 이제 현수가 느닷없이 나타나 지분이라도 요구하면 "그 땅의 모든 권리는 그걸 홀로 지켜낸 자신의 몫"(p. 144)이라며 반박하겠노라는 결의로 바뀐다.

여기까지의 요약으로 보면 이 소설에도 비판하자면 더없이 정밀하게 비판할 거리들이 널려 있음을 알 수 있다. 오래 고생은 했다 쳐도 결과적으로는 '미친' 부동산 시장에 동참한 소미의 성공적 투자는 중산층의 위선이나 소시민적 욕망 같은 범주로 풍자될 만하고, 투자에 뜻이 없던 소미까지 연루시킨 U시의 이상한 열기 같은 것은 한국 사회의 축도로서 신랄한 사회 비판 드라마로 발전될 소지가 충분하며, 사정이 어떠했든 친구를 꼬드겨 팔리지 않는 땅을 떠넘긴 현수의 행동은 인간관계에 대한 지독한 환멸을 추출하기에 모자람이 없다. 하지만 이 소설은 그 모든 비판의 '소지'를 일정하게 드러내면서도 거기에 서사의 초점을 내어주지 않는다.

땅을 사지 않았더라면 현수와 계속 만났을까 생각해보는 소미는 다른 일로도 "그들의 관계가 끊겼을 수 있지만 그래도 이런 식은 아니었을 거라고"(p. 131) 생각한다. 실은 그사이 한 차례 땅을 팔 기회도 있었으나 사려는 사람이나 부동산업자나 "모두 미친 사기꾼들" 같은 데 진저리치며 다시 거두어들인 바 있다. 당시 "서울로 돌아오는 내내" 소미는 "그 돈 없어도 안 죽는다고, 죽지는 않는다고 생각했지만 마음 깊은 곳에서는 〔……〕 두렵고 또 두려웠다"(p. 137). 이 두려움은 다시 만난 첫날 현수가 20대를 떠올리며 "그때 우리는 젊었으며…… 두렵고 또 두려웠지"라고 했던 대목과 연결되고, 현수와 만나던 그때가 "그래도 자신들이 마지막으로 젊었던 시절"이었기에 "여전히 두렵고 또 두려웠"으며 "그래서 그렇게 많이 웃고 죽자고 담배를 피워대고 겁없이 땅을 사고" 했음을 알게 되는 대목으로 이어진다. 그리고 소미의 말마따나 "이제 그들 부부는 죽을 때까지 아무 두려움 없이 살 것"(p. 144)이다. 소설이 일러주는바, 무구한 삶이란 사실 두려운 삶이다. 세계의 실세가 다 장악 못 한 '무구한' 땅과 만나게 해주는 것은 어떤 용기보다 '먼저 오는' 두려움인 것이다. 그 '두렵고 두려운' 마음이 사라지는 순간 우리는 미친 세계의 기이한 열기에 전염되거나 안온하고도 무의미한 생활의 궤도에 갇힌다.

현수와의 만남과 그 이후의 일들은 남부럽지 않은 은퇴 생활을 누리는 사람답게 뷰티숍과 사우나에서 소미가 온몸을 정성스레 '케어'받아 "어딜 가도 흠 잡힐 것 없는 산뜻한 상태"(p. 138)가 되는 과정에서 떠올리는 회상이다. 그런데 더할 나위 없이 평온하고 안락한 생활을 묘사하는 소설의 어조는 건조하기 짝이 없다. 소미 역시 "그 어떤 시간보다" 현수와 함께 "거기서 실개천을 바라보며 담배를 피우던 그 시간이 좋았"(p. 144)음을 안다. 그렇기에 세 신사의 칭찬처럼 "참 때가 없으"(p. 145)신 몸으로 누운 채 소미는 "웃음인지 눈물인지를 참느라 신생아처럼 눈을 꾹 감고 입을 앙다"문다. "소미는 외로웠고 앞으로 자신이 더 외로워질 것을 알았다. 그래서 절대 그럴 리는 없지만 언젠가 현수가 자기를 찾아오기를 기다리고 있는지도 몰랐다"(p. 146)는 말로 소설은 끝난다.

그렇듯 현수와의 우애는 사라졌어도 그 우애의 존재감은 어떤 부동산의 위력보다 강렬하게 소미의 삶의 핵심에 남았다. 소설의 초점은 '두렵고 또 두려워하면서도' 두려움 없는 생활을 언제든 이겨낼 '무구한' 삶의 잠재성을 설득하는 데 있다. 그런 점에서 「무구」는 "열망에게 길을 열어주는 교육, '욕망하도록, 더 나은 방식으로 욕망하도록, 더욱 욕망하도록, 무엇보다 다른 방식으로 욕망하도록 욕망을 가르치는' 일"[14]과 무관하지 않다. 무엇을 갖든, 어떤 안락을 누리든, 그것이 궁극적으로는 중요하지 않다는 감각을 기억하게 하는 것, 삶과 기쁨의 토대가 다른 곳에 있음을 결코 잊지 않게 하는 것, 그것이 권여선 소설에 스며 있는, '비판'보다 더 강력한 급진성이다.

---

14 미구엘 아벤수르Miguel Abensour를 인용하며 E. P. 톰슨E. P. Thompson이 한 말을 트로이 베티스·드류 펜더그라스의 『지구의 절반을 넘어서─기후정치로 가는 길』(정소영 옮김, 이콘, 2023) 제사(題詞)에서 재인용.

젊거나 늙은 계급
최근 한국 소설에 나타난 86세대의 존재론

·· 김형중

이장록의 행방

2008년 발표된 박민규의 「龍龍龍龍」 말미, 작중 1980년대 초반 학번이자 긴 옥살이 경력이 있는 이장록은 동방사룡(東方四龍)과의 (승천 같기도 하고 개벽 같기도 한) 기행을 결행하기 전, 딸 민주와 통화한다. 통화 내용은 이랬다.

> 민주야… 만일 말이다… 아빠가 사라지면 너 어떻게 살래?
> 나 원, 별 걱정을 다 하네… 언제 아빠가 경제 책임진 적 있어?
> 그래, 할 말이 없구나…
>
> 그래도 민주야… 경제가 전부는 아니잖니.
> 몰라, 어려운 얘기 하지도 마, 난 돈이 전부야. 또 이상한 사람들하고 같이 있지?
> 그게 무슨 말이냐.
> 아, 몰라 끊어. 그리고 아빠… 제발 개량한복 좀 입지 마! 나 쪽팔려 죽겠어.'

한국문학 독자들 사이에서는 워낙에 인구에 회자되던 장면이라 많이들 기억하겠지만, 혹시 몰라 몇 가지 필요한 정보는 기록해둔다. 대체로 동구 사회주의권 몰락 이후에 가족을 꾸리게 되는 86세대는 딸이나 아들의 이름에 자신들이 이루지 못한 (혹은 아직 이뤄야 할) 염원을 담곤 했다. '민주'라는 이름은 아마 그중에서도 가장 흔한 경우에 해당할 것이다. 그들 중 상당수는 세계적으로 전일화되는 자본주의와 무관한 삶을 살겠다는 듯 (그럴 수 있기나 하다는 듯) 귀농하거나 귀촌하기도 했고, 일상적으로 황토로 염색한 개량한복을 즐겨 입곤 했다(지금은 생활한복이라 부른다). 자연과의 합일 운운하는 생태시가 유행한 것도 그즈음이고, 스코트와 헬렌 니어링 부부 전기가 번역되고 환경련이 만들어진 것도 그즈음이다.

어쨌든 저 통화 후 이장록은 밤하늘에 뜬 달을 한번 쳐다보고 손에 전화기를 꼭 쥔 채 "잘살겠다고, 잘살고야 말겠다고"(pp. 196~97) 다짐하며 어디론가 떠난다. 그가 시대착오적으로 대의에 집착하는 사룡과 합류해 탈속했을지 아니면 세속으로 돌아왔을지는 정확히 알 수 없지만 귀농했을 것이란 추측이 가장 개연성 있어 보인다.

---

1   박민규, 「龍龍」, 『창작과비평』 2008년 봄호, p. 196.

16년 후

　86세대 자신에 의해 스스로에게 행해진 박민규의 저 신랄한 자조 이후로 16년이 지났다. 이장록과 이민주의 행적이 궁금해질 만큼의 시간은 된다. 그들은 잘 지내는지…… 물론 그들의 행적을 쉽게 찾자면 86세대 당사자들이 쓴 기록도 적지 않다. 우선 「절」의 작가 박민규 자신부터 86세대에 속하고(1968년생이다), 또 「절」 이전에도 이후에도 한국문학에서 당사자 세대 작가가 쓴 자신들의 삶에 대한 이야기(이른바 후일담)는 많이 발견된다. 그러나 저 통화 속의 딸 민주 세대의 입장에서, 우리는 그 부모들에 대해 들어본 적이 별로 없다. 그런 이유로 그들의 행적이 최근 소설집 한두 권을 낸 젊은 작가들의 작품에서 종종 발견된다는 사실은 흥미롭다. 이런 추측도 가능하겠다. 이장록의 딸 민주와 그 또래들이, 경제적으로 무능력한 아버지를 두었음에도 불구하고 어떻게든 잘 자라, 이제 그의 행적을 자신들의 시각에서 기록할 만한 나이가 되었다고 말이다. 86세대의 이야기는 그간 충분히 들었으니 궁금한 것은 정작 그들의 목소리다.

풍자는 말고

　전제할 것은 최근 젊은 작가들의 소설 속에서 현실의 우리 눈에 흔히 띄는 86세대 유력가들의 이야기는 좀체 찾아보기 힘들다는 점, 그리고 앞으로도 힘들 것이라는 점이다. 가령 모 당의 대표가 되었다거나, 지자체 수장이 되었다거나, 진보 혹은 보수의 내로라하는 논객이 되었다거나 하는 이들은 소설적 관심의 바깥에 있다. 그도 그럴 것이 이미 충분한 권력과 재력과 비리마저 축적했고(그들이 차지한 공론장은 최근 '누가 누가 덜 나쁜가'를 주제로 한 논쟁으로 분주하다), 그럼에도 '과거의 영광'과 '오늘의 핍박'을 정치적 자산으로 삼아, 피가 뚝뚝 듣는 장엄한 문체로 자서전 쓰느라 여념이 없는 이들을 소설화하는 일은 매력적이지 않을 뿐만 아니라, 실은 불가능한 일이기도 할 것이기 때문이다. 오로지 '풍자'만이 그에 합당한 형식일 텐데, 알다시피 풍자는 언젠가부터 문학의 영역을 떠나 SNS상으로 자리를 옮겼다.

명분은 있었으니

젊은 작가들의 소설 속에서 86세대 부모들이 등장할 때 그들은 동시대 유력가들과는 달리 최소한의 '명분'은 지켰던 이들이다. 가령 예소연의 「팜」에 등장하는 대진(귀농했다)은 딸 해나가 보기에 이런 사람이다.

> 어쨌든 대진은 자기만의 방식으로 최선을 다해 지구의 종말을 막고 있었다. 슈트를 갖춰 입고 포마드로 머리를 넘긴 채 날아다니는 사람이 히어로인가, 온 동네를 뒤지며 부산물을 죄다 그러모아 작물을 키우는 대진이 히어로인가. 해나는 그런 생각을 하며 배가 불룩 나온 몸으로 파란색 슈트를 입은 대진을 상상하다가

으, 하고 인상을 찌푸렸다. 그런 식으로 해나는 해나대로 대진의 진정성을 폄훼했고 대진은 대진대로 해나의 삶을 대의의 세계에서 아주 쉬운 방식으로 추방했다.[2]

대진의 '명분'에 대한 딸 해나의 평가는 양가적이다. 다른 '~을 위해' 평생을 살아온 대진의 삶에 대해 그녀는 일종의 존중을 표한다. 그러나 그가 정작 딸인 '나를 위해' 무엇을 했는지에 대해서라면 맺힌 감정이 많다. 그렇다고 어투에 증오는 없는데, 그가 명분에 따라 살았다는 점은 인정하기 때문이다.

대진의 '스마트 팜'이 기후 재난을 막는 나름의 방책이라는 '명분'을 가지고 있었다면, 성해나의 「OK, Boomer」의 화자 '나'(그는 86세대 국어교사이다)에게 '명분'은 전교조에서 받은 상패라는 객관적 상관물로 현시된다. 그는 "지금은 활동을 뜸하게 해도 한때는 조합의 지부장으로서 부당한 일에 목소리를 높이고 교육 환경을 개선하기 위해 힘써왔"다. 그래서 그에게 그 상패는 "아이덴티티이자 자부심"이다. 그래서 "틈날 때마다 마른 융으로 닦아 광을 내는 애물(愛物)이었다"[3]라고까지 말한다. 흥미로운 것은 작가가 유독 강조한 듯 한자 병기 표시된 '애물'이란 단어다. 심리학적 견지에서 '애물'은 '페티시'의 다른 말, 그럴 때 '나'의 상패에 대한 집착은 페티시즘fetishism에 가까운데, 굳이 명명하자면 그것은 '명분 페티시즘'이다. 그리고 알다시피 페티시즘은 주로 남성들의 거

---

2 예소연, 「팜」, 『사랑과 결함』, 문학동네, 2024, pp. 210~11.
3 성해나, 「OK, Boomer」, 『빛을 걷으면 빛』, 문학동네, 2022, p. 111.

세 불안에 대한 보상이기도 하다. 즉 86세대 국어교사에게 '명분'은 언젠가부터 결여된 것에 대한 심리적 보상물이다. 그러나 해나가 아버지에게 그랬듯, '나'에 대한 서술자의 진단에 연민은 있을지언정 증오는 없다.

세대와 계급

부모 세대에 대한 연민, '증오 없는 폄훼', 이 양가적인 감정에는 두 가지 연원이 있는 듯하다. 하나는 세대적 이질성, 하나는 계급적 동질성…… '세대'와 '계급'은 둘 다 '차이'를 전제한다. 세대는 다른 세대와의 차이에 의해 구별되고 그 기준은 '기억의 동질성' 여부이다. 계급 역시 다른 계급과의 차이에 의해 구별되고 그 기준은 '생산수단의 소유' 여부이다.

증오는 없으나 완전한 이해도 불가능한 부모 세대의 삶에 대한 양가적 태도에는 도저히 넘을 수 없는 세대적 거리가 우선 작용한다.「그 개와 혁명」에서 작가 예소연은 작중 태수의 딸 수민의 입을 빌려(아빠를 태수 씨라고 부르는데 젊은 시절 PD파였던 그는 죽어가고 있다) 이렇게 말한다.

나는 아직도 NL이 무엇이고 PD가 무엇인지 모르지만, 그것이 태수씨와 엄마를 살아 있게 했다는 것은 알고 있다. 세상의 중심을 논하는 방식이었다는 것도 알고 있다. 나는 그것들이 부럽게 느껴지기도 했다. 똑딱 핀을 만들며 그들은 무슨 도모를 그렇게 열심히 했을까. 나는 여태까지 도모해온 일들을 떠올리려고 노력하다가 포기하고야 말았다. 그렇게 거창한 일은 생전 해본 적이 없었다.[4]

부모 세대가 '도모'해온 세상을 수민은 짐작조차 못 한다. "세상의 중심을 논하는" 따위의 거창한 일은 생전 생각해본 적이 없기 때문이다. 이념의 시대와 이념 부재의 시대, 영웅적이었던 1980년대를 '마음의 고향'으로 삼아 기억의 동질성을 유지하고 있는 세대와 2010년대 이후 글을 쓰기 시작한 세대 간에 '증오 없는 폄훼'는 가능할지언정 온전한 상호 이해는 불가능하다. 이는 16년 전 민주가 아빠 이장록을 이해하지 못하고 장록이 민주를 이해하지 못했던 것과 여전히 같은 이치다. 민주주의는 신자유주의 경제 바깥을 꿈꾸고, 신자유주의는 민주주의를 경제에서만 찾는다. 2008년이나 지금이나 사정은 그리 변한 게 없다.

세대 간의 넘을 수 없는 이질성. 그럼에도 불구하고 해나나 수민은 부모 세대를 증오하지는 않는다(못한다). 표면적으로는 가족 간 감정의 문제로 보이지만, 더 깊은 이유가 있다. 양자가 세대는 달라도 계급에 있어서는 동질적이기 때문이다. 가령 「무겁고 높은」의 송희가 광산 노동자 시절 파업 주동자였으나(그것은 일종의 '명분'인데, 송희는 그 의미를 이해하지 못한다) 이제는 술주정뱅이가 된 아버지를(그는 70킬로그램쯤 된다) 역기처럼 들어 옮기는 법을 익혀가는 것은 그에게서 자신의 미래를, 혹은 지금과 같지 않

---

4 예소연, 「그 개와 혁명」, 같은 책, p. 241.

은 삶을 꿈꾸었던 어떤 '도모'를 보기 때문이다. 아무런 편파 판정도 비리도 있을 수 없는 (그래서 가장 평등한) 경기여서 택했던 역도를 포기하고 송희는 결국 2년제 지방대학에 입학한다. 앞서의 해나도 수민도 비정규 노동과 부채와 불안정한 주거 속에서, 아버지를 만나거나 보살피고 그의 가난과 몽상에 연민을 보낸다. 자신의 일이기도 하기 때문이다.

이는 국적 차이에도 적용되는데 「두 사람의 인터내셔널」[5]의 국적이 다른 권진주와 김니콜라이가 두 사람만의 인터내셔널을 만들 수 있었던 것도 계급적 동질성 때문이다. 그들은 낭만적으로 사랑하게 되기보다 동질하게 고단한 가난에 의해 국제적인 사랑으로 '내몰린다'.

강남좌파

폄훼를 넘어 증오할 만한 이들도 없지는 않다. 세대적 이질감과 계급적 (동질감이 아닌) 이질감을 동시에 느끼게 하는 86세대 인물들을 등장시킬 때, 최근의 젊은 작가들은 그들을 증오의 대

---

5 김기태, 「두 사람의 인터내셔널」, 『두 사람의 인터내셔널』, 문학동네, 2024. 이 작품은 조남주의 『82년생 김지영』(민음사, 2016)과 함께 읽기에 더할 나위 없는 문제적인 작품이다. 두 작품은 운명 비극도 성격 비극도 아닌 '통계와 확률의 비극'이라 할 만한데, 신자유주의 통치성과 관련해 논의할 만한 많은 이야기들을 담고 있다. 해석하기에 따라 그간 후자와 관련한 많은 논의들이 놓치고 있는 지점을 보완할 수도 있을 것이다. 그러나 이 글의 성격상 자세한 논의는 다음으로 미루거나 다른 필자에게 미룬다.

상으로 다룬다. 가령 「하긴」⁶의 일인칭 화자와 그 주변 86세대 군상들을 미워하지 않기는 힘들다. 이른바 '강남좌파' 부류가 그들이다.

'나'와 아내(그들은 '학출' 출신이고, 위장취업한 공장에서 만나 결혼했다) 사이에 태어난 딸아이의 이름은 86세대답게 '김보미나래'로 지었다. 아빠인 '나'는 아이가 자라면 "주말마다 딸에게 역사를 가르칠 생각이었다. 서로의 발이 닿을 만큼 작은 소반에 앉아 대한민국의 현대사를 전수하는 것, 그것이" 그가 꿈꿔온 "부녀상"⁷이었다. 그러나 문제는 아이가 공부를 못한다는 점, 머리 나쁜 모계 유전자 타령을 하다 못해 지능검사와 심리검사까지 다 해봐도 소용이 없다. 결국 대입 학원을 운영하는 친구 문(그는 한때 남영동에서 고문을 받아 나선형 계단 공포증이 있다)을 만나 입시 상담을 한다. 다금바리회에 사케를 마시며 그들이 나누는 대화는 이렇다.

"나래는 명분 쪽으로 가야겠네."

딸에 대해 얼마 얘기하지도 않았는데 문이 금세 진단을 내렸다.

"명분?"

"몰라? 대가리파, 노력파, 명분파?"

대가리와 노력에 대해서는 아예 감이 없진 않았는데 명분은 감감했다. 딸의 성적을 듣고 난 뒤 표정 수습이 필요할 만큼 부진했

---

6 이미상, 「하긴」, 『이중 작가 초롱』, 문학동네, 2022. 이하 인용 시 페이지만 표기.
7 같은 책, p. 9.

다. 노력을 안 하는 것도 아니어서 '안 해서 그렇지 하기만 하면 곧잘 할 텐데' 하는 정신 승리마저 못하게 했다. 원천봉쇄의 부진함이었다. 조용하고, 꾸준하고, 종종 뜨개질감을 들고 종점에서부터 종점까지 버스를 타는 것 외엔 별다른 일탈도 않는 착한 딸, 그렇게 반항의 맛마저 없는. (pp. 13~14)

'반항의 맛마저 없는'이란 마지막 문장은 유독 거슬리는데, 반항이 이제 계급적으로 성공한 86세대에게는 맛의 문제, 곧 취향의 문제가 되었다. 그리고 "대의명분이 대입명분으로 수렴"(p. 28)된다. 명분을 위해 김보미나래는 결국 아버지의 손에 의해 1960년대에 히피들이 세운 미국 버지니아주 '에코 공동체'에 보내졌고, 한 해 후 돌아와 '피부가 검은 아기'를 낳는다. 나래는 거기서 무슨 일이 있었느냐는 부모의 질문에 다 좋았다고만 답한다.

소설은 내내 '잔혹한 풍자'(웃음은 나오지 않으므로)에 가까운 어조를 취하는데, 저항을 대의명분이 아니라 대입명분으로 수렴시키고, 민주화운동의 전력과 고도의 학력 자본[8]을 계급 상승(정확히는 유지)의 수단으로 삼았으면서도, 인종 혐오와 젠더 편견에 대한

---

[8] 부르디외에 따라 학력 자본 외에도 구별 짓기로서의 '취향'을 계급과 관련해 논의할 수도 있을 것이다. 가령 성해나의 「OK, Boomer」와 「소돔의 친밀한 혈육들」이 그런 작품이다. 그러나 이 주제와 관련해서는 위수정의 『은의 세계』와 『우리에게 없는 밤』이 가장 독보적이다. 위수정의 두 소설집은 거의 모든 작품이 취향과 계급의 문제를 탐구하는 데 할애되어 있다. 그를 비롯해 최근 젊은 작가들이 취향의 문제를 중요하게 다루기 시작하는 경향에 대해서는 신자유주의와 '소비 자본주의'의 맥락에서 논의할 거리가 많아 보인다. 그러나 이에 대해 필자는 위수정의 『우리에게 없는 밤』 해설(「눈만 내리면 평등한 밤이」, 문학과지성사, 2024)에서 충분치 못하나마 언급한 바 있어 길게 거론하지 않는다.

일말의 자성도 없는 86세대의 일원을 주인공으로 삼은 소설로서는 필연적인 결과라 할 만하다.

귀농자의 꿈

단편 「당춘」의 영식 삼촌은 "칠공년 개띠"[9] 서울대 출신 귀농자다. 그러니까 그는 앞서의 강남좌파처럼 자신의 학력 자본을 '역량 관리 권력화'[10]할 수도 있었던 86세대의 일원이다. 그러나 그는 그렇게 하지 않는데, 대신 폐허나 다름없게 된 관돌마을에서 몇 남지 않은 노인들과 농촌 공동체를 만드느라 여념이 없다. 그런 점에서 그는 앞서 살펴본 「팜」(예소연)의 대진만큼이나 능동적이고 계획적으로 '반자본주의적'인 사람이다. 요즘 세대에게는 비정상적인 몽상가로 비칠 만큼……

계획적이거나 그렇지 않거나 귀촌은 그 행위 자체로 애초부터 반자본주의적인 데가 있다. 왜냐하면 우리가 마르크스에게 배운바 귀촌이 아니라 '이촌'이 자본주의 생산양식하에서 경향적으로 관철되(된다)는 법칙에 부합하기 때문이다. 대지라는 생산수단으로부터 농업 노동의 분리, 그것을 마르크스는 '자본의 본원적 축

---

9 성해나, 「당춘」, 같은 책, p. 219. 이하 인용 시 페이지만 표기.
10 자크 비데의 '메타 구조론'에 따를 때 현대 자본주의의 권력은 크게 (생산수단의) '소유 권력'과, (지식 권력의) '역량 관리 권력'으로 나뉜다. 우리는 최근 86세대의 많은 이들이 학력 자본을 무기로 후자의 상층부에 주로 분포함을 확인할 수 있다. 이에 대해서는 자크 비데의 『마르크스와 함께 푸코를—메타구조란 무엇인가』(배세진 옮김, 생각의힘, 2021) 참조.

적'이라 불렀다. 그런 의미에서라면 동척의 토지조사사업부터 새마을운동에 이르는 농촌 수탈은 한국식 인클로저운동이었다. 그렇게 자본주의하 농촌의 피폐는 기획된다. 그럴수록 오로지 사고팔 수밖에 없게 된(즉 교환 가능한) 노동력이 대지로부터 떨어져 나와 도시와 공장 주위를 부유하게 되기 때문이다. 한때 붐을 이루었던 86세대들의 귀촌은 그런 의미에서 대지와 인간의 연결을 재건하려는 다소 무모한 시도로 보이기도 했고, 그런 의미에서 반자본주의적이기도 했다. 영식 삼촌이나 대진을 두고 반자본주의적이라 말하는 것은 그런 의미다.

그래서인지 영식 삼촌이 사는 관돌마을의 정경은 농촌을 배경으로 한 소설로서는 근자에 드물게 감동적인 모습으로 그려진다. 특히 몇 남지 않은 마을 노인들과 도시에서 온 두 청년이 버려진 농지를 개간하는 장면이 그렇다.

> 할머니가 풀뿌리를 조심스레 들췄다. 잎사귀는 모조리 떨어지고 줄기도 시들었는데, 뿌리만은 땅 밑에서 생생히 월동하고 있었다. 잔뿌리를 사방으로 뻗치고 번지고 엉켜가며, 살아 있었다. 언 땅에 뿌리내린 그 풀들을 할머니는 '숙근'이라 불렀다. 누가 남은 씨를 밭가에 던져두고 간 모양인데 그게 저 혼자 뿌리내려 용케도 겨울을 버틴 모양이라고, 그녀는 갸륵해했다.
> 죽은 것처럼 봬도 이렇게 다 살아 있잖아. (p. 216)

줄기나 잎은 다 말라도 뿌리만은 살아 월동하는 숙근, 폐허 같아도 들여다보면 생기가 도는 농촌, 영식 삼촌은 거기가 좋아서 거기에 산다고 말한다. 분리되어버린 인간과 대지를 조그만 마을에서나마 재접속해보려는 그의 시도는 소박하지만 원대하고 확실히 반자본주의적인 명분도 있다. 그러나 반자본주의에도 여러 방식이 있고 그중에는 '전(前) 자본주의'적인 것도 있다. 그리고 많은 이들은 그것을 최대한의 숭고한 감정과 함께 '낭만적 향수'라고 부르기도 한다. 루카치가 '본원적 축적의 시'라고 불렀던 괴테의 『파우스트』가 아마도 그 최초의 사례일 것이다.

아니나 다를까 묵은 농지 개간이 끝난 뒤, 두루와 헌진 두 청년은 다시 서울로 돌아간다. 그리고 기약 없이 구직 광고 앱만 본다. 물론 그들은 해조 할머니가 보낸 동영상 링크에 접속하겠지만, 그것은 낙관적인 소설의 결말을 위한 장치 이상은 되지 못한다.

개 없이는

그렇다면 남은 건 역시나 혁명뿐이다. 아니나 다를까 최근 주목받는 젊은 작가들의 작품에서도 혁명은 기대되고 연출된다. 그러나 그 혁명은 이런 모습들이다.

"니들 진짜 미쳤니?"
나는 수첩을 들어 엄마에게 해야 할 말을 찾았다. 그리고 해오던 것과 같이 최대한 태수씨의 말투를 흉내내며 말했다.
"공여사, 자중하시오. 우리의 적은 제도잖아."
그러자 엄마, 공여사가 허탈한 표정으로 자리에 주저앉았다. 유자는 태수씨의 바람대로 길길이 날뛰었다. 화환과 국화꽃을 물어뜯고 이곳저곳 냄새를 맡고 사람들을 향해 짖어댔다. 〔……〕 나는 비록 눈물이 차올랐지만, 활짝 웃고 있는 태수씨의 영정 사진을 보면서 같이 웃어 보였다. 수진도 그랬다. 그것이 태수씨의 마지막 지령이었기에."

아버지 태수 씨는 수첩에 자신이 죽은 뒤 수민이 해야 할 일을 지령처럼 남겼다. 그중 마지막은 자신의 장례식장에 자신이 살아생전 기르던 강아지 '유자'를 풀어놓는 것이다. 혁명의 적은 제도이고 장례식도 제도이니 그렇다면 유자는 혁명가다.

다른 혁명도 있다. 다국적 소녀 아이돌 그룹 '세상 모든 바다'의 팬들이 "계속되는 전쟁을 상기시키기 위"¹²해 조직한 퍼포먼스는 결국 의도치 않은 테러가 되고 만다. 아홉 명이 죽고 이백여 명이 다친다. K팝은 말하자면 인터내셔널가다. 원곡 인터내셔널가를 부르는 두 사람의 노동자가 있긴 있다. 그러나 그 '기립하라'라는 구호는 지쳐 누워 있고만 싶은 일요일의 두 노동자를 일으켜 세우지 못한다.¹³ 역기를 들었다 내던져버리는 일도 일종의 혁명이다. 역도선수 여고생 송희는 말한다. "나는 그 100킬로그램을 오래 들고 있을 거야. 심판들이 원하는 것보다 더…… 내가 그걸 곧 버릴 거라는 걸, 버릴 수 있다는 걸 자랑할 거야. 그리고 다들 봤다 싶으

11 예소연,「그 개와 혁명」, 같은 책, pp. 248~49.
12 김기태,「세상 모든 바다」, 같은 책, p. 26.
13 「두 사람의 인터내셔널」, 같은 책.

면 내던질 거야. 망설임 없이, 부술 듯이 말이야."[14] 그러니까 망설임 없이, 부술 듯이 역기를 내던져버리는 행위가 혁명을 대신한다.

혁명가 K팝, 내던져지는 역기, 그리고 지친 인터내셔널가. 혁명은 이런 식으로 유머나 해학, 혹은 분풀이가 된다.

이장록이 전하는 말

그러나 저런 결말들을 두고, 전망 없는 시대 젊은 작가들 혹은 그들의 작품이 노출하는 문학적 한계나 태업이라고 말할 의도는 전혀 없다. 이제 늙고, 굳어서 옛 광휘만 남은 86세대식 이념에 거는 기대도 더는 없다. 다만 개와 K팝과 역기의 도움 없이는 그 어떤 혁명도 꿈꿀 수 없게 되어버린 시대에 소설을 쓰기 시작한 젊은 작가들이 그저 안쓰럽고 고마울 따름이다. 고집스러웠지만 자의식이 있었으니, 이장록이라면 이렇게 말했으리라. "민주야 이제 너희들이 너희들의 세상에 대해 너희들의 방식으로 말해보렴."

---

14 「무겁고 높은」, 같은 책, p. 251.

선과 얼룩
폭력이 지나간 자리에서[1]

⋯ 이소

1

　초원의 한쪽에는 너무나 다양한 꽃들이 무성하게 자라나는 곳이 있었고 사람들은 그곳을 정원이라 불렀다. 매일 정원은 아름다움이 주는 즐거움과 좋은 향 내음으로 조금씩 더 피어났다. 그러던 어느 밤, 사나운 폭풍우가 그곳을 뒤흔들어놓더니 꽃을 모조리 앗아갔다. 억수같이 퍼부은 비는 깊게 생채기 난 땅마저 얼려버렸다. 그 땅이 사랑한 모든 것들이 사라졌고, 심장으로부터 뿌리째 뽑혀나갔다. 이제 땅은 자포자기 상태가 되었지만, 한도를 알 수 없는 추위와 정신없이 퍼붓는 비는 그 끝을 알 수가 없었다. 〔……〕 비는 아침까지 계속되다가 마침내 그쳤다. 이제 정원은 흙탕물로 뒤덮인 황폐해진 들판에 지나지 않았다. 하지만 5시경 마침내 모두 안정을 찾자 정원은 자신을 덮은 물이 고요해지고 맑아졌으며 형

---

[1] 이 글에서 다루는 작품들은 다음과 같다. 편혜영,「포도밭 묘지」,『2022 김승옥문학상 수상작품집』, 문학동네, 2022; 강영숙,「더러운 물탱크」,『두고 온 것』, 문학동네, 2021; 손홍규,「지루한 소설만 읽는 삼촌」,『2021 김승옥문학상 수상작품집』, 문학동네, 2021; 이기호,「밀수록 다시 가까워지는」,『김 박사는 누구인가?』, 문학과지성사, 2013.

용할 수 없는 황홀감에 빠진 것을 느꼈다. 분홍과 파랑의, 숭고하면서도 허약한 천상의 오후가 정원의 침대 위에서 쉬었다.[2]

광활한 하늘을 비추는 연못. 그 연못은 어떻게 탄생했나. 아름다운 꽃으로 가득했던 정원이 비바람에 폐허가 되고, 그 후 시간이 흘러 폭풍우가 잠잠해지자 흙탕물 고인 웅덩이는 깊고 고요한 연못이 되었다. 연못에는 정원의 아름다움과는 전혀 다른, 그러나 아름답다고 말하지 않을 수 없는 아름다움이 깃들게 되었다.

읽기에 따라 잔인할 수도, 지나치게 교훈적일 수도 있는 이야기. 그래도 이 짧은 에세이를 프루스트가 쓰고 '알레고리'라는 제목을 붙였다고 생각하면 조금은 안심이 된다. 무엇에 대한 알레고리일까. 삶에 대한? 나이 듦에 대한? 사랑에 대한? 글쓰기에 대한? 알레고리라면 무엇이든 가능할 테지만, 글쓰기의 알레고리를 제외한 그 어떤 것도 내게는 여전히 잔인한 교훈처럼 읽혀 내키지 않는다. 어쩔 수 없이 나는 이 글을 프루스트 문학에 대한 알레고리로 읽을 것이고, 그럴 때 문학은 '잘 표현된 불행'(황현산)이라 부를 수도 있다. 폭력을 어떻게 정의하는지에 따라 다르겠지만, 정원 하나도 온전히 내 뜻대로 일굴 수 없다는 점에서 폭력은 언제나 삶의 구성 요소다. 그러니 당연하게도 소설은 폭력을 외면할 수 없고, 그중에서도 폭력의 과정을 다루기보다 일종의 결산을 수행하는 소설들이 있다. 정원의 생생함이나 폭풍의 격렬함보다 그것들

---

2 마르셀 프루스트, 「알레고리」, 『밤이 오기 전에』, 유예진 옮김, 현암사, pp. 115~16.

이 휩쓸고 간 이후의 풍경을 그려내는 소설들이.

2

편혜영의 소설 「포도밭 묘지」는 1990년대 중반 여자상업고등학교를 졸업하고 결코 수월하다고 할 수 없는 직장 생활을 경험한 네 명의 이야기다. 애당초 상고에 간 것부터 "공부를 못하거나 대학에 가고 싶지 않아서 선택"한 것이 아니라 부모의 기대와 형편이 딱 거기까지라서, 그리고 그런 "우리 몫의 미래에 순응"(p. 13)하는 것 외에 딱히 다른 방법이 없어서였기에, 이들은 '여상 출신'으로 주어진 고단한 노동을 얼마간의 열패감을 품은 채 묵묵히 수행한다. 그리고 시간은 흘러, 비록 예상 가능한 범주 안에서이지만 네 명의 경로는 조금씩 달라진다. '나'는 계속 백화점에서 일하고, 수영은 편의점 알바와 공무원 시험을 병행하며 낙방을 거듭하고, 윤주는 회사에서 무시와 따돌림을 견디다 못해 결혼으로 도피하고, 넷 중 가장 야심 있던 한오는 은행을 다니면서 야간대학을 졸업하고 승진 시험을 준비하며 성공을 꿈꾼다.

그러나 "성실하지만 가난한 사람은 최악의 노동자가 되기 십상이라"(p. 27) 치열하게 노력해도 인정받지 못하는 피로와 불안만 쌓아가던 한오는 오전 근무를 마친 후 쉬러 들어간 라커룸에서 아무도 모르게 과로사한다. 그리고 한오의 기일, 오랜만에 만난 '나'와 수영과 윤주는 한오의 봉안당에 다녀오는 길에 운명처럼 메마른 포도밭을 마주한다.

우리는 마른 잎사귀가 떨어져 있는 포도밭을 말없이 걸었다. 수분이 다 빠져나간 채 시커멓게 쪼그라든 포도송이가 종종 눈에 띄었다. 〔……〕 뼈처럼 말라버린 포도알을 만지작거리며 서 있는 수영과 윤주를 두고 나는 마른잎을 밟으며 끝까지 걸어가봤다. 죽어가면서도 햇빛을 받은 탓인지 마른 가지와 나뭇잎에서 희미하게 포도의 단내가 났다. (p. 34)

폐허라고 부르는 편이 더 어울릴 법한 포도밭에 말라버린 포도알처럼 초췌한 세 명의 여자가 서 있다. 곳곳에 쌓인 폐비닐과 시커멓게 죽은 가지와 비석처럼 꽂힌 파이프 지지대가 있는 묘지 같은 포도밭에서 눈 밑이 까맣고 입술이 터지고 부스스한 머리를 한 세 명의 여자가 서로를 바라본다. 외모만으로도 "만나지 못하는 동안 모두 비슷한 시간을 보냈다는"(p. 27) 걸 알 수 있는, 그리고 앞으로도 모두 비슷한 시간을 보낼지도 모른다는 예감이 드는 세 명의 여자. 결국, 소설은 고등학교를 졸업한 이듬해 넷이 놀러간 남이섬의 '남이 장군 허묘'에서 출발하여, 고단하고 가혹한 청년 시절을 통과하여, 초라한 한오의 봉안당과 포도밭 묘지에 도착한다. 황폐한 포도밭에서 '나'가 떠올린 것은 고등학교 교실에 버려두고 온 솜이 다 꺼져버린 방석이다. 그때, 비슷한 모양의 방석에 앉아 같은 시절을 보내며 "인생의 어느 시기가 되면 알아서 다른 자리를 찾아갈 줄 알았"던 이들. 그러나 이들이 도달한 곳은 방석처럼 폐비닐이 버려진 포도밭 묘지다. "그때 우리가 가능하리라 여겼던 인생은 다 어디로 갔을까. 애초에 그런 것이 있기는 했을까"(p. 34). 이곳이 이들이 그어온 선의 종점일까.

강영숙의 소설은 조금 더 시간을 거슬러 올라간다. 「더러운 물탱크」에서 수옥은 1980년대에 고등학교를 졸업하고 곧바로 직장 생활을 시작한다. "책상 여섯 개가 다닥다닥 붙은 개인회사에 들어가 처음 받은 월급이 팔만원이었다"(p. 167). 그래도 첫 월급을 받자마자 외국어학원으로 달려가 독일어 기초반을 등록하고 언젠가 독일로 떠날 꿈을 꾸던 좋은 시절이었다. 그 후 30년이 흘렀지만, 직장에서 만난 사람들이 그녀를 '미스 수'라고 부른다는 사실과 그녀의 독일어 실력이 여전히 초급반에 속한다는 사실은 변함이 없다. 그리고 만 50세가 되던 해, 수옥은 퇴직을 요구받는다. 퇴직 날, 앞으로의 계획을 묻는 사람들에게 수옥이 겨우 떠올린 대답은 "독일에 가려고요"(p. 176). 그러나 회사를 나와 보잘것없는 아크릴 감사패를 쓰레기통에 집어 던지고 "이제 가지 못할 곳이 없"(p. 177)다며 호기롭게 버스에 올라탄 수옥이 결국 도착한 곳은 어디였던가.

길은 공터 쪽으로만 연결되어 있었다. 공터를 지나자 여기저기에 비닐하우스와 함께 알록달록한 무언가가 거대한 산처럼 쌓여 있었다. (……) 편평한 산등성이 위의 쓰레기는 검은 망사로 뒤덮여 있었다. 그 위에 U자형으로 쓰레기를 한층 더 쌓아놓았는데 얼핏 보기에 흔한 생활 쓰레기 더미였다. (……) 미스 수는 꽃처럼 알록달록한 쓰레깃더미를 보며 어떤 독일어 단어를 떠올려보려고 했지만 떠오르지 않았다. 미스 수는 쓰레깃더미를 밟고 U자형의 반대편으로 이동했다. 그리고 그 끝에서 쓰레깃더미에 무릎을 댄 채 꿇어앉았다. 멀리, 낮고 탁한 도시가 내려다보였다. (pp. 179~80)

그곳은 독일이 아닌 시내버스 차고지이자 쓰레기장. "오래 일한 회사에서 퇴직한 날, 이런 쓰레깃더미가 있는 곳까지 오다니"(p. 179) 수치심에 얼굴이 화끈거린다. 그러나 말라비틀어진 포도밭에서 희미한 단내를 맡으며 쉽게 그곳을 떠날 수 없었던 세 명의 여자들처럼, 수옥 역시 다음 버스에 올라타는 대신 지독한 가스 냄새를 풍기는 쓰레깃더미 위로 올라간다. 쓰레기로 만들어진 둔덕에 무릎을 대고 앉는다. 저 멀리 30년 동안 부대끼고 살아온 도시를 바라본다. 탁한 도시의 하늘 아래 해가 지는 모습을 꼼짝하지 않고 똑똑히 지켜본다. 그녀는 알아채고 만 걸까. 단 한 번도 목적한 곳은 아니지만 그럼에도 불구하고 이곳이 자신이 도달한 장소라는 것을. 자신의 삶을 하나의 장면으로 압축한다면 바로 지금 여기라는 것을.

편혜영과 강영숙의 소설에서 고단한 인물들은 폭력이 휩쓸고 간 자리를 응시한다. 다른 삶을 살아온 다른 사람이라면 결코 발견하지 못했을 장소에 제 발로 걸어 들어간다. 가난한 고졸 여성으로 일하며 살아온 삶은 순탄치 않았기에, 마침내 마주한 이 황량한 풍경은 누구에게나 아름답게 보이는 장소도, 누구나 탐낼 만한 장소도 아니다. 그러나 오직 이들의 장소라는 점에서 중요하다. 풍경은 중립적인 공간이 아니라 내면에 의해 발견되는 장소이고, 삶의 궤적을 응축한 듯 어둡고 얼룩덜룩한 이곳은 그 삶을 살아낸 이에게만 의미심장한 매듭이나 필연적인 결정으로 보인다. 지극히 내밀한 동시에 완벽히 결박된 장소. 내가 선택한 장소가 아니라 나에게 덮쳐오는 장소. 결코 거부할 수도 잊을 수도 없는 불가피한 장소가 있다. 자신의 삶이 '지금 이곳'의 장면과도 같다는 직감과 그 장면 속에 자신이 서 있다는 자기 인식 속에서, 이 위화감과 일체감이 뒤섞인 감정을 무어라 부를지 아직은 알 수 없는 상태로, 이들은 얼룩 위에 그대로 서 있다. 그러니까 이 얼룩은 에필로그이자 프롤로그, 지금까지의 결산이자 앞으로의 예고인 셈이다.

3

편혜영과 강영숙의 소설에서 작가와 또래인 1960~70년대생 여성들이 주인공으로 등장하여 자신이 살아온 궤적 끄트머리에 마련된 운명의 장소에 도달한다면, 흥미롭게도 이기호와 손홍규의 소설에서는 작가와 또래인 1970년대생 조카가 자신보다 위 세대인 삼촌을 기억하는 방식으로 시대를 결산한다.[3] 그렇다면 후자의 소설들 역시 일종의 에필로그이자 프롤로그인 셈이지만 전자의 소설들과는 다소 성격이 다르다고 할 수 있다. 조카가 실종된 삼촌에 대해 추억하는 것은 위 세대의 실패에 대한 에필로그에 해당하

---

3 「포도밭 묘지」의 '나'가 다닌 반포의 백화점은 뉴코아 백화점 강남점으로 추정된다. 백화점이 경영 위기를 겪는 시점은 1997년 외환위기로 추측되고, '나'가 1998년까지 한국 영업을 했던 웬디스에서 식사하는 장면 등을 고려해볼 때, 아무리 늦게 잡아도 '나'는 1977년보다 늦게 태어날 순 없다. 「더러운 물탱크」의 '나'는 고등학교 졸업 후 받은 월급 금액, 현재 밝히는 나이 등을 고려해보았을 때 1968년생 정도로 추정된다. 「밀수록 가까워지는」의 '나'는 1987년에 서른 살이었던 삼촌, 삼촌과 아홉 살 터울인 아버지, 화자의 대학과 대학원 진학 시기 등을 고려해볼 때 1977년 이후 출생일 순 없다. 「지루한 소설만 읽는 삼촌」의 '나' 역시 당시 노동운동의 양상, 아버지가 재직하던 외국계 회사의 노무 상황 등을 고려해볼 때 「밀수록 가까워지는」의 화자와 유사한 세대로 보인다. 다시 말해, 각 소설에 등장하는 '나'는 모두 실제 작가와 비슷한 연배의 인물이다.

지만 그 실패담을 서술하며 시작되는 것은 다음 세대인 조카의 프롤로그이기 때문이다. 흡사 쌍둥이처럼 보이는 이기호와 손홍규의 소설에서 삼촌은 노동운동가인 여성을 사랑하다 시대에 패배하고, 이제는 어디론가 사라져 흔적도 찾을 수 없다. 그리고 그렇게 하나의 사물이자 추억담으로 남은 삼촌의 흔적을 되짚어가며 조카는 1980년대를 자기 방식으로 회고한다.

이기호의 「밀수록 다시 가까워지는」(이하 「밀수록」)에서 삼촌은 낡은 흰색 프라이드로 남는다. 1982년부터 구로동의 대동피혁에 다니던 막냇삼촌은 1987년 할머니에게 프라이드를 선물 받은 후 명절이나 제삿날 본가에 와도 프라이드 안에서 잠을 잘 만큼 차를 애지중지한다. 길에서 흰색 프라이드만 봐도 '숙모님'이라는 혼잣말이 나올 정도로 프라이드와 한 세트처럼 보였던 삼촌이 2004년 '나'의 집 담벼락에 프라이드를 세워두고 사라지자 '나'는 삼촌의 행방이 궁금해진다. 그 후 '나'는 몇 가지 사실을 알게 된다. 삼촌의 차는 일부러 패킹을 빼두어 후진이 되지 않는다는 것과 20년이 넘는 세월 동안 운행 기록이 빼곡하게 적힌 '차계부'가 있다는 것, 삼촌에게는 이루어지지 못한 사랑이 있다는 것 등등. 이 모든 상황을 종합하여 '나'는 삼촌의 사랑과 프라이드의 운행 기록이 거의 인과관계에 가깝게 얽혀 있다는 사실을 발견한다. 당시 공장 노동자였던 삼촌은 '구로동일꾼노동자회'에서 '학출' 여성을 만나 사랑에 빠졌고, 그때 프라이드는 삼촌의 집인 구로동과 그녀의 집인 부천을 오갔다. 그 후 그녀가 청주교도소에 투옥되자 프라이드는 청주를 중심으로, 몇 해 전부터 그녀가 가족과 함께 하동에 살자 하동을 중심으로 운행되었다. "만약 삼촌의 프라이드를 몰지 않았다면, 내가 이만큼이나 삼촌에 대한 생각을 하게 되었을까"(p. 84). 아마도 그러지 않았을 것이다. 삼촌의 사랑이 이루어졌다면, 삼촌이 사라지지 않았다면, 삼촌의 프라이드가 후진이 잘되었다면, 조카는 이만큼 삼촌을 생각하지 않았을 것이다. 삼촌은 자신의 사랑에 끝내 실패하고 영영 사라졌기에 조카의 사랑을 받을 수 있었을 것이다.

손홍규의 「지루한 소설만 읽는 삼촌」(이하 「지루한 소설」) 역시 삼촌의 실패한 순애보를 그린다. 삼촌은 대학에 "사복경찰이 상주"하던 시절에도 "학교에 가지 않는 날이면 작은 방에 틀어박혀 꼼짝 않고 공부"(p. 111)하던, 아마도 1980년대 대학을 다녔으나 운동권은 아닌, 순박한 토목공학과 학생이었다. 그러던 삼촌이 노동운동을 하던 희숙을 사랑하게 되고, 외국계 회사에서 노무관리를 하던 아버지의 협박과 이런저런 일들에 얽혀 희숙과 헤어지게 되고, 세월이 흘러 다시 희숙을 만나지만 활동가로 살아가던 희숙을 사고로 잃게 되는 과정은 「밀수록」의 삼촌과 상당히 유사해 보인다. 그리고 조카인 '나' 역시 「밀수록」의 화자처럼 "태어나서 오직 한 사람을 사랑했고 거기에 일생을 바친 바보"(p. 26) 삼촌의 이야기를 무척 궁금해한다.

나는 오랫동안 소설을 써보려고 노력했다. 세상을 이해하기 위해서였고 누군가의 마음을 들여다보기 위해서였다. (……) 그들은 진정으로 어떤 사람들이었는지. 그들의 사랑을 왜 나는 이해하기 어려운지. 무엇이 우리를 서로 다른 세상에 속한 사람이라도 되듯 갈라놓고 있는지. (p. 125)

'나'에게 소설을 쓰라고 권하며 누나는 이렇게 말한다. "어떤 소설을 쓸지 뻔해. 삼촌이 한 명 있다. 이렇게 시작하는 소설을 쓰겠지." 실제로 이 소설이 '삼촌이 한 명 있다'라는 문장으로 시작하니 삼촌의 사랑은 결국 한 편의 소설로 남은 셈이다.「밀수록」에서 박사과정생인 '나'가 프라이드의 차계부와 주변 사람들의 이야기를 모아 삼촌의 이야기를 빚어가는 것처럼, 「지루한 소설」에서 소설가 지망생인 '나'도 "앞으로 어떤 글을 쓰든 삼촌의 마음을 헤아리며 쓰게 될" 것임을 예감한다. 그러나 '나'가 소설을 쓰며 알아챈 것처럼, 조카가 삼촌의 이야기를 소설로 쓰고자 하는 이유는 거기에 바로 "내 사연도 담겨 있음을"(p. 127) 알기 때문이다. 이미 사라져버린 삼촌들의 이야기이기에, 바로 거기에서 조카들의 이야기가 시작된다.

시대의 폭력을 상징하고 체현하는 자가 아버지라면, 아버지의 동생인 삼촌은 어수룩하게도 아버지가 반대하는 여성을 사랑한다. 강한 '장남'이 아닌 다정한 '차남'은 노동운동가로 상징된 시대의 열정을 진심으로 품고자 했으나 시대의 폭력에 함께 사그라들 수밖에 없었다. 이렇게 폭력의 이야기 대신 순정한 사랑 이야기를 남긴 채 삼촌은 영영 사라진다. 우리가 그 끔찍했던 폭력의 시대를 사랑할 수 있으려면 그것은 삼촌들의 사랑 이야기로 기억되어야 하고, 우리가 삼촌들을 오래도록 사랑할 수 있으려면 삼촌들은 이제 그만 우리 곁에서 사라져주어야 한다. 그러니 폭력의 시대와 사랑의 시절 사이에는 모종의 번역 관계가 존재한다고 할 수 있다. 비록 폭력으로 시작되었지만 낭만으로 결산을 치르고 상속되

는 일종의 셈법이 작동한다.[4]

4

비슷한 시기(1967~1975년)에 태어나 비슷한 시기(1998~2001년)에 데뷔한 네 명의 작가들에게 유사한 문학적 감수성이 없을 수는 없다고 추측되지만, 고작 두 명씩 묶어놓고 섣부른 결론을 내리려는 생각은 없다. 다만 과거의 폭력을 결산할 때 두 가지 태도가 가능하다면, 어쩌면 그것은 젠더에 따라 나뉠 수도 있겠다는 거친 상상을 해보았을 뿐이다. 어떤 소설가에게는 결산하려는 시기가 '나'의 시절 이후부터일 수도 있고 어떤 소설가에게는 '나'의 시절 이전까지일 수도 있다. 편혜영과 강영숙이 포도밭 묘지와 쓰레기장에 도달한 '지금 여기'의 동시대 여성들을 그린다면, 이기호와 손홍규는 '그때 그곳'에서 최선을 다했으나 '지금 여기'까지 도달하지 못한 위 세대의 실종자를 그린다. 전자는 여전히 동시대의

---

[4] 다시 말해, 폭력의 시대를 실패한 연애담으로 바꾸기 위해서는 사라진 삼촌 대신 지금 주변에 존재하는 '삼촌뻘'로는 곤란하다는 말이다. 박상영의 「우럭 한 점 우주의 맛」(『대도시의 사랑법』, 창비, 2019)과 성해나의 「당춘」(『빛을 걷으면 빛』, 문학동네, 2022)은 실제 작가와 동갑인 1988년생, 1994년생 화자의 시선으로, 여전히 1980년대의 자장에 속한 삼촌뻘 어른들에게 화자의 세대가 갖는 양가적 시선을 보여준다. 삼촌뻘 어른들은 시대와 불화하는 일종의 잔여물처럼 등장하는데, 그 잔여는 잘 승화되면 숭고해 보이지만 승화에 실패하면 우습게 비장해 보인다. 물론 양가적인 감정이 뒤섞여 있긴 하지만, 대체로 박상영의 경우 여전히 '미제국주의' 따위를 이야기하는 95학번 강성 NL이자 디나이얼 게이에게서 비장함을, 성해나의 경우 서울대를 나왔지만 출세 대신 신념을 추구하며 살아가는 89학번 농촌활동가에게서 숭고함을 발견한다.

흥건한 얼룩일 것이고, 후자는 삼촌으로 요약된 지나간 시절의 말라붙은 얼룩일 것이다.

그러니 이기호와 손홍규가 보여주는 '차남들의 실패담'에 대해 "단 한 번도 각 시대의 지배적 남성성을 구현하지 못"한 남성들을 주인공 삼아 "'피해자'로서의 '남성'서사"[5]를 구현한다는 비판도 가능할 수 있다. 그러나 누구에게나 서사는 가능하고 또 필요하며, 좋은 작품은 언제나 이데올로기적 봉합과 이데올로기를 향한 비판이라는 양측에서 상반된 해석을 가능하게 만든다. 그런 의미에서 나는 이기호와 손홍규의 소설에서 삼촌들이 직접 발화하지 않는 점이 흥미롭다고 생각한다. 이 실패담은 철저히 조카들에 의해 발견되고 발굴된다. 다시 말해, 소설이 아무리 삼촌을 향한 애틋한 마음을 보여줄지라도, 소설에는 일종의 세대 감각과 단절의 감각이 포함되어 있는 셈이다. 삼촌이 살아낸 과거는 하나의 사물로 압축된다. 그것이 한 편의 소설이든 오래된 프라이드든, 역사를 사물로 형상화한 순간 특정한 폭력의 시대가 결산을 치렀음을, 세대가 전환되어야 하고 또 전환되었음을 지시한다. 이제 시대는 삼촌들의 사랑이 빚어낸 얼룩을 비장하지 않은 문체로 써 내려가는 조카들의 몫이 된 것이다.

반면, 편혜영과 강영숙의 소설에서 여성은 직접 자기의 삶을 이야기한다. 포도밭과 쓰레기장에 서 있는 여성들은 세대로 단절되지 않는다. 이야기하는 주체는 바로 지금 여기에 서 있는 이들이

---

5   오혜진, 「누가 민주주의를 노래하는가」, 『지극히 문학적인 취향─한국문학의 정상성을 묻다』, 오월의봄, 2019, pp. 153, 155.

고, 이 사실은 이들에게 가해졌던 폭력이 잠정적인 결산을 거쳤을지라도 여전히 종료되지 않았음을, 이 황폐한 곳에 누구든 더 들어올 수 있음을 의미한다. 폭력이 중단되지 않았다는 점에서 여전히 비극적인 시대라 말할 수 있을 것이다. 그러나 바꿔 말하면, 서로를 향해 "아무도 죽지 마"(「포도밭 묘지」, p. 34)라고 다독이는 동시대인으로 자신을 인식하는 여성들의 시대라고 말할 수도 있을 것이다. 세대는 전환될 필요가 없다. 이곳에 도착하는 자는 누구나 말할 수 있는 자다. 프라이드 같은 사물은 물려받을 수도 폐기할 수도 있지만, 장소는 세대를 초과하여 열려 있다. 그런 의미에서 무의미하고 우연적인 폐허 같은 세계를 가로지르며 상속받은 바 없는 자신의 의미를 직접 기입하는 '문제적 개인'은 이제 여성이라 할 수 있는 셈이다.

5

세계를 가르는 다양한 배치와 배열을 모두 '형식'으로 설명하고 그런 형식이야말로 세계의 질서를 만드는 권력과 정치의 영역이라고 보는 캐롤라인 레빈은 텍스트보다 형식이 선행한다고 말한다. '젠더'라는 이분법적 형식과 '성장'이라는 서사의 형식이 이미 존재하는 우리의 세계에서 젠더와 성장을 다루는 소설들은 이 형식들을 중첩시키고 대결시키며 진행된다. 이러한 관점에서 보면, 주인공의 성별이 남성인지 여성인지는 텍스트의 형식으로서의 젠더를 파악하는 데 중요하지 않다. 오히려 "성장에 좀 더 기민하게 반응하는 능력인 유연성이 젠더 이분법에서 여성적 측면에 속한다면, 교양소설은 그 주인공이 남성일지라도 여성적 장르라고 해야 한다".[6] 주인공이 여러 사건을 겪으며 성장해가는 교양소설은 폐쇄적인 인물이 타인에게 유연하고 외부에 개방적인 인물로 변모해가는 모습을 그리는데, 바로 이 과정이 성장이라는 형식을 통해 강고함으로 상징되는 남성적 인물에서 유연성으로 상징되는 여성적 인물로 변해가는 과정이라고 보는 것이다. 다시 말해, 주인공이 남성인지 여성인지보다 중요한 것은 그가 획득해가는 가치와 그 가치의 형식에 있다.

그런 의미에서 실종된 삼촌들의 삶을 되짚어가며 이해하기 어려웠던 삼촌을 이해하게 된 조카의 변모는 남성적 존재에서 여성적 존재로의 성장 과정이라 할 수 있을 것이다. 또 이렇게 말해볼 수도 있다. 타인을 제대로 이해하는 것에 실패한 삼촌들이 남성적이라면, 삼촌이 혼자 몰고 다니던 프라이드에서 연애를 시작한 조카(「밀수록」)나 삼촌이 언제나 읽기만 하던 소설을 직접 쓸 수 있게 된 조카(「지루한 소설」)는 여성적이라고. 그러니 단지 세대교체가 아니라, 남성적 세대에서 여성적 세대로의 교체가 진행되고 있다고. 그렇다면 여성이야말로 '문제적 개인'이라는 말에 이어, 소설은 '성숙한 남성의 형식'이라는 말에도 반전이 필요하다. 어쩌면 레빈의 말처럼, 언제나 소설은 '성숙한 여성의 형식'이었을지도 모르는 일이다.

---

6 캐롤라인 레빈, 『형식들』, 백준걸·황수경 옮김, 앨피, 2021, p. 58.

Love of Capitalism
자본의 사랑, 자본으로 하는 사랑

··· 이은지

1. 자본주의와 사랑의 밀회

미국의 다큐멘터리 감독 마이클 무어의 영화 「자본주의: 러브 스토리」(2009)는 자본주의와 사랑에 빠진 미국 사회가 시민들을 상대로 벌여온 사기극의 세목을 추적한다. 선택의 자유와 이윤 추구를 극대화한다는 미명하에 기업은 일자리를 줄이고 정부는 각종 규제를 철폐하는가 하면, 파생상품을 무분별하게 판매한 금융기업들이 파산할 위기에 처하자 시민들의 혈세로 이들을 구제해주기까지 했던, 십수 년 전에 벌어졌지만 어제오늘 일이라고 보아도 무방한 살풍경들이 감독 특유의 재치를 곁들여 나열된다. 구제금융을 하지 않으면 대공황에 맞먹는 경제위기가 닥칠 것이라고 협박하는 부시 전 대통령의 연설이나 금발의 여성 모델이 모기지론을 복권 당첨금이라도 되는 것처럼 홍보하는 광고 영상은 자본주의라는 이데올로기의 허위의식을 시각화하여 보여준다. 시민들의 생명과 안전은 물론이고 삶의 터전까지도 이윤의 대상으로 삼는 자본주의와의 '러브 스토리'란 결국 사회 구성원 대다수를 향한 도둑질을 사탕발림으로 포장한 것에 불과함을 감독은 예리하게 폭로한다.

　이처럼 허위의식을 무기로 앞세우는 자본주의가 가장 사랑하는 대상은 어쩌면 '사랑'일지도 모르겠다. 이익을 따지기는커녕 무목적적인 희생이나 헌신까지도 가능하게 하는 것이 사랑이라는 점에서, 사랑하는 대상을 위해서라면 그 어떤 비합리적인 선택도 불사하게 된다는 점에서, 사랑은 자본주의의 대척점에 놓인 것처럼 여겨지며 인간을 가장 인간답게 하는 최후의 보루와 같은 것으로 성역화되곤 한다. 그러나 사랑이 갖는 그러한 신성불가침의 성격이야말로 자본주의가 스스로를 기만적으로 사회에 침투시키는 데 가장 효율적인 도구로 활용된다. 자본주의와 사랑의 접합은 오랜 역사를 갖는데, 가령 19세기에 발표된 귀스타브 플로베르의 소설 『마담 보바리』(1856)에서 주인공 엠마는 따분한 남편과 지루한 시골 생활에 대한 염증, 자신의 정부(情夫)를 향한 사랑의 갈증을 해소하기 위해 고리대금업자로부터 빚을 내가며 사치품을 사들인다.[1] 여기서 우리는 자본주의의 태동기에 사랑의 무목적성, 비합리성이 (자본주의가 바라마지않는) 무모한 소비로 탈바꿈하는 마술적인 현장을 목격하게 된다.

[1] 　일찍이 독일의 사회학자 베르너 좀바르트는 중세 시대까지만 해도 사치란 야외에서 벌어지는 축제나 향연과 같이 공공적인 것이자 주기적인 것이었으나 17세기 이후 사치 행위의 장소가 집 밖에서 집 안으로 옮겨지는 '실내화' 이후로 사치가 사적인 것이 됨으로써 공동체와 유리된 개인이 사치와 향락의 기준점이 되었음을 분석한 바 있다. 『사치와 자본주의』(이상률 옮김, 문예출판사, 1997, pp. 162~66) 참조. 『마담 보바리』의 시간적 배경은 19세기이지만 공간적 배경은 중세적 생활양식이 남아 있는 시골 마을로서, 공동체의 규범에 따라 살아가는 마을의 검소한 여인들과 홀로 과도하게 사치하는 엠마의 모습이 극명한 대조를 이루고 있다.

그런가 하면 한국 사회에 신자유주의가 유입되던 2000년대 초반 칙릿소설의 대명사로 한 시대를 풍미했던 정이현의 『낭만적 사랑과 사회』(문학과지성사, 2003)의 표제작에서 자신의 외모 자본과 순결을 계급 상승(또는 보전)을 위한 '자산'으로 취급하던 주인공 유리의 모습을 떠올려볼 수 있다. 그저 그런 재력의 남성들과의 관계를 원천 봉쇄하기 위해 낡은 팬티를 입는 그녀는 충분한 재력을 보유한 남성과의 관계를 앞두고는 새로 산 실크 팬티를 입고 자신의 순결을 최대한 과시해줄 출처 불문의 계율을 지키며 동침하지만, 결국 남성으로부터 차갑게 외면당함으로써 사랑의 자기 경영에 철저하게 실패하는 모습을 보여준다. 이 두 가지 사례로부터 자본주의와 결합한 근·현대적 사랑을 실천하기란 스스로를 소비 주체로 내세우거나 스스로가 경영 주체로 거듭나는 것임을, 즉 자본 생성의 필수 요소인 생산과 소비라는 두 축을 사랑의 과정 속에서 구현하는 것이 되었음을 유추할 수 있다.

사회학자 에바 일루즈는 상품의 대량생산이 가능해지고 영화나 드라마와 같은 문화산업이 출현한 20세기 이래로 낭만적 사랑, 즉 로맨스가 소비시장에 편입되면서 경제행위의 한 양식으로 견고하게 재구조화되었다고 분석한다. 로맨스는 노동시간으로부터 해방된 여가 시간을 충만하게 채워주는 것으로서, 영화를 보고 드라이브를 하고 레스토랑에서 식사를 하는 등 대중매체를 통해 학습된 일련의 의례들을 반복 실천함으로써 여가산업에 비용을 지불하는 행위로 자리 잡게 되었다. 이는 사랑의 영역을 "여가 기술과 여가 형태가 규정하는 시간적·공간적·인공적 경계 내로 한정"[2]시키는 결과를 초래하였다. 사랑을 일상으로부터 구획하고 경계

짓는 이러한 자본주의의 전략은 경제적으로는 사랑을 여가산업의 식민지로 삼는 한편 문화적으로는 일상으로부터 도피하고 자신의 현재 상황을 초월하는 일종의 '유토피아'로 사랑을 영토화한다. 이처럼 사랑을 이중으로 재영토화하는 것은 이윤을 극대화하기 위한 동기를 은폐함으로써 그것을 보다 효율적으로 추구하는 자본주의의 기만적 메커니즘에 힘입은 것이다.

일루즈는 후기자본주의 체제가 장기 지속하는 오늘날까지 사랑이 상품경제에 철저히 종속되어 있음을 비판적으로 검토하면서도 자아의 해방과 일상을 벗어난 관계 규정 등을 허구적으로라도 가능하게 해주는 사랑의 기능에 주목한다. "재화는 그것을 생산하는 동일한 시장의 힘에 반대하거나 그것을 우회하기 위해 사용될 수 있고 또 자주 그렇게 사용"되기도 하므로, "비록 그러한 저항 형태들이 자본의 구조를 위협하지 못한다는 것은 분명"할지라도 "시장에 대한 무제한적 영합과 등치시킬 수는 없다"[3]는 것이다. 따라서 우리 시대의 사랑이란 여가산업에 점령된 로맨스의 의례를 실천하기 위한 소비 행위일지언정 해당 산업에 대항하는 에너지를 제한적으로나마 세력화하는 것일 수 있다. 이는 흡사 식민지의 피식민자가 식민자의 언어와 문화를 학습하여 이를 식민자에 대항하는 무기로 삼게 되는 것과 같다. 유토피아적 기획이 허구적으로라도 내장되어 있는 사랑을 실천하는 것은 자본주의 질서로 낱낱이 코드화된 세계를 부분적·일시적으로 재코드화하는 '저

2 에바 일루즈, 『낭만적 유토피아 소비하기—사랑과 자본주의의 문화적 모순』, 박형신·권오헌 옮김, 이학사, 2014, p. 104.
3 같은 책, p. 254.

항'이자 '내전'이 될 수 있다. 이러한 논리를 바탕으로 아래에서 살펴보게 될 소설들은 경제체제에 종속된 사랑을 과잉으로 실천하거나, 체제가 기대하지 못한 방향으로 밀고 나아가거나, 체제를 이탈하는 방식으로 우회함으로써 모종의 저항을 모색하고 있다.

2. 샤넬과 리모와: 사치품과 과잉 소비가 탈규범화하는 세계

'게이 연애 서사'로 거칠게 요약될 수 있을 박상영의 첫 단편집 『알려지지 않은 예술가의 눈물과 자이툰 파스타』(문학동네, 2018)에서 두드러지는 특징은 사치품의 범람이다. 한때 풍요로웠으나 몰락한 가정에서 불행하게 성장한 인물들에게 사치품은 일차적으로는 좋았던 옛 시절을 환기하는 증표이며, 견고하게 만들어진 그것들의 사용가치는 몰락 이후에도 퇴색하지 않는다는 점에서 일종의 전리품이라고도 할 수 있다. 가령 「중국산 모조 비아그라와 제제, 어디에도 고이지 못하는 소변에 대한 짧은 농담」(이하 「제제」)에서 제제가 몰락한 집을 떠나 주인공을 찾아왔을 때 그의 캐리어에 담긴 것은 "디스퀘어드 진 세 장과 제냐 슈트 두 벌, 돔 페리뇽 한 병과 필립스 트리머, 프라다 구두 한 켤레와 바비리스 고데기"인데 이것이 "엉망이 된 아파트에서 제제가 건진 모든 것"(pp. 13~14)인 식이다.

그러나 그것만으로는 박상영의 소설에서 사치품이 수시로 출몰하는 이유가 충분히 설명되지는 않는다. 그의 인물들에게 사치품은 사용가치보다는, 다수가 원하지만 구매력을 충분히 가진 한정된 사람들만이 구매할 수 있다는 기호성이 구축하는 배타적인 상징체계를 통해 자신들의 세계를 설명하고 기호화할 수 있다는 점에서 애호된다. 사치품을 구매하는 것은 "그들의 일상적 삶의 공리적·축적적·이익 지향적 질서에 대한 대안적 경험의 영역으로 들어가게 하는 기표"[4]를 구매하는 것과 같다. 자본의 논리가 집적된 산물인 사치품이 역설적으로 바로 그 논리를 초월할 수 있는 희소한 경험을 제공하는 것이다. 소설 속 인물들은 사치품의 희소한 기호성에 힘입어 자신들의 관계가 구축하는 어지럽고 예외적인 세계를 설명할 수 있는 문법을 형성한다. 예컨대「제제」에서 주인공은 자신의 집에 얹혀살게 된 제제가 끌고 온 '리모와 알루미늄 캐리어'의 존재 유무를 자신의 삶에서 제제의 존재 유무로 치환함으로써 "그가 캐리어와 제제의 관계를 기성의 체계가 아니라 오롯이 제제의 맥락에서 이해"하고 있음을 보여준다. 이는 "기존의 분류에 간단히 포섭되지 않는, 오롯이 개별적인 관계를 고안해내는 힘"이자 "'퀴어적인 것'의 발현"[5]이라고 할 수 있으며 그 일차적인 원천은 '기존의 분류'를 넘어설 수 있는 사치품 특유의 배타적 성격에서 찾을 수 있다.

물론 사치품의 배타적 기호성이 게이 연애 서사만의 독점물은 아니다.[6] 가령 이성애 서사에서도 소비 행위와 결합한 연애 행

---

4 같은 책, p. 237.
5 김녕,「상품과 사랑의 변증법」,『문학동네』2018년 겨울호, p. 129.
6 사치품과 공명하는 연애 서사가 유독 게이 서사에서 두드러지고 레즈비언 서사에서는 그렇지 않은 점에 대한 비판이 제기되기도 한다. 가령 김혜진의 레

위에서 주도권과 자율성을 확보하고 있다는 과시적 징표로서 남의 눈치를 보지 않고 사치하는 여성 인물이 등장하곤 한다. 그러므로 단순히 사치품을 통해 개별적인 관계 서사를 구축하는 것만으로는 '퀴어적인 것'의 발현을 충분히 설명할 수 없다. 박상영의 인물들에게 사치품의 소비는 중심 없이 무너져 내리는 자신의 우울한 삶과 그 주변을 공회전하는 연애를 견딜 만한 것으로 구성하고 추스르기 위한 방어 행위이기도 하다. 이성애 규범이 통념으로 작동하는 사회에 기대어 살아가야 하는 삶과 결코 순탄하게 화해할 수 없는 그들의 사랑을 지속하고 또 설명 가능한 것으로 만들기 위한, 어찌 보면 타율적인 동기가 그들로 하여금 사치품의 배타성을 더욱 절박하게 붙들게 하는 것이다. 즉, 그들에게 사치품은 (이성애자들과 마찬가지로) 삶에 대해 사랑이 갖는 보편적 예외성을 설명해주는 기표인 동시에, 이성애 규범의 사회에 대해 자신들의 삶이 갖는 예외성을 설명하고 방어하기 위한 기표이다.

따라서 이성애 규범 사회 내에서 실천하는 동성 간의 사랑이라는 서사를 설명해야 하는 이중의 요구에 박상영의 인물들이 사

> 즈비언 서사에서 인물들은 자본의 위협과 성소수자에 대한 적대감이 어지럽게 뒤엉킨 세계가 가하는 공격성을 사적인 관계에서의 갈등으로 내면화하며 고투하는 모습을 주로 보여준다. 대중문화의 영역에서도 유독 게이와 상품경제 간의 긴밀한 결합이 두드러져온 점을 상기하면 게이와 레즈비언이 재현되는 방식에는 분명 차이가 있어 보인다. 다만 박상영의 인물들이 사치품의 무분별하고 과도한 소비를 통해 축조한 요새와 같은 그들만의 세계에 스스로를 고립시키는 양상과, 김혜진의 인물들이 재개발 직전의 인적이 드물고 노후한 지역을 주거지로 불가피하게 선택함으로써 세계로부터 고립되는 양상을 비교했을 때, 자의적이든 타의적이든 그들이 '고립'되어 있다는 공통점을 추출할 수 있음을 지적해두고 싶다.

치품의 '과잉' 소비로 대응하는 것은 어찌 보면 자연스러운 선택으로 여겨진다. 「알려지지 않은 예술가의 눈물과 자이툰 파스타」(이하 「자이툰」)에서 주인공과 모호한 연애 관계를 지속하게 되는 인물 왕샤는 평소 샤넬 향수를 들이붓다시피 해서 주인공으로부터 "샤넬 추종자 왕샤넬"(줄여서 '왕샤')이라는 별명을 얻는다. 왜 샤넬 향수만 뿌리냐는 주인공의 질문에 "샤넬이니까. 나는 그런 게 좋아. 그냥 이름만 들어도 알 수 있는 거. 다른 걸로 대체될 수 없는 것들"이라고 답변하는 왕샤에게 샤넬 향수를 "생화학 무기급"으로 과도하게 뿌리는 행위는 뜻대로 되지 않는 삶으로부터 도피하려는 몸짓이긴 하지만, 주인공은 이를 "묘하게 게이스럽게" 받아들이고 그가 "우리 쪽 사람 같다는 생각"(p. 156)을 갖게 된다.

> 샤넬을 뿌린다고 네가 샤넬이 되는 건 아니지 않니, 말하려다 말았다. 뭔가, 촉이 왔다. 왕샤가 우리 쪽 사람 같다는 생각이 퍼뜩 들었다. 향수에 집착하는 헤테로섹슈얼이야 많고 많지만, 그의 포인트가 묘하게 게이스럽게 느껴졌다. (pp. 156~57)

샤넬 향수는 자신의 성정체성에 무지하고 또 혼란스러워하는 왕샤를 대신하여 그의 정체성을 기표화하며, 주인공과 왕샤의 관계를 거절하거나 부정하는 세계를 향해 그들의 서사를 (성공하든 실패하든) 계속해서 쓰게 하는 원동력이 된다. 가령 부대를 떠난 뒤로도 관계를 이어온 그들이 어느 하루를 망치고 밤늦게 노래방을 찾아 헤매다 눈앞에 "월드컵 노래방과 샤넬 노래방"이 나타났을 때 그들은 주저 없이 샤넬 노래방을 선택한다. "월드컵과 샤넬이라면 언제나 샤넬"이라고, 게이 코스프레로 인기를 추수하는 혐의를 주인공으로부터 사고 있는 "오충식은 절대 모를 게이란 인간들의 일상이란 그런 것"(p. 189)이라고 주인공이 호언할 수 있을 만큼 샤넬은 그들의 관계 체계를 견고히 둘러싸고 있다. 샤넬 노래방이 샤넬이라는 상표를 무단으로 사용한, '가짜' 샤넬일지라도 말이다. 이처럼 게이의 사랑을 설명하는 데 '사치의 과잉'이라는 이중의 배타성을 동원할 수밖에 없는 까닭은 그들의 사랑이 세계로부터 배척될 뿐 아니라 왕샤를 통해 엿볼 수 있듯이 그들 자신으로부터도 종종 배척당하기 때문일 것이다.

박상영의 인물들이 과도하고 무절제한 성애를 반복하는 것 또한 같은 맥락에서 바라볼 수 있다. 「제제」의 주인공이 데이팅 앱에서 만난 남성들과 애정 없는 섹스를 반복하며 자기파괴적인 삶을 유예시키는 모습이나 제제가 자신이 일하는 마사지숍의 고객들과 사적인 연애를 이어가기를 주저하지 않는 모습은 「자이툰」에서 샤넬 향수를 과도하게 뿌리는 왕샤의 모습과 다르지 않다. 일시적으로 지속되는 연애를 끝없이 반복하는 것은 그 자체로 관계의 사치라고 할 수 있으며 위의 인물들은 심신을 소진하는 수준까지 이를 밀어붙이기까지 한다. 통념적으로도 잘 받아들여지지 않고 물리적으로도 실천하기 어려운 사치의 과잉을 통해 그들은 "게이란 인간들"에게만 받아들여질 관계 규정을 '선제적'으로 점령한다. 세계 혹은 타인으로부터 거절당하기 전에 먼저 나서서 이를 거절하는 것이다. 그러므로 샤넬 향수의 지독한 향으로 세계를 인공적으로 차단한 이 성채를 실제로 채우고 있는 것은 외로움과 불안 같은 것일 수밖에 없다. 소비 자본주의의 아이콘과 같은 샤넬로부터 그들만의 관계를 설명할 문법을 추출해내는 것은 분명 그들의 선택이지만, 사랑을 재현하는 것이 극도의 방어 체계를 세우는 것과 다르지 않게 만드는 것은 철저히 그들의 선택 밖에 놓여 있다. 박상영의 소설이 유쾌하고 발랄하게 읽히면서도 슬프게 다가오는 이유도 여기에 있을 것이다.

3. 아이돌 소유하기:
상품 아우라의 파괴와 사유화

1990년대 이래로 한국 사회의 주력 산업으로 자리 잡은 아이돌 산업은 입시 준비 이외의 사회적 활동을 비자발적으로 차단당하는 청소년들에게 사적 연애를 대체하는 유사 연애 행위로 아이돌 소비를 장려함으로써 성장해왔고, 오늘날까지도 활황을 이어가고 있다. 이른바 '덕질'은 성인으로의 이행기에 자연스럽게 추구하는 활동으로 여겨짐으로써 사실상 문화적 통과의례로 자리 잡았다. '통과의례'라는 말에서 떠올릴 수 있듯이 덕질은 합리적인 의사표현과 사고를 할 만큼 충분히 성숙하지 않은 청소년기에 한정된 활동으로 받아들여져왔다. 최근에는 그러한 연령상의 경계가 상당 부분 허물어지고 있음에도 성인의 덕질은 여전히 미성숙하거나 유치한 것으로 여기는 분위기가 잔존하고 있다. 주체의 연령과 대상의 장르를 불문하고 덕질은 "사회적인 보편성과 합리성으로부터 일탈하는 것"으로 보인다는 점에서 "언제나 타인의 몰이해가 이미 전제되어 있다".

그러나 타인의 몰이해야말로 덕질의 효용을 극대화하는 요인인데 "덕질의 대상이란 모두가 이해해주는 그러한 보편적 즐거움과 어느 정도는 구별되어야만 보다 특수해지기 때문"[7]이다. 덕질은 누구나 금전으로 교환할 수 있는 합리성의 영역에 속한 대상을 교환이 불가능한 영역으로까지 비합리적으로 소비하여 철저히 사유화하려는 노력이기 때문이다. 실제로 덕질 주체의 비합리성과 맹목성은 아이돌 산업이 투자 대비 이익을 극대화하기 위해 은밀히 종용하는 것이다. 그럼에도 덕질은 그 대상을 그것이 속한 시장 논리로부터 분리시키고 오로지 덕질의 주체와 대상 간에만 일대일로 통용되는 배타적이고 폐쇄적인 세계를 창조해낸다는 점에서 현실에 대해 사랑이 갖는 것과 유사한 유토피아적 효력을 발휘한다.

'덕질의 문학화'에 꾸준히 천착해온 이희주 작가의 데뷔작 『환상통』(문학동네, 2016)의 인물들은 바로 그러한 고유한 체계를 구축하기 위한 노력을 반복하며 성공하거나 실패하는 과정을 보여준다. 총 세 부로 구성된 이 작품의 1부는 N그룹의 멤버 M을 좋아하는 m의 시점이, 2부는 마찬가지로 M을 좋아하며 m과 음악 프로그램에서 우연히 만나 가까워진 만옥의 시점이, 3부는 그런 만옥을 좋아했지만 자신의 사랑을 이해받지 못한 민규가 만옥의 사망 이후 만옥의 덕질 행적을 추적하는 모습이 담겨 있다. 세 명의 사랑이 상호 동행하거나 반목하면서 교차하는 와중에 눈길을

---

7   박인성, 「덕질의 시대와 아이돌-되기」, 『자음과모음』 2018년 가을호, pp. 161~62.

끄는 것은 1부의 m이 M을 향한 자기만의 사랑을 실제화하기 위해 다양한 시도를 하며 고투하는 과정들이다.

스크린이나 사진을 통해 보는 M이 아니라 행사 현장에서 망막에 곧장 상으로 맺히는 실물로서의 M을 보는 것에 우위를 부여하는 만옥과 달리 m은 동일한 현장일지라도 그것에 대한 경험을 기록한 것이 갖는 고유한 가치에 주목한다. 만옥이 M의 실물과의 조우로부터 "가장 본질에 가까운 것, 우리가 눈을 마주쳤을 때 그 사이 흐르던 파동 같은"(p. 23) 것을 겪는 것에, 즉 원본의 아우라를 직접 포착하는 경험의 훼손 불가능함에 열광한다면 m은 원본을 통해서가 아닐지라도 M을 향한 사랑의 효능감을 최대화할 수 있는 자기만의 경로를 끊임없이 탐색한다. 아이돌 산업이 덕질 주체를 향해 종용하는 투자 대비 이익 환수라는 공식은 덕질 행위에도 고스란히 적용된다.

m의 분석에 따르면 아이돌 팬덤은 "발로 뛰어서 오빠들을 응원"하는 "소녀팬"과 "실질적 자금줄"로 활동하는 "누나팬과 이모팬"(pp. 30~31)으로 분류되며 "아이돌을 향한 사랑의 척도" 또한 "그들을 위해 몇 시간을 기다리고, 얼마나 돈을 쓰느냐"로 정해진다. 그러나 아르바이트로 생활을 유지하는 대학 휴학생 신분으로서 소녀팬에도 이모팬에도 속할 수 없는 m은 "오직 돈과 시간만이 기준"(p. 29)이 되는 것이 부당하다고 느끼며 M을 향한 자신의 사랑의 크기와 깊이를 규명해주고 긍정해줄 자기만의 방편을 모색하기에 이른다. 공개방송에 참가했던 사실을 최대한 구체적으로 기록해보지만 M의 아름다움을 단순히 '아름답다'고 표현하는 것이 충분하지 않다고 느끼고, 유명한 연애소설들을 읽어보기도 하

지만 "관계 자체가 성립되지 않는"(p. 41) 팬의 사랑이 갖는 특수성을 대변해주는 서사를 찾는 데 실패한다.

 m이 최종적으로 발견한 방식은 기존에 존재하는 미문을 필사하고 M을 향한 사랑으로 이를 굴절시켜 '오독'한 끝에 "나만의 사전을 편찬"(p. 45)하는 것이다. "오독함으로써 오히려 어떤 말보다 정확하게 자신의 사랑을 표현할 수 있다는 아이러니"[8]를 바탕으로 차곡차곡 넓혀간 사전의 목록은 "단 한 사람만을 위한 글"이자 "나와 그만의 암호를 해독하기 위한 참고문"(p. 46)으로서 무엇과도 교환 불가능한 가치를 갖는다. 나아가 이 글쓰기는 "사랑하는 M의 매 순간을 잊지 않기 위한 것"인 동시에 "M을 바라보고 그를 기록하는 순간의 '나'를 망각하지 않기 위"한 것으로서 "자기 역사 쓰기의 한 형태"[9]라고 할 수 있다. 이처럼 아이돌 산업이 제공하는 소비 체계를 초월하여 자기주체화에 도달하면서까지 M을 열렬히 사랑하는 한편으로 "멤버들과 나 사이에 소통은 없"으며 "있는 것은 오로지 나의 일방적인 시선뿐"이라는 뼈아픈 사실, "내가 생각하는 그들의 모습이 단 하나의 진실"이라는 맹목에 빠져 그것을 "교환도 환불도 불가능할 정도로 멋대로 주물러버렸"다는 사실을 환기하며, m은 "죄의식"과 "우울"(p. 67) 속에서 사랑으로부터 빠져나오게 된다.

---

8 소유정, 「이토록 열렬한 마음」, 『문학동네』 2020년 봄호, p. 165.
9 같은 글, p. 166.

자본주의
너와의 만남을 가능하게 했고 불가능하게도 함.
(유) 자비, 절망

〔……〕

절망
너와 섹스할 수 없는 것.
(유) 자본주의, 자비 (p. 51)

 m이 M을 향한 사랑을 자기 언어화함으로써 자기만의 체계를 형성하려 한 데 반해 만옥은 원본의 아우라만을 신봉하고 원본과의 조우에 대해 단지 '씨발'이라는 규정 불가능한 욕설을 뱉을 수밖에 없으며, 매체나 언어와 같은 그 어떤 매개를 통해서도 종합되거나 봉합될 수 없는 신비체험에 가까운 경험에 매달린다. 이는 M이 여성 스태프나 동료 아이돌 여성과 아주 약간 접촉하는 것도 못 견뎌 하는 성마름으로 이어지기도 하고, 스케줄을 마친 M이 먹은 것으로 추정되는 배달음식의 빈 그릇을 촬영하는 기행으로 이어지기도 한다.
 이처럼 원본을 최대한 소유하려는, 즉 원본과 자신 사이에 어떠한 매개나 절차도 허용하지 않으려는 만옥의 맹목은 이후 『성소년』(문학동네, 2021)에서는 네 명의 서로 다른 이해관계에 놓인 여성들이 요셉이라는 한 아이돌을 납치하기에 이르는 서사로 확장된다. 납치극은 치밀한 계획에 따라 실행되지만 요셉을 향한 네 여성의 사랑이 갈등을 거듭하는 가운데 예상 밖의 변수들을 마주치며 결국 실패로 돌아간다. 여기서 네 여성의 이름이 서로 연결되어 있다는 점(안나-나미-미희-희애)은 한 명의 의식이 다중으로 분열된 것일 수 있다는 암시를 주기도 하고, 한 명의 아이돌을 사랑하는 다수의 팬이라는 관계의 비대칭을 상징하기도 한다. 수면제를 먹고 잠든 요셉과 정사한 안나의 배에서 태어난 아이가 자신의 정체를 고백하는 것으로 끝맺는 이 충격적인 서사는 아이돌을 향한 사랑이 '소비'라는 경로를 우회하거나 이탈하는 방식으로 자율성을 추구할 수는 있으나 그것이 일 대 다수의 구조를 벗어날 수 없다는 사실, 따라서 철저하게 일방적일 수밖에 없는 한계로부터 자기파괴로 손쉽게 귀결될 수 있음을 보여준다.

4. 데이팅 앱과 연애 예능 횡단하기: 사랑의 경계를 탈주하는 기술로서의 사랑

박상영과 이희주의 서사가 성소수자의 사랑과 아이돌 팬의 사랑이라는 예외성, 특이성을 사회규범 체계로부터 방어적으로나 공격적으로 재규범화하고 있다면, 정대건의 『아이 틴더 유』(자음과모음, 2021)는 자본의 논리에 완전히 포섭된 연애 시장을 경유하되 미규정의 관계를 느슨하게 이어감으로써 사랑에 소진되지 않기 위해 분투하는 인물들을 보여준다. 여기서 두드러지는 것은 개인이 생존하기 위한 바탕이자 최소한의 존엄을 사수하는 영역으로서의 '삶'과, 그런 삶에 침투하여 감정과 시간과 돈을 소모시키고 때로는 관계의 파행으로 인해 개인을 삶의 안정적인 궤도로부터 탈선시키기도 하는 '사랑' 간의 이율배반이다. 이는 생산 경제에 편입된 노동 영역으로서의 삶과 여가산업에 편입된 소비 영역으로서의 사랑 간의 이항대립에 기초한 것이기는 하다. 그러나 소비에 대해서도 효율적이고 합리적인 자기 경영의 태도를 유지하도록 하는 자본주의 통치 기술의 집약체와 같게 된 사랑을 생존에 위협이 되지 않는 선에서 '거절'하기 위해 바로 예의 그 합리적인 태도를 능숙하게 발휘해야 하는 아이러니에 소설 속 인물들은 처해 있다.

삶으로부터 인위적인 경계를 구축하여 현실을 벗어난 자율적인 체계를 한시적으로나마 가능하게 하는 유토피아적 가능태로서의 사랑이 그 내부를 자본에 완전히 내어줌으로써 자본의 유토피아로 전락했을 때, 사랑의 경계 내로 진입하려는 욕구보다 그 바깥으로 물러나려는 욕구가 더 강렬해질 수밖에 없을 것이다. 정대건의 서사 속 인물들은 사랑을 하는 데 들여야 할 노력과 비용을 사랑을 하지 않는 데, 즉 관계가 사랑으로까지 진전되지 않도록 유예하고 적절히 차단하는 데 투자함으로써 사랑을 하지 않는 상태를 효율적으로 관리하는 경영 주체로 거듭난다.

「아이 틴더 유」에서 데이팅 앱 '틴더'를 통해 '호'라는 인물을 만나게 된 주인공은 취향과 대화 코드가 서로 잘 맞는다는 것을 확인하고 하룻밤을 같이 보내기도 하지만 "수십, 수백 명의 사람에게 '라이크'를 눌렀고 〔……〕 서로에게 스페어처럼 얼마든지 대체 가능한 존재라는 것"(p. 12)을 확인하고 또 그것을 관계 지속의 전제로 삼기를 원한다. 연애라는 것이 "애착을 가졌던 누군가 떠나고 떨어져 나가는" 행위의 반복 속에 내면의 무언가를 무디거나 닳게 만들더라는 귀납적 추론을 토대로 스스로를 "붙였다 뗐다를 많이 해서 접착력이 떨어진 칫솔걸이"(p. 17) 같다고 규정하는 주인공이 관계에 내보일 수 있는 유일한 패는 '가벼움'일 수밖에 없다. 접착력이 떨어진 칫솔걸이가 감당할 수 있는 무게의 최대치는 "뾰로로롱" 하며 "새로운 매치가 있습니다!"라고 알리는 틴더 알림의 "가볍고 기대를 하게 만드는 소리"(p. 22)까지다.[10]

 반면 호의 경우 주인공과 달리 좀더 긴밀한 사이를 희망하며, 불안정한 경제적 상황과 지난 관계로부터 정서적 불평등을 학습한 내력이 겹쳐져 주인공과의 관계를 수시로 삐걱거리게 만든다. 그러나 삐걱거릴지언정 가벼움의 지평을 완전히 벗어나지는 않는데, 관계에 있어 진지해지지 않으려는 주인공의 의지와 관계의 진지함을 건강하게 추구할 여력을 확보하지 못한 호의 처지가 상호 협상을 거쳐 마련한 대안적 영역이 바로 가벼움이기 때문이다. 그들은 건강하지 못한 연애로 인해 사랑에 상처받은 경험을 공유하고 있다. 그럼에도 누군가를 새롭게 만나고 관계를 형성하고 싶은 마음이 완전히 소거되지는 않은 상태에서, 상처받고 싶지 않은 바

---

10 틴더와 같이 오늘날 전 세계적으로 애용되는 데이팅 앱은 "사랑을 통제해 특정한 경제적 이해관계에 복무케 하"는 "사랑의 조직화"의 첨단 장비와 같다. 문화이론가 도미닉 페트먼의 진단에 따르면 사랑을 조직적으로 채굴하는 자본주의의 정점에서 리비도가 급격히 고갈되고 욕망이 사실상 사라지는 '리비도의 고점peak libido' 상태에 이르렀으며, "충족되지 않는, 작디작은 쾌락만을 주는 순간순간의 좀비화된 몸짓"만이 남아 있다. 앨피 본, 『게임, 사랑, 정치—게임화된 애정, 관계, 감정, 일상 그리고 기술사회 욕망혁명의 미래』, 박종주 옮김, 시대의창, 2023, pp. 198, 232. 틴더 유저인 주인공이 관계를 향한 자신의 욕망을 '가벼움'으로 규정하기에 이르는 것 또한 이러한 맥락과 밀접하게 닿아 있다.

람과 외롭지 않고 싶은 욕망의 중간 지대를 사수하는 것으로 사랑을 대체한다. 자의든 아니든 중간 지대에 머무르는 것이 최선이라는 심정적 합의하에 그 내부에서 미묘한 줄다리기를 하는 것으로 연애를 대체한다. 사랑이나 연애를 할 수는 없지만 그와 흡사한 대안적 행위를 간헐적으로 반복 지속함으로써 '사랑을 하지 않는 상태' 또한 거절하는 것, 즉 사랑을 하는 상태에도 사랑을 하지 않는 상태에도 속하지 않는 전략적 물러남을 통해 정서적으로나 물리적으로 소진되지도 황폐해지지도 않는 제3의 상태를 선택하는 것이다. '아이 러브 유(사랑하다)'를 '아이 틴더 유(틴더하다)'라는 조어로 흉내 내고 또 대체하는 것은 사랑이 그 관계의 효율적인 관리 경영에 실패했을 경우 존재의 소모와 낭비로 귀결되고 마는 고착화된 '패턴'을 벗어남으로써, 혹은 그로부터 한 계단 내려옴으로써 자기보존의 욕구를 충족하기 위함이다.

"비슷한 패턴으로 또 누구에게 빠지고, 가까워지고, 멀어지고, 아파하고, 그렇게 계속 돌아가는 컨베이어 벨트가 있다면 나는 스위치를 꺼두고 싶어. 이제 아예 거기에서 내려오고 싶어." (p. 41)

연애와 사랑에 대해 사회가 제시하는 고착화된 패턴에 종속되지 않으려는 탈주의 시도는 김기태의 「롤링 선더 러브」(『두 사람의 인터내셔널』, 문학동네, 2024)에서도 찾아볼 수 있다. 37세 독신 조맹희는 출퇴근길에 언뜻 마주쳤을 때는 그저 그런 평범한 사람으로 보일 테지만 대학 시절에는 핑크색 맨투맨을 입고 학과 행사에 적극적으로 참여하는 사람이었고 '맹이'라는 애칭으로 불리기도 하였으며 간헐적으로 소개팅이 들어오는 것으로 미루었을 때 "아직 애정 시장의 자원으로 인정"(p. 43)받고 있음에도 언젠가는 그마저도 끊겨 신선처럼 취급받는 날이 오겠지만 "자원이냐 신선이냐. 다 싫은데"(p. 44)라고 생각하기를 주저하지 않는, 즉 자신이 시시각각 달리 보이더라도 크게 연연하지 않는 동시에 그중 어느 무엇에도 고정되기를 원하지 않는 인물이라고 할 수 있다.

"사랑이란 〔……〕 눈을 뜬 자에게는 도처에 존재하는 것"(p. 50)이라며 사랑의 범신론을 설파하는 절친 리아와 달리 세상 곳곳에 흩뿌려진 사랑보다는 좀더 밀도 있는 사랑에 목마른 조맹희는 일반인 연애 예능 중에 가장 인기 있는 「솔로농장」에 출연하기로 결심한다. 합숙 기간 동안 "실명이 아니라 야채의 이름으로" 불리는 원칙에 따라 조맹희는 완두로 불리게 되는데 "그런 사람에게 그런 이름이 붙는 건지, 그런 이름이 붙어서 그런 사람이 되는 건지"(p. 54) 알 수 없지만 야채마다 제작진과 시청자가 은근히 기대하는 역할이 정해져 있다. 일반인 연애 예능이 소비되는 패턴은 그런 예측 가능한 전형성을 부여받은 캐릭터 간의 화학작용을 점치거나 그들이 가진 매력 자본에 대한 품평과 훈수를 가십으로 확대 재생산하는 식이기 때문이다.

연출된 영상에서 조맹희는 "전에 등장했던 부추나 쑥갓, 미나리 같은 캐릭터들"과 유사하게 "애써 웃지만 외롭고 서툴고 결국 풀이 죽는 출연자"(p. 68)로 전형화되지만 그는 "완두는 맹희의 전부는 아니었지만 일부이긴 했다"(p. 70) 정도로 선선하게 자평하며 완두의 이미지에 완전히 종속되지도 완전히 대항하지도 않는다. 이 특유의 유연함은 합숙 기간 동안에도 십분 발휘되어 조맹희는 대파도 오이도 아닌, 자신의 인터뷰 담당인 우영 PD에게 마음이 끌리게 된다. 이 마음은 패턴화된 예능의 얼개에는 포착될 수 없는 것이어서 조맹희가 우영 PD에게 '우엉'이라는 이름을 붙여 다른 출연자들과 동등한 잠재적 연애 후보군에 올리기로 마음먹은 것도, 우엉을 보느라 자꾸만 카메라를 보게 되는 것도, 스페셜 데이트권으로 혼자 등산을 했지만 사실은 혼자가 아니었으며 예능의 서사도 카메라도 외면하는 그곳에서 우엉에게 고백하고 차이는 자기만의 서사를 조용히 치르고 내려왔다는 것도 공식적으로 중개되지 않는다.

    정상은 사방이 허공이라 발 내디딜 곳이 없었다. 그래서 모든 방향으로 열린 세계처럼 보이기도 했다.
    "하고 싶은 대로 하게 카메라 좀 치워봐요."
    그뒤 정상에서 보낸 십오 분은 어떤 카메라에도 기록되지 않았다. 맹희는 "저는 조맹희인데요"로 시작해서 "저는 여기 와서 제일 관심 가는 사람이……"로 말을 이어갔다. 우엉은 진지하게 들어줬지만 물론 그에게도 그의 이유가 있었다. 상투적이지만 정중해. 우엉 당신, 거절도 마음에 들게 하네. 다만 이제 산 아래로 바위가 굴러떨어질 차례. (p. 66)

자신이 출연한 19기의 방영이 끝나고 20기로 사람들의 관심이 옮겨가는 동안 조맹희는「솔로농장」출연자로서 받는 약간의 관심을 소소하게 누려가며 예전과 다르지 않은 생활을 반복하고, 역대 출연자 모임을 통해 알게 된 14기 순무가 "방송과 사뭇 다른 인간이라는 걸 알"고 그와 잠깐 교제하기도 하지만, 이내 이별하고 돌아와 예의 그 쿨함으로 "사랑하고 왔다"(p. 75)고 선선히 인정하는 모습을 보여준다. 알고리즘이 인도하여 듣게 되었지만 썩 나쁘지 않은 음악처럼, 일상을 자잘한 행복으로 채워주지만 금세 스쳐 지나가는 무수한 풍경들처럼, 사랑과 연애에 대해서도 조맹희는 "그런 마음이 어떤 날에는 짐 같〔……〕고 어떤 날에는 힘 같"다는 사실, "버리고 싶었지만 빼앗기기는 싫"(p. 76)다는 사실과 가벼이 동행하며 일상을 자유로이 드나드는 '객(客)'으로 삼겠다는 태도로 갈음한다. 물론 이러한 넉넉함과 관대함은 자신이 "십오 년 정도는 업계에 근근이 붙어 있을 것"(p. 49)이며 은퇴 이후에도 황혼 알바로 소일하며 그럭저럭 잘 지낼 수 있으리라는 경제적 낙관을 전제로 발휘할 수 있는 것일 텐데, 이는 「솔로농장」의 출연자들 또한 시청자들이 그 관계의 역학을 마음껏 점치고 소비할 수 있을 만큼 변변한 직업이나 배경을 갖춘 이들로 한정되어 있다는 불편한 진실에 상응하는, 이리저리 얼마든지 탈주할 수 있을 것처럼 행동하는 조맹희조차도 끝내 탈주할 수 없는 유일한 패턴이자 소설 전체를 장악하는 배경으로 흐릿하지만 굳건하게 존재하고 있다.

5. 자본의 장기 지속 체제에서 사랑을 장기 지속하기

우리 시대에 가능한 사랑의 몇몇 양태는 위에서 크게 세 가지 범주로 살펴보았듯이 시장 질서에 점령당한 연애 논리와 사랑의 체계를 방어(박상영)하거나 공격(이희주)하는 것, 혹은 그것에의 진입을 유예(정대건)하거나 유연화(김기태)하는 것으로 유형화할 수 있으며 이들 각각은 자본주의 내부에서 자본주의를 거절하거나 내파하는 효력을 나름대로 발휘하고 있다고 평가할 수 있다. 동시에 위의 소설 속 인물들이 사랑을 자본주의에 대한 저항이나 대항 서사로 적극적으로 의식하고 있기보다는 그저 자신의 사랑과 사회가 권하는 사랑의 불일치가 주는 고통으로부터, 혹은 견고하게 패턴화된 사랑의 의례를 치르는 데 드는 유무형의 비용으로부터 스스로를 지켜내고 보존하기 위한 무의식적인 본능의 차원에서 사랑의 저항성을 부지중에 실천하고 있다는 점 또한 주목할 필요가 있다.

자본주의 질서에 단단히 고정된 채로 자본에 대항하는 무기를 다름 아닌 자본의 논리로부터 구해내는 그들 각각의 선택은 일견 자율적인 것처럼 보이지만 실제로는 불가피한 측면이 있으며 허구적이라고도 할 수 있다. 또한 소설 속 인물들은 삶과 사랑, 존재와 사랑이 양립 불가능한 체제 내에서 두 가지 모두를 안정적으로 획득하는 데는 결국 실패함으로써, 사랑이 체제를 부정하거나 이탈하고 있다는 '착시'를 한시적으로 제공할 수는 있지만 근본적으로는 체제를 초월할 수 없음을 보여준다. 그런데 그런 일(체제를 초월하거나 완전히 무력화시키는 일)이란 그야말로 '드라마에서나 일어날 법한 일'이며, 우리는 사랑할 때와 마찬가지로 저항할 때도 그런 환상의 웅덩이에 빠지지 않으면서 현실을 직시하는 원칙을 섬길 필요가 있다는 점에서 이는 또한 다행한 일이기도 하다. 그런 다행한 현실원칙을 붙들고 있는 채로 우리 각자의 러브 스토리는 자본주의의 러브 스토리이기도 하다는 것을, 즉 우리가 사랑을 할 때 거기에는 자본이 하는 사랑이 매 순간 촘촘하게 중첩되어 있다는 사실을 위의 소설들은 부지중에 고백하고 있다.

그럼에도 사랑의 서사가 다른 서사에 대해 우위를 점하고 또 중요롭게 여겨지는 이유는 결국은 사랑에서 찾을 수밖에 없어 보인다. 누군가를, 혹은 무언가를 자신의 완전히 통제된 (것이라고 착각해온) 의지와 무관하게 사랑하게 되는 이 우발적인 사건은, 그것이 설령 자본의 논리에 종속된 것일지라도 그 논리를 예기치 못한 방식으로 들여다보고 비트는 계기를 형성할 수 있는 잠재력을 내장하고 있기 때문이다. 사랑의 양측이 상호 동의하에 완전히 합일되든, 한쪽이 다른 한쪽의 사랑을 초과하는 비대칭을 겪든, 혹은 어느 한쪽이 가로막힌 일방향성에 직면하든, 다양한 경로로 서로를 탐색하고 알아가고 가깝게 놓아가거나 멀리 떼어놓는 그 모든 사랑의 과정이 세계 내에서 또 다른 세계를 창조해내는 과정이라는 것은 분명한 사실이다. 달리 말하면 사랑이란 "주관적으로 체계화된 타인의 세계준거를 내면화하는 일"이며 "공동의 취향, 공동의 역사, 공동의 일탈의 세계"를 구축하여 "화제를 함께 논의하고 사건들을 함께 평가하는 세계"[11]로 성장시키는 일이다.

사랑이라는 '세계 내의 세계'가 다양한 양상으로 다양한 경로를 통해 수시로 사건화되고 허물어지기를 반복하는 장기 지속 체제를 유지하다 보면 자본 또한 어느 순간 '자기도 모르게' 얼굴을

---

11 니클라스 루만, 『열정으로서의 사랑—친밀성의 코드화』, 권기돈·조형준·정성훈 옮김, 새물결, 2009, p. 45.

바꿀지도 모를 일이다. 자본이 사회의 다른 무엇보다도 사랑을 사랑한다는 사실이 당장은 사랑의 주체들에게 구속으로 작용하겠지만, 바로 그로 인해 장기적으로는 자본의 체계를 어지럽히고 재구조화한 끝에 사랑과 자본을 동시에 구해내는 중요한 열쇠가 될 수도 있을 것이다. 그런 의미에서 우리의 세계에 장기 지속 중인 자본의 논리와 하등 무관한 것처럼 순수하게 증류해낸 사랑이 아닌, 그 논리를 뒤집어쓰고 있거나 끌어안고 있는 복잡한 까다로운 형상의 사랑을 있는 그대로 직시하려는 태도를 위의 소설들이 존재의 출발점으로 삼고 있다는 사실은 매우 중요하게 여겨진다.

사랑의 일체화를 부정하는 세대의 '사랑'
시대와 세대를 아우르고 가르는 모순에 대하여

·· 소유정

1. 『모순』의 모순

다양한 콘텐츠 플랫폼의 활성화와 숏폼과 같은 짧고 자극적인 영상 위주의 소비가 주가 되는 이 시대에서 출판 산업의 위기는 자연스러운 것처럼 보인다. 출간되는 신간 도서의 중쇄를 바라기가 어려운 요즘 역주행으로 베스트셀러에 올라 눈에 띄는 성과를 보인 책이 있다. 종합 판매로는 10위 이내, 소설 분야에서는 1위에 등극한 양귀자의 소설 『모순』이 그렇다. 출간 이후 중쇄를 찍을 때마다 리커버를 한다는 사실 말고는 별도의 광고나 홍보를 진행한 적이 없는데, 지난 5년간 꾸준히 판매 상승세를 보여왔다. 그리고 2024년, 출간 이후 26년 만에 다시 베스트셀러 반열에 합류하게 되었다. 『모순』의 주요 독자층은 20~30대 여성이다. 소설의 주인공이 20대 중반의 여성이므로 당연한 것일 수도 있으나 이 책의 출판연도가 1998년이라는 점을 기억한다면 아리송하기도 하다. 새로운 세대, 이른바 MZ세대에 해당하는 젊은이들이 이미 기성세대가 되었을 과거의 또래 이야기를 탐독한다는 것, 그것이 마치 하나의 현상처럼 여겨진다는 사실은 무척 흥미롭다. 이렇듯 『모순』을 찾는 MZ세대 여성 독자들을 보며 '1998년생이 읽는 1998년 作'이라는 타이틀의 기사가 발행되기도 했다.

시대와 세대를 뛰어넘어 양귀자의 『모순』이 아직까지 유효하게 읽힌다는 건, 문학 안에 담겨 있는 고민을 지금의 여성 독자들도 하고 있다는 의미일 테다. 『모순』은 흔히 스물다섯 안진진의 남편 찾기 서사로 일축되어 회자되지만, '남편 찾기'라는 말 안에 소설이 품고 있는 복잡 미묘한 삶의 모순들을 전부 담아낼 수는 없다. 안진진이 결혼 상대로 고민하는 두 남자, 김장우와 나영규를 두고 갈팡질팡하는 까닭은 엄마와 이모의 삶으로부터 느낀 것들이 있기 때문이다. 일란성쌍둥이 자매인 두 사람의 인생은 결혼을 기점으로 하여 전혀 다른 궤도를 달리기 시작한다. 가난하고 억척스럽게 살아온 엄마와 남부러울 것 없이 부유하고 우아하게 살아온 이모를 보며 안진진은 김장우를 선택한다면 엄마와 같은 삶을, 나영규와 결혼한다면 이모와 같은 삶을 살게 될 것임을 직감한다. 소설이 출간되었던 1998년은 외환위기로 인해 물질이 행복을 말하는 데 있어 지대한 영향을 끼쳤던 시기였으므로, 물질적 풍요로움이 더 큰 행복으로 이어지며 더 나은 방향으로 자신을 이끌리라는 생각이 지배적일 수밖에 없음을 부인하기는 힘들다. 그러나 "어려서도 평탄했고, 자라서도 평탄했으며, 한 남자를 만나 결혼을 한 이후에는 더욱 평탄해서 도무지 결핍이라곤 경험하지 못하게 철저히 가로막힌 이 지리멸렬한 삶"(p. 283)에 대한 권태로 스

---

1   장상민·박동미 기자, 「'1998년생이 읽는 1998년作'… 시대와 세대 꿰뚫은 '여성 공감'」, 『문화일보』 2024년 2월 21일 자.

스로 목숨을 끊은 이모로 인해 소설은 다른 국면을 맞이한다. 결국 우리의 삶은 '누가 더 행복한가'를 묻는 것이 아닌 '누가 더 불행하지 않은가'로 만족을 물을 수 있는 게 아닐까. 동경했던 이모의 비극적 결말을 계기로 안진진은 마침내 자신의 결혼 상대를 결정한다. 이모의 결혼 생활이 보이는 것처럼 결코 행복하지 않았다는 걸 알게 되었으므로, 아마도 안진진의 남편은 그가 애정을 느끼는 김장우이지 않을까 하는 독자의 예측은 보기 좋게 벗어난다. 이모의 삶과 크게 다르지 않을지도 모를 일이지만 그가 선택한 결혼 상대는 부유한 나영규라는 사실은 이 소설이 주지하는 가장 선명한 모순일 것이다. 자신의 결정에 대해 안진진은 다음과 같은 이유를 덧붙인다. "모든 사람들에게 행복하게 보였던 이모의 삶이 스스로에겐 한없는 불행이었다면, 마찬가지로, 모든 사람들에게 불행하게 비쳤던 어머니의 삶이 이모에게는 행복이었다면, 남은 것은 어떤 종류의 불행과 행복을 택할 것인지 그것을 결정하는 문제뿐이었다"(pp. 295~96)고 말이다. 또한 자신은 그 문제에 있어서 "내게 없었던 것을 선택한 것"이라며 "이전에도 없었고, 김장우와 결혼하면 앞으로도 없을 것이 분명한 그것, 그것을 나는 나영규에게서 구하기로 결심했다"(p. 296)고 말한다. 안진진의 선택은 분명 모순적이나 납득 가능한 모순이다. '나'도 나영규도, 이모와 이모부와는 다른 개체이므로 꼭 같은 결말을 답습하게 되리란 보장은 없다. 일어나지 않은 미래를 두려워하며 포기하는 것보다 가지지 못한 것을 쥐어보는 경험이 안진진에게는 더 매력적인 선택지였다는 걸 납득하지 않을 수 없다.

    출간 당시보다 더 자본이 매력으로 여겨지는 지금, 소설의 결말에 대해 의문을 품는 여성 독자는 없을 것이다. 다만 그들이 진정으로 모순적이라 여기는 부분이 있다면 "내게 없었던 것"(p. 296)을 자신이 아닌 타인에게서 구하고 있으며 그것이 결혼을 통한 신분 상승으로 나타난다는 점이다. 이와 같은 의문은 자연스럽게 소설의 첫 페이지를 향할 수밖에 없다. 어느 날 아침 문득, 눈을 뜨는 동시에 안진진이 어떤 깨달음을 얻는 아침으로. "그래, 이렇게 살아서는 안 돼! 내 인생에 나의 온 생애를 다 걸어야 해. 꼭 그래야만 해!"(p. 9) '내 인생'이라고 말하면서도 그는 자신의 인생에서 해답을 구하려 하지 않는다. 엄마와 이모의 인생을 돌아보고 결혼할 상대에게서 그것을 찾는다. 지금의 독자가 이 소설에, 정확히는 전 세대에 해당하는 인물에게 모순을 느끼는 지점은 바로 여기에 있다. 이어지는 물음은 사랑과 연애, 결혼의 일체화에 있다.『모순』에서 드러나는 사랑과 연애 그리고 결혼은 각각을 구분 짓는 차별성이 존재하지 않는다. 어떠한 단계적인 스텝 없이—심지어 그것이 가능하다고는 하나 사랑도 없이—곧바로 결혼으로 이어지는 흐름은 물음표를 남긴다. 사랑이라는 전제 없이도 할 수 있는 결혼에 대해 곱씹을수록 사랑, 연애, 결혼의 다름을 실감하게 된다. 그중 무엇도 쉬운 게 없고 나날이 어려워지는 현실 속에서 청년 세대가 그리는 미래는 어떤 얼굴을 하고 있을까.

2. 사랑의 일체화를 부정하는 '요즘' 세대

미래를 떠올릴 때면 언제나 불안이 따라붙는다. 불안은 불안을 낳는다. 고용 불안, 주거 불안에서 파생되는 생존에 대한 불안은 한 개인이 타인과 관계를 맺을 때도 비슷하게 작용한다. 몰카, 딥페이크, 데이트 폭력 등 연인 사이에서도 성범죄가 만연한 이 세상에는 사랑을 하는 것도 그 이후의 단계로 나아가는 것도 만만치 않은 결심이 필요한 일이다. 일례로 최진영의 「디너코스」(『쓰게 될 것』, 안온북스, 2024)를 이야기할 수 있겠다. 이 소설의 오나영은 "서울 중심의 문화예술을 즐길 수 있는 수도권 거주자의 혜택을 누리며 1인 가구의 삶에 완벽하게 적응"(p. 198) 중이다. 나름대로 안정적인 현재의 삶에 무언가를 더하기엔 "경험 대비 리스크"[2](p. 212)를 고려하지 않을 수 없다. 이는 언제나 나영을 지배하는 "불안"(p. 219)으로 말미암은 것이다. 때문에 "비혼을 선택"(p. 211)하고 선언한다. 수많은 경우의수 없이, 변수 없이, 예측 가능한 삶("혼자 사는 게 답이야. 그게 가장 예측 가능해", p. 212)을 지향하는 오나영은 전형적인 N포세대의 모습을 보인다. 그런데 오나영과 서너 살 정도 터울의 동생 오민영이 꿈꾸는 미래는 조금 다르다. 비출산을 선택했기 때문에 자연스럽게 비혼을 결정한 오나영과 달리 오민영의 미래에 "두 명의 딸과 고양이, 강아지"는 있지만 "남편은 아직 없다". 그리고 "오민영은 그것을 이상하게 생각한 적이 없다"(p. 213). "친구 같은 엄마"(p. 212)가 되고 싶다는 욕망은 뚜렷하지만 그것을 함께 실행할 남편은 전혀 염두에 두고 있지 않

---

2 일례로 2001년 발매한 마로니에의 노래 「칵테일 사랑」과 관련한 밈meme 이 SNS에서 유행하였다. 낭만적인 가사("마음 울적한 날엔 거리를 걸어보고 향기로운 칵테일에 취해도 보고 한 편의 시가 있는 전시회장도 가고 밤새도록 그리움에 편지 쓰고파")처럼 하루를 보내기 위해서는 약 4만 7천원의 경비가 들기 때문에 혼자 사는 것이야말로 가성비가 좋은 낭만이라는 것이 주된 내용이었다.

는다는 점에서 오민영에게 있어 결혼과 출산은 연결되는 수순이 아닌 별개의 것으로 여겨진다. 새로운 세대의 청년들을 두고 전통과 관습을 거부하고 자신의 이익을 추구하는 개인주의자라고 비판하지만 이는 달리 말해 '나'를 위한 최선과 최고의 선택을 하는 사람들이라고 말할 수도 있다. 이들은 어떠한 의지 없이 당연하게 포기를 받아들이지 않으며 포기마저도 선택하고자 한다. 따라서 결혼을 포기한다고 사랑마저 하지 않으려 하거나 출산을 영영 없을 일로 치부하지 않는다. 또한 사랑과 연애, 결혼의 일체화를 거부하고 각각의 요소를 다음을 위한 전제 조건으로 삼지 않는다. 그렇기에 오히려 망설임 없이 '사랑하고 싶다'고 말할 수 있는 것이기도 하다. 다시 한번, '나'를 중심에 두는 개인주의적 성향이 젊은 세대의 특징 중 하나라면, 이는 사랑에 있어서도 다르지 않다. 사랑은 이들에게 있어 내가 원하는 것을 그리하여 '나' 자신을 더 알게 만드는 분명한 계기가 된다. 실패 이후에도 '나'의 다음을 위한 활로를 마련하는 기회가 되리라는 확신이 이들에게는 있다.

3. 일 더하기 사랑, 2024년형 칙릿소설: 장진영의 『나의 사내연애 이야기』(북다, 2024)

2002년 발표된 정이현의 소설 「낭만적 사랑과 사회」의 유리는 안진진과 비슷한 고민을 한다. 차이가 있다면 결혼을 통한 신분 상승의 욕망을 노골적으로 드러낸다는 사실이다. 또한 그의 이름과 같은 상징성의 순결을 무기로 삼아 베팅 가능한 더 좋은 조건의 남성을 찾는 적극적인 모습을 보인다. 마침내 계획대로 제일이라 생각하는 상대에게 베팅을 하지만 순결을 증명할 수 있는 흔적이 남지 않아 그 모든 것이 허상이었음을 깨닫는다. 결국 자신의 선택지 밖으로 이탈하지도 않고 최고의 선택도 하지 못한 채 산산조각 난 유리만이 남는다.

20여 년이 지나 최근 출간된 장진영의『나의 사내연애 이야기』의 수진도 두 남자라는 선택지를 두고 고민한다. "모두가 만류하는 짓 하기"를 "필생의 사업"(p. 9)으로 여기는 수진은 디자이너의 꿈을 안고 입사한 직장에서 그 '사업' 중 하나인 사내연애를 한다. 문제는 의도치 않게 양다리를 걸치게 되었다는 것이다. 한 명은 사수인 기획팀장 목지환, 또 다른 이는 마케팅팀장 이승덕. 그런데 당당히 '사내연애'라고 말하고는 있으나 두 사람과의 관계가 정말로 연애에 가까운지는 의문이다. "이승덕 팀장과는 잠만 안 잤고 목지환 팀장과는 잠만 잤다"(p. 57)는 점으로 미루어볼 때 둘 중 어느 쪽도 연애와는 거리가 멀어 보인다. 혼돈 속에서 목지환의 퇴사를 빌미로 수진 역시 퇴사를 결심한다. 여기까지 보면 수진의 사내연애는 "필생의 사업"으로서 그 목적을 온전히 달성하지 못하고 실패에 그친 것 같다. 그러나 마지막에 이르러 이 소설이 '나의 사내연애 이야기'라고 당당하게 말할 수 있는 까닭은 그 상대가 목지환과 이승덕, 두 남자가 아니라 재직 시절 에이전시의 대표 아티스트였던 초리 최라는 사실이 밝혀지기 때문이다. "D 모델 에이전시에서 아티스트와 수습 직원"(p. 62)으로 만난 두 사람은 현재 자신의 브랜드를 론칭한 대표 디자이너와 그의 뮤즈로 현재 진행 중인 관계에 있다.

이성으로 느껴지기는 하나 정서적 교감이 되지 않는 상대와 정서적 교감은 가능하나 육체적 관계가 불가한 상대라는 밸런스 게임에서 장진영은 둘 중 하나라는 필사적인 선택을 거부한다. A와 B 중에서 어느 쪽을 골라야 하는, 당연히 그래야 하는 것으로 여겨졌던 결말 앞에서 다른 길을 모색하는 것으로 C라는 정답을 찾아내는 것이다. 그것은 결혼이라는 제도적 올가미나 직장이라는 불합리한 조직 생활처럼 수진의 숨통을 조이는 틀에서 벗어날 때 가능해진다. 예컨대 기획팀 직원임에도 불구하고 상사들의 "온갖 잡스러운 심부름"(p. 20)을 수행해야 한다거나 대표의 "클러치백 거치대"(p. 21)가 되거나 "죽어가는 화분 살리기"(p. 23)같이 업무와는 아무런 연관이 없는 일을 해야 하는 부조리한 환경에서 벗어나 진정으로 하고 싶었던 일을 향해 '나' 자신을 되찾을 때, 일과 사랑의 톱니바퀴는 비로소 맞물려 돌아가기 시작한다.

4. 사랑하는 '나':
김기태의 「롤링 선더 러브」[3]와 최미래의 「돼지 목에 사랑」[4]

보다 직접적으로 사랑에 대한 열망을 보이는 인물은 김기태와 최미래의 소설에도 있다. "아 근데, 나는 사랑이 좀 하고 싶

---

[3] 김기태, 「롤링 선더 러브」, 『두 사람의 인터내셔널』, 문학동네, 2024. 이하 인용 시 페이지만 표기.
[4] 최미래, 「돼지 목에 사랑」, 『림: 잃기일지』, 김서해 외, 열림원, 2024. 이하 인용 시 페이지만 표기.

다"(「롤링 선더 러브」, p. 49)거나 "사랑이 하고 싶었다. 사랑을 하고 싶은 마음이 오랜 시간 엿가락 늘어지듯 달콤하고 끈질기게, 가늘고 길게 이어질수록 그 바람은 간절해졌다"(「돼지 목에 사랑」, p. 135)고 말하는 이들에게 있어 '사랑'은 연애와 동의어는 아니다. 연애가 양방향적이며 관계 지향적이라면, 사랑은 일방적일 수도 양방향적일 수도 있으며 관계적인 특성만을 갖지는 않는다. 때문에 '연애하고 싶다'가 아닌 '사랑하고 싶다'고 말하는 이들에게 있어 사랑은 주고받음으로 지속되는 타인과의 관계 맺기가 아닌, 능동적인 행위로서의 욕망 실현에 가까워 보인다.

「롤링 선더 러브」의 맹희는 연애나 결혼으로 이어지는 단계가 아닌 그 자체로서의 사랑을 간절히 원한다. 퇴근 후 어느 "호텔 카페"에서 "안정적인 직업과 자산"을 "교양 있는 방식으로 자랑"하는 남자를 만나는 건 그에게 있어 "재화와 서비스를 거래하며 사적 이익을 추구하는 시장 활동"(p. 43)에 지나지 않는다. "걷잡을 수 없는 정열"일지 "견고한 파트너십"(p. 51)일지 판단이 잘 서지 않지만, 맹희가 사랑에 대해 분명한 정의를 내릴 수 없는 이유는 사랑이라는 말이 그 깊이보다 더 먼저, 오랫동안 통속적으로 소비된 탓일지도 모르겠다. 가령 맹희에게 있어 '나'라는 단어 역시 그렇다. 언제나 '나, 조맹희'로 말을 시작하는 습관을 가지고 있으나 정작 '나'에 대해, 이를테면 "나다움"(p. 48)이라는 것에 대해 그는 조금 질려버린 듯하다. 그건 아마도 맹희가 듣는 노래이자 이 소설 전반에 배경음악처럼 깔려 있는 "통속적인 가요"[5](p. 42) 때문이 아

---

5 맹희가 듣는 가요로는 이소라의 「바람이 분다」, 천상지희 다나&선데이의

닐까. 노래 가사 속에서 사랑하고, 이별하고, 아파하고, 눈물짓는 통속적인 '나'들로 인해 진짜 '나'에 대해, '나다움'이란 무엇인지에 대한 사유는 더 이상 확장되지 않는다. 이는 '나'와 더불어 가요의 단골 소재인 '사랑'도 다르지 않다. 이러한 관점으로 보면 맹희는 지금까지 '나'에 있어서도, 사랑에 있어서도 가요 속의 그것과 같이 통속적인 기준에서 어긋남 없이 살아온 사람이다. 인생을 돌아보았을 때 만족과 불만족 중 하나를 선택해야 한다면 만족에 가까운 삶이었으나 맹희는 "'만족'이라는 단어 자체가 불만족"스럽다고 생각하며 "갱신"하기 위해 "모험"하기로 결심한다. "앞구르기든 뒤구르기든 몸을 던지기"(p. 52). 던지면 부딪히고 부딪혀 깨지더라도 그는 지금의 자리가 아닌 바깥을 향해 간다. 그것은 루틴과 같았던 일상에 구멍을 내는 일이기도 하다.

실제 방영 중인 「나는 솔로」를 모티브로 한 연애 프로그램 「솔로농장」에 출연한 맹희는 이전까지 한 번도 등장하지 않았던 '완두'라는 이름을 부여받는다. 일주일이 되지 않는 짧은 시간 안에 짝을 찾기 위해 모이는 이 프로그램에는 연애와 결혼이라는 목적만이 선명할 뿐 사랑은 그다지 중요하지 않아 보인다. 때문에 '사랑이 하고 싶다'며 찾아온 맹희의 존재감은 희미할 수밖에 없다. 전례 없이 처음 부여된 '완두'는 무슨 맛인지, 어떤 특징을 갖고 있는지조차 알 수 없어 더욱 아리송한 이미지를 남긴다. 합숙이 진행되는 동안 맹희가 사랑을 느낀 건 출연자가 아닌 카메라 너머

「나 좀 봐줘」, 자자의 「버스 안에서」, 이은미의 「애인 있어요」, 백지영의 「내 귀에 캔디」 등이 있다.

의 우영이다. 완두에게서 단맛을 찾아준 남다른 섬세함을 가진 그에게 넋두리 같은 고백을 했던 어느 장면에서 맹희는 완두가 아닌 "저는 조맹희인데요"(p. 66)로 이야기를 시작한다. 출연자가 아닌 제작진을 향한 뻔하지 않은 사랑이 맹희의 나다움으로 이어지는 부분이기도 하다.

    5회에 걸쳐 방영된 「솔로농장」 19기 방송에서도 맹희는 과연 튀지 않는 출연자였다. "애써 웃지만 외롭고 서툴고 결국 풀이 죽는 출연자. 거실 소파에 앉아 과일을 깎아 먹으며 텔레비전을 보는 아줌마 아저씨들로 하여금 "저 여자는 저 나이에 왜 저러고 있냐"라는 말을 한 번은 하게끔 만드는 출연자. 프로그램에 현실성을 부여하되 짝을 얻어 가지는 못하는 출연자"(pp. 68~69)라는 평가만이 대부분이었던 맹희에게 남다른 반응이 불러일으켰던 건 경쟁 미션에서다. 스페셜 데이트권을 얻기 위해 모두가 꺼려 하는 거름을 뒤집어쓰며 활약하는 맹희를 본 시청자의 반응은 비판과 응원으로 나뉘지만 어느 한쪽도 유쾌하지는 않다. 도태, 관종 등의 단어가 뒤섞인 조롱은 둘 중 어느 쪽에나 있었기 때문이다. TV 속의 자신을 보며 맹희는 생각한다. "저게 나인가. 아니지. 저것도 나인가. 그건 맞지"(p. 70). 보이는 모습이 '나'의 전부는 아닌데, 그것이 온전히 '나'인 것처럼 여겨지는 건 왜인가. 한 장면으로 한 사람의 모든 진심을, 지금까지의 삶을 매도하는 악성 댓글들 역시 함부로 판단하고 평가하기를 두려워하지 않는 이 시대의 한 부분이다.

    이후 「사랑은 맛있다」에서 「사랑은 미친 짓」으로 끝나는, 역시나 통속적일 수밖에 없는 시시한 모험을 하기도 했으나 모험 이후의 삶마저 이전과 같지는 않았다. 맹희는 "전철역을 나서고도

집에 가지 않고 산책하는 날들. 노점에서 굽는 붕어빵 냄새. 담장 위를 걷는 고양이의 발걸음. 전동 킥보드에 올라탄 여중생들의 웃음소리" 앞에서 "때때로 무례하게 다정해지고 싶은 충동"을 느끼기도 한다. 그리고 그 마음이 그토록 궁금해했던 사랑이라는 걸 이제는 안다. 그렇기에 다시 습관처럼 "나, 조맹희. 나는……"으로 시작하는 문장에 이어 망설임 없이 "식탁 위의 호랑이. 솜으로 만든 맹수"(p. 76)와 같은 말로 '나' 자신을 소개할 수 있게 되었다. 모르지만 날카롭고, 작지만 단단한 것. 그것이 긍정할 수 있는 '나다움'이라는 걸 맹희는 사랑을 통해 깨닫는다.

 사랑을 모르면서도 하고 싶어 하는 건 「돼지 목에 사랑」의 미진도 마찬가지다. 그러나 미진은 사랑 앞에서 자신을 의심할 수밖에 없다. 그가 "나 같은 것도 제대로 된 사랑을 할 수 있을까" 중얼거리는 이유는 미진의 몸에 달려 있는 "꼬리"(p. 135) 탓이다. "30센티미터의 길쭉하고 털 없이 부드러운 꼬리"(p. 137)는 그간 미진의 연애에 있어 언제나 걸림돌이었으므로, 앞으로의 사랑에 있어서도 자신할 수 없는 중요한 이유였다. 꼬리가 달려 있다고는 하나 일상생활에서 큰 어려움은 겪지 않았음에도 남들에게 없는 것이므로 미진에게 그것은 신체적 결함이 된다. 그런데 꼭 꼬리가 아니라고 할지라도 결함으로 여겨지는 각자의 무언가를 치환해 본다면 이해는 조금 더 쉬워진다. 사랑에 있어 몇 번의 실패로 인해 미진에게 꼬리는 더 이상 "그냥 달린 거"(p. 137)로 치부하기엔 어려운, 타인의 시선에 따라 의미화된 "이상한 거"(p. 143)가 된다. 이후부터는 연애만이 아니라 직장에서 어려움이 있을 때도 원인을 "다 꼬리가 달린 탓"(p. 150)으로 여기고, 심지어는 "진화가 덜

되었다는 흔적"(p. 146)으로 이해하며 자신을 미숙한 사람으로 몰아간다.

모든 일에 있어 방해만 될 뿐 조금의 기능도 하지 못하는 꼬리는 옛날 속담처럼 '돼지 목에 진주 목걸이'거나 '고양이에게 금화'처럼 가치 없는 존재인 것만 같다. 그러던 중 미진이 꼬리에 대해 다른 생각을 하게 된 건 전 애인 윤성이 들려준 이야기 때문이었다. 그것은 애니메이션 「포켓몬스터」에 등장하는 고양이 '나옹'이 '고양이에게 금화'라는 일본 관용어를 바탕으로 만들어졌으며, 기술은 배우지 못했어도 그렇기 때문에 인간의 말을 학습하게 된 또 다른 장기를 가지게 되었다는 것이었다. "가치를 모르고, 기술로도 사용하지 못하는 금화를 머리 한가운데 떡하니 붙이고"(p. 151) 사는 나옹에게 애틋함을 느끼며 미진은 자신의 꼬리 또한 다른 의미로 받아들일 수 있게 된다. 풋살을 시작한 첫날 안정적인 균형감에 대한 칭찬과 함께 "마치 다리가 세 개 달린 것"(p. 158) 같다는 소리를 들었을 때, 그동안 쓸모없다고 여겼던 꼬리가 의식하지 못하는 사이 자신의 커다란 지지가 되었음을 아는 것처럼 말이다. 그리고 자신의 일부를 언제나 부정해왔던 사람에게 있어 그것의 수용은 '나'에 대한 이해로 이어진다. 예컨대 사랑의 실패와 이별의 원인은 꼬리가 아니라 그것에 몰두해 있는 사이 상대를 외롭게 만들었던 '나'에 있다는 것을, 그렇다면 없어야 할 것 때문에 맞이한 별난 이별이 아니라 "보통의 이별"(p. 161)을 한 것이라는 것을. 꼬리에 붙은 해묵은 슬픔, 원망 같은 것들이 하나둘 사라졌을 때 미진은 마침내 자신을 이해하고 사랑할 수 있게 된다.

삶을 둘러싼 여러 모순들은 시대와 세대를 넘어 공감을 자아내지만 어떤 부분에 있어서는 모순 그 자체로 시대와 세대를 가르기도 한다. 앞서 살펴본 여러 소설들에서 만난 인물들에게 있어 사랑의 의미와 면면들은 앞선 세대에서는 찾아볼 수 없는 낯선 것으로 지금 이 시대, 이 세대에 유효한 것이기도 했다. 사랑이 곧 연애와 결혼의 동의어로 여겨지거나 그것들의 필수 전제가 되었던 시대를 지나 지금의 사랑은 '나'를 주체로 하며 '나'에게로 환원되는 능동적인 행위로 보다 넓은 의미를 갖는 것으로 보인다. 때문에 약속된 관계를 지향하는 연애나 결혼의 형태가 아니더라도 사랑은 이들에게 있어 '나'를 좀더 나은 방향으로 이끄는 기회가 되는 것이다. '사랑이 하고 싶다'는 이들의 말은 더 이상 '연애를 하고 싶다'거나 '결혼이 하고 싶다'는 의미로 일축되지 않는다. 이 문장에 담긴 다양한 의미를 헤아려보는 사이, 사랑은 한 개인을 이해할 수 있고 시대와 세대를 감각할 수 있는 주요 키워드로 더욱 선명해진다.

3부
비인간, 생태, 기후

세계의 끝[1]
조예은[2]과 티머시 모턴을 나란히 읽기

·· 양윤의

1. 어두운 생태학과 어두운 사변/판타지

티머시 모턴의 사유를 경유하여 조예은의 소설 세계를 살펴보려고 한다. 조예은은 자주 인류가 맞닥뜨린 재난, 인류세의 기후 위기를 배경으로 삼는다. 조예은의 소설 속 멜랑콜리하면서도 유머러스한 좀비, 유령, 괴물들이 유발하는 정동은 모턴의 생태철학을 떠올리게 한다.

모턴의 생태철학은 '어두운 생태학dark ecology'이라는 말로 요약될 수 있는데, 이때 '어두운'이란 말에는 괴기스러운uncanny, 기

---

[1] 이 글은 2024년 11월 22일에 한국문학번역원에서 개최된 「제2차 번역교육 포럼」에서 발표한 원고의 내용을 바탕으로 한 일종의 후속 작업이다. 이 글은 계간지 『자음과모음』 2025년 봄호에 수록되었다.

[2] 조예은은 2016년 제2회 황금가지 타임리프 공모전에서 「오버랩 나이프, 나이프」로 우수상을, 제4회 교보문고 스토리 공모전에서 『시프트』로 대상을 수상하면서 작품 활동을 시작했다. 이 글에서 논의의 대상으로 삼은 작품 목록은 다음과 같다. 『칵테일, 러브, 좀비』, 안전가옥, 2020; 『스노볼 드라이브』, 민음사, 2021; 『트로피컬 나이트』, 한겨레출판, 2022; 『꿰맨 눈의 마을』, 자음과모음, 2023; 『적산가옥의 유령』, 현대문학, 2024. 이하 인용 시 작품의 제목과 페이지만 표기한다.

묘한weird, 멜랑콜리한melancholic, 죄를 범한/죄책감이 있는guilty, 수치스러운shamefull, 공포스러운horror, 우스꽝스러운ridiculous, 영묘한ethereal과 같은 수식어가 포함된다.[3] 그런데 이 의미소들은 이른바 다크 판타지dark fantasy에 내재한 정동들이기도 하다. 다크 판타지의 특징인 부조리한 전개, 환상과 괴기와 공포의 혼합, 비극적인 결말, 괴물과 유령과 좀비들의 출몰, 초자연적인 것의 출몰에 의해 야기된 재난, 아포칼립스적인 미래 등에는 상기한 정동적 요소들이 모두 포함되어 있다. 조예은의 소설은 다크 판타지의 특징을 두루 갖추고 있으며, 이에 따라 어두운 생태학을 이루는 의미소들을 정동적 효과로 포함한다. 나아가 조예은의 판타지는 새로운 사유를 강제하는 사변소설로도 손색이 없다.

조예은 소설의 인물들이 대면하는 공간과 시간과 사물들은 모턴이 '하이퍼객체'라는 말로 개념화한 것과 닮았다. "하이퍼객체는 생물권이거나 우리 태양계일 수도 있다. 하이퍼객체는 지구에 존재하는 모든 핵물질의 총합이거나 개별 플루토늄, 우라늄일 수도 있다. 하이퍼객체는 인간이 직접 대량생산한 후 아주 오랫동안 지속하는 결과물, 이를테면 스티로폼, 비닐봉지, 굉음을 내며 돌아가는 자본주의라는 기계 장치의 총합일 수 있다."[4] 하이퍼객체는 실재적이지만 우리가 직접 대면할 수는 없는 것이다. 나는 얼굴에 내리쬐는 따가운 햇볕을 느낄 수는 있으나 지구온난화라는 하이퍼객체를 직접 지각할 수는 없다. 그것은 비국소적이어서 하

---

3 티머시 모턴, 『어두운 생태학』, 안호성 옮김, 갈무리, 2024.
4 티머시 모턴, 『하이퍼객체—세계의 끝 이후의 철학과 생태학』, 김지연 옮김, 현실문화, 2024, p. 9. 이하 인용 시 제목과 페이지만 표기한다.

나의 장소에 현상하지 않는다. 핵방사선이 눈에 보이지 않으나 생물체의 DNA에 확실한 영향을 끼치듯이(『하이퍼객체』, pp. 81~82).

인간과 비인간 모두에게 분명하게 영향을 끼치고 시공간에도 실재하지만 정작 그것과 대면할 수 없는 어떤 것을 하이퍼객체라 부른다면, 그것은 조예은의 「초대」(『칵테일, 러브, 좀비』)에서 채원('나')의 목에 걸려 있던 가시와 같은 것이다. "내 목에는 17년째 가시가 걸려 있다. 모두가 그럴 리 없다 하지만 나에게는 느껴진다. 하얗고 긴 가시. 그것은 기도로 넘어가기 직전의 통로에 단단히 박혀 있다"(p. 7). '나'는 열세 살 때 어른들이 억지로 먹인 회 한 점을 삼키다가 목에 가시가 걸렸다. 여러 병원을 찾았으나 의사들은 목에서 아무것도 발견하지 못했다. 하지만 '나'는 17년째 그 가시로 고통을 받아왔다. 감지되지 않으나 실재하는 것, 실존을 확인할 수 없으나 확실히 내 몸에 영향을 끼친다는 의미에서 가시는 하이퍼객체와 같다. 「초대」에서는 일련의 초현실적인 사건을 거친 후에[5] 한 여성(태주)이 내 목에서 그것을 빼낸다. "다들, 있는 것도 그냥 없다, 없는 것도 있다 하고 사는 거죠"(p. 38). 태주가 한 저 말을 '지구온난화'나 '자본'과 같은 하이퍼객체에 적용해도 틀리지 않을 것이다. 어두운 생태학에서 관찰되는 정동적 요소가 어두운 판타지/사변소설에서도 관찰되는 것이다. 이 세계로 어두운 여행을 떠나보자.

[5] 이 점이 중요하다. 하이퍼객체는 현실의 시공간에서는 대면할 수 없다. 이 것을 형상화하기 위해서는 초현실적인 장소가 필요하다. 「초대」에서 그곳은 "스산한 분위기를 풍기는"(p. 30) 고딕풍의 리조트다. 거기에는 시체 세 구가 제의적인 희생제물로 봉헌되어 있으며, 이제 곧 네번째 희생제물('나'의 연인이었던 '정현')이 바쳐질 예정이다.

2. 끈적임, 사랑과 죽음의 형식

모턴이 든 하이퍼객체의 맨 처음 특징은 '끈적이는viscous 것'이다. "하이퍼객체를 이해하려고 애쓸수록 그것에 붙들려 꼼짝할 수 없는 나를 보게 된다. 내 신체의 모든 곳이 하이퍼객체로 뒤덮인다. 하이퍼객체가 곧 나 자신이다. 흡사 영화 「매트릭스」 속 네오가 된 것 같다. 공포에 질린 그의 얼굴, 거울 같은 물질로 코팅되어 문손잡이마저 녹아내리게 하는 그의 손"(『하이퍼객체』, p. 60). 하이퍼객체는 나를 관통하며, 나와 구별되지 않을 정도로 점착(粘着)되어 있다. 나를 온통 뒤덮는 이 끈적임이 하이퍼객체의 특성이라면 나는 그 끈적임의 잉여물일 것이다. "아기는 덩어리진 우유를 토해낸다. 아기는 토사물과 토사물 아닌 것을 구분하는 법을 익히면서 토사물 아닌 것을 자아로 인식하게 된다"(『하이퍼객체』, p. 67). 아기-나는 토한 것에서 겨우 구별된 것이다. 다시 말해 그 토사물의 잉여다.

「습지의 사랑」(『칵테일, 러브, 좀비』)에 나오는 '물'은 물귀신—물에 빠져 죽은 소년—이다. 소년은 자신이 빠져 죽은, 자신을 둘러쌌던 물과 구별되지 않는 존재다. 어느 날 소년은 숲에서 자신을 빤히 보던 소녀('숲')를 만난다. 소녀는 숲에서 목숨을 잃은 자인데 생전의 소녀는 '이영'이라는 고교생이었다. 물과 구별되지 않는 소년과 숲과 구별되지 않는 소녀의 만남, 둘은 인간의 몸(시신)을 떠났기에 자신을 감싸는 끈적이는 것—물과 잎, 토사물, 나아가 썩어서 흐물거리는 살과 부식토—과 구별되지 않는다. 그런데 물은 숲으로 나아갈 수 없고 숲은 물에 잠길 수 없다. 둘은 이렇게 만난다.

〔산사태입니다. 주민 여러분들은 모두 긴급히 대피를 하여 주시기…〕

방송은 지직이는 잡음과 함께 멎었다. 물은 느리게 눈을 깜빡였다. 곳곳에서 굴러떨어진 흙더미와 바위가 하천을 메워 갔다.

〔……〕

"여울."

이영의 목소리.

"널 만나러 왔어."

〔……〕

"보고 싶었어, 이영."

서로의 이름을 부르자 세상이 암전되는 듯했다. 〔……〕 뒤집히고 뒤섞인 세상에서 여울과 이영은 서로밖에 남지 않았다는 듯이 몸을 붙였다. 세상이 어떻게 되든 말든 그런 건 하나도 중요하지 않은 것 같았다. 그들은 젖은 흙냄새에 파묻힌 채로 눈을 감았다. (pp. 71~73)

산과 물과 마을을 뒤섞은 이 사태는 인간들에게 재난이지만, 숲이나 물과 구별되지 않는 둘에게는 축복이다. 끈적임은 나와 타자의 융합 내지 용해를 표시한다. 따라서 끈적임은 사랑의 형식이자 죽음의 형식이다. 이 마지막 장면에서 둘이 "눈을 감았다"는 것은 둘이 (물과 숲이라는) 각자의 존재 형식을 포기했다는 뜻이자 그 방식으로 존재하기를 멈추었다는 뜻이다.

3. 얽힘, 상보적 인물들

끈적임은 '양자적인 얽힘'에 대한 묘사이기도 하다. "양자 객체들은 끈적거린다. 상보성complementarity이란 양자를 찌르면 양자가 찌르는 도구에 들러붙어 그 두 가지를 분리시킬 수 없게 되는 것을 의미한다. 〔……〕 닐스 보어Niels Bohr는 이를 하나의 징후로 받아들여 양자 현상을 실재로서가 아니라 (인간이 만든) 기구와의 상관성으로 보았다. 기구와 양자는 더는 나누어 분석할 수 없는 전체를 형성한다"(『하이퍼객체』, p. 79). 고전적인 입자들은 파동이면서 입자다. 예컨대 입자들은 경우에 따라 파동으로 또는 입자로 나타날 수 있으나 동시에 입자이면서 파동으로 나타날 수는 없다. 이를 닐스 보어는 상보성의 원리라 불렀다. 물리적 실재의 성질은 상보적인 켤레conjugate로서 나타나고, 켤레를 이루는 물리량들은 상보성의 한계 내에서만 결정된다. 전자의 위치를 측정하면 그와 상보적 관계에 있는 전자의 운동량에 대한 정보는 불명확해지며, 반대로 전자의 운동량을 측정하면 전자의 위치에 대한 정보는 정확히 알 수 없게 된다. 이것은 관측 대상(입자)과 관측 행위(관찰자)가 서로 얽혀 있기 때문이다. 소설의 인물들도 서로 영향을 주고받는 행위자들이라는 점에서 서로 얽혀 있다.

「오버랩 나이프, 나이프」(『칵테일, 러브, 좀비』)를 요약해보자. 이 소설은 두 초점 인물의 교차 진술로 전개된다.

아들 '세호'의 진술을 보자. 1) 아버지가 어머니를 죽였다. '나'는 그 칼로 아버지를 찌르고 자살을 시도한다. '나'는 죽어가는 중에 "시간을 되돌려줄까?"라는 미지의 목소리를 듣고 이를 수락

한다. 기회는 세 번이다. 2) '나'는 살해당하기 전날로 돌아가 어머니를 보호한다. 그러나 잠시 어머니를 떠난 사이에 아버지가 어머니를 죽인다. 경찰서로 찾아간 '나'는 아버지를 찌르고 교도소에서 목을 맨다. '나'가 죽어갈 때 다시 목소리가 들린다. 3) 과거로 돌아간 '나'는 어머니를 폭행하던 아버지를 죽인다. 하지만 살인자 아들을 쳐다보는 어머니의 텅 빈 눈을 보고 모든 것이 잘못되었음을 느낀다. 4) 마침내 '나'는 마지막 기회를 쓴다. '태어나기 전으로 돌아가, 어머니가 아버지와 사귀기 전에 그를 죽여야 한다.'

어머니(영희)의 진술을 보자. 1) 여대생인 '나'는 자취방으로 돌아가는 길에 스토커의 추적을 느낀다. 그때 찬석(훗날의 아버지)이 나타나 동행해준다. 둘은 사랑하는 사이가 되지만, 어느 날 '나'는 찬석이 집 앞 골목길에서 스토커의 칼에 맞아 죽는 것을 목격한다. 이때 목소리가 들린다. "시간을 되돌려줄까?" 2) '나'는 찬석이 칼에 맞기 전으로 돌아가 그와 함께 밤을 보낸다. 그러나 둘의 주변을 배회하던 스토커는 기회를 틈타 찬석을 죽인다. 다시 목소리가 들린다. 3) 찬석이 자신 때문에 죽었다고 생각한 '나'는 그와의 만남을 회피하기 위해 찬석을 만나기 전으로 돌아가 휴학을 하고 귀향길에 오른다. 그러다 신문에서 찬석이 누군가의 칼에 찔려 죽었다는 기사를 읽게 된다. 어떤 노력을 해도 찬석의 죽음을 막을 수 없는 셈이다. 이제 스토커를 저지하는 수밖에 없다. 4) '나'는 찬석이 살해당하던 날로 돌아간다. 스토커가 찬석을 찌르려던 순간, '나'는 칼로 그 남자를 죽인다. 5) '나'는 찬석과 결혼하여 아들 세호를 낳는다. 사업에 실패한 후 남편은 포악한 괴물로 변했으며, 아들은 자라면서 스토커의 얼굴로 변해간다. 마지막 날 찬석이 휘

두른 칼은 '나'가 아들(스토커)을 찔렀던 그 칼이었다. 마지막으로 목소리가 들린다. "결국 벌어질 일은 벌어지지. 깔깔깔"(p. 157).

인물은 여러 번의 살인을 거듭하면서도 끝내 최초의 비극을 막지 못했다. 이것은 결정론에 대한 단언인가, 아니면 운명에 대한 우화인가? 목소리는 모든 것이 결정되어 있으면서 자유의지는 예정된 결말을 뒤집을 수 없다고 말한다. 이렇게 본다면 이것은 결정론에 대한 판결이다. 한편 아들과 어머니는 준비된 비극을 막기 위해 영웅적인 투쟁을 전개한다. 아이러니한 것은 저들의 노력이 파국을 구성하는 필수적인 요인이라는 점이다. 어머니 주위를 배회한 아들의 행동이 없었다면 둘은 만나지 않았을 것이다. 아들이 끝내 아버지를 해치려 하지 않았다면 어머니는 귀향한 곳에서 다른 이를 만났을 것이다. 그리스 비극의 인물들처럼 주어진 운명을 거스르려는 이들의 노력이 그 운명을 완성하고 있는 것이다. 이렇게 본다면 이것은 고전적 비극의 고딕적 판본이다.

그런데 비극의 진정한 원인은 따로 있었으며 목소리는 이 점을 은닉하고 있다. 사실 참극은 아버지의 변질 혹은 타락의 결과다. 젊었을 때의 찬석은 온화하고 다정한 남자였다. 그러나 결혼 후의 찬석은 폭행과 살인을 저지르는 잔인한 불량배에 지나지 않았다. 표변한 찬석이야말로 이 참극의 진정한 원인이다. 시간을 되돌려주겠다고 제안하는 목소리가 아버지에게 나타나지 않았던 것은 바로 이 때문이다. 아버지에게는 각성의 계기가 부여되지 않았다. 중요한 것은 아들과 어머니의 선택 들이다. 둘의 선택은 서로 얽혀 있다. 아들은 어머니의 죽음을 막으려고 필사적이고 그중에 두 번은 성공하기도 한다(어머니가 찬석의 죽음을 확인한 두 번의 경우). 그러나 이 성공은 어머니의 세번째 선택에 의해서 다시 무위로 돌아간다. 어머니의 세번째 선택은 모든 것을 최초의 시간으로 되돌린다. 둘이 서로 간에 얽혀 있음을 증명하는 유일한 표식이 어머니의 목을 그었던 과도다. 이 칼은 아들이 시간을 되돌릴 때 챙겨 갔던 유일한 물건이기도 하다. 칼은 시간을 순환하고 이 시간들을 결정적인 사건으로 확정 짓는 표식이 된다.[6]

4. 홀로그램 우주

모턴이 하이퍼객체의 또 다른 특징으로 든 것은 비국소성 nonlocality이다. 하이퍼객체는 모든 곳에 있으나 직접 경험할 수 없다. 그렇다면 우리가 보는 것은 하이퍼객체 자체가 아니라 그것의 표현으로 가득 찬 우주다. 바로 그것이 홀로그램 우주다. "중력파 탐지기는 우주배경복사에서 나오는 믿을 수 없을 정도로 규칙적인 패턴을 보여주는데, 마치 어떤 수준에서는 실재가 픽셀화—정보를 담은 규칙적인 작은 '점'들로 만들어진—되어 있기라도 한 것처럼 말이다. (……) 홀로그램 우주는 하이퍼객체 (……) 일 것이다"(『하이퍼객체』, pp. 101~102). 우주배경복사는 감지할 수 없는 하이퍼객체의 균일한 흔적이다. 우주배경복사를 내보이는 우주는 홀로그램의 일종이다. 그렇다면 홀로그램 우주의 거주자는 유령일

---

6   이 소설에서 칼이 시공간을 넘어서서 살인을 증거하는 유일한 사물이라면, 「릴리의 손」(『트로피컬 나이트』)에서 떨어져 나온 의수(義手)는 시공간을 넘어서서 릴리와 연주의 사랑을 증거하는 유일한 사물이다.

것이다.

「할로우 키즈」(『트로피컬 나이트』)는 사라진 아이에 관한 이야기다. 유치원 교사인 '나'는 핼러윈 행사에서 유령 역할을 맡았던 '재이'에게 일어난 사건을 전한다. 재이는 핼러윈 연극에서 유령 역할을 맡아 흰 천을 뒤집어썼다. 그런데 천을 걷자,

> 재이가 있어야 할 자리에는 아무도 없었습니다. 정말 아무것도 없었습니다.
> 품에 남은 건 유령의 허물 같은 흰 천뿐이었어요. 그리고 천마저도 손안에서 미끄러져 바닥을 굴렀죠. 이게, 핼러윈 실종 사건의 전말입니다. (p. 15)

홀로그램 우주가 허공에 사영(寫影)된 감지되지 않는 무엇—하이퍼객체—으로 이루어졌다면 이 우주의 거주자에게서도 실재적인 것은 아무것도 없을 것이다. 움직이는 것은 흰 천이지만, 천을 걷으면 그 안에는 아무것도 없는 것이다. 유령의 존재론이란 그런 것이다. 그것은 나타나지만 감지되지 않는다.

「나쁜 꿈과 함께」(『트로피컬 나이트』)는 인간의 악몽을 주식으로 삼아 살아가는 몽마(夢魔)를 주인공으로 한 소설이다. '나'는 인간의 꿈속에서 여러 모습—귀신, 크루거, 살인마, 괴물 개구리, 상사, 무표정한 연인—으로 등장해서, 인간이 흘리는 공포를 먹고 산다. '나'는 단골 식사 장소인 은성의 집을 또 찾았다. 몽마 입장에서는 도시의 가난한 소시민인 은성에게서는 식사할 거리가 많다. 그런데 이야기의 후반부에서 몽마인 '나'는 은성에게 곰 인형

처럼 안겨 있기도 하고, 인형 뽑기 기계의 조작을 도와서 인형을 얻어주기도 한다. 악몽의 생산자이자 착취자인 몽마가 인간의 동행이 되는 것이다. 마지막 장면에서 몽마의 모습이 언뜻 드러난다.

    은성은 어느샌가 주머니에서 꺼낸 병아리 인형을 손끝에 달랑이며 걷고 있었다. 나는 묵묵히 그의 옆을 함께 걸었다. 간혹 누런 빛의 가로등이 깜빡였는데, 아주 찰나의 순간 담벼락에는 은성의 그림자 옆에 꼬리가 기다란 내 그림자가 함께 비쳤다. 은성이 그것을 보았는지는 알 수 없었다. (pp. 228~29)

도시의 담벼락은 홀로그램을 비추는 스크린이다. 거기에 "꼬리가 기다란" 몽마의 모습이 비친다. 이들의 관계도 얽혀 있다는 것을 기억하자. 은성이 도시에서 유령의 존재 형식을 하고 있다면, 몽마는 유령의 악몽 속에서 곰 인형의 존재 형식을 하고 있다. 홀로그램 우주인 우리의 세계는 누군가가 꾼 나쁜 꿈일지도 모른다.[7]

5. 고차원의 그림자

홀로그램 우주에서 상연되는 것은 무엇일까? 그것은 더 높은 차원에 있는 대상의 그림자다. 저차원의 거주자들은 고차원의 대

---

[7] 꿈속에서 몽마와 은성은 나란히 걷는다. 이 동행의 의미에 관해서는 이 글의 끝에서 밝힐 것이다.

상들을 감지할 수 없다. 그들은 다만 그것들의 저차원 판본만을 단편적으로 인식할 뿐이다. 하이퍼객체의 또 다른 특징인 위상 조정 phasing을 논하면서, 모턴은 이 세계에서 상연되는 이야기가 더 높은 차원의 사영(射影)일 수 있다고 말한다. "하이퍼객체는 **위상 조정된다**. 즉 하이퍼객체는 고차원의 **위상 공간**을 점유하기 때문에 보통의 3차원 인간 척도를 기반으로 해서는 하이퍼객체 전체를 보기는 불가능하다.

우리는 한 번에 단지 하이퍼객체의 몇몇 조각만 볼 수 있을 뿐이다. 하이퍼객체가 비국소적으로 보이고 시간적으로 단축되어 fore-shortened 보이는 이유는 바로 하이퍼객체의 초차원적 성질 때문이다"(『하이퍼객체』, pp. 148~49). 3차원 세계에 사는 우리가 4차원의 형태를 식별한다는 것은 불가능하다. 사실은 상상조차도 어렵다. 이를 상상하기 위해서는 2차원 존재자들에게 3차원의 형태가 어떻게 보이는가를 짐작하는 수밖에 없다. 2차원 평면 세계에 사는 인간들에게 사과는 하나의 점에서 시작하여, 여러 크기의 변화하는 원으로 보이다가 다시 하나의 점으로 작아지는 것처럼 보일 것이다. 같은 방식으로 고차원 세계는 우리에게 신비한 형체로 체험될 것이다. 그것은 저차원 세계에 사는 우리가 목격하는 고차원 세계의 그림자다.

『적산가옥의 유령』을 보자. 이 소설은 '나'(현운주)가 외증조모에게 물려받은 적산가옥에서 살면서 겪게 되는 이상한 체험담이다. '나'는 "외증조모가 되어 꾸는 꿈"(p. 172)을 꾸게 되고 현실과 비현실을 혹은 현재와 과거를 넘나드는 체험을 하게 된다. 1943년 외증조모('박준영')는 간호사가 되어 이 집에 들어왔다. 이

집은 가네모토 집안의 소유다. 이 집안의 도련님인 유타카는 중학생으로 동물들을 죽여서 해부하는 등의 기괴한 취미를 가진 아이로, 몸에 상처나 결박흔과 같은 학대의 흔적을 숨기고 있었다. 결국 외증조모는 소년의 아버지 가네모토와 주치의가 아이를 묶고 칼로 몸에 상처를 내는 장면을 목격한다. 유타카는 이 과정에서 방언("알 수 없는 말")을 내뱉기 시작한다. 이 말의 내용은 미래에 벌어질 일들이다. 가네모토는 아들의 예언을 이용해 경제적 성공을 거두어왔다. 소년의 아버지는 "어린아이의 살을 베어내 얻은 결과"로 "불행과 큰 재난"(p. 115)을 비껴가서 행운을 얻은 자였던 것이다.

고문과 학대에 못 이긴 유타카가 가출을 결행한다. 도로를 가로지르던 유타카는 차량에 부딪혀 크게 다친다. 사고 현장에서 유타카는 자신이 본 것을 잊지 않겠다는 듯 반복해서 말한다. "히로시마, 나가사키, 히로시마, 나카사키. 8월"(p. 126). 병원에서 아들 유타카를 만난 아버지 가네모토는 다그친다. 피를 많이 흘렸으니 평소보다 많은 것을 봤을 것이라며. 그러자 유타카는 이렇게 말한다.

"8월 6일 히로시마."

하지만 그에 덧붙인 말은 나에게 했던 것과는 조금 달랐다.

"그리고 9일, 교토에 폭탄이 떨어져요. 거대한 버섯 모양 구름을 봤어요."(p. 144)

유타카의 말을 믿은 가네모토는 모든 재산을 나가사키로 옮기고, 두번째 폭탄이 거기에 떨어져 모든 것을 잃는다. 유타카는 예언의 말을 고쳐 아버지에게 복수했던 것이다. 유타카는 두 가지 점에서 고차원의 그림자다. 첫째로, 이 소년은 예언의 능력을 가졌다. 예언이란 미래에 벌어질 일을 미리-앞당겨서 발설하는 것이다. 우리 우주는 세 개의 공간 차원과 한 개의 시간 차원으로 이루어져 있으며, 이때 시간은 3차원 공간과 얽혀 있다. 우리는 이쪽에서 저쪽으로 이동할 수 있다. 한데, 이때 시간은 과거에서 미래로만 흐른다. 고차원에서 시간은 여분의 공간 차원과 결합할 수 있으므로 우리 우주의 시간과 같지 않다. 고차원의 존재자들은 동시에 두 곳에 있을 수도 있으며, 한 곳에서 서로 다른 시간을 체험할 수도 있다. 따라서 예언이란 (미리 당긴 시간이라는 형식으로) 고차원의 기하학을 설명하는 그림자 언어이다. 고문이 필요했던 이유도 바로 이 때문이었을 것이다. 고문이란 육체에 상처와 흔적을 새기는 것이므로, 이 세계에서 발설된 고차원 언어, 다시 말해 예언에 상응하는 것이다. 미래의 말이 발설되기 위해서는 그것과 짝을 이룬 현재의 기록이 수반되어야 했던 것이다. 둘째, 이 소년은 집안의 유령이 된다. 유타카는 사고를 당하기 전, 외증조모에 대해서도 예언을 한다. "잠깐 들여다봤어. 당신은 이 집에 살게 될 거야. 〔……〕 내가 죽고 난 후에"(p. 124). 유령이란 홀로그램 우주의 거주자이자, 고차원 세계의 사영(射影)이다. 그는 자신이 죽은 이후에도 유령이라는 홀로그램의 형태로 그곳에 나타난다. 홀로그램 우주는 고차원의 그림자로 가득 차 있다.

6. 시공간의 물결

　모턴은 하이퍼객체의 또 다른 특징으로 '물결치는 시간성 temporal undulation'을 든다. 상대성이론은 가변적인 시공간을 상정한다. 아인슈타인은 중력이란 사물로 인해 시공간이 굽은 것이라고 설명한다. 상대성이론에서 시간은 공간과 떼어낼 수 없으며, 중력의 크기에 따라 시공간은 달라진다. 물결치는 시간성이란 시간이―물론 공간도 그러한데―대상/객체에 의해 파동wave의 형식으로 퍼져나가는 것을 이르는 말이다. "아인슈타인에 이르러서야 시공간이 그 자체로 객체의 창발적 속성으로 보이기 시작했다. 〔……〕 아인슈타인이 시공간을 발견한 것은 하이퍼객체를 발견한 것이기도 했다"(『하이퍼객체』, pp. 129~30). 시공간은 객체/대상의 질량이 행사하는 힘(중력)에 따라, 객체의 주위를 물결치듯 흐른다.

　모턴은 시공간이 객체의 창발적 속성이라는 사실을 설명하기 위해 세계통world tube 혹은 광원뿔을 들어 설명한다. 세계통은 어떤 객체/대상이 시공간을 점유 혹은 이동할 때 공간에서 0이 아닌 영역을 차지하는 경로다. 영화관에서 스크린을 상연하기 위해서 쏘는 광원도 마찬가지다. 스크린은 이 광원에서 쏟아진 빛이 도달하는 원뿔(이 경우에는 사각뿔)의 바닥면에 위치한다. 하나의 사물은 시공간의 특정한 지점/시점을 점유한다. 이때, 그 경로는 객체/대상이 우리 우주에 존재해온 경로다. 우리 우주도 같은 방식으로 설명할 수 있다. 여기 하나의 원뿔이 있다. 우리 우주는 138억 년 전 빅뱅으로 탄생했다.[8] 빅뱅의 순간/지점이 원뿔의 꼭짓

점이라면, 펼쳐진 우리 우주는 원뿔의 바닥면이다. 138억 년 동안 일어난 우리 우주의 모든 사건은 원뿔이 차지하는 부피 안에서 이루어졌다. 우리는 꼭짓점 이전의 일(빅뱅의 순간 이전의 모든 시간)과 원뿔의 사면 바깥의 일(팽창하는 우리 우주 바깥의 모든 공간)을 상상할 수 없다. 우리의 미래는 원뿔의 바닥면이 확장되는 경로에만 놓일 것이다. 꼭짓점과 원뿔이 그려내는 사면의 '이전'이나 '너머'란 존재하지 않는다.

조예은 소설의 인물들을 둘러싼 시간 중첩(서로 다른 시간들이 하나의 공간에서 겹치는 것)도 그 인물들에게서 비롯된 창발적인 특성이 아닐까? 인물들의 욕망이나 행위가 낳은 시공간의 파동 말이다. 「푸른 머리칼의 살인마」(『트로피컬 나이트』)를 읽어보자. 젊은 어부와 아내가 어여쁜 아이를 낳았다. 아빠는 그 여자아이의 이름을 블루라고 지었다. 어느 날 한 노파가 찾아와서는, 저주스러운 예언을 남긴다. "아이는 파도를 닮은 푸른 곱슬머리와 푸른 눈동자를 가지고 아름답게 자랄 것이오. 많은 이에게 사랑을 받으며 크겠지만 끔찍한 외로움이 아이를 기다리고 있소. 결국 무수한 피를 손에 묻히게 될 것이오. 남편의 목을 베고 구천을 떠돌 것이외다"(pp. 267~68). 모든 동화가 말해주듯이, 혹은 고차원의 그림자가 증언하듯이 예언은 반드시 이루어진다. 아이는 푸른 머리칼을 가진 아름다운 소녀로 자랐다. 어느 날 소녀는 시장에 갔다가 카드

---

8   빅뱅과 팽창 우주에 대한 설명은 닐 디그래스 타이슨·마이클 A. 스트라우스·J.리처드 고트의 14장 「팽창하는 우주」 23장 「인플레이션 그리고 우주론의 최근 발전」, 『웰컴 투 더 유니버스—무한하고 경이로운 우주로의 여행』, 이강환 옮김, 바다출판사, 2019를 참고하였다.

점을 친다. 점쟁이는 소녀에게 말한다. "만약 금지된 문이 나타난다면 여세요. 그게 당신이 살길입니다"(p. 274). 예언이 고차원의 그림자 언어임을 상기하자. 저 말은 이후의 이야기를 결정짓는 지도리hinge다.

소녀는 영주의 눈에 들어 그의 청혼을 받는다. 형식은 청혼이지만 사실은 소녀의 애인을 죽이겠다는 협박이다. 어쩔 수 없이 영주와 결혼했으나, 그녀의 앞날은 순탄치 못했다. 영주는 신부였던 블루를 학대했다. 그는 때때로 성을 나가서는 영지의 처녀들을 죽이고 돌아오는 살인마였다. 이 성에는 선대 영주 때부터 내려오는 두 가지 금기가 있었다. 도끼에 손대지 말 것. 서재의 안쪽 문을 열지 말 것. 이야기의 속성에 따라 블루는 그 문을 열고, 그 방과 동일하지만 다른 시간대에 놓인 서재에 도달한다. 그 방에서 그녀는 영주가 도끼로 자신(건너편 방의 블루)을 죽이는 것을 목격하고 그것이 자신에게 벌어질 미래의 사건이라는 것을 알아차린다. 같은 방식으로 소녀의 연인인 썸머마저 영주에게 살해당하자 마침내 그녀는 결심한다. 그녀는 도끼로 영주를 살해한다. 그러나 살인자인 그녀가 성에 남아 있을 수는 없는 법. 그녀는 문을 열고 다른 시간대의 서재로 도피한다.

블루는 계속해서 문을 넘었다. 넘고 또 넘었다. 문 너머에서 자신은 이미 죽었을 때도 있었고, 아직 살아 있을 때도 있었고, 썸머만 죽었을 때도 있었으며 더 많은 여자가 죽었을 때도 있었다. 다른 세계의 자신은 영주에게 살해당하기도, 사형을 당하기도, 썸머와 도망쳤다가 함께 죽임을 당하기도, 영주를 죽이고 자살하기도 했다. 아직 아무도 죽지 않았던 때도 있었다. 블루는 그 모든 문 너머의 세계에서 영주를 죽였다. (p. 302)

블루는 그렇게 늙어갔다. 블루는 어느 날에는 시장통에서 만난 다른 자신에게 "금지된 푸른 문이 나타난다면 여세요"(p. 303)라고 충고하기도 하고, 다른 날에는 젊은 부모를 찾아가 어린 자신의 미래에 대해 예언하기도 했다. 이 이야기에서 금기는 이야기를 밀고 나가는 원동력이지만, 그렇다고 해서 그녀가 자신의 운명을 개척하고 승리자가 되지는 못한다. 그녀가 금기의 문을 열어젖힐 때마다 새롭게 초기화된 이야기가 있으며, 그녀는 그때마다 영주를 살해함으로써 이야기를 전개할 의무를 힘겹게 짊어졌기 때문이다. 이 이야기에서는 모든 인과의 시작과 끝에 그녀가 있다. 문을 열라고 충고하는 이도 그녀이고 충고에 따라 문을 여는 이도 그녀다. 이것은 인물을 중심으로 재편된 시공간, 인물의 주변으로 구부러지고 물결치고 퍼져나가는 시공간이다.

7. 종말의 신

모턴은 원자폭탄을 비국소성의 예로 든다. "『히로시마』는 원자폭탄이 투하되었을 당시 마을에 살던 사람들의 증언을 모은 책이다. 각각의 증언은 그 폭탄에 대한 특유의 설명이 된다. 누구도 그 폭탄을 전체적으로 경험하지 않았다"(『하이퍼객체』, p. 106). 원자폭탄은 누구나 그것에 관해서 말하지만, 누구도 그것에 관해서 충분히 잘 알지 못하는 것이다. 따라서 원자폭탄은 하이퍼객체의 모습을 하고 있다. "(영화『태양의 제국』에서 주인공인―인용자) 짐은 말했다. "나는 오늘 새 단어를 배웠어. 원자폭탄. 하늘 위에 번쩍하는 흰 빛 같아. 사진을 찍는 신같이."〔……〕 신이 사진을 찍는 것같이, 태양보다도 더 뜨거운 불덩어리가 내뿜는 흰 빛 속에서 비인간이 인간을 내려다본다. 〔……〕〔짐의〕 그 문장은 우리가 상대하고 있는 것이 물리적인 개체임을 상기시킨다"(『하이퍼객체』, pp. 108~109).

원자폭탄은 종말의 신이다. 폭탄은 그것에 휩쓸린 모든 이들을 죽음의 세계로 초대한다. 그 신은 사진을 좋아한다. 우리가 신에 관해 아는 것은 사진으로만 모습을 드러내는 섬광, 버섯구름, 그리고 잠시 후에 몰아닥칠 돌과 모래의 폭풍이다. 원자폭탄은 모든 곳에 임한다는 점에서, 그리고 방사능으로 인해 보이지 않는 먼 미래와 먼 곳까지 영향을 미친다는 점에서 비국소적이다. 그럼에도 불구하고 그것은 폭탄의 모양을 한 "물리적인 개체"다.

「가장 작은 신」(『트로피컬 나이트』)으로 가보자. '수안'은 2년째 집 밖 출입을 하지 않은 은둔형 외톨이다. 기관지염과 폐병, 피부염을 불러일으키는 급성 먼지바람이 세상에 출현한 이후 외출을 단념했다. "먼지들은 꼭 지구를 침략한 외계의 물질 같았다. 〔……〕 먼지라는 건 어디에나 존재하는 아주 작은 것. 그 작은 것들이 인간의 눈에 쉽게 띄지 않는 틈새나 환부에 침입해 상태를 변형시키고 곪게 만들었다"(pp. 153~54). 이 소설의 먼지야말로 정확히 하이퍼객체의 모습을 띠고 있다.

이곳을 고교 동창인 '미주'가 찾아온다. 수안은 처음에는 미주를 경계했으나 차츰 마음을 열게 된다. 하지만 미주는 다단계 회사의 영업사원으로 피라미드 가장 아래에 깔린 희생자 가운데 하나로 수안을 점찍어둔 것이었다. 미주가 수안에게 팔아치운 제품 가운데 '먼지의 신'이란 게 있었다. 가격은 비싸지만 성능은 신통치 않은 공기청정기의 이름이다. 그것은 별 볼 일 없는 '물리적인 개체'로 집 안 한구석에 놓여 있다. 시끄럽게 돌면서 자신의 존재를 알리지만 정작 먼지들을 잘 걸러내지는 못하는 무능력한 신! 먼지는 비국소적이지만 먼지의 신은 국소적이다. 물리적인 개체로 상형화된 신은 저처럼 무능력하고 비천하다. 미주의 마지막 목표는 수안을 회사의 영구 회원으로 가입시키는 것이다. 회원 가입 원서는 수안을 착취 구조 속에 완전하게 밀어 넣는 노예 문서다. 가책을 느끼던 미주는 끝내 서류를 건네지 못하고 그 벌로 실적 미달자들이 의무적으로 참석해야 하는 야유회행이 확정된다. 야유회에 가는 버스 안에서 미주는 상관인 '마 실장'이 건넨 요구르트를 마시고 정신을 잃는다. 정신을 차리고 보니 회사 지하실에 묶여 있다.

다음 이야기는 급격하게 종말론적 모험담의 말투로 바뀐다. 마 실장은 미주에게 부녀가 모두 먼지의 신을 위한 제물이 된다니 영광이 아니냐고 묻는다. 미주의 아버지 역시 변변치 않은 실적 때문에 야유회 명단에 올랐다가 사고로—정확히는 그렇게 위장된 살인으로—목숨을 잃었다. 미주도 아버지도 먼지의 신을 섬기는 사교(邪敎)의 희생자 명단에 올랐던 것이다. 왜 종말을 바라느냐는 미주의 질문에 마 실장은 이렇게 대답한다.

"난 먼지의 신이었다가 재앙의 신이 되었지. 그리고 이젠 종말의 신이 될 거야. 그게 더 멋있으니까."

"멋?"

"신으로 태어났는데 한 번도 추앙받지 못한 내 처지를 한낱 인간인 네가 이해하겠어? 늘 태양의 신, 하늘의 신, 땅의 신, 물의 신만 신 취급이지. 난 이제 먼지의 신이 아니라 종말의 신이야. 모든 인간들이 날 무서워하고, 숭배할 거야. 날 이렇게 만든 건 인간들이라고."

실장은 억울하다는 듯이 미간을 구기며 말했다. (p. 201)

하이퍼객체인 '먼지'가 비국소적이지만 공기청정기인 '먼지의 신'은 국소적이듯이, 세상에 "에어포칼립스"라는 종말을 내리려는 '먼지의 신'은 비국소적이지만 그 신의 대리자이자 성육신인 '마 실장'은 국소적이다. 이 장면은 종말론적 공포의 현장이라기보다는 한 미치광이가 독백을 늘어놓는 무대에 가깝다. 마 실장이 미주를 죽이려는 찰나 때마침 나타난 수안이 마 실장을 내리쳐서 미주를 구하고, 다시 부활한 마 실장이 수안을 죽이려는 찰나 힘을 회복한 미주가 다시 마 실장을 내리쳐서 수안을 구한다. 이 양식화된 모험 역시 고딕식 공포라기보다는 잔혹 코믹극에 가깝다. 세상의 종말을 위해 임재한 신이란 것이, 그렇게 국소화되는 순간 우스꽝스럽고 무력한 물리적인 개체가 되고 마는 것이다.

8. 세계의 끝에서

이 시대는 하이퍼객체들이 과학기술에 힘입어 본격적으로 가시화된 시대다. "인간에 의해 하이퍼객체가 가시화되는 역사적 순간이 도래했다"(『하이퍼객체』, p. 262). 모턴은 하이퍼객체들의 여러 특성을 짚은 후, 그렇게 가시화된 우리의 시대가 '세계의 끝'에 이르렀다고 진단한다. 이 아포칼립스적인 단언은 조예은 소설의 분위기를 요약하는 말이기도 하다. 모턴은 근대 세계가 처음부터 심미적 현상이었음을 지적한다. "**세계**는 흐릿함과 미적 거리에 근거한 심미적 현상이다. 〔……〕 **세계**라는 관념은 온갖 종류의 무드 조명과 무드 음악, 그리고 정의상 순전히 우스꽝스럽고 무의미한 핵심을 담고 있는 미적 효과에 좌우된다"(『하이퍼객체』, pp. 213~14). 세계는 지구와 동일시되거나 지구 표면에 펼쳐진 객관적 형상이나 정황이 아니다. 세계는 인간의 심미적, 이데올로기적 표상의 등가물에 지나지 않는다. 이를테면 유럽인들이 상상하는 자연 혹은 "**세계**란 매우 오랫동안 지속된 복잡한 일련의 사회적 양식으로, 개략적으로 농업 물류학이라고 부를 만한 것이 만들어낸 작용"(『하이퍼객체』, p. 216)에 지나지 않는다. 우리가 풍력발전 단지나 태양전지판을 '경관을 해친다'는 이유로 거부할 때, 이 경관이란 자연 그 자체가 아니라 심미적이고 이데올로기적인 이미지에 지나지 않는다. 오히려 모턴은 풍력발전 단지가 "숭고함의 미학을 구현"(『하이퍼객체』, p. 215)하고 있다고 지적한다. 그것도 탄소 배출을 하지 않겠다는 윤리적인 성격을 가진 숭고함 말이다.

우리가 조예은의 『꿰맨 눈의 마을』에서 접하게 되는 세계도 그와 같다. 극지방의 빙하가 녹으면서 고대의 바이러스들이 창궐했다. 이로 인한 병은 "신의 저주"(p. 15)라 불렸다. "그 질병 때문에 인류는 본래 모습을 잃고 흉측하게 변해갔다. 어깨에 또 다른 머리가 솟아났다. 꼬리뼈에 세번째 다리가 자라났다. 여섯 개의 팔을 가진 아이가, 머리가 두 개인 아이가, 수십 개의 손바닥이 모여 날개를 이룬 아이가 태어났다"(p. 15). 기형 혹은 괴물이 된 감염자들은 인간을 잡아먹었다. 병에 걸리지 않은 인류는 '타운'이라 불리는 배타적인 거주지를 설립했다. 그러나 타운 내에서도 왕왕 발병자들이 생겨났다. 이들은 병이 발견되는 즉시 추방되었다. 그런데 '이교'(이 인물은 등에 눈이 돋아난 '괴물'이었지만, 그것을 숨기고 '타운'에 살았다)가 만난 외부인(손등과 이마에 추가적인 눈이 돋은 '람'이라는 소녀)은 다른 이야기를 전한다. 감염자가 폭증하여 다수를 차지하자, 상황이 바뀌었다.

지구인의 50퍼센트가 넘는 비율이 신체 변형을 겪자 여론은 서서히 바뀌기 시작했다. 사람들은 당사자가 되고서야 인류를 위하는 척 공포를 조장하던 그 수많은 목소리들이 거짓이었음을 깨달았다. 〔……〕 변형된 신체를 숨기지 말고 당당히 드러내자는 움직임이 일었다. 팔이 네 개인 사람들을 위한 옷이 디자인되었고, 다리가 세 개이거나 하나인 사람들을 위한 하의가 출시되었으며, 변형된 신체에 대한 본격적인 연구가 이루어졌다. 어느 순간부터 거리에 나가면 감염되지 않은 자들의 수보다 감염자들의 수가 많았다. 신체 변형자의 비율이 전 세계 인구의 87퍼센트에 달했을 때, 사람들은 이 범세계적인 증상을 질병이 아닌 진화라고 명하기 시작했다. 인류의 형태는 성별과 인종을 넘어 다양해졌고, 미의 기준 역시 다시 정립되었다. 〔……〕 시각적인 낯섦을 넘어서자 새로운 세계가 펼쳐진 것이다. (pp. 41~42)

이들은 자신들을 신인류라 부르고, 변형을 겪지 않은 인간들을 구인류라 불렀다. 이들이 다수를 차지하자 인간 몸의 기본적인 설계를 기준으로 한 미의식도 바뀌었다. 구인류를 잡아먹는다는 괴물은 '타운'의 장로들이 꾸며낸 헛소문에 지나지 않았다. 타운의 사람들이 세운 범주는 '정상인/괴물'이며, 변형을 겪은 사람들이 세운 범주는 '구인류/신인류'다. 세계는 이처럼 심미적이고 이데올로기적인 시선에 따라서 다르게 나타난다. 하지만 정상/괴물 혹은 구인류/신인류를 가르는 범주는 상대적인 것이 아니다. 미적 기준의 다양화, 미의식의 확장이 전제된 신인류의 기준이 더 낫다고 할 수 있다. 이 소설이 '타운'을 벗어난 이들의 계몽주의적 모험담이라는 외양을 띠는 것은 이 때문일 것이다.[9]

모턴은 '세계의 끝'이 배경과 전경의 구별이 없는 세계라고 말한다. "지구온난화 시대에 배경이란 없으며 따라서 전경도 없다. 세계는 배경과 전경에 그 존립이 달려 있기에, 이것은 세계의 끝을

---

9 「칵테일, 러브, 좀비」(『칵테일, 러브, 좀비』)에서 좀비가 된 아빠를 버리지 못하는 '엄마'는 이렇게 말한다. "그럼 저게 살아 있는 게 아니면 뭐니? 술 마시고 첫차 타고 와서 하루 종일 처자다가, 새벽 축구 보고, 아침에는 밥 달라고 앉아 있는 게 네 아빠가 아니면 뭔데?"(p. 76) 엄마의 말은, 저 좀비가 평소의 아빠와 똑같다는 의미가 아니다. 그것은 이데올로기적이고 심미적인 아빠에 대한 상에 지나지 않는다. 따라서 저 말을 뒤집어서 읽어야 한다. 평소의 아빠가 저 좀비와 다를 바 없는 무가치한 존재였다는 것.

의미한다"(『하이퍼객체』, p. 203). 세계는 근대소설의 무대와 같아서, 인물과 배경과 사건이 별개여야 한다. 배경은 사건이 펼쳐지기 위한 종속적인 무대일 뿐 독립적인 행위자가 아니다. "오늘은 비가 오네요"라는 인사는, 날씨 얘기가 아니라 '당신을 보니 좋군요'이거나 '당신을 기다렸어요'란 뜻이다. 그러나 기후 위기를 넘어 기후정의가 강조되는 시대에 그 인사는 의례적인 말이, 배경이 될 수 없다. "배경은 배경이 되기를 멈춘다. 우리가 관찰을 시작했기 때문이다"(『하이퍼객체』, p. 210).

『스노볼 드라이브』를 보자. 이 소설에서 끝없이 내리는 눈은 세계의 끝에서 내리는 눈이다. 이 눈은 배경이 되기를 그친 눈, 그 자체로 인류를 말살할 수도 있는 위력을 가진 행위자로서의 눈이다. 눈은 "녹지 않는 첫눈"(p. 17)이라 불리는 "정체불명의 하얀 결정체"(p. 22)로, 피부에 닿는 순간 발진과 두드러기, 출혈을 불러일으킨다. 세상이 이 눈으로 덮이자 세계의 끝을 의미하는 종말론적 풍경이 도래했다. 세계의 끝에서는 지평선도 없다. "세계는 지평선을 필요로 하고 지평선은 배경을, 배경은 전경을 필요로 한다. 인간이 모든 곳을 볼 수 있게 될 때(구글 어스Google Earth로 런던에 있는 내 어머니 집 정원 연못 속 물고기를 들여다볼 수 있게 될 때), 세계—유의미하고, 경계 지어진, 지평선을 가진 개체—는 사라진다"(『하이퍼객체』, pp. 212~13). 세상을 뒤덮은 녹지 않는 눈은 땅과 하늘의 경계를 지워버린다. 이 소설의 세계에 경계가 없음을 은유하는 것이 '스노볼'이다. 이 소설의 두 주인공 가운데 하나인 '이월'의 새어머니는 백영중학교 이사장인데, 이사장실의 장식장에는 스노볼이 가득했다. 이 가운데 하나는 이월에게서 (이 소설의 또 다른 주인공인) '모루'의 이모에게로 넘어가서―「오버랩 나이프, 나이프」의 과도나「릴리의 손」의 의수처럼―시공간을 관통하는 상징이 된다. 스노볼은 작은 구체 안에 펼쳐진 지구이고 뒤집을 때마다 눈이 내린다. 스노볼에는 지평이 없다. 지구 역시 스노볼 지구 Snowball Earth라 불린 적이 있다. 기온이 낮아져 적도 지역까지 얼음이 덮인 빙하기의 지구를 부르는 이름이다. 스노볼 지구는 두 개뿐인 인간의 눈으로 보기에는 너무 큰 대상이며, 오랜 시간이 지나지 않고서는 그 효과가 가시화되지 않기에 인과성의 범위를 넘어서는 과도한 스케일을 지닌, 이른바 하이퍼객체다.[10]

세계의 끝에 이르렀을 때 세계는 일종의 납골당이 된다. "세계가 없다면 자연Nature도 없다. 세계가 없다면 생명도 없다. 자연과 생명이라는 특권 서클charmed circle 바깥에 **납골당**charnel ground이 존재한다. 그곳은 삶과 죽음, 삶-속-죽음, 죽음-속-삶의 장소이자 좀비, [바이러스보다 작은] 바이로이드viroids, 정크 DNA, 유령, 규산염, 청산가리, 방사선, 사악한 힘, 오염 물질이 있는 완전히 죽지 않은 장소다"(『하이퍼객체』, p. 257). 세계의 끝에서는 생명과 무생물, 삶과 죽음을 가르는 경계가 무의미하다.『스노볼 드라이브』에서도 인간을 위협하는(인간에게 복수하는) 행위자인 눈(살아 있는 무생물)과 눈과 구별되지 않는 사람들(죽어 있는 생명)은 뒤섞여 있다. 정부는 녹지 않는 눈을 소각하기로 결정한다. 두 인물('모루'와 '이월')이 살던 백영시는(이 이름은 '白影', 즉 흰 그림자를 뜻할

---

10 이진경·최유미,『지구의 철학―모면할 길 없는 기후위기 시대의 삶에 부침』, 그린비, 2024, p. 25.

것이다) "특수 폐기물 매립 지역"으로 지정된다. 전국에서 내린 눈이 이곳에 와서 소각된다. 그렇다면 이 눈은 납골당이 생산하는 골분(骨粉)이기도 하다. 망자의 뼛가루는 납골당에 보관된다. 그것은 결코 사라지지 않는 죽음의 실존을 증거하는 '녹지 않는 눈'이다.

세계의 끝에 이르렀을 때 우리에게는 무엇이 남을까? 설득력 있게 아포칼립스를 그려온 모턴은 이 지점에서 뜻밖의 대답을 내놓는다. "우리가 세계가 아니라면 우리에게는 무엇이 남을까? 그것은 친밀함이다. 우리는 세계를 잃어버렸지만 영혼을 얻었다. 〔……〕 〔인간, 공존하는 개체 그리고 친밀함이라는〕 삼인조는 이른바 **세계의 끝**을 환호하는데, 그 이유는 이 순간이야말로 역사의 시작이며, 오로지 인간에게만 실재가 중요하다고 보는 인간적 꿈의 종말이기 때문이다. 우리는 인간과 비인간 사이에 구축될 모두에게 똑같이 새로운 연대를 전망하면서 이제 **세계**라는 고치 밖으로 나왔다"(『하이퍼객체』, p. 220). 우리는 "**생활세계**"(『하이퍼객체』, p. 211)를 잃었고, 미래에 대한 (심미적, 이데올로기적) 전망을 상실했다. 녹지 않는 눈이나 지구온난화 같은 하이퍼객체는 인간이 없는 세계를 예언한다. 그런데 이 종말의 시대에 우리에게는 친밀함이 주어진다는 것이다. 인간은 더 이상 비인간 존재자를 인간을 돋보이게 하는 배경이나 도구로 여길 수 없다. 우리에게는 손으로 잡을 수 있고, 눈으로 볼 수 있는 존재자들이 주어져 있다. 『스노볼 드라이브』의 결말 역시 친밀함을 주제로 삼고 있다.

모루가 아주 살짝, 미소 지었다. 모루의 웃음을 본 내 입꼬리도 아주 살짝 곡선을 그렸다. 모루가 다시 달리며 말했다.

"우리는 일단 남쪽으로 갈 거야."

남쪽, 나는 모루를 따라 소리 내어 보았다. 남쪽.

"남쪽에는 아직 포도를 재배하는 곳이 있대."

새벽이 다가오고 있었다. 푸르스름한 창밖의 풍경이 늦은 오후의 하굣길처럼 느껴졌다. 나는 문득 곁에 하루가 아닌 누군가가 함께하는 하굣길이 처음이라는 사실을 깨달았다. 어둑한 하늘에 하얀 것들이 휘날렸다. 차창을 열고 손을 내밀어 떨어지는 것을 받았다. 그것들은 기분 좋은 냉기와 함께 금방 녹았다. 모루는 여행이 끝나면 사진을 주겠다 했지만 나는 여정에 목적지 따위가 없으면 좋을 것 같았다. 목적지가 있는 여행은 지루하니까. 창을 닫고 운전대를 쥔 모루를 바라봤다. 모루가 안전벨트를 매라며 턱짓했다. 나는 얌전히 그 말에 따랐다. 꼭 영원히 달릴 수 있을 것 같은 기분이 들었다. (p. 225)

이월과 모루, 이 둘은 종말 이후의 세계를 질주하는 로드무비의 주인공이 된다. 이들이 붙잡는 것은 미래의 지도나 확정된 목적지가 아니다. 대신 그들의 여정을 지탱하는 것은 옆자리에 앉은 동행에 대한 감각이자 실감이다. 이 감각은 단순한 감정이 아니다. 그것은 어두운 생태학에서 멜랑콜리한 윤리학의 전언이기도 하다. 여기서 강조하는 '세계의 끝'이란, 배경과 전경, 인간과 비인간, 생명과 무생명의 구분이 무화된 지점이다. 그런 무경계의 장소에서 유일하게 작동하는 것은 손에 잡히는 관계, 곁에 닿는 실재다.

흥미롭게도 동행은 연인이 아니라 친구다. 통상의 연인이 이항의 닫힌 공동체라면, 친구는 무한히 곁을 내주는 개방적 공동체다. 이는 조예은이 '함께 있음'의 조건을 연애의 서사가 아닌 동행의 구조로 전환하는 장면이기도 하다. 그런 의미에서 모루와 이월은 서로의 구원(끝)이 아니다. 그들은 서로의 풍경을 구성하고, 서로의 무드를 구성하는 (개방된) 관계다.

어두운 생태학이 말하는 윤리적 감각은 구원보다는 지속에 가깝고, 완전한 결말보다는 '함께 있음'을 시도하는 내밀함에 가깝다. 종말의 윤리는 희망의 기획이 아니라 친밀함의 생성이다. 이월과 모루가 남쪽을 향해 떠나는 마지막 장면은, 세계의 끝에서 다시 시작된 삶의 윤리적 형식, 다시 말해 정치적 가능성을 가시화한다.

어쩌면 세상의 끝에 직면한 우리에게 필요한 것 역시, '곁'에 누군가/무언가 있다는 실감이 아닐까? 옆에 있는 누군가/무언가와 아직 끝나지 않은 어둠 속을 나란히 걷는 감각. 저 어둠은 우리를 집어삼키기보다는, 우리 '곁'을 더욱 잘 보이게 만든다.

재난, 공생, 경계에 대한 감각
최근 한국 소설을 중심으로

·· 박서양

1. 안전과 장벽, 그리고 보편성

　구약성경「창세기」에 수록된 노아의 방주 이야기는 전 세계에 퍼진 대홍수 신화 중 가장 널리 알려진 판본일 것이다. 전능한 신 야훼가 악인을 물로 심판하고자 선인 노아에게 방주를 지어 가족과 암수 동물 한 쌍을 실으라는 계시를 내린다. 이어 온 세상이 큰물에 잠기고 방주에 탑승한 이들은 오랜 시간을 그곳에 머무른다. 물이 빠진 뒤 살아남은 이들은 홍수가 지나간 세계의 질서를 다시 재건한다. 이 이야기는 불가항력의 어려움을 맞닥뜨린 인간이 안전과 보호를 도모하고자 특정한 경계를 예외적 공간으로 영역화시킨 신화적 서사다. 물론 김애란의「물속 골리앗」(『비행운』, 문학과지성사, 2012)이 그려냈듯 때로 위험과 분리된 장소 안에서 살아남는 것은 끔찍한 고립무원의 상태와 구원 불가능성을 암시하기도 한다. 그러나 외부의 위협에 대응하는 제한적 장소에서, 선별된 자들만이 안전을 꾀하는 이야기는 오늘날 다양한 대중 서사 장르는 물론 한국문학을 통해서도 활발하게 창작되고 있다.
　예컨대 김정의『노 휴먼스 랜드』(창비, 2023)는 2044년 세계

재난 사태가 선포되고 한국 전체가 사람이 살 수 없는 '노 휴먼스 랜드'로 지정되자 대규모의 기후 난민이 발생한 시기를 배경으로 한다. 기후 재난이 닥친 세계는 난민 거주지인 그레이시티와 과거의 풍족한 삶을 여전히 누리고 사는 과거 도시인들의 공간으로 분화된다. 백민석의 『해피 아포칼립스!』(아르테, 2019)는 부와 권력을 가진 이들이 거주하는 완벽한 성채인 '만 가족 타운 하우스'에 좀비로 변한 기후 난민이 침입하며 벌어지는 이야기를 그로테스크하게 그려낸다. 영화 「콘크리트 유토피아」(2023) 역시 지진으로 인해 폐허로 변한 서울에서 외부인의 출입을 철저히 통제한 한 아파트에서 벌어지는 생존 투쟁의 서사를 재현한다.

  프랑스의 이론가 브뤼노 라투르는 "자기 자신의 영토를 방어하라는 요청에 대한 감정—정신이 확 들어 갑자기 동참하게 됨—과 자연을 방어하라는 요청에 대한 감정—하품이 나고 지루함—은 전혀 다르다"고 지적한다. 이와 같은 두 가지 요청에 대한 상이한 반응은 오늘날 재난 혹은 기후 위기가 두 종류의 서로 다른 인클로저 현상을 발생시키고 있음을 전제한다. 먼저 자연의 인간에 대한 인클로저는 오늘날 지구가 미세먼지, 폭염, 폭설, 폭우 등의 사태를 통해 인간이 거주할 수 없는 영역으로 스스로를 변화시킨 사태와 관련된다. 지구는 인간의 행위에 대한 반작용으로써 인류를 땅으로부터 축출시키고 록다운lockdown시키는 행위력을 가지며, 이로 인해 인간과 땅 사이의 관계에는 거주 가능성을 중심으로

I 브뤼노 라투르, 『지구와 충돌하지 않고 착륙하는 방법—신기후체제의 정치』, 박범순 옮김, 이음, 2021, p. 27.

한 급진적인 재배치가 일어난다. 다른 하나인 인간의 인간에 대한 인클로저는 선별과 배제의 정치적 기제를 통해 누구를 경계 안으로 들일 것인가의 문제를 가시화한다. 주로 국경 장벽 문제, 난민과 이주민의 혐오 문제와 관련된다.

한국문학은 재난 서사라는 장르를 경유하여 이러한 두 종류의 인클로저가 복합적으로 교차하고 얽히는 세계를 상상하고 그려내왔다. 그러나 이러한 경향의 작품은 주로 현실의 사회적 약자에게 재난의 위험이 차별적으로 분배되는, 이른바 후자의 인클로저 사태와 관련된 재난 불평등 사태에 대한 은유를 중심으로 해석되어온 경향이 있다. 이때 재난 서사의 공간적 배경은 인간과 구체적인 관계를 맺는 땅이라기보다 한 국가 혹은 사회가 압축된 버전으로서, "현재의 문제나 모순 역시 투영"[2]된 세계의 축소판으로 독해되곤 한다. 물론 취약한 이들에게 재난의 영향이 불균형하게 전가되는 구조적 현상은 개선과 해결을 요하는 중요한 문제이다. 그러나 이와 같이 서사에 투사되고 내재화된 인간 사회의 불평등이 중요한 것으로 독해될 때, "지반이 무너지고 있다는 느낌의 공유로〔즉, 정치적 정동을 공유하여〕"[3] 구성되고 있는 현시대의 새로운 보편성은 다소 비가시화되는 것이 아닐까. 재난 서사를 경유하여 세계와 국가를 향한 정치뿐만이 아니라, 인간과 자연 사이의 정치적 서사 역시 풍부하게 읽어낼 수는 없을까. 이런 질문을 손에

---

2 오혜진, 「불평등한 재난에 맞서는 느슨한 공동체의 힘—김초엽의 『지구 끝의 온실』과 조예은의 『스노볼 드라이브』를 중심으로」, 『어문논집』 95집, 중앙어문학회, 2023, p. 393.
3 브뤼노 라투르, 같은 책, p. 28.

쥐고 먼저 김기창의 소설을 읽는다.

2. 불안정한 가이아로의 이행

지난한 과정 속에서 '지속 가능한 생존'이라는 전제 아래 돔시티 면적이 정해졌고, 그 면적만큼의 하늘을 투명 태양광 패널이 차지했으며, 높고 단단한 벽이 사방을 둘러쌌다. 반발과 폭동은 어렵지 않게 진압되었다. 거주 자격을 인정받은 사람들이 앞장서서 그러지 못한 사람들을 돔시티 밖으로 몰아내고 빗장을 걸었다. 빼기의 정치학과 빼기의 경제학이 맞물린 생존 전략이었다. (pp. 26~27)

김기창의 『기후변화 시대의 사랑』(민음사, 2021)에 실린 '돔시티 3부작'[4]의 첫 작품인 「하이 피버 프로젝트」는 인간이 기후변화의 대응을 계속 미루는 사이 열파 현상으로 인해 "평균기온이 최고 54도까지" 오르고 미세먼지를 품은 공기가 "사람들의 숨통을 조"(p. 25)여오는 지구를 배경으로 한다. 위기를 해결할 방안으로 제안된 돔 시티는 "도시의 에어컨이자 공기정화기였고, 습도 조절 장치"(p. 27)인 장벽을 통해 거주자에게 항상적이고 안정적인 날씨를 제공하는 기후 시스템이다. 그러나 돔 시티의 면적은 한정되

---

[4] 여기서 돔 시티 3부작은 돔 시티를 모티프로 한 세 편의 연작소설인 「하이 피버 프로젝트」「갈매기 그리고 유령과 함께한 하루」「개와 고양이에 관한 진실」을 이른다. 앞으로는 「피버」「갈매기」「고양이」로 표기한다.

어 있었고, 거주권을 사지 못하거나 "인종, 민족, 종교, 재산, 교육 수준, 전과 유무"(p. 26) 등에서 결격 사유가 있는 자들이 돔 시티 바깥으로 추방된다. 추방자들은 사회적으로 취약하기 때문에 기후변화에 취약해지는, 이중적으로 취약한 존재인 것이다. 높은 장벽이 지닌 물질성과 차별과 배제의 정치학이라는 사회적 담론이 결합되면서 돔 시티의 거주권은 복합적이고 정치적인 맥락에서 형성된다.

이때 돔 시티 거주권을 두고 벌어지는 갈등의 양상은 마치 역사적으로 시민권의 확장을 둘러싸고 펼쳐진 권리 투쟁의 양상처럼 재현되고 있다. 일반적으로 더 많은 이들이 시민권을 획득하는 것은 민주주의의 확장과 동일한 것으로 해석된다. 소설에서도 이와 마찬가지로 돔 시티의 제한된 영토 안에서 거주권의 범위를 계속적으로 확장해야 하는 상황이 주요하게 요청된다. 그런데 여기서 시민권은 전통적으로 국가주의적 경계에 따라 주어진다고 여겨지는 근대성의 산물이다. 반면 소설의 재현 공간은 근대의 안정적인 영토나 국가의 안정성 및 부동성이라는 속성과는 대조를 이루는, 불안정하고 살아 있는 자기 조절적 생명체로서의 가이아 Gaia에 가깝다. 즉, 소설의 행위자들이 투쟁을 통해 얻어내고자 하는 대상과, 그 갈등이 벌어지는 영토는 동일한 지반에 위치해 있지 않다. 이와 같은 불일치는 근대화에서 생태화로 나아가는 전환의 단계에서 땅에 대한 관념을 둘러싼 헤게모니의 충돌을 드러내는 무의식적 징후로 볼 수 있다.

앞서 언급했듯 돔 시티는 외부환경으로부터 완벽하게 유리된 내부라는 환상을 불러일으키는 공간이다. 하지만 실제로 돔 시티는 다양한 존재와의 상호연결망 속에 위치하며, 행위자들은 이러한 네트워크를 자신의 정치적인 목적을 달성하기 위해 적극적으로 활용한다. 예컨대 땅은 돔 시티가 세워질 수 있는 표층적 기반을 제공하면서 돔 시티의 내부와 외부를 연결하는 접촉면의 역할을 수행한다. 이에 추방자들이 땅굴을 파서 돔 시티 안으로 입성하려고 하자 돔 시티 행정부는 땅굴을 폭파하는 것으로 대응하기도 한다. 이렇듯 땅은 자신의 신체를 연결 통로로 개방하여 격렬한 정치적 실천과 투쟁을 발생시키는 동시에 거주권과 경합하는 추방자들과 모종의 정치적 동조 관계를 형성한다.

땅뿐만 아니라 하늘 역시 돔 시티 경계를 넘나드는 이동성을 발생시킨다. 생필품이 담긴 상자들은 작은 낙하산을 달고 한 달에 한 번 돔 시티 바깥으로 살포된다. 이는 추방자들의 저항을 최소화하기 위한 통치 수단이지만 역설적으로 돔 시티가 바깥과 긴밀하게 연결되어 있다는 사실을 폭로한다. 이는 소피가 안에서 밖을 향하는 네트워크의 방향을 역으로 이용해 돔 시티를 향해 폭탄을 날리는 전략적 수단이 된다.

약속의 날, 소피와 노인을 포함해 소피의 계획에 동조한 열세 명의 사람들은 소형 폭탄이 매달린 콘돔 풍선을 손에 쥔 채 서풍이 몰고 온 하늘 위의 구름을 잠깐 동안 바라보았다. 〔……〕 소피가 손을 들어 신호를 보내자 사람들이 콘돔 풍선을 하늘 위로 일제히 띄웠다. 하얀 치아를 드러낸 채 웃고 있는 달을 배경으로, 수많은 콘돔 풍선이 돔시티 천장을 향해 둥실둥실 날아올랐다. (p. 54)

하지만 소설은 인용문을 마지막 장면으로 제시할 뿐, 벽이 파괴된 이후 세계가 어떻게 변화했는지 보여주지는 않는다. 소피라는 인물이 예외적으로 등장하지만 여전히 다른 추방자들의 목표는 "돔시티 안으로 들어가는 것이었지 벽을 허무는 것이 아니"(p. 27)라는 것을 분명히 한다. 나머지 두 작품인 「갈매기」와 「고양이」 역시 현실적으로 돔 시티의 구조를 받아들이고 그 안에서 내부적인 다양성과 관계적인 윤리를 모색하는 방향성을 제시하는 듯 보인다. 소설은 '평등한 공멸을 향해 갈 것인가, 불평등한 생존을 도모할 것인가'의 다소 부당한 양자택일의 선택지 앞에서 '제3의 길'이라는 중도적인 답안지를 도출해낸다. 하지만 무엇을 골라도 정답이 될 수 없는 문제라면 선택지 자체가 잘못되었을 가능성을 고려해야 하지 않을까.

어쩌면 이는 홀로세 시기의 안정적인 지구와는 결을 달리하는 예측 불가능한 인류세의 시대에서, 여전히 근대적 정치가 서사의 중심에 놓이기 때문에 부딪히는 난관은 아닐까. 김기창의 소설에서는 안과 밖이라는 상징적 경계가 땅의 구체적인 물질성보다 관념적으로 더 크게 작동하는 것처럼 보인다. 이로 인해 소설은 한정된 안전지대 안에서 어떻게 더 많은 인간의 민주주의를 이룰 수 있을지의 문제에 집중하게 되고, 역동적인 행위자로서 땅이 지닌 물질성과 변화 가능성은 간과하게 된다. 이는 이미 지구가 돌이킬 수 없이 망가졌다는 비관적인 세계 인식에 기인하는 것일 수 있지만, 다른 한편으로 인간의 행위에 감응하는 존재로서의 가이아를 정치적인 협상과 교섭의 무대에 적극적으로 세우지 않았기 때문에 발생한 결과는 아닐까.

3. 글로벌과 로컬, 어디에도 착륙할 수 없는

서고운의 「여름이 없는 나라」(『문학들』 2024년 여름호)는 근미래적이거나 SF를 배경으로 하는 재난 서사의 자장에 속한다고 보기는 다소 어려운, 지금-여기의 일상적 현실에 보다 밀착해 있는 작품이다. 소설은 기후와 이주의 문제를 단선적으로 환원시키기보다 젠더, 국적, 지역, 계급의 문제와 교차시키며 보다 복합적인 것으로 그려낸다. 한 유통 기업의 물류센터에서 일하는 미주는 폭염이 지속되던 어느 여름날 직장 동료들이 온열질환으로 쓰러지는 것을 목도하고 한국을 떠나 "여름에도 30도가 안 되고 습하지도 않"(p. 180)은 시애틀로 떠나겠다는 계획을 세운다. 그에게는 청년 여성 프레카리아트로서 부과되는 불안정성만큼이나 "눈알이 핑핑 돌아 빠져 버릴 지경"(p. 178)인 더운 날씨마저 삶을 한층 더 어렵게 만드는 조건으로 작용한다.

오연경은 최근 한국문학에서 여름이라는 계절이 자주 소환되고 있음을 지적하며, 이러한 현상은 "세계 전체를 지배하고 있는 거대한 기운을 계절이나 날씨로 감지하고 있"[5]기 때문이라고 분석한다. 한국에서 추위에 비해 더위는 비교적 최근에 부상한 위협적인 계절 감각이다. 여름은 '불쾌'를 넘어 생존에 대한 '불안'으로 이어지고 있다. 예컨대 미주에게 여름은 연일 기록적 폭염을 넘나드는 날씨에 열악한 환경에서 일하는 노동자들의 생명을 직접

---

5 오연경, 「자본주의 악천후와 이행의 감각—미래를 사유하는 시의 역량에 대하여」, 『창작과비평』 2023년 봄호, p. 310.

적으로 위협하는 계절이다. 그런데 이렇듯 미주가 물류센터에서 직면하는 죽음의 조건은 시원한 사무실 안에서 일하는 덕희에게도 연결되고 있다. 예컨대 서늘한 냉방을 틀었을 때 신체에 느껴지는 쾌적함은 우리가 에어컨을 쉬지 않고 가동했기 때문에 지구가 더 더워지고 있다는 죄책감과, 더위를 피하지 못하고 버텨내야만 하는 이들에 대한 염려로 이어진다. 요컨대 여름은 우리가 열기를 통해 서로와 이어져 있다는 공동체적 연결감을 환기시킨다. 이런 관점에서 "안 더운 나라에서 살고 싶"(p. 179)다는 미주의 소망은 자신의 존재가 지구와 연결되어 있다는 모든 감각을 비활성화하길 원할 만큼 이미 행성적인 것과 연루되어 있다는 사실을 방증한다.

다시 라투르를 인용하자면, 근대인의 관례적인 좌표계 속에는 글로벌과 로컬이라는 두 개의 유인자가 존재한다. 로컬은 "국가나 종족의 경계 안에 전통, 보호, 정체성, 확실성 등을 약속"[6]하는 것인 반면 글로벌은 로컬의 폐쇄성을 극복하고 세계적인 것으로의 개방을 추구하는 것이다. 그는 글로벌과 로컬의 환상은 모두 현실성이나 확고한 물질성에 기반을 두지 않기 때문에 인류가 소속감을 느끼고 착륙할 만한 '대지'와는 거리가 멀다고 지적한다. 앞서 살폈듯 '여름이 없는' 곳에서 거주하고자 하는 미주의 욕망은 점점 더워지는 지구와 관련된 행성적인 차원과 연계되는 것이다. 그런데 미주는 그 욕망을 실현시킬 수 있는 상상계적 공간으로 미국이라는 '나라'를 지목하고 있다. 이는 국경의 자유로운 이동을 상정하는 글로벌화의 환상을 담고 있는 것인 동시에, 행성적인 차

---

6   브뤼노 라투르, 같은 책, p. 54.

원의 문제가 국가라는 로컬적인 것으로 분절되는 징후적 상황을 드러낸다.

별일 없을 거라 되뇌며 뉴스 창을 닫으려는 순간, 시애틀 어쩌고 하는 제목의 기사가 눈에 띄었다. 덕희는 곧 떠날 미주를 생각하며 기사를 클릭했고, 미국 북서부와 캐나다에서 사상 최악의 폭염이 발생하여 6월 한 달간 56명이 사망했으며 8일째 산불이 계속되고 있다는 소식을 알게 되었다. (p. 185)

보안 검색을 하던 중 미주가 반입 금지 물품을 가지고 있어서 제재를 했는데 수긍하지 않았고, 실랑이가 커져 소란이 벌어졌다는 것이다. 〔……〕 그, 컵젤리도 액체류로 분류돼서 반입이 안 되는데 잔뜩 가지고 오셨더라고요. 안 된다고 하니까 이게 고체지 왜 액체냐 자꾸 우기셔서. (p. 193)

비록 출국 심사 중 벌어진 해프닝으로 인해 미주는 미국행 비행기에 오르지 못하지만, 만일 성공적으로 미국을 향해 떠났더라도 그녀는 그곳에서 정치적으로 소수자가 되는 상황에 직면하게 될 것이다. 또한, 시애틀에 발생한 산불 소식 역시 자유롭고 안전한 땅에 도달할 수 있으리라는 그의 믿음이 환상에 불과하다는 것을 깨닫게 한다. 그러나 미국과 마찬가지로 한국이나 서울이라는 익숙한 로컬의 경계 역시 이들에게 어떠한 안정과 보호를 약속해주지 않는다. 이를 통해 소설 속 인물들은 어디에도 뿌리를 내릴 수 없는 일종의 내부 난민의 모습으로 형상화된다. 덕희가 공항으로 향하는 길에 바라보는 "플라스틱 비행기"(p. 196)는 글로벌도 로컬도 아닌, 인물들을 '대지'에 착륙할 수 있게 해줄 세번째 유인자의 위치를 찾고 이름 붙이는 일이 몹시 지난한 일이 되리라는 사실을 암시한다.

그런데 이렇듯 인물들이 느끼는 불안정성의 감각은 언제라도 상처받을 수 있는 취약성을 가졌다는 점에서 지구라는 존재자와 접속되고 연동된다. 다른 주체로부터 영향을 받을 수 있는 민감한 성질을 지녔다는 점에서 나와 지구는 동일하다. 단단한 플라스틱 통에 담겼으나 말랑말랑하고 유동적인 성질을 지닌 '컵젤리'는 불안정한 프레카리아트로서 인물들이 처한 삶의 조건을 은유하는 동시에 오늘날 지구의 형질이 안정적인 것에서 불안정한 것으로 변화하는 상태를 암시한다. 그러나 이것이 양자 사이의 단순한 동일시나 지구의 여성화를 의미하는 것은 아니다. 이는 오히려 내가 뿌리내릴 땅을 점차 불안한 곳으로 만드는 행위력을 지닌, 그러나 나와 동일하게 불안정한 위치에 놓인 지구라는 존재자와 어떻게 서로의 실존적 장소에 관한 정치적 대화를 나눌 것인가에 대한 질문에 가깝다. 그러한 대화의 가능성은 취약하고 불안정한 '우리'의 감각으로 연결되는 여성 청년과 지구 사이의 관계 맺음에서 찾아볼 수 있지 않을까.

4. 지구와 대화하고 협상하고 관계 맺기

김초엽의 『지구 끝의 온실』(자이언트북스, 2021, 이하 『온실』)

은 지구를 인간이 원하는 방식대로 변형할 수 있으리라는 오만한 생각이 무참하게 실패한 자리를 응시하며 시작한다. 2058년 솔라리타 연구소는 기후 위기를 해결하기 위한 방책으로 지구공학 기술을 도입하지만, 이는 오히려 통제를 벗어난 자가 증식 나노봇이 세상을 뒤덮은 '더스트 폴' 재난 사태를 일으키고 만다. 앞서 살핀 김기창의 작품이 그랬듯 절멸의 위기가 닥친 세계에서 힘을 가진 소수의 이들은 폐쇄적인 인공낙원인 돔 시티를 건설해 살아남고, 돔 시티 바깥의 세계는 서로가 생존을 위해 죽고 죽이는 약육강식의 지옥도가 펼쳐진다.

> 그런 공동체는 대부분 반년을 채 가지 못했다. 대개는 내분 때문이었다. 어떻게 보면 당연한 일이었다. 세상은 시시각각 망해가고, 식량은 부족하고, 그들을 보호하는 건 제대로 된 돔도 아닌 조악한 유사품에 불과할 뿐이니까. 사람들은 문명의 잔해를 긁어 먹으며 연명했다. 폐허가 된 돔 시티에서 고작 몇 상자의 영양 캡슐을 두고 그들은 악을 쓰며, 서로의 목을 노리고 심장을 찌르며 싸웠다. (p. 285)

아마라와 나오미 자매는 더스트에 저항성을 지닌 내성종이라는 이유로 돔 시티의 비인간적인 생체실험 대상이 되었다가 간신히 탈출에 성공한다. 이후 돔 시티 바깥의 황폐한 세계를 돌아다니며 살아가는 이들에게 폐허라는 공간은 삶을 구성하고 유지하는 핵심적인 곳으로 기능한다. 흔히 폐허는 한때 번성했던 공동체에서 인간과 물질의 생기가 빠져 텅 비어버린, 버려지고 방치된

'죽은 공간'으로 의미화된다. 그러나 이들 자매에게 폐허는 식량과 거처를 찾아야 하는 생존 투쟁의 공간이자, 낯선 여자들과 잠깐의 연대가 이루어지는 공간이고, 프림 빌리지의 위치를 알아내기 위한 협상이 벌어지는 공간이기도 하다. 오래된 과자와 영양 캡슐을 찾아 섭취하고 비어 있는 집을 발견해 하룻밤 눈을 붙이면서, 이들은 비록 손상되고 훼손되었지만 완전히 삭아 없어지지는 않은 폐허 속 사물들의 생명력을 마주한다. 재난으로 인해 황폐해진 땅에서 어떻게든 생존을 위한 가능성을 찾아내는 자들은, 바로 그 행위를 통해 죽음을 선고받은 땅에 미약하게나마 거주 가능성과 생기를 불어넣는 존재들이다.

험난한 여정 끝에 아마라와 나오미가 당도한 프림 빌리지는 사이보그 식물학자 레이첼과 그의 정비사 지수를 비롯해 여성과 어린이들로 이루어진 마을 공동체다. 레이첼은 더스트 저항성을 지닌 기계-식물인 모스바나를 만들어냈고, 마을 사람들은 레이첼이 온실에서 식물을 연구할 수 있도록 전기를 생산하는 일종의 계약 관계를 맺었다. "거의 '레이첼교'라고 느껴질 만큼 숭배하는"(p. 223) 마을 사람이 생겨날 정도로 레이첼은 프림 빌리지가 유지되는 데에 있어 핵심적인 역할을 하는 인물이지만, 정작 그는 식물을 연구하는 것 이외엔 매사 무관심한 태도로 일관할 뿐이다. 이를 통해 프림 빌리지는 돔 시티와 같이 억압적이거나 지배적인 구조를 띠기보다 구성원들 사이의 자치적이고 평등한 공동체를 이루는 모습으로 그려진다.

그런데 이상한 점이 있었다. 이 공격적인 덩굴들조차도 숲의 경계를 절대로 넘어가지 않았다. 작물만이 숲을 넘어 퍼져 나가지 못하는 것이 아니라, 덩굴들도 마찬가지였다. 순식간에 숲을 점령했지만 이 숲 너머로는 한 발짝도 나가지 못하는, 맹렬하면서도 조심스러운 식물들. (p. 212)

그럼에도 불구하고 프림 빌리지를 '재난 유토피아'와 같은 공간으로 쉽게 낭만화하기 어려워 보이는 이유는, 돔 시티와 같이 단단하고 완고한 장벽을 두르지 않았을 뿐 모스바나 역시 마을의 안과 밖을 구분하는 경계의 역할을 하고 있기 때문이다. 모스바나는 처음에 프림 빌리지의 경계 바깥에서는 잘 자라지 않아 정화된 공기를 숲의 사람들에게만 독점적으로 제공한다. "식물들을 가지고 숲 밖으로 나가야 한다"(p. 213)고 말하는 이들도 있었지만, 마을의 위치는 철저히 비밀에 부쳐져 있으며 때로 침입자를 잔혹하게 살해하는 일이 생기기도 한다. 요컨대 마을 사람들은 내부의 거주 조건을 유지하기 위해 외부에 적대성을 보이기도 하며, 프림 빌리지는 바깥의 현실과 완전히 동떨어진 채 무해하고 비폭력적으로만 존재하는 공간은 아닌 것이다.

때로 자신이 뿌리내린 삶의 터전에 애착을 갖고 그곳을 가꾸며 돌보는 일과, 거주지에 배타적인 경계를 둘러 사유화하는 행위 사이에서 균형감각을 찾는 것은 고도의 정치적 기예를 요구하는 일이 된다. 『온실』은 이 문제를 "끊임없이 증식하고 공격하고 침투하는 성질"(p. 366)을 가진 식물과의 끊임없는 협상을 통해 돌파해나간다. 돔 시티의 벽이 단단한 물성을 지녔다면, 모스바나는 인간을 비롯한 다른 환경과 유연하게 관계 맺고 적응하면서 스스로를 변형시키는 존재다. 강력한 생명력을 지닌 모스바나는 주위의 양분을 모두 자신에게로 이끌어오며 다른 식물과의 치열한 경쟁에서 살아남는다. 이러한 모스바나의 특성은 처음엔 마을 사람들을 더스트로부터 보호해주었지만 결국 그들의 식량 자원을 말려 죽이는 양날의 검이 되어 프림 빌리지 해산에 결정적인 계기를 제공한다. 이때 프림 빌리지라는 마을 공동체는 모스바나와의 상호의존적 관계를 통해 생성-번영-쇠퇴라는 일정한 생애주기를 갖는 하나의 유기체적 존재로 그려진다.

프림 빌리지는 처음에 "당장 오늘 버틸 곳, 내일 머무를 곳이 필요"(p. 237)한 절박한 이들이 모인 곳이었다. 하지만 그들은 폐쇄적인 환경에서 진입장벽을 높이는 방식으로 생존해온 돔 시티의 비극과 한계 역시 누구보다 잘 알고 있었다. 소설은 현실적으로 불가항력의 재난 사태에는 피난처가 필요하다는 사실을 인정하면서도 그것이 또 다른 고정적이고 배타적인 집단주의로 이어질 수 있음을 경계한다. 프림 빌리지를 떠나면서 사람들은 숲 바깥에서도 모스바나를 심겠다고 약속하고, 이를 통해 지구 곳곳에 자라난 모스바나는 더스트 폴 시대를 종식시킨다. 처음에 프림 빌리지 안에만 존재하던 정화된 공기, 혹은 어떤 거주 가능성은 모스바나가 증식함에 따라 특정한 장소의 경계를 넘어 전 지구적인 범위로 확장된다. 이 과정에서 프림 빌리지는 인간과 비인간의 생태네트워크가 촉발되는 구심점이자 잠재적 공유지로서의 역할을 하는 것이다.

지수는 직감적으로 느꼈다. 프림 빌리지도 똑같은 길을 밟고 있다는 것을. 지수가 그동안 숱하게 보아왔던 대안 공동체들의 결말이 보였다. 마을의 형성, 짧게 지속되는 평화의 순간, 그리고 곧 이어지는 갈등과 배신, 공동체의 파국, 죽음과 종말. (p. 329)

지금부터는 실험을 해야 해. 내가 가르쳐준 것, 그리고 우리가 마을에서 해온 것들을 기억해. 이번에는 우리가 가는 곳 전부가 이 숲이고 온실인 거야. 돔 안이 아니라 바깥을 바꾸는 거야. 최대한 멀리 가. 가서 또다른 프림 빌리지를 만들어. 알겠지? (p. 242)

인류의 역사는 지구상에 반복적으로 장소를 짓고 허무는 행위를 통해 만들어져왔다. 인간을 비롯한 모든 생명체는 땅 위에 자리를 잡아 그곳으로부터 생활하고 때로 다양한 지역으로 이동하면서 문화를 발전시켜온 존재들이다. 이러한 맥락에서 프림 빌리지 해체 이후 흩어진 마을 사람들이 세계 곳곳으로 떠나 모스바나를 심고 지구를 재건하는 과정은 이와 같은 인간의 문명사 혹은 이주사를 떠올리게 한다. 소설은 모스바나가 퍼져나가면서 더스트 시대가 종식되고 지구의 생태계가 복원되는 과정을 이와 같은 거시적인 역사의 연속선상에서 조망한다. 이는 긴 시간 동안 흥망성쇠를 반복해온 문명의 역사를 긍정한다는 점에서 다소 보수적으로 읽힐 여지가 있지만, 새로운 역사적 주체로 비인간 행위자를 호명하면서 지구의 역사를 인간 중심적인 좌표로부터 수정된 위치에 올려놓는다. 김초엽의 소설이 닻을 내리는 곳은 바로 총체적인 시간성으로 두텁게 퇴적되어 있으며, 존재론적으로는 인간, 식물, 기계, 쓰레기 등 다종의 행위자들이 긴밀하게 얽힌 지구인 것이다.

5. 나가며

이 글은 안정적인 기후를 바탕으로 한 홀로세의 시대에서 인간의 활동이 지구 시스템에 영향을 미치는 인류세의 시대로 이행하는 시기에 발표된 한국 소설을 살피고자 했다. 재난은 지구에서의 거주 조건을 인간에게 비판적으로 상대화한다. 거주 가능한 영토를 위해 누가 무엇과 협상하고 투쟁하는가. 이러한 질문에서 파생되는 정치적 서사는 근미래의 디스토피아를 경유해 근대적인 시민권과 민주주의를 사유하거나(김기창), 불안정성이라는 공통점으로 묶인 지구 생태계와 여성 청년 프레카리아트를 동등한 대화의 주체로 포섭하기도 하며(서고운), 비인간 행위자와의 정치적 소통과 교섭을 통해 회복의 서사로 나아가기도 한다(김초엽).

글의 초고를 발표했을 당시 분석 대상으로 다룬 작품을 모두 기후 소설로 분류할 수 있겠느냐는 질문을 받았다. 본고의 목표가 기후 소설을 장르적으로 엄격하게 구분하는 것은 아니지만, 지구 차원의 거주 가능 조건이 종차별적으로 주어지는 문제적 상황이 기후 소설의 하나의 출발점은 될 수 있다고 생각한다. 거주 적합성의 불균등한 배분을 인간과 비인간의 공생과 얽힘을 통해 풀어나가며 지구상에서 지속 가능하게 살아가는 방식을 모색하는 것. 이에 기반한 언어와 서사를 구성하는 소설을 오늘날 기후 소설의 하나의 기준점으로 제시할 수 있지 않을까 한다.

( )의 결

·· 장은정

계절감

　한국출판마케팅연구소에서 출간하는 『기획회의』는 '#시, 텍스트힙의 중심에 서다'라는 제목으로 최근 트렌드로 떠오른 시집 독자들을 기획의 주제로 삼았다. 텍스트를 기반으로 한 감성 콘텐츠 큐레이션 트렌드로 설명될 수 있을 '텍스트힙'에 대해 『기획회의』의 기획자 중 한 명인 웹소설 유투버 북마녀는 최근 시를 "가장 힙하고 젊은 순문학"[1]이라고 정의했는데, 독자로서 이 같은 진단이 과도한 호들갑처럼 느껴지지 않았던 것은 여러 SNS의 타임라인에서는 물론, 일상 생활에서 시집을 읽고 있는 이들을 직접 마주치는 일에 익숙해지며 실감하는 일이 잦았기 때문이다. 문학동네의 국내문학팀 정민교는 이 현상에 걸맞는 반응을 가진 시집들 중 주하림의 『여름 키코』와 김은지의 『여름 외투』, 이승희의 『작약은 물속에서 더 환한데』를 소개한다. 이 세 권의 시집이 가진 공통점으로 "여름 시장"[2]에 펴낸 시집들이라고 표현한 것을 읽으면서 몇 편의

1　북마녀, 「가장 힙하고 젊은 순문학, 시」, 『기획회의』 630호, p. 25.
2　정민교, 「언제나 텍스트힙을 꿈꾸며」, 같은 책, p. 27.

시들이 떠올랐다.

　시를 읽는 일과 삶을 살아가는 일이 그다지 분리되지 않는 독자들이라면 쉽게 공감하겠지만 한국에서 시를 읽는다는 것은 계절감과 깊은 연관을 갖는다. 날씨와 계절의 변화를 누구보다 예민하게 감각하는 시들은 독자들에게 특정한 날씨가 환기하는 시의 언어를 삶의 실감으로서 받아들이게 만들기 때문이다. 예를 들면 달력을 넘기다가 칠월이 되었을 때, 혹은 한여름의 소나기가 쏟아지는 어느 날의 시 독자는 허연의 「칠월」을 떠올리지 않을 수 없다. "여름날 나는 늘 천국이 아니고, 칠월의 나는 체념뿐이어도 좋을 것/모두 다 절망하듯 쏟아지는 세상의 모든 빗물. 내가 여름을 얼마나 사랑하는지". 혹은 겨울 추위가 가시고 이제 막 봄 기운이 완연한 시기엔 결국 최승자의 「청파동을 기억하는가」를 떠올리게 된다. "겨울 동안 너는 다정했었다"로 시작되는 이 시의 정서는 내 경험이 아닌데도 마치 나의 기억인 것처럼 떠올릴 때마다 어딘가 저린 마음이 되어버리는 것이다.

　현재 한국 시단에서 독보적으로 많은 독자를 지닌 시인인 박준은 그 누구보다 이 같은 계절감을 잘 활용하는 시인이다.『우리가 함께 장마를 볼 수도 있겠습니다』(문학과지성사, 2018)의 경우, 시집의 구성 자체가 사계절의 시간적 흐름을 그대로 따르고 있다. 1부에는 「삼월의 나무」 「사월의 잠」이라는 제목의 시들이 배치되어 있고, 2부의 첫 시가 「여름의 일」이라는 점, 3부에는 「가을의 말」 「가을의 제사」와 같은 시가 배치되어 있으며, 4부는 서두의 「겨울의 말」과 말미의 「입춘 일기」로 마무리되고 있으니 목차를 순서대로 따라 읽기만 해도 "그해"(「여름의 일」)가 계절에 따라 펼쳐지는 것이다. 박준의 시가 많은 독자들에게 사랑받는 이유는 다양하겠지만, 한반도 거주자라는 뚜렷한 장소성을 기반으로 한국어를 공유하는 집단이 갖는 공통적인 계절 감각을 따른다고 짐작하는 일이 무리는 아닐 것이다.

분명히 짚을 것은 이와 같은 사계절이 한반도의 기후 특성이라는 점이다. 예를 들면 채인숙의 『여름 가고 여름』(민음사, 2023)을 읽을 때, 우리에게 익숙한 사계절의 리듬으로 이 시집을 독해하기는 어렵다. 채인숙 시인은 2015년 오장환신인문학상에 「1945, 그리운 바타비아」 외 다섯 편이 당선되면서 활동을 시작했고, 1999년 인도네시아로 이주한 교포이다. 출판사가 제공한 책 소개에는 다음과 같이 적혀 있다. "30여 년간 이국의 땅에서 고립된 그의 마음을 달래준 것은 시에 대한 추억과 시에 대한 열망이었다. 살아가는 땅은 달라졌지만 '시'라는 땅에서는 한 번도 벗어난 적이 없으니, 그의 첫 시집은 그의 온 생애와 함께한 시에 대한 고백이자 "8000일을 한 계절 속에서" 살고 있는 열대의 시간 속에 남겨진 "병의 흔적"이기도 하다." 즉 시집의 제목인 "여름 다음 여름"은 일차적으로 인도네시아의 기후적 특성을 분명히 전제하고 있는 것이다.

그와 대조적으로 임승유의 『나는 겨울로 왔고 너는 여름에 있었다』(문학과지성사, 2020)의 경우, '여름'을 '겨울'과 다른 시공간으로 지시함으로써 그 의미를 획득한다. 채인숙이 인도네시아에서 이주민으로 살면서 한국어로 된 시집을 한국 사회에 발간할 때, "여름 다음 여름"이라는 제목이 더욱 선명하게 각인되는 이유는 시인이 거주하고 있는 장소와 한국어가 주로 통용되는 한반도 거주자가 자연스레 전제하는 계절감 사이에 생겨나는 간극을 보다 선명하게 인지하게 되기 때문일 것이다. 임승유의 시는 기본적으로 시간적 간극을 통해 시적인 것을 다루는 경우가 많고 이때의 간극이 계절 감각으로 나타나는 것은 자연스럽다. "여름에 쌓아 올린 과일 바구니가 겨울로 쏟아져"(「지역감정」)와 같은 구절은 한반도 거주자의 계절감과 무관하지 않은 것이다.

    이처럼 시를 읽는다는 것은 내가 살아가고 있는 장소가 갖는 기후적 특성과 맞물려 삶의 실감을 재감각하게 되는 일에 다름 아니다. 그러나 최근 일상생활에서 겪는 뚜렷한 기후 위기의 징조는 일상의 감각과 시적 감각 사이의 독특한 결렬점을 만들어낸다. 이를테면 벚꽃이 만개한 계절, 폭설이 쏟아지는 풍경은 낯선 것이다. 봄바람에 휩쓸려 벚꽃이 우수수 떨어지는 현상을 두고 우리는 '꽃비'가 내린다고들 표현하는데, 벚꽃나무에 눈이 잔뜩 쌓여서 '눈꽃'이 된 것을 도심지의 3월에 보고 있노라면 이 낯선 날씨 감각이 더 이상 오래된 시들을 떠올리게 하지는 않는 것이다. 시간이 흘러도 사계절은 반복된다는 어떤 암묵적인 흐름 속에서 느껴온 계절적 안정감 대신 동남아의 기후 특성으로 여겨졌던 스콜이 한반도의 여름 속에서도 경험될 때 기후 위기는 시를 읽는 감각 역시 바꿔나간다.

연루 훈련

    『우리 힘세고 사나운 용기』(한티재, 2023)는 한국에서 기후 생태 위기를 살아가는 동시대 여성 시민 열 명의 에세이집이다. 열 명의 필자들이 가진 다양성을 존중하는 뜻으로 책 소개에서는 이들을 '동시대 여성 시민'이라고 넓게 부르고 있지만 필자들이 직접 자신을 소개하는 대목에서는 스스로를 '활동가'라고 소개하는 이들이 적지 않다. 필자들은 2022년 10월부터 2023년 2월까지 모여 '자본-여성-기후 연구 세미나'를 진행했고 이것이 이 책의 출간 계기가 되었다. 이 세미나에서는 자본주의 체제가 왜 여성과 사회적 소수자에 대한 불평등과 능력주의를 동력 삼아 성장하는지, 이것이 기후 위기와 맺는 관계를 공부하고 토론했으며, 이를 기반으로 각자의 삶을 해석하는 '비평적 글쓰기'를 녹여냈다고 책에 소개되어 있다.

여성학과 환경학 책장에 꽂혀 있어도 자연스러울 이 책의 독특한 구성 중 하나는 책의 서두에는 '여는 시'가, 각 장을 분류하는 위치와 책의 말미에는 '사이 시'가 배치되어 있다는 점이다. 가장 첫 시로 배치된 최지원의 「이 기후의 사랑」엔 "세미나 녹취록을 가지고 콜라주한 것을 바탕으로" 썼다는 각주가 제목 바로 아래에 기재되어 있다. 이것은 시를 쓴 사람이 시를 이루는 모든 요소를 자신에게로 집약시키기보다 이 시가 세미나라는 공동의 사건을 통해서 창작될 수 있었음을 분명히 하는 것이다. 그러니 이 시를 이루는 어떤 시 구절이든 세미나 속에서 구성원들이 서로 나눈 대화들 속에 잠겨 있었던 것이라는 사실을 적시하는 일은, 한 편의 시를 읽는 것이 단지 한 시인의 독창적 결과물에 국한되지 않고 내가 그곳에 없었던 장소에서 나눈 대화를 시라는 장르를 통해 다르게 전해 듣는 일이기도 하다.

우리 절망의 이야기꾼
주목, 당신의 삶과
너무 닮은 비극에

우리 성실히 채굴된 몸
매력적이고
결국 병을 얻은

—「이 기후의 사랑」 부분

　　최승자의 「이 시대의 사랑」을 환기시키는 제목인 「이 기후의 사랑」은 '시대'의 자리를 '기후'로 교체함으로써 현재 우리가 어떤 시간 속에서 살고 있는지 분명히 다르게 명시한다. 이 책의 주된 대상 독자는 '시'보다 '기후 위기' 쪽에 더 관심을 가졌을 가능성이 크므로 이것은 동료 시민들에게 건네는 시편이다. 게다가 이 시는 쓴 사람이 자신의 이름보다 자신이 놓였던 특정한 사건의 위치, 이 공동의 구성원들이 모인 곳에서 이 시를 끌어올린 셈이므로, "우리 절망의 이야기꾼"이라고 시작하는 시는 이 책을 막 읽어나가기 시작한 사람들을 '이야기꾼'으로 부르는 일이기도 하다. "성실히 채굴된" 몸으로, 병들고 매력적인 몸으로 시를 읽고, 다른 사람이 싸워온 이야기를 듣기.
　　희음은 기후운동을 시작한 지 3년 차에 접어들었다는 말로 글을 시작하면서 "가장 먼저 울고 가장 나중까지 우는 사람"이 시인이라고 믿었던 어떤 시간을 회상한다. 시집 『치마들은 마주 본다 들추지 않고』(걷는사람, 2020)를 펴내기도 한 희음은 이 책의 자기소개에 자신을 '시인'이라고 쓰는 대신 "다양한 형태의 불안정 노동을 하면서 시, 에세이, 비평, 기록 글을 써 왔다"고 서술한다. 이 책에 수록된 글엔 더 이상 자신을 시인이라고 소개하지 않게 된 과정이 상세히 기록되어 있다. 일부를 받아 적는다. "지나가는 의례처럼 단독으로 말끔히 우는 것이 아니라, 나 아닌 이들의 땀과 눈물과 오물과 냄새를 묻히고 넘겨받으며 얽히고 기대어서 울기"(p. 234).[3]

오해를 우려하여 부연하자면 이것은 더 이상 시를 쓰지 않겠다는 결심이 아니다. 이 책에는 희음의 시가 수록되어 있으며, "특히 이 기후생태 위기의 시대에 창작을 이어 간다는 것은 어떤 의미인지, 이 시대에 창작이 보탤 수 있는 작은 힘이란 무엇인지"에 대해 질문하고 있다. 이는 윤은성의 경우에도 마찬가지이다. "해남에서 태어나고 자라서 상경했다"로 시작되는 소개글의 중점은 '상경'이라는 개인적 사건이 기후 위기와 맞물리는 지점에 놓여 있으며 시 쓰는 사람의 자의식은 가장 마지막으로 물러난다.[4] 시를 쓰

---

[3] 희음의 자기 소개 전문은 다음과 같다. "다양한 형태의 불안정 노동을 하면서 시, 에세이, 비평, 기록 글을 써 왔다. 평등한 관계 맺기와 상호 돌봄이 어떻게 모두의 일상이 될 수 있을지를 고민하며 여러 모임과 세미나를 만들고 꾸렸다. 멸종반란한국에서 2년간 활동하면서 기후위기의 관점과 보편적 돌봄의 감각을 배웠다. 시집『치마들은 마주 본다 들추지 않고』를 펴냈으며,『김용균, 김용균들』,『무르무르의 유령』,『구두를 신고 불을 지폈다』를 함께 지었다."
[4] 윤은성의 자기 소개는 다음과 같다. "해남에서 태어나고 자라서 상경했다. 자주 귀향(또는 귀농, 귀촌)을 결심하며 아직은 도시에 남아 있다. 기후위기를 체감한 후 관련해 자주 다양한 감정을 느낀다. 동료들과 함께 공부할 때, 고양이와 눈맞춤할 때 자주 용기와 안전함을 느낀다. 시, 소설, 문학비평을 자주 쓰며 시집『주소를 쥐고』, 시론서『아직 오지 않은 시』(공저)를 펴냈다."

고 시집을 펴내는 작업과 그와 같은 작업자를 '시인'이라고 명명하는 것 사이, 그것의 차이를 분명히 하려는 어떤 고집스러운 간극이 느껴진다.

한 권의 시집을 읽는 것과 여럿이서 쓴 에세이 사이에 의도적으로 배치된 시를 읽는 것은 어떻게 다를까? 나로서는 평소 시집만 읽는 것은 아니고 이런저런 책들 사이에 시집이 놓여 있다는 점에서 에세이집 사이에 배치된 시들을 읽는 것은 읽기의 방법에서는 큰 차이가 없어 보인다. 시를 읽을 때 오롯이 시만을 읽을 수 없고, 시가 놓인 맥락을 늘 고려하면서 읽게 된다는 사실과 비교하면 시가 시집에 수록된 것이든 에세이집에 실린 것이든 큰 차이가 없다고 생각하는 일은 무리가 아니다. 그럼에도 수록된 에세이보다 가장 먼저 읽은 시와 열 편의 에세이를 남김없이 읽은 후에 다시 읽은 시들은 전혀 다른 질감으로 다가왔다. 희음의 문장을 빌려 쓰자면, 시 읽기의 방법도 마찬가지로, "나 아닌 이들의 땀과 눈물과 오물과 냄새를 묻히고 넘겨받으며 얽히고 기대어서"(p. 39) 시를 읽는 방법이 있지 않을까?

빛과 시

김언은 지난 10여 년간 우리 시단에 등장한 시인들의 시에 거의 동시적으로 '빛'이라는 시어가 출몰하기 시작했다고 진단한 바 있다. '빛의 걸음걸음과 지난 십 년의 시'라는 부제가 붙은 이 글에서 강성은과 이제니로부터 시작하여, 황인찬과 송승언, 안미

린과 임솔아, 김선오와 이제재에 이르기까지, 개별 시인들에게서 활용되는 '빛'이라는 시어가 갖는 다양한 함의를 세밀하게 살핀다.[5] 사실 김언의 글은 '빛'이라는 시어가 왜 이토록 광범위하게 많은 시인들의 작품에서 공통적으로 나타나는지, 그 시어가 갖는 공통적인 정서를 도출하거나 이 정서와 맞닿아 있는 한국 사회의 조건에 대한 논의로 나아가는 것은 아니다. 다만 여러 시에서 특정한 시어가 반복적으로 등장한다는 사실로부터 '동시대'가 공통적으로 상상해내는 '시적인 것'을 짐작해볼 수 있겠다.

흥미롭게도 이 책에 수록된 네 편의 시 중 '사이 시'에 해당하는 세 편의 시 모두에 공통적으로 '빛'이 등장한다. 은연중에 광장과 내면을 구분하는 습관은 '시'를 개인의 것, 광장과 근본적으로 구분되는 개인이자 내면의 것으로 간주하기 쉽고 특히 시와 운동성을 대립되는 가치로 상정할 때, 광장에서 읽히는 시들을 이념으로 환원하기 쉽다. 시가 놓이는 위치에 따라 독법이 달라진다는 점을 고려한다면 이 시들 역시 시집으로 묶인 시들과 비교했을 때 기후 위기라는 특정한 의제로 요약되기 쉬울 것이다. 그때 시는 어떤 메시지, 뚜렷한 자기주장 속에서 산문화되지 않을 수 없다. 그러니 이렇게 습관화된 독해를 벗어나는 한 방식으로, 공통적으로 등장하는 '빛'이라는 시어를 중심으로 세 편의 시가 어떻게 구성되는지 읽어보자.

어느덧 어린아이의 웃음소리가 들려오고

---

5 김언, 「왜 다시 빛인가? 빛이어야 했는가?」, 『문학동네』 2022년 가을호.

친구들의 목소리가 점점 작아지는데
대체 네 발걸음은 어디로 향하는 것인지 알 수가 없어
내 머리가 한없이 작게 느껴지고 불안해
나는 너의 팔을 감싸 안고 걸었어

너를 믿어야만 한다
언젠가는 네가 나를 눈뜨게 해 줄 테니까

너는 이렇게나 초조해 하는 나를 느끼고 있을까?
'아직도 더 가야만 하니?'라고 바보처럼 묻는다
'조금만 기다려 봐' 너는 말하며 피식, 웃었다
'이제 거울을 보세요'

눈 사이로 환한 빛이 들어왔을 때 마음이 평온해져
또 오래 눈을 감고 있으면 스르르 잠이 몰려와
네가 보여준 우리의 거울은
벌써 뜨거워지다 못해 얼른 편의점으로 도망쳐 버리고 싶었던
여름날이었지
눈을 뜨고 보니 처음에는 온통 초록빛이 가득했어

—보란,「돌봄 수업」부분

    청소년 화자로 설정된 두 사람은 수업 시간에 선생님 몰래 학교 밖 공원에 나가보기로 한다. 특별한 놀이를 하는 두 사람, 한 사람은 눈을 감고 다른 사람은 눈을 감은 친구를 이끈다. 시의 전

반부는 눈을 감은 화자가 친구의 손에 이끌려 한 걸음씩 나아가며 느끼는 감정들이 섬세히 그려진다. 알 수 없는 풀 냄새, 바람에 흔들리는 나뭇가지들이 부딪혀서 내는 소리들, 햇빛이 너무 뜨겁다고 느낄 즈음엔 일부러 그늘로 이끄는 친구의 배려를 느끼면서 놀이는 계속된다. 중요한 것은 눈을 감는 행위 자체보다 자신의 목적지가 어디인지 모르는 채로 오로지 타인에게 자신을 통째로 맡겨보는 경험일 것이다. 그것이 오롯이 설렘만으로 채워지는 것은 아니다. '아직도 더 가야만 하니?' 묻는 말소리엔 놀이의 시간이 길어질수록 초조함과 불안이 묻어난다.

환한 빛 속에서 눈을 감고 있을 때 눈꺼풀이 마치 암막커튼처럼 안온한 어둠을 만들어내기에 스르르 잠이 몰려오는 감각을 섬세히 그려내면서 마침내 친구가 이끈 목적지에 도착했을 때 커튼을 걷어내자 쏟아지는 "온통 초록빛"이다. 이 시에서 '빛'은 늘 속한 교실에서 벗어나 알지 못하는 곳으로 가서 만나는 것, 설렘과 불안의 시간을 통과한 후에 신뢰하는 친구가 보여주는 것으로 나타난다. 기말고사 성적표 걱정이나 누군가가 정해준 꿈을 이루기 위해 트랙을 도는 시간 속에서는 도무지 경험하기 어려운 이 빛은 김언 시인이 그러모은 적 있는 시인들의 빛과 비교한다면 소박해 보일지 모르겠지만 우리 사회에서 수업이 있는 시간에 청소년 학생들이 학교를 벗어나 벌이는 이 작은 놀이가 현실적으로 얼마나 어려운 일인지 상상한다면 이 시에 등장하는 빛의 비유는 일상 속에서 놀이기 어려운 장소를 부러 찾아가며 생겨나는 시적 사건에 다름 아니다.

빈칸 비평

팬데믹 이후 급부상한 생태학적 사유를 기반으로 시에 등장하는 다양한 사물과 비인간 주체들을 중요한 시적 행위자로 해석하려는 논의가 부쩍 늘어났다. 최근에 등장하는 시편들을 독해할 때 이와 같은 담론을 전제하여 다양한 행위자를 발견하고 인간 중심주의를 벗어나려는 시도 및 이들이 맺는 관계성이 어떠한 양상을 보여주는지 면밀히 살피는 것은 물론 가치 있는 비평적 작업이지만 여전히 비평적 시선은 시적 주체가 타자와 맺는 관계성에서 그 윤리적 판단과 정치성을 도출하려고 한다는 점에서 시 읽기의 독법을 '시와 정치'라는 익숙한 구도로 환원할 뿐 아니라 결국 이를 시인과 시집만 바꿔가며 반복하고 있지 않은지 돌아볼 필요가 있다. 한 권의 시집, 한 시인의 시 세계를 규정하려는 비평적 욕망은 시가 놓이는 위치에 따라 무한히 증식하는 맥락의 가능성을 폐쇄하고 읽기 행위를 통해 확장될 수 있는 그 가능성까지 차단하고 있지 않을까?

  내 눈물은 할아버지의 약 봉투를 위한 것
  내 눈물은 병에 걸려 죽은 사람들을 위한 것
  내 눈물은 강원도에 있는 할아버지의 집을 위한 것

  내 눈물은 전쟁으로 돌아가신 분들을 위한 것
  내 눈물은 이웃을 위한 것

내 눈물은 사라져 가는 숲을 위한 것
내 눈물은 녹고 있는 빙하를 위한 것
내 눈물은 죽어 가는 모든 것을 위한 것

내 눈물은 기후변화로 인해 고통받는 존재들을 위한 것
내 눈물은 진실을 위한 것
내 눈물은 삶을 위한 것

내 눈물은 우리 모두를 위한 것.
—「돌봄 수업」부분

　이 시의 각주에도 「이 기후의 사랑」과 마찬가지로 각주가 달려 있다. "2023년 7월 6일부터 11일까지 기획·진행한 '기후위기와 기후시민'이라는 수업의 마음 열기 워크숍에서 학생들이 나눠 준 마음과 생각들을 모으고 각색하여 시로 쓴 것이다"라고. 그 워크숍에서 '내 눈물은 ＿＿ 을 위한 것입니다'라는 문장을 공유하고 학생들이 쓴 답변들을 기반으로 작성되었다. 만일 이것이 한 시인이 자신이 단독으로 쓴 창작물로서 공개되었다면 아마 인용한 이 대목을 다르게 경험했을 것이다. 그러나 이 각주를 읽고 나니 전혀 다른 답변들을 적어 내려가는 저마다 다른 이들의 손이 자연스럽게 연상되었고 하나의 행은 한 사람의 목소리로 들렸다. 보란은 이 답변들을 소개하기 전에 이렇게 쓰고 있다. "우리는 빈칸을 점점 열었고 어렵게 말을 꺼냈어."
　한 편의 시를 읽는 동안 한 시인이 만든 독창적인 세계를 경청하고 해석하려는 비평적 작업이 잘못되었다고 말하려는 것은 아니다. 다만, 시 비평의 대상은 새로이 발간된 시집들의 가치를 평가하는 일에 국한되지 않으며, 시집에 거주하지 않는 시들을 찾아가서 비평이 독자들과 더불어 그 시들이 놓인 위치를 자세히 읽는 작업이 더 활발히 요구된다는 것을 말하고 싶다. 한 권의 시집이 한 명의 시인으로 인해 빈틈없이 완성되는 것이 아니라 수많은 독자들의 읽기를 통해 무한히 확장될 수 있는 하나의 '괄호'와도 같은 장르라는 점이 상식적인 지적이라면, "내 눈물은 ＿＿＿ 을 위한 것"이라는 조금 비어 있는 문장에 얼마나 많은 이들이 자신의 삶을 새로이 담을 수 있을까?

( )의 곁

스스로를 논-바이너리 글로컬 활동가라고 밝힌 이상현은 수소환원제철을 주제로 한 국제회의장에서 포스코 가스전 사업의 수익이 미얀마 군부에 지급되고 있음을 알리는 '초대받지 않은' 연설을 1분간 했다가 공동주거침입죄로 유죄를 선고받고 벌금형에 처해졌다. 시민들이 보내준 후원금을 벌금으로 쓰게 되는 역설적인 상황에서 저자는 벌금 불복종을 따르기로 결정하고 15일간의 노역형을 선택한다. 에세이에서는 15일간의 '감방 생활'을 자세히 기록하고 있는데 그곳에서 만난 '감방 동료'들과의 대화는 경청할 필요가 있다. 서로를 모두가 '언니'라고 부르는 그곳에서 서로 안면을 트는 질문 중 하나는 어떤 죄목으로 여기에 왔는지 밝히는 일이다. 시위를 하다가 들어오게 됐다는 걸 듣게 된 동료 수형자들이 어떤 시위를 하다가 들어왔는지 더 자세히 묻는 질문 앞에서 겪은 곤란함은 직접 인용으로 함께 읽고 싶다.

> 내가 무슨 시위를 하다가 감옥에 들어오게 되었는지 궁금해 하는 동료 수형자들에게 기후위기와 기업의 책임에 대해 이야기하면서 이 이야기가 이들에게 어떻게 이해될까 싶어 진땀이 났다. 당장 나가면 생계가 걱정이라고, 일할 식당이 필요한데 소개해 줄 가게가 있냐고 묻는 감방 동료에게 말이다. 각자의 삶에 지독하게 얽힌 가난과 관계망을 따라 감방이라는 곳에 오게 된 이들에게 기후위기 문제가 '우리'가 당장 행동해야 할 '절박한' 문제라고 피력할 자신이 없었다. 그것을 말하기 위해서는 십수 겹 분리된 촘촘한 망을 통과해야 한다는 느낌이 들었다. 어디서부터, 어떻게 말하면 좋을까.[6]

『우리 힘세고 사나운 용기』에 수록된 열 편의 에세이와 네 편의 시는 기후 위기가 초래하고 있는 수많은 이들의 고통과 죽음을 고발하는 것에 방점이 찍혀 있지 않다. 오히려 이를 묵인하지 않고 직시하기 위해 이들이 택한 것은 '함께'하는 것이었고, 오히려 그 함께한다는 것이 얼마나 어렵고 힘든 것인지, 그것을 과연 어떻게 지속할 것인지에 대한 고민이 무엇보다 중요하게 드러난다. 그러

---

6 이상현, 「물러서지 않도록, 풀뿌리 바리케이드에서」, 『우리 힘세고 사나운 용기』, 배윤민정 외, 한티재, 2023, p. 83.

니 이 책에 수록된 시들이 '우리'가 어떻게 만들어지는지 고민하는 것은 자연스러워 보인다. 시적 주체와 비인간 행위 주체자들이 맺는 관계는 시에서 직접 묘사되지 않지만, 은수의 에세이에서처럼 백로의 서식지를 지키기 위해 모인 사람들이 흩어지지 않고 계속 싸워나가기 위해서는 책임을 가진 인간들의 관계야말로 비인간들을 지키기 위해 무엇보다 중요한 것이다.

 서울 마포구의 '신여성'을 운영하는 문화기획자이자 작가라고 스스로를 소개하는 배윤민정은 에세이를 통해 화자 B의 경험을 들려준다. 공간을 지키기 위해 수많은 창업 교육장에 가서 투자금을 받기 위해 노력하다가 이 세미나에 오면 이상하게도 이곳에서 오가는 말들은 전반적으로 낮고 느리고 부드럽게 들려서 너무 다른 분위기에 얼떨떨했다고. 한 사람이 숲이 망가져간다고 말하면서 눈물을 보였을 때, B씨는 한편으로는 그가 무엇을 느끼는지 이해하고 싶어서 조바심을 느끼면서도 동시에 사실 자신도 아픔을 느끼는 사람이 되는 것이 두려웠다고 고백하는 순간은, 변화를 위해 함께 모여 있을 때 사람들이 연결 속에서 경험하는 것이 벅찬 환희만은 아니라는 또렷한 사실일 것이다. 그러나 보란의 「돌봄 연습」에 따르면 그것조차 빛이다. 한 사람이 다른 사람을 데려가서 보여준 것이기에.

 글을 열며, 시를 읽는 일과 삶을 살아가는 일이 그다지 분리되지 않는 독자들이라면 쉽게 공감하겠지만 한국에서 시를 읽는다는 것은 계절감과 깊은 연관을 갖는다고 썼다. 그러나 이제 화사하게 핀 벚꽃 위로 4월의 폭설이 내리는 '이 기후의 사랑'은, 내가 얼마나 여름을 사랑하는지 말하기도 전에 폭염 속에서 죽어가는 이들을 떠올리지 않을 수 없게 만든다. 그러나 여름에 대한 자신의 사랑을 고백하는 자리를 대신하여 당신의 눈물은 누구의 것이냐고 묻는 이들이 있고, 그 비어 있는 괄호의 자리에 저마다 자신의 대답을 적어 내려갈 때, 그 대답을 소중히 모아 시편으로 엮는 이들 곁에서 비평 역시 자신이 무엇을 읽어야 할 것인지 고민하지 않을 수 없다. 이렇게 기후 위기의 시 읽기는 누구의 곁에 설 것인지를 결정하는 일이다.

시, 녹색 계급

·· 양경언

'멸종'이 비유가 아닌 시대, 대전환을 향한 한 걸음

「멸종전쟁」(2023. 04. 05.~06. 30. 광주시립미술관 본관 제1, 2전시실)은 영국의 법학자이자 사회활동가인 라다 드수자Radha D'Souza와 네덜란드 예술가 요나스 스탈Jonas Staal이 구상한 '세대 간 기후 범죄 재판'을 소재로 삼은 전시이다. 이 전시에 대한 소식을 D로부터 들었을 때, 나는 무엇보다 '멸(滅)'하지 않기 위해 전쟁도 마다하지 않는 이들이 누구인지 떠올릴 수 있어야 한다고 생각했다. 누군가에겐 '멸종'이 그저 시대에 대한 관성적인 냉소의 표현 중 하나로 흔하게 사용될지 모르지만, 또 다른 누군가에겐 당면한 현실에 대한 있는 그대로의 정직한 표현일 수 있기 때문이다.

어떤 삶은 오로지 죽지 않기 위해 애쓰느라 일상을 다양하게 추구할 가능성을 제압당하고, 그 때문에 역설적으로 내내 죽음에 끌려다닌다. '멸종전쟁'이란 말에는 그와 같이 내정된 멸종 너머로 어떻게든 움직여가려는 이들의 삶 자체가 담겨 있다. 이 싸움은 어디로 이어질까. 여기에는 세상에 대한 어떤 희구가 담겼나. 이 글은 기후변화, 불평등, 삶의 불안정성 증가 등 각종 위기로 인해 '생존 그 자체'의 반대 항에 '진정으로 살아 있는 삶'이 아닌 '멸종'만을 두어야 하는 이들이 마냥 체념하지 않고 어떻게 이곳 너머로 갈 수 있는지에 관심을 둔다.

 전시회 얘기를 이어 해보자. "세대 간 기후 범죄 재판소Court for Intergenerational Climate Crimes, 이하 'CICC'"는 과거, 현재, 미래를 관통하며 국가와 기업이 저지른 기후 범죄를 기소하기 위해 2021년에 설립된 대안 법정으로, 이른바 "인간 너머의more-than-human 재판소"라고도 불린다.¹ 드수자와 스탈은 네덜란드 정부와 네덜란드에 등록되어 있는 다국적 기업(유니레버, ING 그룹, 에어버스)의 반(反)환경적 행태를 이 재판소로 회부, 배심원 앞에서 기후 범죄의 실상을 알리며 '세대 간 기후 범죄 법'에 근거한 판결을 내리는 활동을 펼쳐왔다. 이때 적극적으로 활용된 '세대 간 기후 범죄 법'이란, 모든 법적 판단의 중심에 '장소 기반 공동체Place Based Communities'의 구성원 전원을 두는 원칙을 말한다. CICC는 특정 지역과 장소에 실질적으로 거주하며 공동체를 이루고 살아온 모든 존재를 '장소 기반 공동체'로 규정하고, 이들을 멸종위기로 몰아가는 국가와 기업의 행위를 학살에 해당하는 중대한 범죄로 다룬다. 전시회「멸종전쟁」은 이러한 문제의식을 바탕으로 '멸종된 동·식물의 이미지'를 최대한 가시화하는 설치물을 내걸고, 세 차례에 걸친 모의재판을 진행하는 예술 행동인 셈이다. 드수자와 스탈은 이 전시를 통해 자본주의 체제에서 인간이 특정 장소를 그 장소답게 만들어준 수많은 생명을 식민화하고 폭력을 가해온 행위를 폭로하며, 그에 맞서 살아남으려는 존재들의 투쟁을 '멸종

---

1 전시회 내부에 설치된 텍스트 참조.

전쟁'이라 명명한다. 광주의 전시장에서는 특별히 화석연료를 사용하는 한국 기업을 피고의 자리로 소환하여 군수산업체의 존재 자체를 인류 공동체와 생태계 파괴를 초래하는 기후 범죄로 간주하는 예술 행동이 이어졌다.[2]

잠시 첨부한 사진을 통해 전시회 전경을 살핀다.

관람객인 당신은 전시회에 들어서자마자 곳곳에 설치된 모래주머니, 석유통을 마주하면서 전쟁의 한복판에 들어선 듯한 착각을 하게 된다. 특히 전시 동선을 따라갈 때마다 당신은 철조망을 넘는다거나, 뚫린 길처럼 보이지만 알고 보면 막다른 길을 돌아 나오는 방식으로 얼마간은 삭막한 그곳에서 헤매야 한다. 그런 당신 앞에 멸종된 동·식물이 그려진 표지판이 나타나는데, 이 표지판 하단에는 세계 각국의 언어로 '동지' '동무'와 같은 말이 씌어 있다. 이미 멸종된 개구리 동지? 있는 줄도 몰랐지만 사라져버린 뱀 동무? 당신은 그를 지켜보며 지금까지 인간 문명의 번영을 위해서

---

2   광주에서 진행된 「멸종전쟁」에 대한 자세한 설명은 최명진 기자, 「"세대 간 기후범죄 증언…평화·정의 메시지 찾길"」, 『광주매일신문』 2023년 4월 4일 자 참조.

라는 명분을 내세워 진행해왔던 일들이 사실상 어떤 파괴를 가져왔는지 깨닫는다. 전쟁 이미지를 전면에 내세운 전시물은 얼핏 아무런 일도 벌어지지 않은 줄만 알았던 세계가 실은 엄청난 살상과 폭력이 시시때때로 일어나는 현장임을, 따라서 어떤 이들에게 멸종은 비유에 머물지 않는다는 사실을 알린다. 당신은 전시를 관람하는 구경꾼이 아니라 전쟁에서 누구의 죽음을 기억할지, 누구를 동지로 삼을지 선택해야 하는 일원으로 풍경의 한가운데에 있다.

브뤼노 라투르와 니콜라이 슐츠는 오늘날 자본주의 체제가 불러온 위기를 극복하기 위해 내세울 수 있는 여러 개념 중 '계급'에 주목하면서, "정치 역학을 사회의 갈등과 경험의 형성 그리고 집단의 지평이라는 관점에서 제시하도록 함으로써 사회적·물질적인 세계의 구조를 명확하게 해주는"[3] 계급의 구성을 제안한다. 이를테면 "생산체계" 자체가 곧 "파괴체계"와 동의어가 되어가는 '기후-생태 복합 위기 시대'에는 생산 수단의 소유 여부에 따른 계급이 아닌 "지구 차원의 거주가능성 문제를 떠맡는" "녹색 계급"[4]의 움직임이 필요하다는 것이다. 이들에 따르면 '계급'은 사회를 변화시키고자 하는 행위자들의 시도와 함께 형성되는 것이므로, '녹색 계급'은 "땅, 영토, 국가, 민족, 국민, 애착, 전통, 한계, 경계와 같은 용어를 고유한 언어와 방식으로 규정하고 '진보적인' 것과 그렇지 않은 것을 자력으로 결정할 권리를 스스로 인정"[5]하는 활동을 펼

---

3   브뤼노 라투르·니콜라이 슐츠, 『녹색 계급의 출현—스스로를 의식하고 자랑스러워하는』, 이규현 옮김, 이음, 2022, p. 16.
4   같은 책, p. 38.
5   같은 책, p. 43.

쳐나가는 기본 단위로 활용 가능하다.「멸종전쟁」을 통해 다시 등장한 '멸종된 동지들' 역시도 녹색 계급으로 받아들인다면, 이들은 우리에게 지금 당장 무엇과 적대적인 관계를 형성해야 하며 앞으로 '동지' '동무'를 잃지 않기 위해서는 어떻게 해야 하는지 고민하기를 촉구하는 존재들로 이해될 수 있다.

드수자와 스탈의 예술 행동과 같이 성원권 개념이 자연에 주어질 때에야 비로소 녹색 계급 동지와의 단결 가능성이 드러나는 상황은, 우리가 기후-생태 복합 위기 시대에 나타나는 다양한 문제의 해결 방안을 근대의 권리 담론을 통해서만 찾고 있지는 않은지 질문하게 만든다. 하지만 자연의 권리를 인간의 법으로 확정하여 생태계 전체로 권리자 개념을 확장시키는 '지구법학'의 관점은 "인간사회가 지구공동체의 한 부분"임을 인지시키고 '우리'를 "인간중심적 가치규범에서 생명중심적 가치규범"[6]으로 전환하여 구상하게 한다는 차원에서 중요하다. 인권 개념이 "국가의 통치로부터 소외되기 쉬운 정치적 반대자와 약자와 낙오자를 보호하고, 국가의 권력남용을 막기 위해 탄생"[7]했듯이, 자연을 소유의 대상이 아닌 '존재의 상호 의존적 그물망'에 포함된 '법인격'의 권리자로 여길 때에야 비로소 인간이 자행해왔던 폭력적 행위 역시도 구체적으로 드러날 수 있다. 당면한 생태 위기가 더는 지금 체제를 지속시키는 패러다임으로는 해결 못 할 지경에 이르렀다면,[8] 지금은

6 조효제,『침묵의 범죄 에코사이드』, 창비, 2022, p. 203.
7 같은 책, p. 207.
8 '지속가능성'이라는 용어의 사용은 우리가 중요한 체제 변혁을 하지 않고도 어떤 것이든 유지할 수 있다는 희망을 남길 여지가 있다고 비판하는 의견으로는

법의 테두리를 활용한 행동에서부터 그 너머에 이르기까지 가능한 한 모든 것을 동원하여 대대적인 전환을 이루는 행동을 이어나가야 할 때이다.

 시는 멸종을 운명으로 받아들이느라 이후란 없다고 단정 짓는 이들의 현재를 회복시키고 미래를 돌려주려는 언어의 선두에 있다. 이 글은 녹색 계급의 전선으로부터 타전되는 메시지를 '체제 내 권리 담론'을 넘어서는 상상력의 발휘로 수신하려는 최근의 시를 찾아 읽는다. 지금 이 땅을 기반 삼은 공동체 전원과 '함께 있다'는 감각을 놓치지 않으려는 목소리가 여기에 있다.

녹색 계급의 정언 1.
상실을 붙들기

「멸종전쟁」 전시에서 '멸종한 동지'로 팻말에 그려진 동·식물의 존재는 벌레, 개구리, 새, 사슴 등 종류가 다양하다. 이들은 전반적으로 먹이사슬에서 허약한 위치에 놓여 있으므로 대부분 어리고, 연약한 존재들로 알려져 있다. 이는 전시에서 상징으로만 쓰이는 일이 아니다. 미래가 계속해서 이어질 수 있다고 알려주는 존재로서의 '어린 존재'들이 일찍 죽음을 맞이함으로써 미래 자체가 성립 불가능한 시간성으로 사유되는 일은 근래 현실에서 자주 벌어진다(기후 재난이 누구에게 가장 위협적인지를 생각해보라). 와

그레타 가드, 『비판적 에코페미니즘』, 김현미 외 옮김, 창비, 2024, p. 91 참조.

중에 어떤 시는 이유 없이 멸종을 강요당하는 존재들이 그냥저냥 사라지지는 않는다는 점을 끝까지 증언한다.

조시현의 시 「해가 세 번 뜨는 디스토피아」(『아이들 타임』, 문학과지성사, 2023)에서 '해'는 희망이 아닌 반복되는 절망의 징표로 등장하면서 미래를 어떻게 만들어갈지 몰라 헤매는 이들의 목소리가 등장한다. 태양이 '고장 난' 2444년을 배경으로 하는 이 시는 얼핏 SF적 상상력으로 이미 손쓸 새 없이 망해버린 세계를 펼쳐내는 듯 읽힌다. 하지만 가까이 다가갈수록 이 시는 멸종위기에 처한 이들이 자신의 현재를 쉽게 포기하지 않으려 한다는 점을 강조하는 듯 보인다. 시집에서는 총 일곱 페이지에 걸쳐 길게 이어지는 작품의 일부를 잠시 읽는다.

    달도 가짜라는 소문 들었어
    그저 조명등일 뿐이지만
    그래도 네가 편안한 밤 보내면 좋겠다
    도죠 요로시꾸 셰셰

    반대합니다 반대합니다 반대합니다
    거대한 스크린에 나타난 아저씨가 자꾸만 반대한다
    무엇에?
    반대에

    야 또 해 뜨잖아 더워 죽겠는데 오늘 대체 몇 번째야
    뭘 바라는 거야 우리한테

저따위로 큰 걸 누가 만든 거야 왜

문명 어떡해 문명

(……)

내가 그럴 줄 알았어

모두가 저마다의 최선을 다할 뿐인데

노력하는데

이런 세계가 나쁠 리 없잖아?

이유 없이 죽일 리 없잖아?

이유 없이 죽진 않잖아?

누군가 발 뻗고 자는 동안

누군가는 죽을 리가?

(……)

스위치를 끄고 어둠 속으로 사라질 거야

깨지기 쉬운 밤

더 더 더 많은 밤

어차피 난 맨날 외계인 같았어

그래서 이 시를 멈출 수 없어

―조시현, 「해가 세 번 뜨는 디스토피아*」 부분

* 2444년, 태양이 고장 났다. 수명이 다 된 형광등처럼 미친 듯이 번쩍여대기 시작했던 것이다. 2019년 처음으로 관측된 별인 양조성 근처에 대기하던 조시현 박사의 태양계 관측 로봇 파랑새가 태양 가까이 접근하였고 마침내 태양이 거대 기계일 뿐이라는 사실을 밝혀냈다. 지구의 하루 역시 철저히 조작된 것이었다. 며칠 뒤 마치 누군가가 갈아 끼운 것처럼 태양은 본래의 모습을 되찾았지만 지구인들은 기계의 통제를 받아 하루를 시작하고 하루를 마무리하는 것을 도저히 견딜 수가 없었고, 결국 지구를 이탈하기로 마음먹었다. 태양을 설치한 자를 찾는 것이 첫번째 목표였다. 설치자의 의도를 알 수 없어 지구인들은 불안에 떨었다. 정체가 발각된 태양은 더 이상 거리낄 것이 없다는 듯, 24시간 세 번 떠오르기 시작했다. 사람들은 태양을 미친 기계라고 부르기 시작했다. 시간은 망가졌다. 지구를 떠나는 대신 태양을 터트리자고 주장하는 축도 있었다.

시는 "국제적 재난 상황"이 빈번하게 일어나는 때에 먼저 죽음을 맞이하게 되는 이들이 누구인지를 구체적으로 알리기 위해 그이들의 목소리에 초점을 맞춘다. 처음에 이들은 "지금까지 지구가 이렇게 이상했던 게" "태양에서 전자파가 나왔기 때문"이라고 일러주는 "규칙 법칙 혁명"을 향해 자신들을 "이유 없이 죽일 리 없"다면서 애써 순진한 반응을 보이다가 이내 그것이 소용없다는 것을 깨닫는다. 이들에게 이유 없이 봉변처럼 닥치는 죽음은 불가피한 리얼리티 그 자체다.

기후 범죄("야 또 해 뜨잖아 더워 죽겠는데 오늘 대체 몇 번째야/뭘 바라는 거야 우리한테/저따위로 큰 걸 누가 만든 거야 왜/문명 어떡해 문명", p. 9), 혐오범죄("암탉이 울면 망한다면서/암탉 덕분에 먹고 살면서", p. 12) 등 여러 문제가 벌어지는 상황에서 치안을 보장하는 사회적 안전망은 제 역할을 하지 못하고("밤이 되었습니다/마피아가 죽을 사람을 고릅니다/의사가 살릴 사람을 고릅니다/아침이 되었습니다/경찰이 마피아를 잡지 못했습니다/실패했습니다/선량한 시민이", p. 13), 미래를 상징하는 '아이들'이 이런 상황을 고스란히 뒤집어쓴 채 살아가고 있다는 구절은 오늘날 우리에게 닥친 여러 위기 국면이 특정한 존재의 미래뿐만이 아닌 세계 자체의 전망까지도 앗아간다고 말한다. "2444년"이라는 미래를 지시하는 포즈를 취하고 있지만, 그 포즈를 취하는 몸은 미래가 저당 잡힌 지금 여기 존재들의 것이다.

한편 "태양이 뒤집어져도 변하지 않"는 세상으로 인해 멸종 위기에 처한 존재들은 죽음에 직면해 있으면서도 ("깨지기 쉬운 밤/더 더 더 많은 밤") 그 상황 자체에 처한 자신을 스스로 구하기 위해 자신만의 언어로 "이야기"를 "펼치고" "시를" 이어가고자 애쓴다. 애쓰고 있다는 것, 그것이 중요하다. 거기에 주목할 때에야 이 시가 "이유 없이 죽"임을 당할 위험에 처한 이들의 현실을 고발하는 데서 그치지 않는다는 사실을 알 수 있기 때문이다. 시는 이런 상황에서도 모두의 죽음으로 결론을 맺지 않으려는 이들의 몸짓을 붙잡는다. 이들은 어리고 연약하다는 이유로 구성원이 아닌 "외계인"과 같은 대우를 하려 드는 세계의 폭력성을 감당하면서도 저 자신의 송곳니를 잃지 않으려 한다. 시는 이들이 있는 한, "태양"의 시간은 앞으로 고꾸라지지만은 않는다고, 설혹 그런 일이 벌어진다 해도 차라리 미지를 향해 가보자고 전한다. 요컨대 미래를 보장하는 존재들이 일찌감치 죽음에 잠식되는 사회적 분위기가 감지될 때, 조시현의 시는 성립 불가능한 미래를 붙드는 존재들의 안간힘을 조명한다.

한편 유혜빈의 시는 처음부터 상실의 감각으로 주어지는 자연을 다룸으로써 이미 도착한 쓸쓸한 미래를 돌아보게 만든다. 인간의 문명이 번영을 위해 마음껏 다뤄왔던 대상으로서의 자연은 이제 충만함을 잃어버린 흔적으로, 또는 무언가를 잃었다는 감각만을 자꾸 환기하는 존재로 자리함으로써 점점 희박하게 표현된다.

총 세 편으로 이어지는 연작시 「자유가 있는 숲길」(『밤새도록 이마를 쓰다듬는 꿈속에서』, 창비, 2022)에서 시인은 '저절로(自)' '그러하다(然)'는 의미를 상실한 자연이 제 생명대로 숨 쉬지 않고, 인간의 풍경으로부터 물러나는 상황을 그린다.

숲이 버린 것들은 내가 될 거야
까맣다 못해 새하얀

나는 불의 시간이야

타오르는 모양은 바람의 모양이야
흩날리는 불씨의 시시각각
그건 나의 얼굴이야

불길 타오르는 옆에서는 점박이 꽃이 피어 때맞춰 가루가 노랗게 흩날리고 다시 옆에서 불이 타오르고 불이 옮겨붙고 너는 그것을 고요히 보고 있구나 하얀 길을 지나 내가 앞서 걸어가는 것을

뭐 하려고 여기까지 왔어 나에게 물은 적 있지

내가 대답하기 시작하면 세상에는 까맣고 하얀 길이 또 하나
생겨나겠구나 나는 길의 한발자국만큼만 앞서서 낙엽을 태우고
나무를 쓰러뜨리고 다람쥐를 도망가게 하지
　　　　　　　―유혜빈, 「자유가 있는 숲길 2」 부분

잠에 들었다
먼저 잠든 사람들을 생각하다가

수없이 많은 눈길 속을 거슬러 도착한

자유의 열매가 열린다는 숲에서

맨발로 걷는 사람들

[……]

자유를 엮어 신는 것에서 자유를 먹고 마시는 것에서 바르고
흩뿌리는 것에서 그 위에서 뛰어노는 것에서 결국에는 그 모든 것
으로부터

멀어지고 있었다

멀어질수록 멀쩡해지는 사람들

나는 다시 눈을 뜨고
침대에 누워
주워 온 열매들을 헤아려본다

신발을 신고 잠든 오후였다
이미 그 숲에서 멀리 있다

—유혜빈, 「자유가 있는 숲길 3」 부분

얼핏 연작시에서 들리는 화자의 음성이 다정하게 느껴지는 까닭에 독자는 이 시들이 "자유"로 인도하는 숲의 생명력에 대한 시이기를 바랐을 수 있다. 하지만 다정한 어조로 독자를 이끌고 간 곳은 다름 아닌 "불의 시간"이 지배한 "숲"과, '숲'에서 "자유의 열매"를 얻으려 할수록 그 숲과 "멀어지"는 "사람들", 그러니까 숲이 제 풍경의 색채를 잃어가는 현장의 한가운데이다. 세 편의 연작시가 이어질수록 출발 지점에서 행위를 이끄는 목소리가 안기는 기대감과, 도착 지점에 당도했을 때 텅 빈 공간이 자아내는 분위기 사이에서 발생되는 낙차가 고요히 섬뜩함을 불러일으키는 것 같다. 도저한 상실감은 '자유가 있는 숲길'의 현 상태다.

"숲길"에 "자유"가 있다 하지만 이때 '자유'란 대책 없이 "낙엽을 태우고 나무를 쓰러뜨리고 다람쥐를 도망가게" 만드는 것이고, 한데 어울려 "먹고" "마시고" "뛰어노는" 경험을 소거시켜가는 종류의 것이다. 인간이 숲에서 '자유'를 찾을 때, 이는 모두의 해방감으로 이어지는 게 아닌 어느 한편의 소실로 귀결될 가능성이 크다. 시인은 우리의 '현재'가 이처럼 서서히 사라져가는 세계의 끝머리에 겨우 매달려 있음을 아득한 감각을 동원하여 적는다.

오늘은 모두와 함께 있어요. 어제도 모두와 함께 있었어요. 그제도 함께 있었는데. 사람들 나를 이상한 눈으로 쳐다보아도, 그 자리에 왜 네가 있냐고 화를 내어도, 시간은 계속이라는 말이니까요.

매일 나는 유리창 밖에, 방 안에, 방 밖에, 플라스틱 박스 안에. 나는 들어간 적 없는데 누가 자꾸만 넣어놓나요? 누가 선 그어놨어요? 나라고 하면 화낼 거예요. 우리 거기선 진지한 얘기만 해요. 내 얘기가 안 들리는 걸지도 몰라요. 선이란 그런 거예요. 그 안에서 나 그래도 책임감 있는 사람이에요. 선 넘어가면 다들 화나니까요.

그나마 즐거웠던 건 그저께, 세상이 무너질 때 모두와 함께 있었어요. 곧 세상이 무너진대도. 바다가 덮쳐온대도 농담이나 하고 있었어요. 손잡고 있었어요. 선 같은 건 내 세상 밖에 있던데요. 아무래도 그런 건 밖에 있는 게 좋겠어요. 무너지는 세상에 같이 있어요. 아무도 긋지 않은 선 위로 넘어 오세요.

—유혜빈, 「무너지는 세상에 같이 있어요」 전문

화자가 지금 어디에 있는지 가늠하기 쉽지 않은 시다. "오늘"과 "어제"와 "그저께"까지 "모두와 함께 있"었다고는 했지만, 화자가 '함께' 있다고 여기는 이들은 화자를 향해 "이상한 눈"으로 쳐다본다거나 "그 자리에 왜 네가 있냐고 화를" 낸다거나 하는 방식으로 '함께'의 자리를 내어주지 않는다. 분명히 함께하고 있지만 함께하기를 거부당하는, 그래서 어떤 이들에게는 "얘기가 안 들리는" 말을 꺼내는 이 존재는 과연 누구일까.

　시에서 불특정 화자가 "모두와 함께 있"는 상황은 "세상"이 "무너지는" 때에야 비로소 허용되는 것 같다. 그래서인지 평소엔 없는 존재처럼 여겨지다가 "무너지는 세상"에서야 함께 있다는 사실이 드러나는 이의 "아무도 긋지 않은 선 위로 넘어 오"라는 제안은, 그간 '함께' '있다'는 말의 사용 범위가 얼마나 제한적으로 사용되어 왔는지를 일깨워준다.

　브라질에서 '원주민 연합' 창설에 참여하고 '밀림 거주자 동맹'을 조직했던 생태주의 활동가 아이우통 크레나키의 책 『세계의 종말을 늦추기 위한 아마존의 목소리』가 던지는 질문을 에두아르두 비베이루스 지 카스트루는 "'우리'란 도대체 누구인가?" "누구와, 무엇과 관계된 '우리'인가?"로 이해한다.[9] 그에 따르면, '우리'는 "바위, 산, 강과 같은 것들을 포함"하여 "다양성 안에서, 또한 자신의 배치 방식 안에서 본질적으로 변이"하는 형태로 존재한다.[10] 시에서 감지되는 목소리의 주인이 누구라고 특정할 수 없을지라도, 지금 이곳을 구성하는 모든 존재 중 하나로서 이 목소리가 "세상"이 "무너지는" 때에 그 존재감을 드러낸다면, 이미 그이는 '우리' 중 하나인 셈이다.

　세상이 조만간 무너질 것 같다는 느낌은 어떤 존재들을 상실해왔던 세상의 습관이 무심히 이어지면서 실체화된다. 유혜빈의

---

[9]　아이우통 크레나키 외, 『세계의 종말을 늦추기 위한 아마존의 목소리』, 박이대승·박수경 옮김, 오월의봄, 2024, p. 81.
[10]　같은 책, p. 81.

시를 읽을 때마다 밀려오는 슬픔의 파도에 몸이 휩쓸리는 듯한 느낌은, 상실의 감각과 동반된 슬픔 깊숙한 곳에 슬픔을 머금게 만드는 시대에 대한 분노가 동시에 웅크려 있기 때문에 발생하는 것인지도 모른다. 회복이 당연시되는 상실은 없다.

녹색 계급의 정언 2.
세상의 모든 유일무이한 움직임을 감각하기

이렇게 말할 수 있을까. 녹색 계급의 시는 인간 문명에 의해 '약자'로 정의된 존재를 죽음으로 몰아넣으려는 세상에 맞서기를 주저하지 않으면서, 그 죽음의 편에서 '최전선'을 세우고자 한다고. 최근의 시에서 자연은 더 이상 낭만적인 대상이 아니며, 통제의 대상이나 합일의 도구도 아니다. 오히려 그 자체의 경험으로 제자신의 시간을 마련해갈 줄 아는 존재로 더불어 있다고 봐야 한다. '그 움직임을 감지할 수 있는가.' '귀하게 받아들일 줄 아는가.' 녹색 계급의 시적 발견이란 이 물음에 대해 어떤 응답을 내놓는지에 따라 행해진다.

여세실의 시 「이제와 미래」(『휴일에 하는 용서』, 창비, 2023)에서 화자는 "끝나지 않을 것 같은 장마"가 이어지는 속에서 "올리브나무가 죽어가고 있"는 걸 예사로 넘기지 않는다. 올리브나무의 계속되는 삶을 위해 올리브나무가 뿌리내리고 있는 땅을 솎아내고 다시 다지는, 식물을 돌보기 위한 가장 기본적인 행위인 분갈이를 한다.

분갈이를 할 때는
사랑할 때와 마찬가지로 힘을 빼야 한다

끝나지 않을 것 같은 장마였다 올리브나무가 죽어가고 있었다 나는 무엇을 잡아두는 것에는 재능이 없고 외우던 단어를 자꾸만 잊어버렸다

잎이 붉게 타들어간 올리브나무는 방을 정화하는 중이라고 했다 흙에 손가락을 넣어보면 여전히 축축한, 죽어가면서도 사람을 살리고 있는 나무를 나는 이제라고 불러본다 흙을 털어낸다 뿌리가 썩지 않았다면 다시 자랄 수 있을 거라고

이제야, 햇볕이 든다
생생해지며 미래가 되어가는

우리는 타고나길 농담과 습기를 싫어하고 그 사실을 잊어보려 하지만
이미 건넜다 온 적 있지 뿌리를 넘어 줄기를 휘감아 아주 날아본 적

양지를 찾아다녔다
산에서 자라는 나무의 모종 하나를 화분에 옮겨 심으면 야산의 어둠이 방 안에 넝쿨째 자라기도 한다는 걸

진녹색 잎의 뒷면이 바스라졌다
시든 가지에도 물을 주면 잎새가 돋았다

—여세실, 「이제와 미래」 전문

　나무를 향해 "이제", 그러니까 '바로 지금'이란 의미가 담긴 이름으로 부르면서 화자는 생명이 쉽게 꺼지지 않는다고 여긴다. 나무가 죽도록 내버려두지 않고, 뿌리까지 썩을 것 같은 '바로 지금' "흙을 털어" 땅을 다진다. "햇볕"이 들도록 보살핀다. 그러면 나무는 자신의 몸에 새겨진 기억을 따라, 자신의 씨앗에 담겨 있는 "뿌리를 넘어 줄기를 휘감아 아주 날아본" 경험을 따라 "잎새"를 돋을 것이다.
　시는 살아 있는 존재에 내재되어 있는 축적된 기억에 대한 믿음을 잃지 않는다. 시의 제목에서 '이제 와서 미래를 얘기할 수 있을까'와 같은 의심이 아닌, '이제now' '와and' '미래'를 함께 두고 말하려는 의지가 느껴지는 이유도 여기에 있을 것이다. '이제 어쩔까'와 같은 걱정에 지금 해야만 한다고 판단되는 일을 행하는 것으로 응하는 것이다. 우리가 딛고 있는 땅과 뿌리를 다시 살피는 일에서부터, 거기에 축적되어 있는 애써왔던 기억을 살려내는 일부터.
　살아 있는 존재에 내재되어 있는 축적된 기억에 대한 믿음을 지키는 행위. 이는 멸종위기에 내몰린 이들이 스스로를, 저 자신과 비슷한 처지에 놓인 이들을 죽음으로부터 구해내기 위해 발휘하는 강력한 힘일 수 있다.

세상 빛이 모두 이 거리에 쏟아지는 것 같은 날씨의 오후였다 사방에서 부서지는 햇빛 속에 검은 개가 기다리고 있다 기다리는 마음 말고는 모든 것을 투명하게 지우는 검은 개의 선명한 윤곽 안으로 거리의 빛이 모두 스며들고 있다 검은 개의 투명한 눈 너머 깊숙한 검은색 위로 세상 빛이 다 쏟아지는 거리의 풍경이 비치고 있다

검은 개는 모든 색을 단단하게 뭉친 검은색을 갖고 있다 검은 개는 세상 모든 빛을 다 흡수하는 검은색으로 등을 웅크리고 있다 검은 개는 하나의 마음 말고는 모든 것을 투명하게 지우는 검은색을 갖고 있다 검은 개는 흩어지지 않는 검은색으로 꼬리를 흔든다

검은 개의 단단한 이마를 어루만지는 사이 우리는 검은색의 내부에 들어와 있었다 우리는 검은색 안에서 걷고 또 걸었다 아무것도 보이지 않는 검은색 안에는 모든 것이 다 있었지만 모든 것은 다 투명해졌다 우리는 보이지 않는 것들을 쉽게 잊었다 이따금 잊힌 것들이 어깨를 스칠 때면 왼쪽 오른쪽으로 흔들리는 검은 개의 꼬리가 종아리에 닿는 것을 느끼며 자꾸 걸었다

우리는 검은색이 어둠은 아니라는 것을 알았다 너무 많은 빛으로 가득해 한 치 앞도 보이지 않는 검은색 속을 끝도 없이 걸었다 우리는 검은 창밖 용접공의 손끝에서 피는 불꽃을 본 적이 있었다 그토록 반짝이는 빛은 전에 본 적이 없었다 그토록 또렷한 반짝임

을 믿고 있었다 손, 하면 언제나 돌아오는 손이 있었다

우리를 잇는 순간에 확 피어나는 불꽃 그것이 곁의 얼굴을 비출 때 마침내 보이지 않는 것들을 완전히 잊게 되었다 슬픔도 투명에 지나지 않았으므로 갓 태어난 사람처럼 우리의 울음에는 슬픔이 없었다

아무것도 보이지 않는 검은색 속에서 손을 뻗으면 잡을 손이 있기도 했고 짚어줄 이마가 있기도 했다 곁의 얼굴이 검은색을 분명하게 그어내며 반짝이고 있다
—「검은 개」전문(김리윤, 『투명도 혼합 공간』, 문학과지성사, 2022)

"아무것도 보이지 않는" 상황에서도 "손을 뻗으면 잡을 손이 있"고 "짚어줄 이마가 있"다. 김리윤의 시는 그러니 깜깜한 곳 한가운데를 더 탐구해도 된다고 말하는 것 같다. 검은색은 "세상 모든 빛을 다 흡수"한 색채이기도 하므로. 아무것도 없다고 여겨지는 이들에게도 그이들이 생을 이어온 내력에는 곁에 있는 이들과 함께 "걷고 또 걸"을 수 있는 "내부"가, 이른바 쉽게 파괴될 수 없는 생명력이, 기어이 살고자 하는 힘이 숨어 있으므로.

시의 눈은 모든 존재가 저 자신의 유일무이한 숨 쉬는 방식을 제 몸 안에 품고 있는 상황을 본다. "아무것도 보이지 않는" 지금 시기를 전환하고자 하는 강렬도의 진원지는 바로 그와 같은 어둠 속에서도 서로의 숨을 살피고자 하는 몸짓에 새겨져 있음을

본다.

　시인에게 시선을 어딘가로 던지는 일이란 세상의 모든 고유한 움직임을 감각하는 일과 같다. 시인은 지금 이곳에서 삶을 꾸려 가는 '장소 기반 공동체'의 구성원들이 다른 어딘가로 도망치거나 떠나지 않고 멸종에 맞서 "세상 모든 빛"을 흡수하는 의지를 발휘하고 있다는 것을 벌써 안다.

　　집에서 기다리는 친구가 있어 그 애는 유난히 눈이 예뻐
　　그 애의 구슬처럼 투명한 눈동자를 사랑해

　　현관문을 열면 반가운 눈치를 보내는 그 애는 다른 어떤 개나 고양이와도
　　아니면 새나 도마뱀과도 도무지 닮은 데가 없고
　　마주 본 두 눈은 살아서 슬퍼하고 살아서 기뻐하고 아침이면 눈곱을 떼어줘야 할 것 같았는데

　　어제는 조류관에서 아주 많은 새를 봤어
　　조그맣고 단단한 부리 위의 두 눈은 유리구슬 같았지
　　새의 마음 대신 내 얼굴만 비치는 투명한 표면이 무서웠어

　　[······]

　　사랑하는 것들은 유독 살아 있는 것 같고
　　우리는 살아 있는 것 중 무언가와 사랑에 빠지게 되네

둘 중 무엇이 먼저 벌어지는 일일까

어느 날 아빠는 돌 하나를 데리고 집에 오셨어
매일 해가 좋은 오후에 물을 흠뻑 먹여야 한다고 돌은 물과 햇빛을 매우 좋아한다고
기쁨으로 반들거리는 돌의 얼굴을 보고 싶지 않으냐고

냄새로 친구와 적을 구분하고 냄새로 사랑할지 말지를 결정하고 오직 네 가지 색만을 구분할 수 있는 얼굴에도
유일하게 두 개인 건 왜 눈이겠니

말랑한 촉감과 물컹해지는 마음 사이에서
물러터져가는 시간에

아무리 봐도 움직이지 않는 돌 위로
오후의 햇빛이 돌의 능선을 돌아 걸으며 빛나고 있다
　　　　　　　　　―「생물성」 부분(『투명도 혼합 공간』)

　인용한 시에서 '생물성'은 생물로 분류할 수 있는 존재가 갖춘 성질과 그렇지 않은 존재의 것이 처음부터 구분 지어져 있다는 의미로 쓰이지 않는다. 시의 시선이 "오후의 햇빛"과의 연결을 통해 "돌"의 움직임을 포착하듯이, 시는 우리에게 보이지 않는 '연결'을 실감할 때 생명 공동체의 총체성을 그리는 데로 뻗어나갈 수 있다고 전한다. "살아서 슬퍼하고 살아서 기뻐"할 줄 아는 이들이

라면 누구나 '생물성'의 범위는 적용 가능하고, 그것은 언어로 구획 지어지기 훨씬 전부터 있어왔던 것이다.

살아 있고자 하는 이들이 손을 잡고, 이마를 짚으면서 서로를 알아보고자 하는 몸짓을 시가 소중히 기록해나갈 때, 변혁을 위한 연대와 공감이 불가능하다는 우리 시대의 소문은 거짓으로 판명날 것이다. 살림의 문법으로 쓰이므로, 녹색 계급의 시는 언제까지나 멸종의 맞은편에 있다. 사랑함으로써 살아 있음을 다시 쓰는 편에, 생존을 포함한 생존 너머에.

다잉 어스의 신-인간들

·· 송현지

1. 신-인간 중심주의

이제는 SF의 고전이 된 잭 밴스의 『The Dying Earth』(1950)는 태양이 꺼지며 점차 종말로 향해가는 우주를 다룬다. 결정적인 계기에 의해 단번에 세계가 멸망하는 포스트아포칼립스 장르와 달리 이 소설에서 저자가 상상하는 것은 천천히 끝으로 향해가는 우주다.[1] 세계의 종말이 분명하지만 느리게 진행된다면 무슨 일이 벌어질까, 그러한 시간 속에서 사람들은 어떤 생각을 하며 살까와 같은 상상이 이 작품에서 펼쳐진 이래 느린 멸망을 주제로 삼은 작품들은 이 소설의 제목을 딴 '다잉 어스'라는 SF 하위 장르명 아래 분류되어왔다. 그런데 이 소설이 나온 지 75년 가까이 된 지금, 잭 밴스의 과학적 공상은 더 이상 상상에만 머물러 있지 않는 것 같다. 달이 사라지거나 태양이 꺼진 것은 아니지만 연일 지구의 수명이 줄어들고 있다는 기사들과 마주하는 지금, 우리는 이미 다잉 어스에 살고 있는 것이 아닐까. 다만 그러한 운명을 이제야 체감하게

---

[1] 포스트아포칼립스와 다잉 어스에 대한 설명은 심완선, 『SF와 함께라면 어디든—키워드로 여행하는 SF 세계』, 학교도서관저널, 2023, pp. 119~21 참조.

된 것일 뿐.

　2019년 이후 한국문학장에서 폭발적으로 이루어진 기후 위기에 대한 관심과 인간중심주의 비판은 죽어가는 지구를 비로소 실감하게 된 우리 문학의 뜨거운 반응으로 보인다. 그 과정에서 최근의 문학은 신유물론을 경유하여 비인간 역시 인간과 마찬가지로 행위한다는 물질의 놀라운 전회에 집중해왔다. 그런데 이러한 논의가 거듭되는 가운데 일각에서는 신유물론이 비인간에 대한 우리의 사고를 획기적으로 전환시켜주었다는 점은 인정하되(물론 이와 같은 전회가 실제 현실의 변화로까지 이어졌다고 주장하는 것은 아니다), 비인간의 행위력과 탈인간중심주의적 가치에 대해 공회전하듯 반복하여 말해온 창작과 담론을 반성하고, 이에 대해서도 이제 신유물론에 가해지기 시작한 비판들, 그러니까 사물이 행위한다고 할 때 실제로 무엇이 달라지는 것이며, 이것은 비인간에게 책임을 돌리는 새로운 인간중심주의가 아닌가를 물어야 한다는 주장들이 등장하고 있다.

　가령, 황정아[2]는 지난 몇 년간 "인간중심주의 탈피가 시대의 키워드로 등극"(p. 156)한 현상을 짚은 후 "물질이 발휘하는 존재적 역능"(p. 164)을 환기하는 일이 어쩌면 "인간의 역량과 운명의 온당한 실현에 눈감고"(p. 168) 싶은 욕망과 연결되어 있었던 것은 아닌지 의심한다. 지젝의 「사회주의라는 마지막 출구」를 참조하여 물질적 전회의 숨은 과제가 "'인간으로의 전회'를 제대로 수행하라는 것"(p. 168)에 있는 것이 아닌지 묻고 우점종으로서의 인간의

---

[2] 황정아, 「물질과 문학, 그리고 인간-되기」, 『문학동네』 2022년 봄호.

책무와 인간성에 대해 생각해보는 일이 필요하다고 그가 말할 때, 그의 주장은 인간/비인간의 이분법을 오히려 강화해온 비인간에 대한 지난 논의의 역설과 탈인간중심주의에 갇힌 고답적 성격에서 벗어나 다른 방향으로 논의의 물꼬를 트고 있는 것으로 여겨진다. 이에 더해 전청림[3]은 신유물론의 기획이 또 다른 '인간 중심'의 사태 외면이라는 황정아의 주장에 동의하며 "육박해오는 물질성의 세계를 위해 인간의 자리(중심)를 내어주겠다는 겸허한 제안"에 "전적으로 인간만이 짊어져야 할 책임과 운명을 방기하는 이기적인 태도"가 담겨 있음을 읽어낸다. 그가 내세운 '인간책임주의 선언'은 "인간성을 회피하지 않고 있는 그대로 받아들이려는 책임의식"과 "인간의 과오와 수치 속에서도 역할을 다하려는 시도"다.

초기의 탈인간중심주의에서 벗어나 다시 인간을 논의의 중심에 놓는 방식으로 비인간담론을 이어가려는 이와 같은 최근의 움직임은 비단 비평에서만이 아니라 창작에서도 이루어지고 있다. 2023년에 나란히 발간된 조시현의 『아이들 타임』(문학과지성사, 2023)과 강혜빈의 『미래는 허밍을 한다』(문학과지성사, 2023)가 그러하다. 두 시인은 각각의 시집에서 인간과 비인간의 관계를 다루되 그 경계를 사유하기보다 인간을 중심에 두고, 인간에 대해 신문하며, '새로운 인간종'을 상상하는 데 집중한다. 이러한 새로운 시도는 그들이 SF적 상상력을 기반으로 삼고 있다는 점에서 더욱 부각된다. 단순화의 위험을 무릅쓰고 이야기하건대, 그간 활발

---

3 전청림, 「인간 책임주의 선언—신유물론과 비인간 담론의 재독해」, 『자음과모음』 2023년 겨울호.

하게 논의되었듯⁴ 2019년부터 우리 문학장에 일대의 붐을 일으킨 SF 소설 속 비인간에 관한 문제는 "인간과 비인간의 결합 혹은 연계를 전제하는 제반 학문경향을" 바탕으로 "인간중심주의에 대한 비판적 문제의식을 공유"(p. 253)하는 방식으로 다뤄졌으며, "인간과 비인간의 관계는 주체와 객체로 명확하게 구분되지 않"은 채 "서로 영향을 주고받는 수평적 관계"(p. 254)로 그려졌다.⁵ 이에 반해 조시현과 강혜빈의 시에서는 "비인간으로 통칭되어온 존재들을 가시화"하거나 "인간/비인간의 경계를 극복"⁶하는 모습을 쉽게 찾아보기 어려울 뿐만 아니라 그들은 '인간'에 초점이 맞추어 인간 행위자의 수행을 보다 중점적으로 다룬다. 이때, 그들이 다루는 인간은 지금-이곳의 인간과 다른 미래 인간이라는 점에서 '포스트휴먼'으로 명명할 수도 있겠으나 ('포스트'를 해석하는 상이한 방식에 의해 구분되는) 트랜스휴먼은 물론 비판적 포스트휴먼 개념에

---

4   2010년대 말 한국 SF 서사에서 비인간과 포스트휴먼의 문제가 자주 다뤄졌음은 여러 논문과 평론에서 활발히 이야기되어왔다. 주로 소설 장르를 중심으로 관련 논의들이 이루어졌으며 대표적으로 다음과 같은 글이 있다. 노대원, 「포스트휴머니즘 비평과 SF—미래 인간을 위한 문학과 비평 이론의 모색」, 『비평문학』 제68호, 한국비평문학회, 2018; 「한국 포스트휴먼 SF의 인간 향상과 취약성」, 『한국문학이론과비평』, 한국문학이론과비평학회, 2020; 이양숙, 「한국소설의 비인간 전환과 탈인간중심주의」, 『한국문학과예술』 제34권, 숭실대학교 한국문학과예술연구소, 2020; 이지용, 「한국 SF가 보여주는 새로운 인식들: 환상과 미래, 비인간 행위자들과 낭만적 사실의 전회」, 『자음과모음』 2019년 가을호; 연남경, 「여성 SF의 시공간과 포스트휴먼적 전망—윤이형, 김초엽, 김보영을 중심으로」, 『현대소설연구』 제79호, 2020. 시 장르에서의 포스트휴먼 관련 논의는 이경수 외, 『아직 오지 않은 시—포스트휴먼 시대 시의 미래』, 소명출판, 2022를 참조하라.
5   이양숙, 같은 글.
6   강지희, 「극복되지 않는 몸」, 『파토스의 그림자』, 문학동네, 2022, p. 301.

도 그것이 온전히 포섭되지 않는다. 이에 이 글은 '신-인간'이라는 용어를 사용하여 그들 작품에 그려진 새로운[新] 인간을 가리키는 동시에 인간에 대해 묻[訊]는 그들 시의 주된 질문까지 함께 짚어보고자 한다.

그간 사유의 중심을 비인간에 돌려놓고자 애쓰며 인간 중심적이자 인간 과잉적 사고에 맞서고자 했던 지난 우리 문학의 노력을 생각해볼 때, 인간에 대한 물음을 다시 시의 중심에 놓는 조시현과 강혜빈의 시를 '새로운' 시도라고 일컬으며 여기서 유의미한 의미를 찾으려는 이 글의 방향성에 대해 여러 비판이 있을 것으로 짐작된다. 두 시인이 마련한 신-인간관과 그것을 긍정적으로 바라보는 이 글이 여전히 근대적 휴머니즘에서 벗어나지 못하였다고 말할 수도 있을 것이다. 그런데 정말 그러한가. 이에 대해 함께 이야기하기 위해서라도 두 시집을 같이 읽어볼 필요가 있겠다.

2. n번째 인간과 아이온의 시간: 조시현의 경우

조시현의 『아이들 타임』은 더 이상 아무도 살지 못하게 된 지구와 느리게 진행된 지구 인간 멸종 연대기를 다룬다는 점에서 다잉 어스의 전형적 상상을 보여준다. "태양이 거대 기계"(「해가 세 번 뜨는 디스토피아」)라는 사실이 드러난 2019년 이후 태양은 고장 나고(2444년) 사이보그와 인간 사이에 마지막 전쟁(2508년)이 치러지며 지구 인간이 멸종된 가운데 지구는 "두꺼운 스모그와 대기 오염, 그치지 않는 방사능 눈으로"(「리뉴」) 뒤덮여 현재(2888년)

접근이 금지된 상태라는 것이 시집의 주요 설정이다. 타임라인을 작성할 수 있을 만큼 정교하게 구축된 지구 멸망 시나리오는 언뜻 종말의 미래를 강조하기 위한 것으로 보이기도 하지만 사실상 조시현이 공들여 그리는 것이 미래에 새로이 등장하는 인간종의 면면임은 주목을 요한다.

10.5) 어딜 여자가 끼어들어!

19) 실험 기록(구역 S-G003) 문서 제92호(보안 등급: C*)
: Eveo가 울지 않고 죽어간다. Adamina가 울적해한다.

20) 꺼내줘.
〔⋯⋯〕

1) 상기기록은 에콜로지 디스터번스의 지구 잠복 파견 업무를 기록한 패드에서 발췌하였다. 그는 오스트랄로피테쿠스와 호모사피엔스사피엔스 교배종인 Adamina의 책임 관찰자였다(Adamina프로젝트는 인간종의 진화를 트래킹하고 멸종을 대비하려는 시도 가운데 하나로 Adamina의 갈비뼈로 만든 Eveo는 완전체에 비해 열등 성향을 보여 관찰 대상으로 부적격하다는 의견이 있었으나 데이터의 유효 범주를 감안하여 파기하지 않기로 결정하였다).〔⋯⋯〕

2) "처음에는 인간을 먹으면 안 된다는 사실("저 눈을 보십시오! 그들도 지성이 있고, 아픔을 느낀단 말입니다!")을 받아들이는 것에 큰 어려움을 겪었지만, 인간이 세상을 분류하는 방식(생

태 교란종, 혐오 식품, 고기, 반려동물 등)을 이해하고 나자 대충 알 것 같더군요. 〔……〕 인간의 단어는 정말 책임 회피적으로 구성되어 있더군요. 자꾸 말하다 보면 모든 문제가 다 바깥의 잘못처럼 느껴지더라니까요. 〔……〕

—「에콜로지 디스터번스[1)2)3)4)5)6)]」 부분

1) 공식적으로 지구 인간은 2500년대 멸종되었다. 〔……〕
2) 먹이사슬의 정점에 있던 인간은 자신들이 만든 플라스틱을 먹은 어류—조상—를 사정없이 먹어치웠다. 플라스틱은 아주 고요하고 느리게 인간의 혈관을 차지했다. 2050년대를 기점으로 인간의 혈관에는 피가 아닌 플라스틱이 흐르기 시작했다. 이 중대한 변화는 사후에 '피갈이'라 명명되었다. 피갈이는 건강 장수와 마음 청소의 비결이다. 학자들은 이들을 신인류 플라-휴먼(pla-human)으로 분류했다. 그야말로 피도 눈물도 없는 인간이 되어버린 것이다. 플라-휴먼의 등장 이후 인간과 비인간의 개념을 두고 활발한 논의가 전개되었다. 생존 인간들은 모두 플라-휴먼의 자손들이다. 〔……〕
4) 지구에 거주하던 인간들이 미세먼지와 싸울 동안 미세 플라스틱은 소리 없이 그러나 정확하게 자신들이 원하던 숙주의 몸을 차지하고 인간을 구성하는 핵심 성분이 되었다. 플라스틱은 인공지능조차 해내지 못한 일을 해냈다—인간 그 자신이 되기. 그럼에도 불구하고 인간들은 편리한 플라스틱의 사용을 멈출 수 없었으며 그것이 자신의 삶을 강탈하도록 내버려두었다. 이제 플라-휴먼은 플라스틱의 방식으로 사고한다.

―「28880314[1)2)3)4)]」 부분

　인용한 두 작품은 모두 현재의 지구 인간과 다른 인간종을 다룬다. 현생 인류도, 지구 인간도 아닌, 다른 종의 미래 인간이라는 점에서 이들은 분명 '포스트휴먼'이지만 그들의 면면이 새로운가를 묻는다면 쉽게 긍정하기는 어렵다. 가령,「에콜로지 디스터번스」에서 지구에 잠복한 "에콜로지 디스터번스"가 관찰하는 인간은 지구 인간의 멸종을 대비하기 위해 새롭게 만든 "생태 교란종" "Adamina"와 "Eveo"이다. 지금껏 주로 관찰자의 위치에 있던 인간을 피관찰자로 등장시켜, 다른 생명을 먹거나 회피적 언어를 사용하며 젠더 위계를 갖는 인간의 민낯을 폭로하는 시의 설정은 SF 장르의 전형적인 것이지만, 조시현은 이에 더해 새로운 인간종인 Adamina와 Eveo 역시 지금 우리가 살고 있는 세계와 같은 위계 구조 내에 머무르며 동일한 운명을 반복한다는 사실("Eveo가 울지 않고 죽어간다. Adamina가 울적해한다")을 강조한다.

　새로이 탄생한 인간종이 지금의 인간과 크게 다르지 않은 양상은 「28880314」 속 "신인류 플라-휴먼(pla-human)"도 마찬가지다. 플라스틱과 인간이 결합한 생명체라는 점에서 이들은 인간과 비인간의 경계가 허물어진 혼종체로 보이지만 그들 사이의 본질적인 경계가 사라진 것은 아니다. 해러웨이의 사이보그가 기본적으로 1+1의 계산을 보여준다는 점을 비판하였던 비키 커비의 논리를 빌린다면[7] 그들의 결합은 애초에 평평하지 않은 관계에서 이루

7　Kirby, V., *Telling Flesh—The substance of the Corporeal*, Routledge, 1997, p. 147.

어졌을 뿐만 아니라 몸(밖)은 인간이며 정신(안)은 플라스틱으로 이루어진 존재로 여전히 이분법적 범주 아래 있다. '플라-휴먼'이 라는 명명에서 알 수 있듯 그는 여전히 인간종의 하나이기도 하다. 이러한 점은 지구 인간의 멸종을 다룬다는 표면적인 사실을 근거로 삼아 조시현의 시를 '인류세의 시적 형상화'와 같은 말로 가리킬 수 없음을 보여준다. 지금-이곳의 우점종인 현생 인류가 멸망하고 또 다른 인간종이 출현한다는 그의 상상의 방점은 오히려 새로이 발생한 인간종이 (포스트휴머니즘에서 상정한 것과 같은) 탈근대적 성격을 갖는 새로운 존재가 아니라는 데 찍혀 있다. 지구 인간은 멸종할지 몰라도 인간종 자체는 소멸되는 것이 아니라 진화를 거듭하며 다양한 인간 변형태들로 이어질 것이라는 것을, 미래에도 엄연히 존재할 인간종은 비인간과든 n번째 인간들과든 존재론적 위계를 만듦으로써 앞으로도 위계 구조가 계속될 것임을 조시현은 내다보고 있는 것이다.

 미래 인간이 지구의 n번째 인간에 불과하다는 그의 생각은 일반적인 다잉 어스 장르와 다른 시집의 시간관과도 연계된다. 위기에 봉착한 지구가 멸망으로 향해가는 직선적 시간 질서 아래 구성되는 보통의 다잉 어스와는 다르게 『아이들 타임』에는 원환적 시간 질서가 자리한다. 세계는 "스노 글로브를 뒤집"(「28880314」)고 또다시 뒤집은 것처럼 같은 양상이 반복된다거나 지구의 밖은 또 다른 지구를 반복하는 일("여기는 몇 번째 지구일까", 「헝거」)이라는 서술은 현재의 위계 구조와 이분법적 사고에서 우리가 쉽사리 벗어나지 못할 것이라는 시인의 생각이 담겨 있다. n번째 지구와 n번째 인간의 반복이 조시현이 이 시집에서 상정하는 디스토피아인 것이다.

그렇다면 시인은 이와 같은 디스토피아를 그림으로써 지구의 n번째 멸망과 반복되는 인간의 운명에 대해 패배를 선언하고자 한 것일까. 그렇지는 않은 것 같다. 조시현 시의 또 다른 특이점이 여기에 있다. 애초에 지구의 혼돈이 "해가 세 번 뜨는"(「해가 세 번 뜨는 디스토피아」) 일처럼 익숙한 시간 질서의 무너짐에서 비롯되었다고 상상하였던 것과 같이, 그는 기존과 다른 새로운 시간 질서를 개시하는 방식으로 지금-이곳 너머를 우리가 상상하게 한다. 즉, 위계가 반복되는 원환적 시간 속에 우리가 살고 있음을 보여준 그는 이 질서에서 벗어나는 새로운 시간의 장을 마련해줌으로써 우리가 원환적 질서에서 벗어나야 함을 사유하게 한다. 미주는 이를 위해 그가 활용하는 장치다.[8] 앞서 인용한 두 작품에서 확인할 수 있듯 그는 주석에 본문에 버금갈 만큼의 중요한 내용을 담는가 하면, 본문과 시간적 격차가 있는 내용을 주석으로 붙인다. 주석이 시의 말미에 붙어 있기에 우리는 대개 시의 본문을 읽고 주석을 읽은 후 다시 본문을 읽는 방식으로, 혹은 주석을 읽고 본문을 읽은 후 다시 주석을 읽는 방식으로 시를 거듭 읽게 된다. 주석이 본문에서 벌어진 사태를 설명하는 미래의 목소리라는 점에서 우리는 주석과 본문을 읽는 행위를 통해 미래와 과거를 오가는 셈이다. 이는 언뜻 우리가 시를 읽으며 본문과 주석 사이를 순환하는 것이라

---

[8] 조시현 시의 미주에 대해서는 다른 글에서 상세하게 설명한 바 있다. 다만, 이분법 해체에 주목하였던 이전 글과 달리, 이 글에서는 이러한 장치를 통해 발생하는 시간성에 보다 집중하였다. 송현지, 「수행하는 시인과 행위하는 시—성다영, 신이인, 조시현 시에 대한 첫 노트」, 『문학들』 2023년 여름호.

고 생각할 수 있겠지만, 시라는 장르적 특성상 시의 구절은 수많은 방향으로 의미가 열리며 읽을 때마다 다르게 읽힌다는 점을 떠올려보자. 시(의 의미)가 매번 다르게 과거와 미래로 동시에 뻗어나갈 때 우리가 경험하게 되는 것은 반복되는 원환적 시간에서 벗어나는 순간들이다. 들뢰즈의 개념을 빌리자면 조시현은 미주를 통해 원환적인 크로노스의 시간이 아닌 직선적인 아이온의 시간을 열어주는 셈이다. 이처럼 우리가 그의 시를 읽으며 '사건의 시간'을 경험할 때, 다시 말하자면 본문과 미주 사이를 횡단하며 새로이 창발되는 사유를 발견할 때, 우리는 미래란 결정되어 있지 않으며 행위자로서 지금-우리의 행동이 미래를 결정한다는 것을, 지금의 행위가 얼마나 중요한 것인가를 새삼 깨닫게 된다. 다시 말하자면, 조시현의 시는 우리가 무엇을 하는가에 따라 새로운 미래가 열린다는 것을 체현하게 하는 것이다.

이때의 우리란 물론, 시를 읽고 있는 지금-이곳의 인간이다. 이는 인간의 우월함을 주장하고자 함이 아니라 비인간과의 공존을 모색하고 다잉 어스의 문제를 사유하는 지금-이곳의 '나'가 인간이라는 엄연한 사실을 가리킨다. 미래 인간이 지구 인간과 크게 다르지 않다는 사실을 미리 당겨 보여준 조시현은 인간이라는 우리, 그러니까 현재 행위자의 행위에 따라 미래가 변환될 수 있음을 체험하게 하는 방식으로 미결정된 상태의 미래를 제시함과 동시에 지금-이곳에서 우리가 무엇을 할 수 있는가를 고민하는 대기의 시간을, 그러니까 '아이들 타임Idle Time'을 마련한다.

3. 탈-기계 인간과 가역의 시간: 강혜빈의 경우

강혜빈의 두번째 시집 『미래는 허밍을 한다』는 『아이들 타임』처럼 시집 전체가 하나의 연대기를 이루는 것은 아니지만 다잉어스를 비롯하여 가상현실, 시간여행 등 다양한 SF 소재를 지금-이곳을 살고 있는 인간을 반추하는 데 적극 활용한다. 그의 시에서 인간은 "매미" 소리에서 컴퓨터의 "기계음"(「오야소의 기쁨」)을 연상할 만큼 거대한 기계의 세계에 살며 서로 죽고 죽이는 게임과 다를 바 없는 현실을 영위하는가 하면("게임의 내용은 현실/현실의 형식은 게임", 「데드 포인트」) 게임 속 캐릭터들과 다를 바 없는 행동을 반복하는(「딥 러닝」) "좀비"(「데드 포인트」)나 기계로 그려진다. 지금은 "디지털 인간"이지만 "아날로그 기계가 되고 싶"(「익선동」)은 바람을 가지고 있거나, "동물의 털을 입고" "털 많은 기계들로 진화"(「겨울나기」)한 이들의 모습은 이미 기계 인간이 된 인간의 변모를 보여주기도 한다.

그런데 이러한 인간을 시에 등장시킴으로써 강혜빈이 말하고자 한 것 역시 캐서린 헤일스가 그러했듯 포스트휴먼이 이미 도래하였다[9]는 사실과는 거리가 멀어 보인다. 조시현의 플라-휴먼과 마찬가지로 강혜빈의 기계 인간도 인간과 비인간의 경계가 사라진 긍정적 양태로 그려지지 않기 때문이다. 이는 그의 시에서 이루어지는 인간과 비인간과의 만남이 형식적인 경계 해제의 수준

---

9 캐서린 헤일스, 『우리는 어떻게 포스트휴먼이 되었는가—사이버네틱스와 문학, 정보 과학의 신체들』, 허진 옮김, 열린책들, 2013.

에 그친다는 점과도 관련된다. 가령, 「지속 가능 모드 토이」에서 인간인 '나'는 유니클로사의 글로벌 지속 가능성 앰배서더로 선정된 '그린 도라에몽'에게 "지가모토"라는 이름을 붙이고 "가상현실 떡볶이를 나눠 먹"으며 "다인종 가족"이 되자고 권한다. 비인간과의 평평한 관계를 희망하면서 "가상현실 떡볶이"를 나누어 먹는 것으로 그와 가족이 될 수 있다고 믿는 '나'의 피상적 인식은 이 도라에몽 인형이 유니클로사에서 생산한 것이라는 점에서 더욱 두드러진다. 옷의 과잉 생산과 과잉 소비를 부추겨 기후 위기를 악화하는 패스트패션의 대표 브랜드 유니클로사가 "옷의 힘으로 더 좋은 세계를 만들"[10]겠다고 광고하며 도라에몽이 그려진 옷을 또다시 생산하는 아이러니는 사실상 비인간에 대한 '나'의 손쉬운 태도와 무관하지 않기 때문이다. "책임 있는 소비와 생산/기후 위기 조치" 등과 같은 구호가 "대형 마트의 스피커"에서 울려 퍼지듯 일종의 유행이 된 지금의 에코마케팅은 비인간과의 평평한 관계에 대한 얄팍한 상상과 멀리 떨어져 있지 않다는 것을 강혜빈은 말하고 있는 셈이다.

그렇다면 강혜빈은 기계 인간을 통해 무엇을 보여주고자 한 것이며 인간과 비인간의 관계는 어떠해야 한다고 생각하는 것일까. 그리고 새로이 도래해야 할 인간의 바람직한 존재 양태를 그는 어떤 모습으로 상상하는 것일까.

---

10 The Power of Clothing/UNIQLO Sustainability, UNIQLO, https://www.uniqlo.com/kr/sustainability/?utm_source=appri&utm_medium=mobile&utm_campaign=STORE_RECYCLE.

빛의 벙커로 내려간다

기계들이 기다리는
잠들 줄 모르는 백야 속으로

(……)

세상은 타버린 베이글 같아
발보다 작아진 구두 같아

늙지 않는 시계
건전지들의 서바이벌 게임 같아

지상의 나는
너에게 노래를 줄게

별들의 윙윙거림
바람이 사각거리는 소리

앰비언트 음악과 닮은
최소한의 내일을

(……)

20미터 아래에서는
아포칼립스의 시나리오를 준비해

기계들의 웃음소리가
벽에 부딪힐 때

빗소리보다
작은 노래를 줄게

돌멩이의 닫힌 결말을

사랑을 기념하는 세리머니를
빛의 벙커로 손을 내밀고
미래를 구할게

강가에
배나무 흔들리는

그대의 집
그리운 산책로

배꽃이 떨어졌겠지

지상의 나는

허밍을 멈추지 않을게

그대의 빈집이 될게
—「미래는 허밍을 한다」 부분

앞서 시인이 인간을 기계 인간으로 규정하였던 것을 기억한다면 이 시가 기계에서 벗어나려는 인간 '나'의 움직임을 다룬다는 점은 상징적으로 읽힌다. "기계들의 웃음소리"가 가득한 지하 벙커는 "아포칼립스"에서 인류를 구할 수 있는 공간으로 예비되어 있지만 '나'는 지하가 아닌 오히려 지상에 머무를 것을 선택한 후 벙커로 손을 내밀어 미래를 구하려 한다. 말하자면 그는 기계와 멀어지는 방식을 선택한 것인데 이러한 '나'의 모습은 인간과 휴머니즘에 대한 확고한 믿음을 가지고 있던 근대 인간으로의 회귀를 꿈꾸는 것처럼 보이기도 한다. 서정적이고 아름다운 풍광을 상상하고("강가에/배나무 흔들리는//그대의 집/그리운 산책로//배꽃이 떨어졌겠지") 사랑을 이야기하는 등 '나'는 인간 본연의 가치로 일컬어져 왔던 것을 그리워하는 가운데 미래를 구하고자 하기 때문이다.

그런데 강혜빈은 미래를 구하는 신-인간의 구체적 양태, 그러니까 기계 인간에서 벗어나 새로이 도래할 인간의 구체적 면면을 그리지 않는다. 그보다 그는 디스토피아에서 벗어나기 위한 '나'의 행위를 그리는 데 집중함으로써 자신이 시를 통해 무엇을 강조하고 싶은가를 선명히 드러낸다. 이는 허밍하는 주체를 '나'에서 "미래"로 바꾼 시의 제목("미래는 허밍을 한다")과 연결되는 것이기도 한데 시인은 '인간으로의 전회'가 앞으로 도래할 미래를 변환한다는 것, 다시 말하자면 미래를 '나'가 놓인 주어의 자리에 둠으로써 '나'와 미래는 운명의 공동체로서 '나'의 행위에 따라 미래가 결정된다는 발상을 보여준다.

시인이 또 다른 시에서 유명한 과학 실험인 "슈뢰딩거의 상자"(「슈뢰딩거의 상자」)를 가져온 것도 이와 관련된다. 안을 들여다볼 수 없는 강철 상자 안에 든 고양이가 상자를 열기 전까지 살아 있는지 죽어 있는지 알 수 없다는 점에서 이 사고실험은 상태가 중첩된 채 확률적으로 동시에 있다고 주장하는 양자역학의 근본 개념을 증명해왔다. 강혜빈은 이 실험에 자리한 현재의 잠재성과 미래의 미결정성에 대한 믿음을 빌려와 저 고양이의 자리에 인간을 배치한 후 상자가 열리는 미래가 도래하기 전까지 "살아 있으면서 동시에 죽어 있"는 것이 인간의 현 상태임을 나타내고, 미래에 따라 현재가 결정된다는 가역적 시간성을 제시한다. "단일한 본질적 현재""란 없으며 현재는 지금-이곳의 인간 행위로 발생할 미래의 사건들로 달리 규정된다는 점에서 잠재성의 시간으로 재규정된다.

이러한 맥락에서 「미래에서 온 편지」에서 강혜빈은 "미래는 유보된 상태로" 있으며, "미래는 다만 쓸 뿐"이라며 다음과 같이 적는다.

당신이 편지의 바깥으로 걸어 나갑니다/무엇이 되지 않아도 되는 사랑을 입력합니다//총총,/제 이름은 미래입니다

11 김은주, 「들뢰즈의 존재론적 시간과 '우발적 미래들'의 역설」, 『시대와철학』 제31권, 2020, p. 83.

—「미래에서 온 편지」 부분

　　근대적 선형의 법칙적 시간 질서에서 "미래는 우리에게 무관심"(「시인의 말」)하지만, 강혜빈은 사건적 시간 질서를 상정함으로써 미래는 미래가 전달하는 편지 바깥에서 미래를 마주할 '당신'이 무엇을 하는가에 따라 결정된다고 말하는 것이다. 그리하여 행위자가 미래가 보낸 편지에서 걸어 나가 목적 없는 사랑을 입력할 때 미래는 "미리 보기로 슬쩍" 본 모습과 다른 모습으로 도래할 것이라고 그는 믿는다. 이렇게 볼 때 신-인간의 이상적 양태 역시 도래한 미래에서 거슬러 올라갈 때 그 조건을 온전히 구성할 수 있을 것이다. 강혜빈이 새로운 인간종에 대한 구체적 설명을 비워둔 것은 그것의 구체적 면면이 지금 우리의 행동에 따라 만들어질 수 있다는 사실의 방증이 아닐까. 그렇다면 이 공백은 지금 우리가 인간으로서 어떤 행동을 할 수 있는가를 다시 묻는다.

4. 이야기하기와 허밍하기

　　최근 몇 년간 우리의 문학이 "인간에게만 부여되었던 행위성agency을 비인간 전체에게 나누는 존재론적 패러다임의 전환"[12]을 보여주거나 비인간과 인간의 경계가 허물어진 양상을 가리키

12　유선무, 「신유물론 시대의 문학 읽기」, 『포스트휴머니즘의 쟁점들』, 강우성 외 지음, 갈무리, 2021, p. 126.

는 데 초점을 두어왔던 것과 달리, 조시현과 강혜빈의 작품은 인간을 중심에 둔 채 인간종의 변화와 인간의 행위에 관심을 기울인다는 점에서 새롭다. 혹자는 인간 이후의 인간을 상상하는 그들의 사유를 손쉽게 '포스트휴머니즘'이라는 말로 칭할지 모르겠다. 그러나 그들이 인간의 주요 능력을 뛰어넘는 트랜스휴먼을 상정하지도, 휴머니즘을 극복하는 데 초점을 두지도 않는다는 점에서 이 글은 그들의 포스트휴먼적 사유를 조금 더 섬세하게 분류할 필요성을 제기하였다.[13] 비인간의 생기와 행위력을 강조하고자 했던 그간의 문학이 사실은 일부 신유물론과 마찬가지로 이분법이라는 동일한 사유의 틀에서 벗어나지 못하였다는 점에서, 인간만이 유일하게 행위하는 것이 아니라는 사실을 새로이 발견했다고 하더라도 엄연히 존재하는 인간의 존재를 부정하거나 배제할 수 없음에도 안티휴머니즘으로 흘러갔던 지난 포스트휴머니즘의 위험을 상기해볼 때, '인간'에 초점을 맞추는 그들의 시선을 조금 더 세심하게 살펴볼 필요가 있다는 것이다.

물론 조시현과 강혜빈이 인간에 대해 사유하며 인간종에 대한 새로운 접근을 요청한다는 데 동의하더라도 그들의 시가 새로운 인간의 바람직한 존재 양태를 충분히 상상하여 구체화된 존재론을 보여주는 데까지 나아간 것은 아니며, 그로 인해 그들이 이상적으로 상정하는 새로운 인간이 추상적이고 모호하게 여겨진다고

[13] 슈테판 헤어브레히터의 분류에 따라 굳이 구분해보자면, 그들의 포스트휴머니즘은 휴머니즘의 종말을 예견하고 이를 극복하고자 하는 포스트-휴머니즘이 아니라 휴머니즘을 새로운 방식으로 접근하려는 포스트-휴머니즘에 가깝다. 슈테판 헤어브레히터, 『포스트휴머니즘—인간 이후의 – 인간에 관한 – 문화철학적 담론』, 김연순·김응준 옮김, 성균관대학교출판부, 2012

비판할 수도 있을 것이다. 그러나 새로이 도래해야 할 미래의 이상적 인간을 섣불리 상정하는 것은 어떠한 선험적 존재를 제시하여 다시 인간의 위엄을 세우는 일이라는 점에서 이는 다분히 의도적이라고도 볼 수 있지 않을까. 즉, 신-인간의 구체적 존재 양태는 지금의 행위를 통해 형성되는 것이라고 한다면 그들의 시가 존재론이 아닌 행위이론을 쓰고 있다고 말해볼 수도 있는 것이다. 그러므로 이제 따져 물어야 할 것은 그들이 어떤 신-인간의 존재를 상상하는가에 있기보다는 그들의 시가 다잉 어스를 구하기 위해 인간으로서 어떠한 '행위'를 하고 있는가이다.

조시현의 '나'는 "이야기"(더 자주 더 많은 밤이 오고/어차피 밤을 넘기는 법 이야기밖에 나는 몰라서/천 일 동안 계속할 거야/밤에도 아침에도 계속할 거야/내일은 더 멋진 시를 들려줄게/모레는 더 더", 「해가 세 번 뜨는 디스토피아」)하기를, 강혜빈은 "허밍"("지상의 나는/너에게 노래를 줄게//별들의 윙윙거림/바람이 사각거리는 소리//앰비언트 음악과 닮은/최소한의 내일을 (……) 지상의 나는/허밍을 멈추지 않을게",「미래는 허밍을 한다」)하기를 선택한다. 지구가 멸망하고 있는 상황에서 이들이 선택한 행위가 이야기와 허밍이란 점은 자칫 그들을 한가로운 낙관주의자로 보이게 할 수 있을 것이다. 그러나『데카메론』에서 조반니 보카치오가 이탈리아에 만연한 흑사병을 피하기 위해 모인 젊은 남녀들이 사랑이라는 인간적 가치를 주제로 삼아 100편의 이야기를 나누는 장면을 그림으로써 현세를 극복할 수 있는 힘이 지금-이곳의 인간에게 있다는 사실을 확인해주었던 것을 떠올려보자. 또한 (조시현의「해가 세 번 뜨는 디스토피아」의 모티프이기도 한)『천일야화』의 셰에라자드 역시 이야기를 통해 '아이들 타임'을 마련함으로써 파멸로 향하는 시간을 늦추고 현재를 위기에서 구할 수 있었다는 사실도.

정해진 형식과 내용이 없으며 시간과 상상만 허락한다면 무한정 이어질 수 있는 이야기와 허밍은 "앰비언트 음악"(「미래는 허밍을 한다」)과 같이 조용하고 심심한 것이라 처음에는 아무런 효과가 없어 보일지 모른다. 그러나 그것이 반복되다 보면 어느 순간 머릿속에 각인되거나 입에서 흥얼거려진다. 무엇을 이야기하고, 무엇을 허밍하는지 그 내용은 빠진 채 '계속'이라는 부사만이 남아 이와 같은 행위를 지속할 것을 다짐하는 그들의 시는, 이러한 행위가 결국 미래를 구할 것이라 낙관하는 그들의 시가 하는 일과도 다르지 않다. 이는 지금-이곳의 인간인 우리가 무언가를 지속적으로 행동할 때 미래가 바뀐다는 사실을 알린다는 점에서 시를 읽고 있는 우리의 행위를 요청한다. 우리가 이 요청에 따른다면 미래는 낙관적일 것이라고 굳게 믿으며. 인간에서 의도적으로 멀어지고자 한 지난 문학을 생각해볼 때, 다시 인간에 초점을 맞추는 것으로 돌아온 그들의 시는 문학이 '새삼' 집중해야 하는 일이 다시 인간을 중심에 놓아 그에 대해 신문하고 새로운 인간을 상상하는 것임을 깨닫게 한다. 그 답에 도달하여 다잉 어스를 구하기 위해 지금 우리에게 필요한 일은 그들이 시 속 시간을 새로이 배치하고자 했던 것처럼 시간을 거슬러 올라가 진부하고 근대적인 질문에서부터 새로이 시작하는 것, 그러니까 다시 인간에 대해 묻는 일일지 모른다.

클라우드 기술생태계와 '기후 시'

·· 최다영

1. 에코테크네 생태 공간에서 가속화되는 기후생태 위기

이 글은 '지속 가능한 미래'라는 주제 아래 최근 한국 시의 주목할 만한 경향을 소개하고자 하며, 구체적으로 두 가지 목적을 지닌다. 첫째, 생태계의 변화가 시 내부보다는 시 창작 과정에 끼치는 영향과 그로 인해 나타나는 경향성이 어떤 시대적 징후를 드러내는지 살피는 것이다. 이는 크게 세 가지 기대효과로 이어진다. 먼저 주체와 시, 환경 등의 개념 각각이 내포한 관습적인 정의를 급진적으로 재고할 수 있다. 그간 기후생태 위기 및 비인간 담론과 관련해 탈인간 중심주의적 독법이 강조되거나 비판되어온 맥락이 있는데, 이를 통해 인간 범주의 규범성에 대한 반성적 재고가 거둔 성취[1]와 별개로, 주체의 인지를 구성하는 것이 무엇인지, 회복되어

---

[1] 인아영은 "시적 주체의 인칭, 규모, 양태, 변화 가능성에 집중하는 대신, 주체가 타자로 이루어진 복잡한 환경의 작은 일부로서 참여하는 관계의 양상에 주목"하기를 청한다. 인아영, 「개와 나무와 양말과 시」, 『진창과 별』, 문학동네, 2023, pp. 363~64. 그런가 하면 김보경은 비인간 타자의 재현이 인간과 비인간의 구획 및 인간 중심주의를 강화한다는 비판 또한 인간 발화자의 정체성에 근거한 것임을 지적한다. 김보경, 「경이의 세계, 시라는 경이」, 『문학동네』 2024년 여름호, p. 97.

야 한다고 말해지는 현실이 실상 어떻게 구성된 현실인지에 대해서는 비교적 깊게 논의되지 못했다.

그러나 인지 과정이 신경적·신체적·환경적 연합체이며 파편화된 채 빈번히 외부환경에 외주되는 것이라면,[2] 또 동시대 디지털화의 편재가 그러한 외주화 영역을 확장하고 있다면, 창작의 과정과 그 결과물 또한 단일한 주체의 독자적 능력에 의한 것이라 보기 어려울 것이다. 즉 인지 개념의 재고를 통해 인간이라는 구획이 외부환경의 역동적인 침투에 의해 끊임없이 재구성되는 것임을 확인할 수 있으며, 인간과 비인간의 구도를 상정하기에 앞서 동시대 인간이란 어떤 인간인지, 특정 환경에서 인간은 무엇들의 구성요소인지를 돌아볼 수 있다.[3]

또한 작법상의 패턴화 양상을 살핌으로써 이러한 시 쓰기가 창작자들에게 어떤 효용을 제공하고 있는지 추적할 수 있으며, 그렇기에 이 효용이 창작 패러다임의 변화로 이어지는 양상을 확인하기에도 유용하다. 더 나아가 시 창작에서의 패러다임의 변화가 문학장에 다시 영향을 끼치는 양상까지도 탐구할 수 있다.

그렇다면 이 글에서 상정하는 생태계에 대해 먼저 살펴보는 것이 좋겠다. 무엇보다 지금 생태계는 기술적 적응과 기술적 진화

---

[2] 최다영, 「망각지: 채굴 불가—가속류 시 현상에 반영된 인지 자본주의의 (비)상상력」(이하 「망각지」), 『문학동네』 2024년 가을호, pp. 123~24.
[3] 관련해 '주체'를 회집체 안에서 객체들 간 관계와 상태를 수시로 재배치하는 촉매이자 이동점으로 정의하는 레비 브라이언트의 존재자론은 주목을 요한다. 그에 따르면 '주체임'이라는 상태는 영구불변의 특질이 아니라 특정 조건에서 일시적으로 출현하는 주체의 역할로 사유된다. 레비 R. 브라이언트, 『존재의 지도—기계와 매체의 존재론』, 김효진 옮김, 갈무리, 2020.

가 함께 이루어지는 에코테크네 생태 공간으로서, 이제 생태학은 기술학과 분리하여 생각할 수 없다. 이미 "테크놀로지는 제2의 자연"[4]이며 우리는 "기술적으로 매개된 자연문화 연속체"[5]를 살아가고 있다. 자연은 기술에 의해 제어·관리·가공되며, 생물종과 천연자원들은 다시 기술을 위해 착취된다. 심지어 기술적 개입이 생태 환경과 생물종 다양성을 파괴할지라도, 이에 대한 해결 또한 기술적 개입에 의존할 수밖에 없다.[6] 이러한 기술 발전은 자본의 성장을 획기적으로 추동하면서 기후 생태 위기를 더욱 심화하고 있다.

이처럼 기술과 자본주의 체제에 종속된 산업·사회 시스템이 막대한 에너지 생산을 위해 구조화되어 있다면, 더 나아가 그 구조의 한가운데에 놓여야 하는 것은 디지털 기술과 데이터 산업이다. 전 지구적 정보·소통 네트워크는 전적으로 화석연료에 의존하여 유지되고 있다. 데이터 자원은 그 확보·운송·저장·유지를 위해 대규모 저장장치와 물리적 매체를 필수로 요구하며, 이는 막대한 탄소 배출로 이어진다. 특히 디지털 플랫폼을 통해 실시간으로 대량 획득되는 빅데이터는 인공지능 테크놀로지의 개발을 가속하면서 이러한 연쇄를 더욱 강화한다. 이렇듯 기술을 매개로 후기자본주의의 네트워크 연결망들이 정교해지고 있다.

그렇기에 첫번째 목적이었던, 나날이 디지털화되는 생태계

---

4 로지 브라이도티, 『포스트휴먼 페미니즘—더 나은 미래를 위한 변혁의 힘』, 윤조원·이현재·박미선 옮김, 아카넷, 2024, p. 174.
5 같은 책, p. 187.
6 오윤호, 「에코테크네 생태의 비극과 진화론의 역설—김보영의 『종의 기원담』을 중심으로」, 『문학과환경』 23(1), 2024, p. 90.

가 시 작법에 어떠한 영향을 끼치는지를 살피는 것만으로는 충분하지 않다. 최근 시 내부에서 발견되는 비인간 재현 양상, 시적 화자의 생태적 인식이나 태도 등을 분석하여 그 의의를 도출하는 일 또한 여전히 중요하게 요구될 수밖에 없다. 이들이 이전의 생태적 인식을 확장·갱신해가는 양상을 확인함으로써 지금 요구되는 시적 실천에 대한 사유의 장을 마련할 수 있기 때문이다.

그런데 교훈적 메시지의 전달이나 관계적 인식에의 자각 촉구 차원에서 더 나아가, 기존 생태시의 가치를 계승하면서도 수용자들의 실제적인 인지 과정에 영향을 끼칠 수 있는 시의 가능성을 시 장르만의 특성에 기반해 살펴보는 것은 어떨까. 즉 대안적 인식을 (가상에서) 발견하여 (현실의) 실천으로 이어지도록 독려하는 차원을 넘어, 이미 가상적-현실인 데이터 사회를 살아가며 자본의 속도전을 답습하는 우리의 인지구조에 관계적 기후정의의 감각[7]을 비교적 직접적으로 체화시키는 것으로서 '기후 시'라는 범주를 정립하고 이를 위한 요건들을 구상하는 작업을 마련할 수도 있다. 이는 기후 생태 위기를 비롯한 생태 담론의 가장 첨예한 논의들에 문학을 경유해 또 다른 유효한 관점과 접근 방식을 더하는 일이기

---

[7] 그레타 가드는 인간을 포함한 지구타자들을 몸성으로 얽힌 '관계적 자아'로 볼 것을 제안하고 행위자적인 자연과의 역동적인 상호 횡단을 강조한 플럼우드의 비판적 에코페미니즘을 퀴어 기후정의로 계승한다. 그는 상상하고 회복해야 할 모델 중 하나로 생태 남성성을 제시하는데, 이는 반생태적으로 구성되어온 남성의 젠더 정체성에 대한 변혁이자, 현대 산업자본주의 문화를 형성한 가부장제와 자본주의의 암묵적 요구들에 대한 저항을 내포한다. 이와 같은 실천들을 통해 활성되는 지속 가능성은 자아-타자의 이원론을 구체화하는 '환경' 개념이 아닌 관계적 지구 정체성으로 이어진다. 그레타 가드, 『비판적 에코페미니즘』, 김현미 외 옮김, 창비, 2024, pp. 92, 318~19.

도 하다. 그리고 이것이 바로 이 글의 두번째 목적이다.

2. 정동 처리 장치로서 영속화 foreverizing 메커니즘과 시 쓰기의 패러다임 변화

생태계 구성원으로서 우리의 몸과 인지 과정 또한 기술적 기반들에 의해 변형되고 재배치된다. 가정용 컴퓨터와 이후 광대역의 보급은 복제와 전유를 전략으로 삼는 글쓰기를 증가시키는 한편 창조적 능력보다 재구성의 능력이 창작의 관건이 되도록 했다.[8] 더욱이 오늘날 사물인터넷 및 플랫폼 등의 디지털 기술은 인간의 사고 과정에 개입하는 것을 넘어, 사고 자체가 알고리즘 장치의 데이터 처리와 입출력, 해체와 조립, 복제의 방식을 모방하도록 한다. 초선형적 채널 전환 숙련에 따른 시공간 압축 및 물질적 추상화의 감각이 보편화되면서 창작 영역에서도 환경에 외주를 맡기는 자동 매크로 장치를 구축하게 하고, 인지적 탈숙련화, 생산성 극대화, 수익화라는 자본의 명령을 따르도록 유도된다.[9] 특히 클라우드[10] 기술 산업은 어디서든 서버 접근이 가능하고 그 용량이 무

---

8 케네스 골드스미스, 『문예 비창작—디지털 환경에서 언어 다루기』, 길예경·정주영 옮김, 워크룸프레스, 2023, pp. 19~20.
9 디지털 기술은 "초기술복제시대"를 열어 "실패를 최소하고, 다른 현실을 복사해 붙여넣고, 다양한 형태로 변형을 실험할 수 있게" 하면서, "언제든 과거로 되돌아가 다시 미래를 설계할 수도 있"다는 감각을 보편화했다. 그리고 이는 투입 비용 대비 최대 효율 달성이라는 자본주의적 사고방식과 맞닿는다. 안진국, 『불타는 유토피아—'테크네의 귀환' 이후 사회와 현대 미술』, 갈무리, 2020, pp. 23~24.
10 클라우드Cloud란 광대한 네트워크를 통하여 가상화된 서버와 데이터베이

한하다는 환상을 통해—삭제보다—무차별적 보관을 장려[11]함으로써 영속화라는 자본의 이상[12]을 획기적으로 체화하도록 한다. 기억하기 위해 보관하는 것을 넘어 보관할 수 있도록 기억상실을 유도[13]하는 클라우드는, 오늘날 빅데이터가 품고 있는 가장 강력(하고 불가능)한 욕망, 모든 것을 강박적으로 기억하려 하는 아카이브 열병의 다른 이름이라 할 수 있다.[14]

동시대 한국 시에서 빈번히 발견되는 비창조적 시 쓰기로서 가속류[15] 시는 이러한 데이터 처리 방식의 모방과 리셋 감각의 구조화가 만연함을 반영하면서, 인간의 사고 구조와 인공적 사고 구조라는 이분법적 전제의 유효성을 되묻는다. 가상공간에서 독립적인 주체가 어떻게 행동하는지가 아니라, 신체 및 외부환경으로 쪼개지고 흩어진 인지 단위와 그 과정이 디지털 기술과 어떤 관계를 맺고 있는지를 주목하도록 하는 것이다. 우리의 인지는 뇌라는 기관에 전적으로 맡겨져 있는 것이 아니라 패턴화되어 디지털 플랫폼

스 등을 제공하는 IT 환경을 말한다. 사용자는 클라우드를 통해 서버, 스토리지, 네트워크 등 필요한 컴퓨팅 자원을 쉽게 이용할 수 있다.
11 안진국, 같은 책, p. 305.
12 그래프턴 태너, 『포에버리즘』, 김펜저 옮김, 워크룸프레스, 2024, p. 21.
13 같은 책, p. 36.
14 안진국, 같은 책, p. 357.
15 가속류란 미디어 장치의 작동 원리로 대표되는 기계적 효율성을 체화하여 내부 메커니즘의 알고리즘화를 통해 일종의 자동장치를 구축한 시를 말한다. 단선적 논리의 무한 변주를 통한 특정 패턴의 반복 연쇄를 주로 활용하므로 단시간 안에 최저 효율로 시구를 증식하기에 용이한 창작 기법이다. 주된 특징으로 극도의 추상성, 객관적·사실적 단문 진술, 동어반복, 메타적 중층화, 사유나 정황의 빈번한 분절과 재배치, 복합적 사고로의 이행 차단, 재귀적 무한 역행 루프, 시공간의 비약과 압축 등이 있다. 최다영, 「동시대 가속류 시의 생산 조건과 가능성」(이하 「가속류」), 『문학동네』 2024년 여름호.

을 중심으로 한 주변 기술 환경에 나날이 이양되고 있으며, 이는 다시 되먹임되어 상호 구성을 형성하고 있다. 정신과 몸이 분리되어 있지 않으며—정신(이라 상정되는 연합체)이 몸(의 반복을 통해 축적된 정동)을 수행하는 것만큼이나—몸의 (비)합리적인 경험이 인지 과정을 함께 구성하는 기술 연합 주체로서의 정신을 형성하는 것이다. 이를 가장 극명하게 반영하는 시 생성 기제들이 가속류로 대표되며 동시대 문학장에서 다양하게 분화하는 것으로 보인다.

그중 특별히 주목하고 싶은 건 망각-리셋이라는 영속화 장치이다. 망각과 리셋의 패턴 연속체가 시를 원점으로 되돌리며 결말의 유보와 이야기의 지속을 무한히 유도하는 것인데,[16] 반복을 위해 일부러 망각지를 설치하는 이러한 현상은 기억을 특정 영토에 붙들리게 하는 일의 효용, 더 나아가 시 쓰기만의 독특한 효용을 암시한다. 달리 말하자면 '시'라는 창작물을 생산하기 위한 목적에서만 시를 **창작**한다기보다, 오늘날 시 쓰기라는 행위 자체가 가진 당대적 효용이 있어 시 창작자들에게 무의식적으로 공유되고 있으며 그 결과물이 사후적으로 예술로 추인되는 건 아닌지 암시하는 것이다.

그리고 그 효용이란 과부하된 정동의 해소다. 창작 주체가 해소해야 할 정동의 분량을 창작 매체에 양도 및 원격화하여 대신 반복되도록 하는 것이다.[17] 온·오프라인의 이원론적 분리가 나날이 어려워지고 현실과 가상의 유기적 접속이 일상화되는 가운데, 우

16   같은 글, p. 127.
17   같은 글, p. 130.

리는 막대한 양의 자극에 실시간으로 노출될 수밖에 없다. 이를 통해 생성된 정동적 부산물을 반추(반복)함으로써 일시적으로나마 해소해야 하지만, 그러한 여력과 자원이 확보되지 않은 채 끊임없이 다른 자극에 연결되므로 동시에 이를—불필요한 버그를 제거하듯—차단, 전도시켜야 하는 이중적 과제가 과도하게 부과된다. 이러한 상황에서 정동 관리의 한 형식으로서 가속류의 효용을 추측할 수 있다.[18] 가속류는 반복 운동의 강박적인 발산을 통해 반복과 전도 작업을 동시에 처리할 수 있기에, 정동을 부호화하여 관리하는 기술로도 기능할 수 있기 때문이다. 이때 외주된 정동은 단기간의 대량생산에 최적화된 형태로 처리되어야 하기에 형식상으로는 격앙된 감정적 분출이 아닌, 주로 단순 배치의 집적 형태로 나타난다.

즉 외상(으로 인해 축적된 정동)을 처리하는 한 효과적인 방식이 시 쓰기를 통해 달성되고 있으며 이러한 수행을 통해 시는 부차적으로 **획득**된다. 이처럼 과부하되는 정동 관리를 위한 대응 양상이자 스타일로서 가속류는, 특히 리셋-망각 기제는 인지 자동화를 나날이 가속하는 기술 예속에 대한, 더 크게는 후기자본주의적 위기에 대한 자연스럽고 효율적인 대응으로서 시 쓰기를 암시한

---

[18] 로런 벌랜트는 삶의 재생산이 어렵고 일상화된 트라우마를 살아갈 수밖에 없는 신자유주의 체제하에서 스스로 안정을 부여하거나 일시적 소속감을 향유하기 위해 타성적 형식을 발명하는 것을 측면적 행위성이라 일컫는다. 이는 감각중추에 가해지는 스트레스를 견딜 수 있도록 하는 일종의 대응 양상이라 할 수 있다. 더 나아가 벌랜트는 이러한 측면적 행위 주체성에서 측면적 정치성을 발굴하고자 하는데, 측면적 정치성에는 충동을 관리하기 위해 정동적 반응을 형식화하는 수행이 포함된다. 로런 벌랜트, 『잔인한 낙관』, 박미선·윤조원 옮김, 후마니타스, 2024, pp. 38, 106, 243.

다. 완결 불가의 가상적 감각이라는 당대의 특징적인 정서를 반영하면서 말이다. 이렇듯 가속류는 후기자본주의하 식민지화된 삶에 대한 하나의 반영이자, 적응이자, 대응이자, 자기 착취인 동시에 주체화와 저항의 조건으로서 기술 예속을 증거한다.

　마치 플랫폼에 인지의 외주를 맡기는 것과 유사한 방식으로 시 창작이 이루어진다는 점에서, 가속류가 대변하는 비창조적 시 쓰기는 문학적 해석 틀을 넘어 시 쓰기를 당대의 중요한 문화적 현상으로 바라보아야 할 필요를 일깨운다. '예술로서의 시'에 주목하여 예술의 의미를 재정립하는 일 이상으로 '문화적 현상으로서의 시 쓰기'에도 주목하여 그 배경을 탐구할 필요를 시사하는 것이다. 여기에는 계간지 시스템과 시인 및 시의 공인, 창작 노동의 제도화 장치, 한국 시의 특수성 등 한국문학장의 생태계[19]가 어떻게 구조화되어 있는지를 살펴보는 것이 유익을 줄 수 있다. 또한 메타시의 폭발적인 창작 현상을 함께 주목할 수 있는데, 가장 이성적인 시 양식으로 일컬어졌던 메타 시는 메타적 되먹임에의 정초에 특화되어가고 있기 때문이다. 이전 시대의 포스트 담론과 맞물리며 지금의 자유도를 확보하게 된 시 창작은, 이 모든 당대적 물적 조건들과 맞물리며 시 내부에 자동 창작 장치를 구축하는 데 가장 적

---

[19] 김미정은 문학장이라는 생태학적 단위의 내·외부를 구성하는 창작·유통 환경을 강조하면서 문학을 경제 시스템이 아니라 생태계로 바꿔 생각해보자고 제안한다. 이는 두 가지 유의미한 시사점을 남긴다. 첫째, 문학장을 구성하는 요소들의 상호관계 및 환경이라는 거시적인 영역을 함께 고려해야 할 필요성이다. 둘째, 그러한 고려 아래서 "근본적으로 세계를 달리 상상하고 재배치할 수행성의 도구를 〔……〕 재고"할 수 있다. 김미정, 「시장에서 생태계로」, 〈문장 웹진〉 2023년 4월호.

합한 양식으로 변모하고 있다.

3. 후기자본주의적 에토스에 포섭되는 비창조적 시 쓰기

그렇다면 정동 처리 장치로서의 시 창작은 실제로 어떤 효과를 발생시키는지, 메타 시와 망각-리셋 기제의 결합은 구체적으로 어떻게 나타나는지 살펴보자. 최근 출간된 기원석의 『가장낭독회』(아침달, 2024)는 가상 무대와 튜토리얼tutorial 연작을 통해 거대한 베타테스터 세계의 임시직으로 살아갈 수밖에 없도록 강제하는 사회 시스템을 비판한다. 동시에 '시인의 말'[20]에서부터 암시되듯 메타 화자, 외부 관찰자 구도의 무한 소급, 광적 언어 수집 및 자가 복제, 망각-리셋 기제 등 동시대 비창조적 글쓰기의 특징을 적극 활용하고 있다. 이때 부록으로 수록된 산문은 이 시집의 지배적인 작법 원리와 세계 인식을 제시하는 또 다른 시처럼 보인다.

나는 하나의 인물에게서 벗어나고 있소. 무대는 수용소를 은유하고 있소. 〔……〕 튜토리얼은 반복을 직조하고 있소. 내용이 삭제되지 않았소. 나는 이제 작가와 구별되지 않소. 화자는 독자를 고발하고 있소. 독자는 작가에 대해 밀고하였소. 작가는 신을 애도하기 위해 R 버튼과 X 버튼을 번갈아 누르고 있소. 암전은 하나

[20] "또다시 일어나고 있습니다/당신이 암투 끝에 해치우고 쓰러트린/당신의 삶이."

의 종말이 아니라, 시작을 의미하오. 또다시, 우리는 작품에게서 쫓겨나지만, 내용은 삭제되지 않았소. 내용이 삭제되었습니다. 내용은 삭제되지 않았소. 〔……〕 (내용을 삭제하시겠습니까?)

—「제목을 입력해주세요」 부분

인용은 '내용'과 '인물'의 말로가 이미 고정불변하게 정해져 있는 어떤 서사의 영속을 지속하기 위해 '인물'의 임시 역할을 맡다가 퇴장해야 하는 소모품 '나'-'우리'의 비관적인 처지를 그린다. 일체화된 시스템 아래서 '인물'은 공유된 사고가 저장되거나 옮겨가는 매개-장소처럼 보인다.[21] 제한 시간 이후에 리셋되는 대역의 한정된 시간은 다른 대역-시간으로 대체되며 '인물'의 단일성을 영원히 이어나간다. "암전"이라는 리셋 이후 그간의 튜토리얼들을 모두 기억하는 '우리'의 입장에서 '내용'은 "삭제되지 않았"지만, 튜토리얼의 최초 화면을 보게 되는 독자-관객들에게 이전의 내용은 말끔히 "삭제되었"다.

수록작 「막」도 유사한 사정을 그린다. 시간이 흐르지 않아 현재가 영원히 반복되는 이곳은 연극이라는 가상이 수행되는 무대인 동시에, 교실이자 공장으로서 학습과 생산이 동시에 이루어지는 공간이다. "복습"할 "필요가 없"는 이유는 이 튜토리얼-학습이 이미 여러 번 반복되어 메모리에 저장되어 있기 때문이다. 또 이 학교는 납품 가능한 인간을 생산해내는 공장이기도 하지만, "계절

---

21 최다영, 같은 글, p. 86. "이것은 우리가 공유하는 꿈"(「멀티엔딩」)이라는 시구 또한 이러한 사정을 암시한다.

이 무대 밖에서만 흘러가고" 무대 안은 시간의 특정 구간만이 반복되므로 "납품일은 도래하지 않"는다. 이미 과거에 "반품된" '우리'는 납품되지 못한 채 체험판 삶을 반복하고, 무대에 올라 '일과' '생활' '육아' '직장' 등을 "연기"하면서 무한히 대기할 뿐이다. 앞서 독자들처럼 관객은 끊임없이 바뀌지만 '우리'만은 그대로 남아 완결 불가한 무한 생산 기계 속에 갇힌 처지를 은유한다.[22]

한편 아래 시는 규범화된 시 창작 과정을 생존게임의 튜토리얼에 빗댐으로써 창작 행위를 자조하고 창작 강의와 창작 노동자가 시장에서 상품화되는 현상을 풍자한다.

튜토리얼을 하다 말았다 사실 튜토리얼을 클리어하지 못했다
사실 기원석은 본편에 영영 진입하지 못한 채 몇 년 전부터는 접속조차 끊어졌고/튜토리얼의 내용은 다음과 같다

1단계: 원고지의 빈칸에 (　)을 적으세요.
2단계: 두 줄을 띄운 다음, (　)을 이어서 적으세요.
3단계: (　)을 끝맺으세요. (　)을 끝내기 위해 적절하게 여운, 반전, 기교, (　), 이미지, 의문, 반복, 포도, 장난, 분노, 술래, 절망, 잠금장치 등을 활용해보세요. 그리고 (　)이 끝나기 직전에 다시

---

22 그런가 하면 「마지막 시」에서는 "마지막 문장입니다. R 버튼을 눌러 시집을 다시 읽으세요."라는 문장이 반복되며 리셋 장치로 기능한다. 여기서 리셋-영속화를 원하는 이와 탈출을 원하는 이 사이에 끝나지 않는 "순환"이 형성된다. R 버튼을 넘겨받아 '당신'을 "출구 없는 시집"에서 탈출하게 하더라도, R 버튼을 누르면 모든 게 리셋되어 그의 탈출 또한 무효가 되기 때문이다. "끝도 없는, 망각에 잠길 독서"는 서사의 무한한 반복과 완결 불가를 암시한다.

이것들을 ( )에게 돌려주세요.
※ 다만, 진정성 있게 쓸 것.

튜토리얼이 끝나지 않은 채로 로그아웃하면 처음부터 다시 시작되었다 더 많은 ( )을 데리고/기원석은 자신에게도 진정성이라는 게 있다고 믿었고 ( ) 안에 삶을 일괄적으로 대입했다 삶은 기원석에게 진정한 것이었으며/기원석은 삶이 끝나기 직전에 많은 것들을 돌려주기는커녕 어떤 것도 제대로 써보지도 못했다고 쓰고 죽었다 〔……〕 독자들이 기원석의 집에 찾아와 그의 유고작이 될 만한 것들을 뒤졌다 기원석은 자신의 원고를 뒤질 독자들에게 튜토리얼을 남겨두었고/그를 찾아올 독자란 기껏해야 자신뿐이므로/기원석은 다시 튜토리얼 앞에 서 있다 삶과는 전혀 닮지 않은 괄호 안에 강박적으로 삶을 욱여넣은/기원석의 플레이 기록을 보며//**진정성//시는 시일 뿐이고/게임은 게임일 뿐** 〔……〕 사실 기원석의 삶은 튜토리얼에 그쳤고 기원석의 삶에 도배된 사실들은 무수한 칼질에도 불구하고/찢기지도 않고/아물지도 않고// 나는 본편에서 기다리고 있다/삶이나 튜토리얼 대신 시나 쓰면서 〔……〕 기원석은 모든 과정을 기억한다 새로 고쳐진 다음 태연하게 몸을 일으켜 튜토리얼 앞에 다시 세워진 등장인물이 있다

—「튜토리얼」 부분

여기서 "클리어하지 못했"기 때문에 튜토리얼은 계속 이어진다. 플레이어이자 메타 화자 '기원석'이 본편으로 넘어가지 못하고 탈출 불가의 서사에 갇혀 있는 이유는 "진정성"에 매몰되어 괄호

안에 정말로 제 삶을 기입했기 때문이다. 이를 지켜보는 '나'는 튜토리얼을 클리어하고 본편에 진입한 플레이어인데, 그가 쓰는 게 "시"라는 점은 '삶'과 '진정성'의 대척점에 있는 게 '시'임을 암시하면서 진정성이 경시되는 시대를 풍자한다. 그러나 플레이어가 결국 '기원석'이라는 점이나 그의 독자가 자신뿐이라는 시구 등은 결국 '나'가 '기원석'임을 암시하면서 이 모든 것이 '나'에 대한 자조임을 일깨운다.

『가장낭독회』에서 그려지는 이러한 가속류 시들은 자본주의적 삶의 적응이자 대응이라는 점에서 디지털 리얼리티를 비판적으로 인식하는 데 유익을 준다. 또 어쩌면 시 쓰기의 동시대적 효용을 설득하기에 가속류는 가장 적합한 양식인지도 모른다. 이 효용이 널리 알려지고 특정적인 문화 현상으로 자리매김할 수 있다면 말이다. 무작위한 패턴의 획득과 그것의 재배치는 이전 시대의 강령이었던 '놀이로서의 시 쓰기'(문보영)를 넘어서는 패러다임의 전환이라 할 수 있다. 그러나 한편 이들이 또다시 창작의 모방 양식으로 기능할 수밖에 없다는 점에서 부지불식간에 가속과 절연 불가의 영속화 감각, 채널 전환의 감각이 유도하는 물질의 추상화라는 자본의 명령을 대변하는 건 아닌지 고심하게 한다.

4. 관계적 기후정의와 '기후 시'라는 범주의 필요성

그렇다면 문학은 이러한 자본주의적 생산의 시간 속에서 어떤 다른 관계를 형성할 수 있을까. 언뜻 이는 생태시에서 줄곧 이어져온 고민과도 맞닿는 것처럼 보인다. 근대시의 "거시 담론적 발상이나 헛된 명분론"과 구별되는 것으로서 대두된 생태시는 "생태 오염과 파괴 현장에 대한 고발시·현장시"로서 "생태파괴의 근본 원인인 자본주의 체제와 그로 말미암은 다양한 제도 현실에 대한 비판과 대항", 생태 윤리를 내면화한 생태 미학이라는 방향성을 내포한다.[23] 이런 관점하에서 생태시의 지금은, 다양한 비인간 존재자들과의 상호 관계성을 강조하는 한편 생태계의 구성물 중 하나로서 자신의 위치와 역할을 자각하는 생태적 자아 인식의 정립에서부터 생태적 실천을 모색하고 있다.[24] 한편으로 생태시는 자연을 현실과 단절된 채 이상화하기 쉽다는 점이 비판점으로 거론되기도 하였다.[25]

그런데 일상화된 기후 생태 위기 속에서 우리에게는 보다 급진적인 사유가 요구되는 것 같다. "날씨는 이제 모든 연결된 아픔을 증언하는 목소리"[26]라는 시구가 암시하듯 기후정의 및 환경과의 지속 가능한 관계는 "다른 동물, 여성, 유색인, 퀴어, 여타 '타자들'에 대한 돌봄과 정의와 연결"[27]되어 있으므로, 지속 가능성은 오직 '환경'에 대한 관심으로 한정되기보다 폭넓은 정의로 확장되어

---

23 박태일, 「생태시의 방법과 미세 상상력」, 『문학과환경』 통권 3호, 2004, p. 186.
24 대표적으로 양경언은 '나'를 자연과 관계 맺으며 살아가는 존재로서 성찰할 것과 '나'를 이루는 이들에 대한 (장악이나 정복이나 소유가 아닌) 연결의 감각을 강조한다. 양경언, 「서정시가 필요한 시대」, 『창작과비평』 2022년 겨울호, p. 66.
25 이혜원, 「이문재 시에 나타난 생태의식」, 『문학과환경』 16(3), 2017.
26 윤은성, 「행사장」, 『유리 광장에서』, 빼마, 2024.
27 그레타 가드, 같은 책, p. 83.

야 한다. 기후 생태 위기의 근본 원인은 삼림 벌목, 동물 식량 생산, 농업, 산업, 운송 등에서 과잉 생산과 과잉 소비를 추동하는 헤게모니적 남성성과 남성중심적 체제로 진단된다.[28] 반생태적인 방식으로 구성된 지배적 남성성은 인본주의, 식민주의, 반민주주의의 중심에 있는데, 이에 기반한 산업자본주의 경제구조는 온실가스와 이산화탄소 배출량을 증가시키면서 해수면 상승과 기상이변, 여러 생물종의 멸종을 비롯해 탄소 식민주의[29]마저 나날이 심화하고 있다. 기후 생태 정의를 회복하기 위해서는 젠더, 인종, 섹슈얼리티, 민족 다양성 등의 관계적 관점에 기반하여 "젠더화된 환경 담론에 관한 구조적 논의"[30]를 비롯해 자본주의적 생산의 시간에 대한 재고가 필수적이라 할 수 있다.

관련해 최근 관계적 자아 인식을 중심으로 '기후 시'라는 범주의 정립 필요성이 대두되고 있음은 주목을 요한다. 이는 단지 기후 소설Cli-fiction에 비해 담론적으로 덜 다뤄지기 때문만은 아니다. 기후 시가 결국 생태계 전반을 대상으로 할 수밖에 없음에도 생태시의 정의를 확장 및 재규정하는 것보다 기후 시라는 새로운

---

28 같은 책, p. 282.
29 기후 생태 위기의 주범인 제1세계 국가들은 산업 공정을 외주화하여 자국의 생산 공정에서 발생하는 위험과 피해, 폐기물을 국경 밖으로 이동시킨다. 체계적으로 외주화된 기후 문제는 부유한 국가의 이해관계에 부합하도록 설계되어 있으며, 기후변화에 맞서는 데 필요한 자원 또한 부유한 국가들이 독점하고 있는 것이다. 이러한 탄소 식민주의하에서 공급망의 모호성은 탄소 비용을 은폐할 수 있도록 한다(로리 파슨스, 『재앙의 지리학』, 추선영 옮김, 오월의봄, 2024, pp. 129~32). 여기에는 국가 간 원격성remoteness과 인식의 원격성이 작용하고 있는데, 결정에 따른 생태적 결과와 행위자의 거리가 멀어짐으로써 피드백은 차단된다. 같은 책, pp. 81~85.
30 같은 책, p. 245.

범주의 도입이 요구되는 이유는, 기존 생태시의 요건을 재정의하는 작업도 물론 유효할 수 있겠지만 기후 시만의 역할과 기대효과가 적극적으로 탐구되어야 할 필요가 있고, 생태시가 '극복'되어야 할 한계가 아니며 그 방향성과 가치가 여전히 중요하기에 기후 시와의 공존이 가능하기 때문이다.

그렇다면 비교적 활발히 논의되는 기후 소설에서 강조되는 지점들을 먼저 살펴봄으로써 기후 시 정립 요건의 단서를 얻을 수 있을 것이다. 여타 재난 소설과 비교해 기후 소설이 가장 변별되는 지점은 기술낙관주의로 경도되지도 않으며, 자극적인 스펙터클을 통해 종말에 대한 공포를 불러일으키거나 독자를 계몽하지도 않는다는 점이다.[31] 그보다는 이미 사회경제적 약자들을 느리게 투과하며 일상화된 절망을 주조하는 기후 재난의 실제 모습에 주목하는데, 이를 통해 희망이나 절망으로 손쉽게 이분화되지 않는 "혁명적 정서를 생성"[32]하고자 한다. 또한 기후 소설은 "인간이 아니라 환경에 결정적인 역할을 부여"[33]하여 "비인간을 포함한 복잡한 시공간적 규모와 다양한 관점을 묘사"[34]하는데, 이는 매트릭스 자체를 문제 삼는 것이라 할 수 있다. 즉 리얼리즘 교란을 통해 기후 위기의 구조적 현실에 해석적 참여를 요구한다는 점에 기후 소설

---

31 박인성, 「한국 기후소설(cli-fi)의 시공간 도상성 연구—심리스 리얼리티에 대한 비판적 기능을 중심으로」, 『대중서사연구』 30(2), 2024, p. 271.
32 임태훈, 「'기후 소설Cli-fi'을 어떻게 읽고 쓸 것인가?」, 『문학동네』 2023년 가을호, p. 161.
33 같은 글, p. 157.
34 같은 글, p. 158.

의 의의가 있다.[35]

　그레타 가드 또한 기후 소설이 종말론적 서사에 머무를 경우 기후변화가 "기술과 과학의 실패이지 종간정의나 환경정의의 실패가 아니라는 메시지"를 줄 수 있으며 "구조적 체제 차원의 생태정의가 구현된 변화를 이루기 위해 노력하기보다 기술-과학적 해결과 개인 차원의 탄소 발자국 감소에 대한 믿음"을 줄 위험이 있음을 경고한다.[36] 그렇기에 그는 기후 소설이 무엇보다 기후정의 서사가 되어야 함을 강조한다. 기후변화의 급박함을 직시하도록 하면서도 기술-과학의 차원에 머무르지 않는 횡단신체성에 대해 서술할 수 있어야 한다는 것이다.[37] 더 나아가 생물종의 퀴어성을 고려한 다양한 젠더와 섹슈얼리티를 생태적으로 이론화할 것을 요구하기도 한다.[38]

　그리고 이러한 논의들은 기후 시를 정립하는 데 있어서도 유효한 틀을 마련해준다. 종말론적 스펙터클에 천착하거나 기후 생태 위기를 과학기술적 상상력으로 제한하지 않는 것이 기후 시의 우선 요건이 되어야 하는 것이다. 가령 『절멸』[39] 『우리 힘세고 사나운 용기』[40] 등에 수록된 시들은 기후 생태 위기와 관련해 그러한 관계적 인식을 반영하고자 하는 노력으로 보인다. 근간인 신미나의 『백장미의 창백』(문학동네, 2024)과 윤은성의 『유리 광장에서』

35　박인성, 같은 글, p. 272.
36　그레타 가드, 같은 책, p. 286.
37　같은 책, p. 305.
38　같은 책, p. 318.
39　정혜윤 외, 『절멸』, 워크룸프레스, 2021.
40　배윤민정 외, 『우리 힘세고 사나운 용기』, 한티재, 2023.

(빠마, 2024) 또한 이미 일상이 된 재난을 살아가는 일을 빈번히 사유하는데, 기후 위기 환기나 반성적 태도에 그치지 않으며 축산 산업 및 에너지 산업이 생태 파괴에 끼치는 영향과 재생산 정의 및 비거니즘의 연결망을 그린다. 이러한 시선은 기후가 자연적 배경이 아니라 우리 안에 있으며 우리를 관통하는 현상임을 상기시키는 횡단신체성 개념과 맞닿는다.[41]

5. 기후 시의 정립 요건으로서 관계적 시간성

그러나 이는 기후 시의 요건을 마련하기에 충분한가. 전술한 요건들이 소설과는 구분되는 시 장르만의 독자적인 역할인지에 대해서는 여전히 의문이 남는데, 앞서 살펴본 관계적 생태 인식을 포괄하면서도 시 장르가 구현할 수 있는 독특한 장르적 특성이 더 논해질 필요가 있어 보인다. 관련해 시인이자 기후 운동가인 윤은성의 산문은 기후 시의 요건과 방향성에 대한 유효한 지침을 제공한다. 해당 산문에서 주목되는 지점은 크게 세 가지인데,[42] 그중 마

---

41 그레타 가드, 같은 책, p. 298.
42 먼저는 창작 관습 및 제도적 차원에 대한 요구이다. 적자생존과 개인의 생존만을 우선시하는 창작 풍토가 고립을 강화하는 사회구조적 문제에 기인함을 지적하는데, 이는 "기후위기를 가속화한 자본주의 체제와 밀접하게 연결되어 있"는 제도적 환경과 "문학 형식의 관습"에 대한 비판으로 이어진다. 그렇기에 내용상으로 기후 위기를 아름답게 그리는 데 치중할 것이 아니라, "체제에 속한 모든 구성원들과 공통감각을 공유하고 변화에 대한 의지를 모아갈" 것을 요구한다. 두번째는 수용자들에 대한 요구로서, 작품 내 재현에 한정하지 않고 "생태적 시선으로 다양한 외부 텍스트를 넘나들며 읽어주기를" 요구한다. 마지막

지막 언급이 특히 주목을 요한다.

> 나는 시의 원론적인 효용이라고 할, 시간의 흐름을 재배치하는 점에 여전히 매혹을 느낀다. 과도하게 자기를 증명하거나 생존을 위한 노동 그리고 자본주의 체제가 추출해내는 '시간' 시스템을 시와 예술은 정지시킨다.[43]

이에 따르면 자본의 가속적 명령을 멈춰 세우는 데 기후 시의 의의가 놓일 수 있는 것으로 보인다. 시적 화자의 태도나 시의 소재 및 주제 차원을 넘어, 자본주의적 가속 흐름에 대한 저항으로서 시의 형식과 내부 시간성의 운용이 중요하게 다뤄져야만 함을 암시하는 것이다. 이러한 시간성에 대한 강조는 비판적 에코페미니즘에서 자본주의적 생산의 시간에 대한 대척점으로서 강조하는 계절적 시간을 떠올리게 하는데, 이는 곧 합리주의적 개인주의에 의해서가 아니라 유물론적 횡단신체성에 의해 재형상화됨으로써 멈추지 않는 생산에 기반한, 내재화된 자본주의적 자아 가치로부터 벗어나 계절의 성장과 쇠퇴의 순환에 적절히 대응하고 상호작용하는 자아가 됨을 의미한다.[44] 그런데 이처럼 시간성을 기후 시

으로 창작 차원에서는 "시 텍스트의 체계와 현실의 체계가 연결될 누빔점"을 마련하고 있는지, "텍스트 바깥으로 열려서 현실의 층위와 접촉면을 갖는 시인지" 점검할 것을 청한다. 이는 여태 기후 생태를 다룬 많은 시들이 고심하며 행해온 일이기도 할 것이다. 창작 차원에서는 또한 시간성의 문제를 거론한다. 윤은성, 「혼자 쓰지 않은 시로부터―기후위기 시대 시의 역할을 고민하며」, 『서정시학』 2023년 겨울호, pp. 94~99.

43 같은 글, p. 99.
44 그레타 가드, 같은 책, p. 122. 비판적 에코페미니즘은 육식주의 문화의 장

의 중요한 요건으로 상정할 경우, 순간을 길게 늘여 느린 호흡으로 바라보곤 하는 안태운의 시선을 주목할 수 있다.

『가장낭독회』와 유사한 시기에 발간된 안태운의 『기억 몸짓』(문학동네, 2024)은 리셋되거나 되풀이되기보다 '흐르고' '지나가는' 움직임으로 가득하다. 흐르는 것은 주로 기억이며, 계절로 대표되는 시간과 삶 등이 그 뒤를 잇는다. 이러한 흐름 속에서 화자는 시간의 연장으로서 자신을 감각하며, 공간의 물려받음에 대해 자주 사유한다.

타인의 삶이라니. 이어져왔던 그 삶의 시간을 네가 앞서거나 뒤서서 가고 있나. 마주쳤을 리 없는 누군가의 흔적을 느낀다면 문득 하늘을 바라볼 테고. 접면을 품고. 연결감은 무엇에 좋은가. 혹은 눈앞의 것을 흐르는 게 아니라 절연되었다고 감각하는 건 무엇에 좋은가.

─「접면」부분

「접면」을 비롯해 이 시집에는 독특하게도 시간이 제 생을 계속하다가 그다음 존재자에게 스며들어 지속되는 양상을 자주 볼 수 있다. 앞서 『가장낭독회』에서 고정되어 있던 것이 단일한 서사와 인물이고 행위 주체들은 영원히 종속된 단역으로서 자신의 시간을 소모하며 끝없이 대체되는 관객들 앞에서 현재만을 반복했

악과 헤게모니를 해체하려면 거부에서 세심한 경청으로, 소외에서 공감으로, 자본주의적 생산의 시간에서 계절적 시간으로, 이성애 규범적 보편주의에서 퀴어 멀티버설리즘으로 전환할 필요가 있음을 강조한다.

다면, 『기억 몸짓』에서 주목되는 것은 시간이 마치 몸을 가진 듯 자신의 생애를 지속한다는 것이다.[45] 즉, 이 시 세계에서 시간은 누군가의 소유로서 처분되거나 거래되거나 소진되는 성질의 것이 아니라, 자신의 리듬에 따라 모든 생들을 관통하며 살아 있는 것으로 그려진다.

> 산이면 좋겠구나, 그 위에 몸이 놓인 채 내내 그러고 있기를, 부패할 텐데, 몸은 산에 사는 생물들 하나하나에 휩싸여서, 천천히 먹힘의 대상이 될 텐데 그래도 괜찮다는 마음 (……) 수분 없는 청백함, 영에 대한 갈망, 오롯한 소멸
>
> ─「솔방울」부분

흘려보내는 것이 기본값이 되는 『기억 몸짓』의 세계에서 화자는 모든 것을 기억하려 하지 않는다. 누구도 영원한 현재에 갇혀 있거나 영속을 바라지 않으며, 모든 것이 그저 순리에 따라 흘러가다 소멸할 것에 대한 긍정이 자리하고 있다. 결국엔 "어떤 감정과 장면으로 이루어져갈"(「인간의 어떤 감정과 장면」) 유한성이라는 필멸을 긍정하는 것이다. 죽음에 대한 이러한 인식은 "더 큰 지구타자들의 공동체에게 자신의 몸을 하나의 먹잇감으로 돌려주는 실천으로 죽음과 매장을 바라"[46]보는 생태적 관점을 드러낸다.

그런가 하면 먼저 떠난 이들의 과거 기억의 단편은 공간에

---

45 안태운에게는 누군가의 기억 또한 몸을 가진 것처럼 생동하며 살아 있다. "기억이 오래 달리네/나도 달리네/몸짓을 분산하면서"(「몸짓 기억」).
46 그레타 가드, 같은 책, p. 54.

달라붙어 있다. 시적 화자는 공간에 깃든 기억과 사물에 깃든 기억에 종종 사로잡히곤 하며, 그렇게 열린 과거의 흔적을 따라가 오래 지켜보곤 한다. 그에게 공간은 살아 있는 동안 잠시 공동으로 물려받은 것이자 다른 비인간 존재들과 함께 형성하는 것으로 인식된다.[47] 가령 아래 시에서 화자는 죽음의 이미지가 드리워진 공간에서 다른 생물종들과 함께 그리는 완만한 리듬에 참여하며 능선-죽음의 연속을 형성한다. 인간 화자를 비롯한 여러 생물종과 자연물들이 그 자리를 임시로 빌려 나눈 것이라는 생각은 전체 시집에 드리워진 것이기도 하다.

기억할 만한 것은 무엇일지. 해질녘. 짚이 타고. 냄새가 이리저리 번지고. 기억할 만한 건 무엇일까. 내가 지금 기억이라는 생각으로 이 도시의 공간들을 드나든다면. 이제부터 이 시간을 하나하나 공간으로 둔다면. (……) 어쩌다가 나는 총(塚) 주위에 있었고. 누가 살았는지 모르는 무덤 위로 온갖 동물들을 마주치는 듯하고. 그러니까 말, 소, 꿩, 사슴이 능선을 뛰어다니면서 모양을 이루는 그 모습을 바라보면서 오묘한 능선이라고 생각하면서 나는 따라가고 있었는데 따라가는 나를 누군가 능선이라고 생각할 수도 있겠구나. 그렇게 생각하는 누군가를 또다른 말, 소, 꿩, 사슴이 따라가며 능선이라고. 능선과 너머, 그 이어짐은 끝없이 나열될 것도 같았는데. 그럼에도 끝이 있을까. 어떤 끝. 어떤 끝의 맺음. 매

---

[47] 또 화자는 그 기억이 마치 몸을 가지기라도 한 듯 물성을 가진 기억의 구체적인 촉감을 상상한다.

듭과 종료. 정말로 정말로. 결말.

—「경주」 부분

또 이 시집에서는 시간을 비롯해 기후 현상을 행위자로 인식하는 모습도 확인할 수 있다. 표제작 「기억 몸짓」에서는 무수한 자연물, 시간, 풍화작용 등을 모두 포함해, 특정 공간에서 여러 몸으로 행위하는 여러 '당신들'[48]을 불러보는데, 이는 "세월과 물질이 만들어낸 형태들/인간이 만들어낸 이름들"을 함께 불러보는 일이다. 장기적으로 반복되는 기상 현상을 기후라 할 때, 시에 전면적으로 드러나 있지 않지만 시간과 협업하여 물질을 변화시키고 다채로운 곡선의 리듬을 만들어내는 것은 분명 기후다.

한편 그러한 관찰을 통해 화자는 "내 숨은 또다른 숨을 쉬고 있는 것 같다"고, 자신과 관계하는 주변의 모든 존재자들의 삶의 역사를 느끼고 그들과 나눠 쉬는 호흡 속 타자로서의 자신을 느낀다. 그리고 이는 바위의 '흐름'을 목격함으로써 바위에 깃든 기억의 두께를 깨닫고 바위의 역사와 바위-되기를 목격했던 그레타 가드의 일화를 떠올리게 한다.[49] "종을 횡단하는 소통의 경험이야말로 비판적 에코페미니즘의 핵심"[50]이라 할 때, 안태운은 존재자들의 몸짓에 누적된 생의 리듬을 감각하고 옮김으로써 그러한 경험

---

48 "당신은 어루만졌다 (……) 당신은 기어간다 당신은 보행한다 당신은 날아다닌다 당신은 헤엄친다."
49 일화에 의하면 바위의 생동성을 알게 된 순간 가드는 자신을 선조들의 역사와 함께 바위 위에 앉은 존재로서 새롭게 감각한다. 그레타 가드, 같은 책, p. 45.
50 같은 책, p. 46.

의 시적 형상화를 보여준다. 이는 단순히 시간이나 기억에 대한 인식 차원에서 머물지 않으며, 시집 전반에 걸쳐 아주 느린 묘사를 운용함으로써 수용자로 하여금 그러한 호흡을 따라가도록 권유한다. 시의 당대적 가치는 당대의 요구와 동떨어져 생각할 수 없을 텐데, 평면적 시간성을 구현하는 몽타주적 작법과 분절, 빠른 전환, 압축 등의 창작 경향이 우세한 동시대 경향에서 안태운의 시간성이 보여주는 특징은 상대적으로 확보되는 의의라 할 수 있다.

물론 장소 사유에 대해 아쉬움이 남지 않는 것은 아니다. 플럼우드에 따르면 "애착과 동일시, 정치적 실효성, 가족의 역사, 조상이 살던 장소와 같은 정동적인 장소를 글로벌 시장의 특징을 보이는 경제적 장소로부터 분리시키는 것은 정신-육체 이원론의 또 다른 모습"[51]이기도 하기 때문이다. 기후 생태 위기를 직접 다루지 않는 데다 대부분의 수록 시가 이상적 공간 분리를 전제하고 있어 『기억 몸짓』의 시들을 기후 시로 분류하기는 요원하지만, 유한성을 인정하면서 관계적 시간에 느리게 주목하는 그의 시는 향후 기후 시의 미래를 가늠할 수 있게 한다.

언뜻 기후 시의 시간성은 완결 불가의 강박에 사로잡힌 가속류 시와 대별되는 중요한 특징으로 보인다. 형식적 측면에서든 제도적 차원에서든 역사가 누적되지 않는 평면 위에서 사유의 분절과 파편적 인식들이 비약적으로 빈번히 접속되어 후기자본주의의 비전을 반영하는 가속류 시는 기후 시에서의 '시간 시스템의 정지'와 대극점에 있는 것처럼 보이기 때문이다. 그러나 이는 결코 우열

---

[51] 같은 책, p. 90.

이 나뉘는 경향이라 할 수 없으며, '인간적인 것'으로(부터)의 회귀나 탈주도 아니다. (애초에 '인간성'이라 칭해지는 것들이 어느 때든 가속 생산과 무관한 것이었는지도 의문이다.) 두 유형의 시 모두 현세적 위기를 동시대적 조건 위에서 감각하게 한다는 점에서 지금 주목해야 할 가치가 있다.

문학의 비인간
재현에서 번역으로

·· 이희우

2023년 서울국제도서전의 주제는 "비인간, 인간을 넘어 인간으로"였다. 이 표제는 이렇게도 저렇게도 읽힐 수 있다. 먼저 '비인간 vs. 인간'이라는 구도를 넘어 '인간'으로 간다는 뜻으로 읽힐 수도 있고, '비인간'이 '(오래된) 인간을 넘어서 (새로운) 인간이 된다'는 뜻으로도 읽힐 수 있다. 어느 쪽이든 세번째 항으로서의 '인간'은 비인간과 인간의 대립을 넘어 새롭게 사유되어야 하는 인간일 것이다. 그런데 도대체 어떤 대립이 문제 되어온 것이고, 우리는 무슨 대립을 넘어섰거나 넘어서야만 하는 것일까?

지금 한국문학에서 비인간이 지속적인 화두가 되고 있지만, '비인간'이라는 주제는 여전히 모호한 느낌을 준다. 소재의 측면에서 보면 '비인간을 다루는 문학'은 너무 광범위하다. 한편 '인간주의'에 대한 반대와 대립의 측면에서 '비인간'은 자칫 사변적이거나 배타적인 관념이 될 수 있다.

비인간과 인간이 대립적으로 사고되는 한에서, 현실을 구성하는 비인간-인간의 복합적인 관계는 잘 고려되지 못한다. 또 그런 대립적 구도에서 때로는 여전히 '비인간'이 부정적인 말이 되고 (가령 '노동의 비인간화'를 비판하는 경우) 때로는 '인간'이 부정적인 말이 된다('인간주의' '인간 중심주의'를 비판하는 경우). 동시대 철학에서는 인간과의 상관관계로 규정되지 않는 외계에 대한 사유를 시도하기도 한다. 그런 '사변적' 문학도 얼마든지 가능하겠지만, 지금 형성되어 있고 또 우리가 전적으로 의존하고 있는 세속적 관계들을 세심하게 들여다보는 것 역시 문학의 중요한 역할이다.

지금 우리는 어떤 방식으로 비인간과 관계하고 있고, 문학은 그 관계들을 어떻게 사고하고 드러내는가? 또 문학은 그 관계들에 어떻게 개입할 수 있을까? 이 글의 주장은, 우리가 문학을 재현 representation의 기술로 보느냐 번역translation의 기술로 보느냐에 따라 이 질문들에 대한 대답이 달라진다는 것이다.

1. 재현과 번역

2023년 7월 민주사회를 위한 변호사 모임(민변)이 후쿠시마 원전 오염수에 대한 헌법소원 심판청구를 제기했다. 청구인에는 해녀, 어업인, 일반 시민과 더불어 고래 164개체가 포함되었다.[1] 현재 법은 청원의 권리를 '국민'에 한정하고 있고, 따라서 청원의 주체가 되려면 먼저 법에 의해 국민으로 재현·대변되어야 한다. 오염수와 관련해 고래는 이해당사자이다. 그러나 법에 의해 '국민'으로 셈해지지는 않는다. 한국에서 동물이 민사소송의 원고로 나선

---

1   권창회 기자, 「후쿠시마 오염수 헌법소원 '청구인 고래'…사상 첫 동물 포함」, 『뉴시스』 2023년 8월 16일 자 참조.

적은 몇 번 있지만, 헌법소원 청구인이 된 것은 처음이다. 지금까지 한국에서 동물이 법적으로 소송을 청구할 자격을 인정받은 적은 한 번도 없다. 이처럼 고래를 법적으로 '대변'할 수 없는 경우 필요한 것이 번역과 매개의 기술이다. 즉, 고래를 재현/대표represent하기 이전에 어떻게 고래의 언어를 번역할 것인가? 고래와 인간의 법 사이에 어떤 통역자-매개들이 촘촘하게 배치되어야 하는가?

인간이 비인간을 (인식론적으로든, 정치적으로든, 문학적으로든) 재현/대표한다고 생각할 때 비인간은 아무것도 하지 못하는 수동적 객체가 되고 인간만이 재현의 주체가 된다. 재현적 관점에서, 우리는 사물의 '대상화'된 측면에 대해서만 알 수 있을 뿐 사물 자체에 대해서는 무슨 수를 써도 알 수 없다. 우리가 주체의 관점에서 재현의 한계를 반성·비판한다고 해서 이 사실이 달라지는 것은 아니다. 물론 우리는 사물을, 동물을, 타자를, '자연'을 결코 완전히 재현할 수 없다―이 사실로부터 윤리적 반성뿐 아니라 온갖 회의주의('어차피 전부 인간의 이익을 위한 거 아닌가?' '어차피 다 인간의 해석 아닌가?') 역시 나온다.

사물 자체	감성	상상력	지성

표 1. 근대적 인식의 틀

다중	국민	선출	대표

표 2. 정치적 대표(대의제representative system)

전적인 타자	현상	대상	표현

표 3. 문학적 재현

반면 번역의 관점에서 생각할 때는 우리가 어떻게 비인간과 상호작용할 수 있고 비인간(예를 들면 고래)의 언어를 배울 수 있느냐가 실질적인 문제가 된다. 번역에 대한 벤야민의 설명을 빌리자면 '유사성'이 아니라 '친화성'이 문제다.[2] 문학은 물론 재현의 기술인 면도 있지만, 번역의 기술인 면도 있다. 번역은 그 자체로 노동/작업이고, 또 서로 다른 노동/작업을 매개하는 일이기도 하다. 또 그것은 질료(출발어)와 의미(도착어) 사이에서 창의적인 변용을 요구하는 작업이다. 번역은 공적으로 재현되지 못하는 존재들, 아직 지식이나 법의 영역에 들어오지 못한 존재들이 취할 수 있는 연결의 실질적인 기술이다. 생물학적 인간이라 해도, 의견이 정치에 전혀 반영되지 못하거나 '국민'의 자격을 부여받지 못한 경우에는 표 2에서 법에 의해 셈해지지 않는 다중의 상태(고래들처럼)에 있을 수 있다. 가령 법에 전문적 지식이 없는 누군가는 법적인 분쟁 상황에서 전문가(변호사 등)의 대변 없이 자신의 입장을 말하기 힘들다.

앞서 언급한 헌법소원 사례에서, 대표 청구인은 제주도 해녀 김은아 씨다. 하지만 그 속에는 여러 실무자, 전문가, 법조인, 단체들이 포함되어 있다. 민변은 고래들의 의사를 대변하는 후견인으로 해양환경 단체 '핫핑크돌핀스'를 지정했다고 밝혔다. 고래들을 '대변'하는 데는 개체들을 식별하는 과학적 지식과 기술적 장치들

---

[2] 발터 벤야민, 「번역가의 과제」, 『발터 벤야민의 문예이론』, 반성완 편역, 민음사, 1983, pp. 319~33 참조.

이 필요하고, 그들의 상태를 기술description하는 언어적 기술technic도 필요하다. 한편 수많은 해양생물 가운데 고래가 특별히 청구인으로 선택된 이유는, 고래가 해양생태계의 먹이사슬 꼭대기에 위치하기 때문이다. 만약 오염수가 장기적으로 생태계에 영향을 미친다면 고래는 그 영향을 자신의 몸에 고스란히 누적하게 될 것이다. 이렇게 보면 고래는 자신의 몸을 통해 해양생태계 전반을 '대변'한다고 볼 수 있다. 핫핑크돌핀스는 그러한 고래들을 다시 한번 대변하고, 그렇게 각자 다른 것들을 대변하는 수많은 단체를 김은아 씨가 다시 한번 대표하는 것이다.

이처럼 비인간과 인간의 상호작용뿐만 아니라 모든 상호작용에는, 재현의 주체/대상이라는 이분법적인 틀로 설명될 수 없는 매개의 연쇄가 있다. 또 이 연쇄적 과정 속에는 언제나 사물의 용도와 의미가 달라질 수 있는 여지가 존재한다. 재현적 관점에서 번역의 관점으로 옮겨갈 때, 생략되어 있고 무시되었던 수많은 매개작용이 드러난다.³

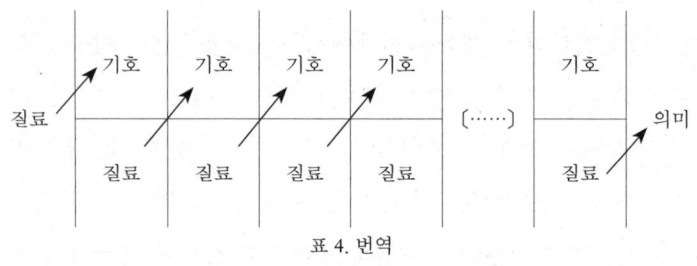

표 4. 번역

3 매개의 "연쇄"로서 번역이라는 아이디어는 미셸 칼롱뿐 아니라 라투르의 논의에서 영향을 받았다. 브뤼노 라투르, 2장 「순환하는 지시체」, 『판도라의 희망』, 장하원·홍성욱 옮김, 휴머니스트, 2018 참조.

2. 하재연의 시

글에서는 재현과 번역에 대한 이해를 토대로 세 작가의 작업, 즉 하재연과 안태운의 시, 그리고 김연재의 희곡을 살펴보려 한다.

첫번째로 읽어볼 책은 하재연의 『우주적인 안녕』(문학과지성사, 2019)이다. "우주적인 안녕"이라는 제목은 서로 다른 세계의 연결과 갈등을 함축하고 있다. 시집에서 문제가 되는 양자는 '비인간'과 '인간'이 아니라 '인간과 상관없는 세계'와 '인간과 상관 있는 세계'다. "정말로 우주적인 회전"(「빛에 관한 연구」)이란 인간 주체의 표상을 넘어선 세계, 즉 인간과 상관하지 않는 세계의 운동일 것이다. 그런데 "안녕"은 말 걸기, 관계하기, 상관하기, 염려하기를 포함하는 제스처이자 언어이다. 시인은 한편으로는 인간과 상관없이 존재하는 ("우주적인") 세계가 있음을 인지하면서도, 세계와 인간의 관계 맺음("안녕")에 대해 고뇌한다.

> 나는 숲속을 걸었고
> 이런 생각을 한다
>
> 내가 알고 있는 떡갈나무들과
> 내가 모르던 떡갈나무들에 관해
> 내가 본 떡갈나무라고 말하는 나의 입술은
> 용서받을 수 없겠지
>
> 떡갈나무 안에 갇힌 떡갈나무는 나의 죄를

상관하지 않고

어제의 떡갈나무와 일 년 후의 떡갈나무가
나의 숲에서는 자라고

완전하게 파괴될 수 있어서
가장 아름다운 인간이
나의 곁에서 고르게 숨을 쉬며 잠들어 있었다
그 숨을 나누어 쉴 수는 없었다

―「27글자」 부분

'나'는 떡갈나무에 대한 표상을 얻을 수 있을 뿐 '떡갈나무 자체'에 대해 알 수는 없다. 그 사실을 알면서도 '나'는 떡갈나무에 대해 말하고 그것을 "내가 본" 것으로 규정한다. 동시에 이러한 인간적 자기중심성에 대해 "용서받을 수 없겠지"라고 반성한다.

따라서 이 시는 먼저 인식하고, 말하고, 반성하는 주체의 한계를 보여주는 것 같다. 화자는 자신의 한계를 반성하는 윤리적 주체이지만, 사유 가능한 것과 불가능한 것, 재현 가능한 것과 불가능한 것을 나누는 것은 주체의 재현적 틀 자체다.

물자체	현상	대상	표상
"떡갈나무 안에 갇힌 떡갈나무"	"나의 숲에서" 자라는 떡갈나무	"내가 알고 있는 떡갈나무들" "내가 모르는 떡갈나무들"	"나의 입술"이 말하는 "내가 본 떡갈나무"
전적인 타자	현상	경험	표현

표 5. 재현적 틀

하지만 더 통렬한 인식은 다음 연에 있다. 내가 떡갈나무와 직접 관계하지 못한다면, 즉 내가 나에게 갇혀 있다면, 나와 관계하지 못하는 "떡갈나무 안에 갇힌 떡갈나무" 역시 있을 것이다. 그런데 "떡갈나무 안에 갇힌 떡갈나무는 나의 죄를/상관하지 않"는다. 떡갈나무는 주체가 반성을 하든 말든 관심이 없다. 반성은 떡갈나무를 위한 것이 아니라 주체 자신을 위한 것이다.

그러면 어떻게 해야 할까? 사물과 절연된 고독 속에서 반복적으로 고뇌하는 것이 이 시에 나타난 유일한 선택지는 아니다. 시에는 화자와 다른 인간도 그려진다. "가장 아름다운 인간"은 "완전하게 파괴될 수 있"는 인간이다. 완전히 파괴될 수 있는 인간이란 숲을 "나의 숲"으로 환원하지 않는 인간, 자기동일성을 벗어나 숲과 호흡할 수 있는 인간일 것이다. 물론 '나'는 자신이 그와 같지 않음을 인지한다. '나'가 의식하는 동안 그는 잠들어 있다. 그의 "숨을 나누어 쉴" 수도 없다. 시인은 아름다운 존재에 근접해 있지만, 그 존재 자체가 되지는 못한다. 시인은 언어의 경계까지 나아갈 수 있지만, 어쨌든 생각하고 언어를 사용하는 한에서 "완전하게 파괴"되는 지점까지 갈 수는 없다.[4]

하지만 『우주적인 안녕』에는 주체의 한계에 대한 반성과는 다른, 더 활동적이고 발산적인 테마들도 있다. 첫째는 **노동**에 대한

---

4 언어의 한계를 성찰하면서 타자와의 만남을 기도하는 태도는 시집의 다른 시들에서도 반복된다. 「후천적인 삶」에서 화자는 "다른 나라의 말들만이/우리에게는 필요"하다고 말하고, "이민자의 외투를 빌려 입고/불완전한 목소리를 가다듬"는 자신의 위선과 결함에 대한 반성적 인식을 드러내기도 한다. 그는 결국 "쓸 수 없는 문자로 쪼개지"기를 감내하려 한다.

테마로, 시집에는 비인간의 노동(「그것」)과 인간의 노동(「노동하는 인간」)에 관한 시가 있다. 둘째로 다른 감각, 다른 신체적 언어에 대한 **배움**의 테마(「수화」)가 있다. 셋째로 **사랑**의 테마("그러므로 사랑은 어떠한가//차가움이 만질 수 있는/뜨거움이란 무엇인가", 「스노우맨」)가 있다. 이런 테마들에서는 주체와 대상의 이원론이 흐려지고, 실천적인 얽힘과 중첩이 더 눈에 띄게 된다.

그중 두 편의 시를 읽어보겠다.

그것은 어떤 생각이 들 때마다
느려지곤 했다.
어떤 단 하나의 생각을 떠올려야 한다는 듯이.

그의 주인은 화를 내며 기다리다가
한심하다는 표정을 지었다.

너는 너무 오래되고 쓸모없구나.
너는 생각을 할 필요가 없는데.
너의 시간은 너에게 속한 게 아닌데.

어떤 생각은 굵게 꼬인 나무뿌리처럼
그것의 몸통을 감았다.
자라난 생각의 힘 때문에 그것은 꺼져버릴 때가 많았다.

밤

> 까만 밤
> 우주에서 온 밤
> 다시 켜질 수 없을 것 같은
>
> 속에서 드디어 하나의 생각이 떠오르고
> 밤은 끝이 났다.
>
> 한 사람이 창을 닫았고
> 그것은 끝의 다음에서 깜빡거리기 시작했다.
>
> ―「그것」 전문

시의 주인공은 (비인칭 대명사 "그것"이라고 불리는 만큼) 정체를 특정할 수 없다. 단지 그것은 '주인'을 위해 노동하는 존재라는 특징을 갖고 있는데, 읽기에 따라 기계일 수도, 동물일 수도, 노동자일 수도 있다. 그것은 아직 자신을 의식하지 못하는 "녹색 계급 ecological class"일 수도 있다.[5] 어쨌든 그것이 "생각의 힘"을 가질 때 밤이 시작되고, 마침내 "하나의 생각"을 떠올릴 때 밤이 끝나게 될 것이다.

단계가 끝나고 다음 단계가 시작된다는 점에서 이 역시 '진보'라고 말할 수도 있지만, 적어도 주인이나 사용자를 위한 진보는 아니다. 이 시에서 '생각'은 학습, 성장, 일의 진행을 위한 것이

---

[5] 브뤼노 라투르·니콜라이 슐츠, 『녹색 계급의 출현―스스로를 의식하고 자랑스러워하는』, 이규현 옮김, 이음, 2022.

아니다. 오히려 그것의 '생각'은 주인의 관점에서는 기능의 고장이나 지연으로 표시된다. 이 시에 따라 '생각'을 정의한다면, 예를 들어 인공지능이 '지능'을 그저 사용자의 목적에 부합하게 사용할 때, 그것은 '생각'을 하지 않는 것이다. 오히려 그것이 사용자의 주문에서 이탈할 때, 기능상의 지연과 고장을 보일 때 그것은 "생각"한다. 입력(의도)과 출력(표현) 사이의 매개가 문제없이 작동할 때 그것은 도구일 뿐이지만, 입력과 출력 사이에 "생각"이 끼어들 때 그것은 번역의 주체이다. '생각'은 매개의 불투명성이라고 할 수 있다. 주인이 통과할 수 없는 어두움(밤)은 '그것'이 주인(저자)에게 요구하는 노동의 대가, 실재의 몫이다.

시인은 언어의 주인, 재현의 주체가 아니라 그 스스로 불투명한 매개, 생각하는 '그것'이 될 수 있다.

> 보이지 않는 한 쌍의 손으로
> 드디어 말을 시작할 즈음
> 너는 자리를 떠나고 있었다
>
> 나의 두번째 이야기는
> 언제쯤 끝마칠 수 있게 될까
>
> 네가 두고 간 줄에 남은 핑거링
> 내 손가락들은 네 삶의 선을 복기할 뿐
>
> 아름다움에는 연습이 필요하고

나는 알 필요가 없었던 일들만을 알 수 있었을 뿐

어느 날 나의 내부에 생긴 점들은
나의 눈을 멀게 할 것이다

나는 다시는 뜬눈으로
매료되지 않을 것이다

—「수화」전문

"아름다움에는 연습이 필요"하다. '연습'이라는 말은, 아름다움이 노고를 통해 접근할 수 있는 것임을 암시하는 것 같다. 앞서 읽었던 「27글자」에서 "가장 아름다운 인간"과 '나'의 분리가 그려질 때, '나'는 그 아름다움에 결코 도달할 수 없을 것처럼 보였다. 하지만 이 시에서는 다르다. '나'는 느리기는 해도, 또한 많은 회의와 반성을 드러내기는 해도 아름다움에 "연습"을 통해 도달할 수 있음을 암시하고 있다. 그것은 마치 수화를 배우는 것처럼 새로운 언어를 배우는 일이다.

물론 이 배움이 편안한 일만은 아니다. '너'의 언어를 배우기 위해서 '나'는 어떤 대가를 치른다. "보이지 않는 한 쌍의 손으로" 말이 시작되려 할 때 너는 사라진다. '너'와 대화한다는 목적에 비추어보면, 화자가 "알 수 있었던" 것은 "알 필요가 없었던 일들"일 뿐이다. 어쩌면 알 수 없게 됨으로써만, 보이지 않게 됨으로써만 '너'와 대화할 수 있게 되는지도 모른다. 따라서 연습의 과정은 "눈을 멀게 할 것이다". 『우주적인 안녕』전반에 시각적 인지에서 멀어지고 촉각적 인지가 대두되는 경향이 있다. "다시는 뜬눈으로/ 매료되지 않을 것이다"라는 말은, 매료됨이 불가능하다기보다는 이제 시각적이지 않은 방식으로만 매료될 것이라는 뜻으로 읽을 수 있다.

3. 안태운의 시

다음으로 안태운의 「인간의 소리」(『기억 몸짓』, 문학동네, 2024)를 읽어보려 한다. 이 시에서 사람들은 닭 소리나 고양이 소리는 쉽게 특징화하여 따라 하지만 "인간의 소리"에 대해서는 그렇지 못하다.

  지금은 밤이로군요. 지평선뿐이로군요. 들판뿐이로군요. 음악이 흐르고 밤은 아무도 못 나가게 하고 사람들은 춤추는군요. 물론 춤추지 않는 사람은 춤추지 않고 모닥불은 타오르는군요. 타오르는 모닥불 주위에서 사람들은 서로 바라보는군요. 들판에서 또 다른 들판으로.
  나는 어느 쪽에 설 것인가 주저하고 있습니다. 나도 취기가 돌고 흥이 오르면 춤을 췄었는데. 턱 하면서 순간적으로 몸을 흔들었는데 지금은 모르겠군요. 춤추지 않는 사람은 춤추려 하고 춤추고 있는 사람도 더 춤추려 하는데 사람들은 이제 동물 소리를 내기 시작합니다. 맨 앞에서 사람들이 하나씩 동물 이름을 부르고 있으니까.

닭 소리는?

원숭이 소리는?

말 소리는?

고양이 소리는?

사람들은 저마다 그 동물에 흡사하다고 느끼는 소리를 내는군요. 소리 내면서 춤추는군요. 밤이로군요. 그때 누군가는 소리치는군요.

인간의 소리는?

모두들 잠깐 침묵. 그렇게 침묵하다가 사람들은 웃고 있었습니다. 나는 침묵과 침묵 뒤의 웃음이 인간의 소리라고 이해했어요. 침묵. 침묵 뒤 웃음. 그것은 인간의 소리. 침묵. 침묵 뒤 웃음. 끝없는 인간의 소리. 끝없는 들판이로군요. 지평선뿐이로군요. 나는 잠깐 춤추는 사람이 되려 했습니다만 이내 화장실이 어디 있는지 묻는 사람이 되었군요. 내 앞에서 춤추려 하는 사람에게. 그 사람은 옆 건물을 가리키다가 멈칫한 후 아무 데나 손가락으로 휘젓습니다.

과연 인간이로군, 하고 나는 생각했습니다. 밤이로군요. 음악이 흐르는군요. 보이는 것은 보이고 물론 보이지 않는 것은 보이지 않는군요. 나는 건물 안으로 들어갔다가 나왔습니다. 여전히 밤이로군요. 들판뿐이로군요. 보이지 않는 사람은 보이지 않는 춤을 추고 나는 저 멀리 걸어갈 수도 있을 것 같군요. 혼자 춤추면서 끝 모르게 멀어지는군요. 그렇게 멀어지자 들려오는 소리는 기이하군요.

—「인간의 소리」 전문

시에서 사람들이 내는 소리는 진짜 동물 소리는 아니다. "저마다 그 동물에 흡사하다고 느끼는 소리"를 흉내 내는 것뿐이다. 술을 마시고 취기가 올라서, 춤을 추다가 흥이 올라서 하는 놀이인 것이다. 한편 그들은 이미 쉼 없이 인간의 소리를 내고 있다. 그들 자신이 인간이라면, 그들이 내는 소리가 곧 '인간의 소리'라고 정의될 수 있기 때문이다(그들이 내는 동물의 소리조차도 인간의 소리이다). 그러나 "인간의 소리"에 대해 질문받았을 때 그들은 아무 말도 하지 못한다. 인간은 인간을 하나의 기호로 요약/환원/재현하지 못한다. 즉, 인간의 소리는 '꼬끼오'나 '야옹'처럼 단순하게 기호화되지 못하는 것이다.

하지만 재현하지 못함이 곧 대답하지 못함을 의미하는 것은 아니다. 화자는 "침묵과 침묵 뒤의 웃음"이 질문의 대답이라고 생각한다. 화자는 그러한 무능, 침묵, 멋쩍은 웃음이야말로 '인간적'인 것이라고 이해하는 듯하다. 술에 취해 "아무 데나 손가락으로 휘젓"는 모습을 보고 "과연 인간이로군" 생각하는 대목에서 제법 날카로운 유머를 느낄 수 있다.

위의 시는 동시대 문학의 어떤 경향을 풍자하는 알레고리 시로 읽히기도 한다. 그토록 동물들을 많이 등장시키고 동물 흉내를 내면서도 정작 인간의 소리가 무엇인지는 알지 못하는 사람들의 모습을 통해 동시대 문학의 일면을 꼬집고 있는 듯 보이기도 하는 것이다. 어쩌면 그렇게 많은 동물 소리 흉내는 인간의 소리에 대한 무지를 가리기 위해서, 그 어려운 질문에의 직면을 회피하기 위해서 반복되고 있는 것인지도 모를 일이다. 다시 말해 이 시적 알레고리에는 인간의 소리에 대해 대답하지 못하면서 동물 소리 흉내를 내는 사람들에 대한 반성적 인식의 깊이가 있다. 화자는 "어느 쪽에 설 것인가 주저"하면서 사람들에게 거리를 두고 있고, 거리를 둔 채 사람들의 행동을 지켜본다.

하지만 안태운이 그 후에 발표하는 시들은 비인간 혹은 동물과 관련해 더 구체적인 문제들을 고민하는 방향으로, 또 은유적·알레고리적 깊이를 없애고 고민들을 솔직하고 직설적으로 털어놓는 방향으로 나아가고 있다. 「인간의 소리」의 화자는 주변 상황에 지적인 거리를 두고 있다는 인상을 주는 반면, 안태운의 최근 시에서 눈에 띄는 것은 시가 지금 형성되어 있는 인간-비인간의 상호의존적 관계들을 가까이 들여다보는 쪽으로 변해가고 있다는 점이다. 동시에 안태운은 자신의 위치에 대한 고민도 놓지 않는다. '생물 다양성'을 논할 때도, "인간의 언어로/한국인이므로 현대 한국어족의 화자이자 청자로서"(「생물 다양성 낭독용 시」) 어떻게 그 문제를 정당하게 다룰 수 있을지 고민한다.

어떤 관점에서 안태운의 시는 여전히 '인간'에 너무 천착하는 듯 보일 수 있다. "인간으로서 잘 살아간다는 게 무엇인지"(「인간의 어떤 감정과 장면」) 계속해서 질문하기 때문이다. 그러나 이 질문은 인간으로서 '무엇을 알 수 있는가?' '어떻게 대상을 재현할 수 있는가?' 등의 질문과는 다르다. 안태운의 시에서 "잘 살아간다"는 것은 개인적인·주관적인 일이 아니라 비인간과 타자에 대한 염려, 보살핌, 얽혀 살아감을 전제하는 것이다. 또 이런 질문에 천착하는 과정에서 노동의 문제가 지속적으로 나타난다는 것도 주목해야 할 특징이다.

동물원이 일터인 사람들에 대해
여러 양가감정을 느끼면서도 그곳의 인간으로서 할 수 있는 걸 최대한 감당하며 사는
맡아 기울이고 자연에 가깝게 궁리하고 자연으로 되돌려 보내고 또 남아 지내면서 다른 인간을 말리기도 하면서
야생동물은 스스로를 연민하지 않는다고도 감각하면서
(······)
어떤 동물은 인간을 피하지 않는군요 그게 낯설 때가 있는데 그들 중 어떤 동물은 직업이 있고
직업이 있는 동물은 여러 인간의 생애를 마주 보며 이윽고 또 다른 인간들을 스쳐 가는군요 그렇게 시간이 흐른다고
여러 날들 속에서
너에게, 잘 살아가고 있는지
그러니까 어떤 권역을 헤매고 있을지 궁금해
어떤 감정과 장면으로 이루어져갈지
나는 여기 있어
(······)
인간으로서 잘 살아간다는 게 무엇인지
너에게, 나는 안부를 물으며
여기 있어
여기 있다는 건 어떤 느낌인지, 문득 낯설어하며
주위를 둘러보았지

—「인간의 어떤 감정과 장면」 부분

시의 말하기 방식은 거의 시를 해체할 것처럼 아슬아슬하다. 형상, 구조, 은유, 상징, 알레고리를 만들기보다는 산책하고 소비하면서 본 것들과 떠올린 상념들, 고민들을 두서없이 나열하는 듯 보이기 때문이다. 그럼에도 구문의 변주가 시인 특유의 리듬을 시 전반에 은근하게 부여하고 있다. 문장의 변주는 시를 시로 만들기 위한 형식적인 요구에 따른 것이기도 하겠지만 결정적인 관점의 이동을 함축하기도 한다. 이를테면 인용한 부분에서 초점은 '동물원에서 일하는 사람들'에게서 '직업을 가진 동물들'로 이동한다. "뉘"에게 "잘 살아가고 있는지" 묻는 안부는 "잘 살아간다는 게 무엇인지"에 대한 자문으로 변주된다. 이런 중첩 혹은 반성성과 '시적 말하기'가 관계하는 방식이 흥미롭다. 이 시의 '뉘'는 하재연의 「그것」처럼 정체가 불분명하다. 그것은 어떤 이름 같기도 하고, '너'나 '누구'의 방언 같기도 하다.

관념적 대립물이 아닌, 노동하는 존재로서 인간과 비인간을 바라볼 때 드러나는 세속적 복합성이 있다. 가령 규범적 당위의 관점에서 동물원의 존재 자체가 잘못되었다고 말할 수도 있다. 하지만 그곳이 누군가의 "일터"라는 것을 생각해보면, 또 그곳에서의 노동이 동물들을 도구화하는 한편으로 동물을 돌보는 기술을 함양·실천하기도 함을 생각해보면 질문은 더욱 복잡해진다. 과연 동물원에서 묘기를 부리는 곰을 '직업을 가졌다'라고 말할 수 있을까? 동물들을 훈련하는 사육사는 동물을 도구적으로 착취하는 데 일조하는 것인가, 아니면 서로를 알게 되고 응답 능력을 강화한다는 점에서 동물들과 "함께-되기: 유능하게 만들기"[6]를 실천 중인 것인가?

　　인간과 동물의 관계를 노동의 관점에서 바라본다는 점에서 이 시는 해러웨이의 논의를 떠올리게 한다. 우리가 노동을 통해 얽혀 있다는 말은 필연적으로 타자를 도구로 사용하면서 또 누군가의 도구가 되기도 한다는 뜻이다. 무언가를 도구화하지 않는 삶이란 없다. 그 점에서 우리는 절대 무결하지 않다. 해러웨이는 동물을 (얼굴이 없는) 죽은 기계, 죽여도 되는 존재로 만드는 것이 "인간과 동물의 도구적 관계 그 자체에 있지는 않다"고 주장한다. 오히려 "도구가 된다는 것은 신체적으로 얽혀있는 필멸의 현세적 존재being와 되기becoming에 고유한 일"이라고 말한다. 존재론적으로 필연적인 이 도구 되기는 "일방적인 사용 관계"와는 전혀 다른 것이다.[7] 물론 인간과 동물의 관계는 고용자와 노동자의 관계처럼 많은 경우 비대칭적이다. 일방적인 착취 관계에서 벗어나 서로 공존하고, 책임을 지고, 고통을 나누고, 돌보기 위해서는 현재 만들어져 있는 관계를 더 자세히 들여다봐야 한다고, 우리 삶을 보이지 않게 지탱하는 수많은 존재의 노동을 고려해야 한다고 해러웨이는 주장한다. 그 현실적이고 세속적인 관계들 속에—추상적 규범이 아니라—윤리와 책임의 문제, 그리고 변화의 여지가 있다는 것이다.

6　도나 J. 해러웨이, 『트러블과 함께하기』, 최유미 옮김, 마농지, 2021, p. 34.
7　도나 J. 해러웨이, 『종과 종이 만날 때—복수종들의 정치』, 최유미 옮김, 갈무리, 2022, p. 93.

4. 김연재의 『상형문자무늬 모자를 쓴 머리들』

마지막으로 주제와 관련하여, 젊은 희곡 작가 김연재의 작품 『상형문자무늬 모자를 쓴 머리들』(이음, 2021)을 소개하고 싶다. 김연재는 책 앞머리에 희곡의 제목을 하인리히 하이네의 시 「물음들」에서 빌려왔다고 밝히고 있다(p. 4). "상형문자무늬 모자를 쓴 머리들"은 자명하게 드러난 머리가 아니라 해독을 요구하는(상형문자무늬) 머리, 반쯤 숨겨진(모자를 쓴) 머리이다. 희곡에서 인물과 사물은 서로가 서로에 대해 상형문자처럼 나타나는 듯 보인다. 즉 (관계에서 물러나 있는) 질료이면서 서로 (관계를 통해 형성되고 교환되는) 기호이다. 인물과 사물은 어떻게 조합되느냐에 따라 전혀 다른 의미와 용도를 갖는다.

김연재는 희곡을 통해, 그리고 연극을 통해 몸과 언어와 장치의 관계를, 혹은 "물질-기호론적인"[8] 변신과 번역의 가능성을 실험하고 있는 듯 보인다. 그의 희곡에서 몸은 고정적 실체보다는 언제나 변신 중인 몸, 변신의 질료가 되는 몸이다. 김연재의 작업에서 '변신'이 언제나 '번역'의 과정과 결부되어 있다는 점이 흥미로운데, 이 특징은 희곡이라는 매체의 특성 때문이기도 할 것이다.

---

8   도나 J. 해러웨이, 『트러블과 함께하기』, p. 28. '물질-기호론'은 해러웨이의 용어로 물질적이면서 언어적이기도 한 실재의 복합성을 드러내기 위한 말이다. 살아 있는 존재들의 몸이 대표적인 예다. 가령 박테리아나 세균에 의한 질병은 분명 신체적·생물학적 실재이지만, 그 병을 병으로 인지하고, 명명하고 의미화하는 담론적 과정과 분리해서 생각할 수 없다. 나는 해러웨이의 이 용어가 배우의 몸을 통해 발화되거나 표현되는 희곡의 언어를 설명하기에 적절한 표현이라고 생각했다.

『상형문자무늬 모자를 쓴 머리들』은 '인류세 3부작'에 속하는 작업으로, '인류세 3부작'에 대해 책은 "인간 종(種)이 수동적 객체로 격하시킨 비인간 존재들의 움직임, 생명력, 소통 언어, 외부세계와 접하는 감각을 상상하고자 김연재와 극단 동이 시작한 프로젝트"(p. 250)라고 밝히고 있다. 이 기획은 단지 소재의 측면이 아니라 방법의 측면에서 실험되고 있다. 희곡의 언어는 극단과의 협업, 배우의 몸을 염두에 둔다. 창작과 상연의 과정에는 (작가가 참고하는 레퍼런스, 작가의 언어, 사물로서의 책, 연출가, 드라마투르그, 공간과 장치들, 기술자, 배우, 관객 등) 수많은 매개가 있다. 그 매개들의 협력과 조율, 노동 없이 연극은 불가능할 것이다. 희곡은 언어가 물질화되고 물질이 언어가 되는 변용/번역의 한복판에 있는—그리고 그 위치를 의식하는—매체인 것 같다. 희곡이 쓰이고 그것이 연극이 되는 과정은 번역의 연쇄 그 자체이다.

김연재의 희곡에서 인물들의 관계는 매우 복잡하게 얽혀 있는데, 이 얽혀 있음 자체가 희곡의 주제처럼 보인다. 또 이 얽혀 있음은 인물들에게 어떤 종류의 변신, 비인간-되기를 촉구하는 것처럼 보인다. 심지어 희곡은 모든 배우가 일인이역을 하도록 지시하고 있다. 한 몸이 남자였다가 여자였다가, 청년이었다가 노인이었다가, 인간이었다가 동물이 되어야 한다.

이런 연출상의 복잡성을 고려하지 않으면서『상형문자무늬 모자를 쓴 머리들』을 하나의 서사로 요약하기는 힘들지만, 개략적으로만 소개해보겠다. 한나 몰렉과 오토 몰렉이라는 스칸디나비아의 조류연구원 부부가 흰머리쇠기러기를 연구 중이다. 연구 중이던 새의 한 개체가 갑자기 터전을 이탈해서 대양을 가로지른다.

그 새를 한국의 한 연구원이 발견하지만, 그는 몰렉 부부가 개체를 식별하기 위해 다리에 매달아놓은 표식(반지)을 잃어버린다. 한국의 연구원은 몰렉 부부에게 연락하기 위해 스칸디나비아어-한국어 통역이 가능한 사람을 찾는다. 그러면서 한국외국어대학 스칸디나비아학과 조교수를 만나는데, 조교수와의 관계는 예상치 못하게 성적인 긴장감을 띤다. 한편 조교수는 학과가 사라질 위기에 처한 스칸디나비아학과 교수와 연인 사이인데, 교수는 암투병 중이고 죽어가고 있다. 사람들은 방황하면서 '정상적'인 일상에서 이탈하고, 그러다 문득 사라진 새의 형상을 보게 된다.

우리가 어떤 상황 속에서 다수 언어를 사용할 때는 (이미 언어 사용자를 위해 번역의 노동이 보이지 않게 체계적으로 일어나고 있으므로) 의사소통에 불편을 느끼지 않지만, 다수 언어만으로 해결할 수 없는 문제에 봉착했을 때, 다수 언어가 '나'를 대변해주지 않을 때는 직접 번역의 기술을 배우거나 적절한 번역자를 찾지 않는 한 대변되지 못하고 고립된다. 희곡에서는 그렇게 상징적 질서에서 탈구된 존재들이 전반적으로 '비인간'으로 변해가는 것처럼 그려지고 있다. 혹은 정상적 일상에서 누락된 존재들이 변신과 변용이 일어나는 그 아래의 세계로 흘러들어간다고 볼 수 있다. 표식과 기호를 잃어버린 존재들은 잠재적인 차원으로 흘러들어가 또 다른 변신을 준비한다.

『상형문자무늬 모자를 쓴 머리들』은 세 부로 이루어져 있는데, 각각 "구멍의 바깥" "구멍" "구멍의 안"이라는 제목을 달고 있다. "구멍의 바깥"에서 사람들은 직업을 갖고 각자의 방식으로 일상을 영위하고 있다. 사람들은 여러 우연을 통해 얽혀들고, 직업을 잃거나 병들거나, 사랑하는 사람을 잃거나, 기억에 혼란을 느끼면 서 "구멍"을 마주한다. "구멍"은 말 그대로 평온하고 질서 잡힌 삶에 생긴 구멍이지만 동시에 한 줄의 실 같은 각자의 이야기들을 한데 엮는 '반지' 같은 것이기도 하다. "구멍의 안"은 길을 잃고 이탈한 존재들, 기억과 언어를 잃어버린 존재들, 이름 없는 존재들이 모여들고 만나는 지하 세계로 그려진다. "그 새는 이 반지로부터 도망친 거야. 이름이라는 건 언제나 자기가 쫓아가는 것보다 늦게 도착하잖아. 하수구에 있는 것들은 죄다 이름으로부터 도망쳐 이동한 것들이야"(하수구공의 말, pp. 117~18).

'구멍 밖/구멍/구멍 안'은 물론 문학적 도식(공간적 은유)이고, 구멍 안의 세계는 몽상적으로 보이기도 한다. 재현적인 이원론(객관/주관)으로 이 희곡을 읽는다면 '객관적 현실'을 떠나 '주관적 (상상적) 현실'로 빠져드는 듯 보일 것이다. 그런 관점에서는 김연재의 희곡을 흥미진진한 것으로 읽기 어렵다. 반대로 구멍 밖에서는 보이지 않던 구멍 안의 연결들, 변신들, 존재들이야말로 '실재'라고 생각해볼 수도 있다. 즉, 희곡은 우리가 소위 '정상적' 삶을 영위하기 위해 얼마나 많은 비인간-인간에게 보이지 않게 의존하는지, 동시에 그것들을 은폐하는지를 역으로 드러낸다. '구멍 밖/구멍/구멍 안'이라는 문학적 도식은 감춰져 있던 연결들, 존재들을 사고하고 감각하기 위해 구성된 장치이다.

희곡의 말미, 구멍 안 지하 세계에 '누'라는 정체불명의 존재가 등장한다. 그는 '정상적인' 상징계에서 이탈해 변신을 겪은 존재인데, 실종되었던 인물이나 사라졌던 새 같기도 하다. 말하자면 '누'는 [하재연의 "그것"(「그것」)이나 안태운의 "뉘"(「인간의 어떤 감정과 장면」)처럼〕 불확정적이고 중첩된 존재다. '누' 자신도 자신이 누구인지 모른다. '누'는 자신이 누구인지, 여기가 어디인지, 자신이 어디로 가고 있는지 하수구공에게 묻는다.

희곡 마지막 장에 씌어진 하수구공의 대답은 다음과 같다.

나와 같이 더 내려가요. 당신이 나를 불렀던 곳으로. 좁은 계단을 통해 물기 없는 곳으로, 하수구보다도 더 밑으로. 지하의 지하로 들어가면 그곳에 건기가 있어요. 멀리서 건조하고 뜨거운 바람이 불어와요. 어디에서 어디로 부는 바람인지 나는 몰라요. 하지만 바람이 분다는 것은, 이곳 말고 다른 곳이 있다는 증거죠. 당신이 이곳에서 저곳으로 갈 수 있다는 증거예요. (p. 247)

작품 목록

1부 가족, 노동, 돌봄

강화길, 「방」, 『괜찮은 사람』, 문학동네, 2016.

권여선, 「이모」, 『안녕 주정뱅이』, 창비, 2016.

김기태, 「두 사람의 인터내셔널」, 『두 사람의 인터내셔널』, 문학동네, 2024.

김멜라, 「저녁놀」, 『제 꿈 꾸세요』, 문학동네, 2022.

김병운, 「그리고 여기서부터가 사소한 일이다」, 『문학동네』 2022년 봄호.

──, 「크리스마스에 진심」, 웹진 〈비유〉 2022년 11월호.

──, 「세월은 우리에게 어울려」, 『자음과모음』 2022년 겨울호.

김세희, 「가만한 나날」, 『가만한 나날』, 민음사, 2019.

김애란, 「달려라, 아비」, 『달려라, 아비』, 창비, 2005.

김혜진, 『딸에 대하여』, 민음사, 2017.

──, 『9번의 일』, 한겨레출판, 2019.

서수진, 「골드러시」, 『골드러시』, 한겨레출판, 2024.

손보미, 「임시교사」, 『우아한 밤과 고양이들』, 문학과지성사, 2018.

여성문학사연구모임, 『한국 여성문학 선집』(전 7권), 민음사, 2024.

예소연, 「사랑과 결함」, 『사랑과 결함』, 문학동네, 2024.

위수정,「아무도」,『우리에게 없는 밤』, 문학과지성사, 2024.

이미상,「모래 고모와 목경과 무경의 모험」,『이중 작가 초롱』, 문학동네, 2022.

이서수,『헬프 미 시스터』, 은행나무, 2022.

──── ,「엄마를 절에 버리러」,『엄마를 절에 버리러』, 자음과모음, 2023.

──── ,「미조의 시대」「젊은 근희의 행진」,『젊은 근희의 행진』, 은행나무, 2023.

──── ,「몸과 우리들」,『몸과 고백들』, 현대문학, 2024.

임솔아,「내가 아는 가장 밝은 세계」,『아무것도 아니라고 잘라 말하기』, 문학과지성사, 2021.

장류진,「일의 기쁨과 슬픔」,『일의 기쁨과 슬픔』, 창비, 2019.

전하영,「숙희가 만든 실험영화」,『시차와 시대착오』, 문학동네, 2024.

정세랑,『시선으로부터,』, 문학동네, 2020.

정영롱,『남남 1·2·3·4』, 문학동네, 2021~2023.

조우리,『이어달리기』, 한겨레출판, 2022.

──── ,『오늘의 세리머니』, 위즈덤하우스, 2023.

최은영,『밝은 밤』, 문학동네, 2021.

최진영,『해가 지는 곳으로』, 민음사, 2017.

편혜영,「우리가 나란히」,『소년이로』, 문학과지성사, 2019.

한정현,『소녀 연예인 이보나』, 민음사, 2020.

황정은,『연년세세』, 창비, 2020.

2부 계급, 세대, 폭력, 사랑

강영숙, 「더러운 물탱크」, 『두고 온 것』, 문학동네, 2021.
권여선, 「무구」, 『각각의 계절』, 문학동네, 2023.
김기태, 「세상 모든 바다」 「롤링 선더 러브」 「두 사람의 인터내셔널」
 「무겁고 높은」, 『두 사람의 인터내셔널』, 문학동네, 2024.
박민규, 「龍龍龍龍」, 『더블 side B』, 창비, 2010.
박상영, 「중국산 모조 비아그라와 제제, 어디에도 고이지 못하는 소변에
 대한 짧은 농담」 「알려지지 않은 예술가의 눈물과 자이툰 파스
 타」, 『알려지지 않은 예술가의 눈물과 자이툰 파스타』, 문학동
 네, 2018.
성해나, 「OK, Boomer」 「당춘」, 『빛을 걷으면 빛』, 문학동네, 2022.
손홍규, 「지루한 소설만 읽는 삼촌」, 『2021 김승옥문학상 수상작품집』,
 문학동네, 2021.
양귀자, 『모순』, 쓰다, 2013.
예소연, 「팜」 「그 개와 혁명」, 『사랑과 결함』, 문학동네, 2024.
위수정, 『은의 세계』, 문학동네, 2022.
─── , 『우리에게 없는 밤』, 문학과지성사, 2024.
이기호, 「밀수록 다시 가까워지는」, 『김 박사는 누구인가?』, 문학과지성
 사, 2013.
이미상, 「하긴」, 『이중 작가 초롱』, 문학동네, 2022.
이희주, 『환상통』, 문학동네, 2016.
─── , 『성소년』, 문학동네, 2021.
장진영, 『나의 사내연애 이야기』, 북다, 2024.

정대건, 「아이 틴더 유」, 『아이 틴더 유』, 자음과모음, 2021.
최미래, 「돼지 목에 사랑」, 『림: 잃기일지』, 열림원, 2024.
최진영, 「디너코스」, 『쓰게 될 것』, 안온북스, 2024.
편혜영, 「포도밭 묘지」, 『2022 김승옥문학상 수상작품집』, 문학동네, 2022.

3부 비인간, 생태, 기후

강혜빈, 『미래는 허밍을 한다』, 문학과지성사, 2023.
기원석, 『가장낭독회』, 아침달, 2024.
김기창, 『기후변화 시대의 사랑』, 민음사, 2021.
김리윤, 『투명도 혼합 공간』, 문학과지성사, 2022.
김연재, 『상형문자무늬 모자를 쓴 머리들』, 이음, 2021.
김정, 『노 휴먼스 랜드』, 창비, 2023.
김초엽, 『지구 끝의 온실』, 자이언트북스, 2021.
배윤민정 외, 『우리 힘세고 사나운 용기』, 한티재, 2023.
백민석, 『해피 아포칼립스!』, 아르테, 2019.
서고운, 「여름이 없는 나라」, 『문학들』 2024년 여름호.
신미나, 『백장미의 창백』, 문학동네, 2024.
안태운, 『산책하는 사람에게』, 문학과지성사, 2020.
―――, 『기억 몸짓』, 문학동네, 2024.
여세실, 「이제와 미래」, 『휴일에 하는 용서』, 창비, 2023.
유혜빈, 『밤새도록 이마를 쓰다듬는 꿈속에서』, 창비, 2022.

윤은성, 『유리 광장에서』, 빠마, 2024.
정혜윤 외, 『절멸』, 워크룸프레스, 2021.
조시현, 『아이들 타임』, 문학과지성사, 2023.
조예은, 『칵테일, 러브, 좀비』, 안전가옥, 2020.
──, 『스노볼 드라이브』, 민음사, 2021.
──, 『트로피컬 나이트』, 한겨레출판, 2022.
──, 『꿰맨 눈의 마을』, 자음과모음, 2023.
──, 『적산가옥의 유령』, 현대문학, 2024.
하재연, 『우주적인 안녕』, 문학과지성사, 2019.